Buber für Atheisten

Buber für Atheisten

Ausgewählte Texte
Herausgegeben und kommentiert von Thomas Reichert

Lambert Schneider

Die Deutsche Bibliothek – CIP-Einheitsaufnahme
Buber, Martin:
Buber für Atheisten : ausgewählte Texte / hrsg. und kommentiert von Thomas Reichert. – 1. Aufl. – Gerlingen : Schneider, 1996
ISBN 3-7953-0934-4
NE: Reichert, Thomas [Hrsg.]; HST

1. Auflage 1996
Umschlag: Buchgestaltung Reichert, Stuttgart
Gesamtherstellung: Maisch & Queck, Gerlingen
ISBN 3-7953-0934-4

Inhaltsverzeichnis

Vorwort

Die Anthologie »Buber für Atheisten« stellt Texte Martin Bubers von bestimmten Fragestellungen aus zusammen. Kommentierende Texte und ein Nachwort akzentuieren Bubers Denken, weisen auf darin angesprochene Probleme, Zeitbezüge, parallele Sichtweisen hin; sie wollen erklären, verdeutlichen, zusammenfassen, eine Hilfe für den Leser geben. Es ist nicht die Aufgabe dieses Buches, Bubers Denken zu diskutieren. Auf gegensätzliche Positionen, etwa Gershom Scholems Kritik an Bubers Interpretation ostjüdischer Mystik, kann nur kurz hingewiesen werden.
Ich ziehe immer wieder Bücher anderer Autoren hinzu, aber vor allem, um Bubers Weg und Denken zu verdeutlichen und es in den Zusammenhang anderer Überlegungen zu stellen, die sich mit den gleichen oder ähnlichen Fragen auseinandergesetzt haben; es geht nicht darum, diese anderen Ansätze vollständig darzustellen.
Buber war Jude und lebte sein Judesein. Um den Zusammenhang zwischen seiner Philosophie und dem Judentum bzw. dem Chassidismus zu zeigen, schließe ich vor allem an *Bubers* Verständnis des Judentums an, wie es sich in seinen Texten ausdrückt. Das Judentum selbst, dazu noch in der Vielfalt seiner Strömungen, kann im Rahmen dieser Anthologie nicht dargestellt werden.

Die Texte Bubers sind, wo möglich, nach den neuesten Einzelausgaben seiner Bücher zitiert. Damit der Leser verfolgen kann, zu welcher Zeit Buber die jeweiligen Texte geschrieben hat, ist das Datum der Entstehung bzw. Erstveröffentlichung zusätzlich zum Titel des Aufsatzes oder Buchs und zur Seitenzahl angegeben; wenn, in einigen Fällen, die hebräische Ausgabe vor der deutschen erschien, bezieht sich das Datum auf die hebräische Ausgabe, wie mit Hilfe des Literaturverzeichnisses nachzuvollziehen ist. Selbständige Beiträge aus Sammelbänden sind nur im Literaturverzeichnis den entsprechenden Büchern zugeordnet. Die Kapitel von »Gottesfinsternis« und »Die chassidische Botschaft« hat Buber größtenteils zuvor einzeln veröffentlicht und zu verschiedenen Zeiten geschrieben; hier sind die einzelnen Kapitel als Quellenangabe genannt und datiert. Zu den einzelnen chassidischen Erzählungen – dem Buch »Die Erzählungen der Chassidim« (^{1}1949) entnommen, aber bereits in den Bänden »Der große Maggid und seine Nachfolge« (1922) bzw. »Die chassidischen Bücher« (1928) enthalten – habe ich hier keine Jahreszahl angegeben.

Vor allem in seinen Schriften zur Bibel und zum Judentum hat Buber häufig zur Verdeutlichung Bibelstellen wiedergegeben; er hat dabei meist nach der eigenen Bibelübersetzung zitiert, die er 1925 mit Franz Rosenzweig begonnen und nach dessen Tod 1929 allein fortgeführt hat. Buber hat die Übersetzung aller Bücher der Schrift 1961 abgeschlossen, hat aber auch danach noch vieles überarbeitet. Die Bibelstellen in den Fußnoten geben immer die letztgültige Fassung der Bibelverdeutschung wieder. Abweichungen in den Bibelzitaten der hier ausgewählten Auszüge aus Bubers Büchern und Aufsätzen zur Bibel und zum Judentum erklären sich daraus, daß er dort nicht die eigene oder noch eine ältere Version der eigenen Übersetzung zitiert hat.
Auslassungen in den Texten sind immer durch »[...]« kenntlich gemacht und so ausgeführt, daß nichts am Sinn geändert wurde. Bei einigen Ausschnitten ist zwar nicht der Sinn, aber die Art des Textes verändert, indem Fragen von Gesprächspartnern weggelassen sind. Hier ist, über die Kennzeichnung der Auslassung hinaus, in einer Anmerkung auf den Eingriff hingewiesen. In einigen Fällen sind Überschriften Bubers innerhalb eines Ausschnitts gestrichen; auch hierüber unterrichtet dann eine Anmerkung. Sofern die Texte Überschriften haben (im Fall der chassidischen Erzählungen und einiger anderer vollständig wiedergegebener Abschnitte) stammen diese von Buber selbst.

Der Abdruck aus den »Erzählungen der Chassidim« erfolgt mit freundlicher Genehmigung des Manesse Verlags, Zürich, der des Briefs von Mascha Kaléko an Buber mit freundlicher Genehmigung des Hunzinger Bühnenverlags, Bad Homburg, der der Textpassagen Franz Rosenzweigs mit freundlicher Genehmigung von Martinus Nijhoff, Den Haag.

Lothar Stiehm, der 1970 den Verlag von Lambert Schneider übernahm und bis 1991 mit Verlagssitz in Heidelberg leitete, hat die Idee zu dieser Anthologie von Anfang an befürwortet und unterstützt und wesentlich dazu beigetragen, daß das Buch realisiert werden konnte. Auf meine Frage hat er bereitwillig die Betreuung des Buchs als Lektor übernommen. Ihm möchte ich an dieser Stelle danken.

Stuttgart, April 1996 *Thomas Reichert*

Zu Idee und Aufbau des Buches

> In Jerusalem gibt es den Knesseth, den Ölberg – und Martin Buber. Der Fünfundsiebzigjährige sieht aus wie die charmanteste Mischung aus Patriarch und Heinzelmännchen. [...] Beim Abschied drückte er mir ein sehr dünnes Werkchen in die Hand, den Vorabdruck eines Kapitels. Da steht: der Mensch ist ›ins Wagnis der einsamen Kategorie geschickt, von einem mitgeborenen Chaos umwittert‹. Ich fühlte, daß ich zu Hause war.[1]
>
> *Ludwig Marcuse*

Der Titel, unter dem in diesem Buch Texte bzw. Ausschnitte aus Texten Martin Bubers zusammengestellt sind, »Buber für Atheisten«, wird manchen befremden. Dagegen ist nichts einzuwenden.

Religiös gebundene oder geborgene Leserinnen und Leser werden sich bei Buber nicht bestätigt, sondern ihre Haltung in Frage gestellt finden, wenn sie bereit sind, sein Denken ganz aufzunehmen. Martin Buber ist ein Autor auch für diejenigen, die keiner Religion zugehören wollen. Ludwig Marcuse etwa fühlte sich bei Buber zu Hause, weil er eine Grunderfahrung, ein Erleben ausgesprochen sah, das er, der Agnostiker Marcuse, als der menschlichen Situation gemäß, als realistisch empfand: die Unbehaustheit, Einsamkeit menschlicher Existenz, die Brüchigkeit und Zweifelhaftigkeit von Geborgenheit und Sicherheit.

Man könnte Bubers Denken mit dem paradoxen Begriff einer ›Ethik ohne Normen‹ oder einer ›konzeptlosen Lebensorientierung‹ umschreiben. Er war kein Mensch, der in einer religiösen Anschauung, einem philosophischen System oder irgend einer Weltanschauung seine Lebenssicherheit gefunden hätte, davon geben seine Bücher immer wieder Zeugnis. Seine Position hat er als »schmalen Grat« bezeichnet, als ungesichert, gleichsam auf einem Felskamm zwischen den Abgründen, ohne irgendeine Sicherheit eines Wissens vom Absoluten.

Im Zentrum von Bubers Denken steht sein Vertrauen in die natürliche Wahrnehmungsfähigkeit des Menschen, der sich, ganz er selbst, nicht von Religionen, Weltanschauungen, Morallehren sagen lassen kann, was er zu tun und zu glauben hat. In seinem Denken durchbricht Buber Schemata,

[1] Ludwig Marcuse, Mein zwanzigstes Jahrhundert, S. 376 u. 377 f. Das genannte »Werkchen« war Bubers Buch »Urdistanz und Beziehung«.

mit denen man gemeinhin Welt und Menschen zu verstehen sucht, die aber den Zugang zur Wirklichkeit gerade verstellen.
Seine Worte vom »Dialog«, von der »Beziehung« oder »Begegnung« und von »Anrede«, »Antwort« und »Verantwortung« sind nur auf dem Hintergrund des Verzichts auf die Sicherheit solcher Schemata und Lehren zu verstehen. Das, was ich hier als Zentrum von Bubers Denken nur andeuten kann, in seinen Texten sichtbar zu machen, ist die Grundidee dieses Buches.
Es will keinen repräsentativen Überblick über die verschiedenen Bereiche von Bubers Werk – Bibelübersetzung, Schriften zur Bibel, zum Judentum, zum Chassidismus, Nacherzählung chassidischer Geschichten, Philosophie, Pädagogik, Stellungnahmen zur Psychotherapie – geben, wie es andere Anthologien bereits getan haben. In sechs Kapiteln sind Texte unter bestimmten Fragestellungen zusammengestellt. Nach einem Einführungskapitel, dessen Texte Grundlagen von Bubers Denken zeigen, ist das Thema des zweiten die Anerkennung des einen durch den anderen Menschen, und zwar in der ganzen Art der Zuwendung zum anderen und nicht als ethischer Grundsatz oder als Postulat der Vernunft. Das dritte Kapitel entfaltet Bubers normenlose Verantwortungsethik, das vierte sein im Judentum verwurzeltes Sprachverständnis. Grundfragen menschlicher Existenz wie Selbstsein, Schuld, Gut und Böse werden in den Texten des fünften Kapitels besprochen, und im sechsten geht es um die Frage, was in Bubers Denken ›Religion‹ ist.
Was Buber in seinen philosophischen Büchern auf relativ abstrakter Ebene sagt, hat er oft am Beispiel des Chassidismus, des Judentums konkreter und leichter verständlich ausgedrückt; so stehen hier Texte aus den verschiedenen Bereichen seines Werks beisammen, allein nach dem Kriterium, ob in ihnen Wesentliches zum Thema des Kapitels bzw. des Kapitelabschnitts gesagt ist. Da aber die Texte zum Judentum Fragen aus der Sicht des Judentums (in Bubers Interpretation) besprechen, aber nicht unbedingt Bubers persönliche Sicht der betreffenden Frage wiedergeben müssen, habe ich darauf geachtet, diesen Ausschnitten parallele Aussagen aus den philosophischen Schriften zur Seite zu stellen.[2]

Welche Leser will dieses Buch ansprechen? Grundsätzlich alle, die sich mit Fragen der persönlichen Ethik, der Lebensorientierung, des Zugangs zur Wirklichkeit auseinandersetzen, keineswegs nur Philosophen oder Buber-Kenner; die Kapitel bauen so aufeinander auf, daß zu Beginn die Grund-

[2] Dasselbe gilt für die Texte zum Chassidismus und zur Bibel.

lagen von Bubers Denken dargestellt werden, die Einsicht in dessen Zusammenhänge in den weiteren Kapiteln zunehmend vertieft wird. So kann man das Buch auch als Einführung in Bubers Denken lesen. Als Voraussetzung zur Lektüre muß der Leser nur die Bereitschaft mitbringen, auch Ungewohntes verstehen, bedenken zu wollen und Bubers Gedanken zu folgen – so, wie der Bibelübersetzer Buber vom Bibelleser erhofft und erwartet hat, daß er lese und höre, was dort steht, »ohne Vorwegnahme und ohne Vorbehalt«: »Er glaubt nichts von vornherein, er glaubt nichts von vornherein nicht.«[3]

[3] Der Mensch von heute und die jüdische Bibel, S. 19.

1 Die Grundlagen: vom Menschen aus denken, die Krise des Menschen, der Dialog als Antwort

Martin Buber empfand es als seine Aufgabe, den Menschen, seinen Lesern, etwas zu zeigen, eine Wirklichkeit zu zeigen, die von diesen Menschen, die von der Zeit zu wenig gesehen worden sei. Die Zeit, die Situation des Menschen, sah Buber als eine Zeit und Situation der Krise. In diese Situation hinein wollte er sein Wort sprechen. Es ging nicht darum, den Menschen Sicherheiten, Regeln der Lebensorientierung zu bieten; die Illusion, eine Lebenswahrheit gefunden zu haben, die keine ist, eine falsche Sicherheit, war für Buber ›schlimmer als die echte Verzweiflung‹, wie er 1957 an Mascha Kaléko schrieb.
Buber sprach und schrieb als ›erlebender Denker‹. Der Denker, der vom Menschen sprechen will, muß »in seinem eigenen Selbst den Menschen und in seiner eigenen Problematik die menschliche Problematik« entdecken. Was Buber seiner Zeit sagen wollte, war das, womit er selbst gerungen hat.
In den ersten Texten, die ich für dieses erste Kapitel ausgewählt habe, diagnostiziert Buber die Krise der Zeit und des Menschen; in den weiteren beschreibt er die Wirklichkeit, die in dieser Krise vernachlässigt wurde.

Das Denken, das hier in Bubers Texten zum Ausdruck kommt, ist das seit seiner Wendung zum Dialog. In der Literatur gilt »Ich und Du«, das 1923 erschien, als erstes Buch seines von nun an ›dialogischen Denkens‹, in dem er seine ›vor-dialogische‹ Anschauung, in der er nach mystischem Einheitserleben strebte, überwand.[1] In dem Abschnitt »Eine Bekehrung« in seinem Buch »Zwiesprache« hat Buber ein solches Erleben später als ›unrechtmäßig‹ bezeichnet und seine Abkehr

[1] Zu Bubers Entwicklung vgl. die erstmals 1930 erschienene Biographie »Martin Buber. Sein Werk und seine Zeit. Ein Beitrag zur Geistesgeschichte Mitteleuropas 1880 - 1930« von Hans Kohn, mit einem Nachwort von Robert Weltsch von 1961; zu seiner »mystischen Phase« s. besonders das Buch »Von der Mystik zum Dialog. Martin Bubers geistige Entwicklung bis hin zu ›Ich und Du‹« von Paul Mendes-Flohr.

hiervon beschrieben.[2] Im jüdisch-chassidischen Zusammenhang hat er die Bedeutung des Dialogs bereits in Schriften vor »Ich und Du« herausgestellt, und in seinem Buch »Begegnung« hat Buber rückschauend von Szenen aus seiner Kindheit erzählt, in denen ihm damals, als Erlebnis oder auch in der Art einer Empfindung, daß etwas fehlte,[3] manches deutlich geworden war, was später als Motiv in sein dialogisches Denken einging.

Was ist mit dem Begriff Dialog gemeint, welche grundlegenden Anschauungen verbinden sich mit ihm und welche Fragen sind darin angesprochen?
Da ist zum einen die Frage der ethischen Orientierung menschlichen Lebens. Gibt es eine allgemeingültige Ethik, gibt es Regeln oder Werte, die dem menschlichen Leben eine sichere Orientierung ermöglichen? Die dem Menschen eine klare Antwort auf die Frage geben, was er tun, wie er sich verhalten soll? Aus Bubers Sicht nähme ein Vorrat an Werten oder Verhaltensrichtlinien die Entscheidung vorweg, die stets in einer *einmaligen* Situation zu treffen ist; sie ist auf das Gegenüber hin – etwa auf den Menschen hin, welcher der von der Entscheidung betroffene Partner in der Situation ist – zu treffen. Sie entsteht im Dialog.
Da ist die Frage nach der Wahrheit der Erkenntnis. Ist die Sicht objektiv wahr, zutreffend, die man vom andern Menschen hat? Kann man ihn verstehen, oder macht man sich immer ein Bild vom andern, das oft mehr mit dem, der sich das Bild macht, als mit dem andern zu tun hat? Bestände *nur* die Möglichkeit, sich sein eigenes Bild zu machen, so hieße dies zugleich, daß jeder Mensch im letzten allein wäre, daß es in Wirklichkeit keinen Zugang zum andern Menschen gäbe. (In Heinrich Bölls Hörspiel »Bilanz« von 1957 sagt eine der Figuren, eine Frau Ende Fünfzig, namens Clara: »Weil ich so gerne einen Menschen gekannt hätte. Nicht einmal Lieselotte habe ich gekannt, nicht einmal meine kleine Tochter, die so lieb war, so still.«)[4] Buber weist auf die Erfahrung hin, daß ein unmittelbarer Zugang zum andern im Dialog möglich sei, wenn auch keine objektive, sichere Erkenntnis.
Fragt man nach einem Weg zur Selbstfindung oder nach einem Lebenssinn, so

---

[2] Vgl. das 4. Kapitel dieser Anthologie. Im »Problem des Menschen«, S. 132 f., berichtet Buber davon, daß er seit 1900 unter dem Einfluß der deutschen christlichen Mystik, dann der jüdischen Kabbala gestanden und damals den Gedanken einer Verwirklichung Gottes durch den Menschen gefaßt habe. 1909 erschien Bubers Sammlung der »Ekstatischen Konfessionen« mit seinem Essay »Ekstase und Bekenntnis«.

[3] So drückte Buber etwa das Verfehlen von Begegnung zwischen Menschen mit dem Wort »Vergegnung« aus; die Empfindung eines Mangels weist über sich hinaus: auf ein erfülltes Menschsein in der Begegnung. Vgl. den Abschnitt »Die Mutter« in Bubers Buch »Begegnung«, S. 9-11.

[4] Heinrich Böll, Bilanz, S. 92.

zeigt das dialogische Denken, daß letztlich beides dieselbe Frage ist: wenn man sich einen Lebenssinn, ein Lebensziel vorstellt und vornimmt und sich daran orientiert, sich davon Sicherheit geben läßt, so wird man von der Wirklichkeit getrennt. Sinn begibt oder erfüllt sich, wo man gerade ist und im Dialog steht, nicht aber, indem man einem religiösen oder weltanschaulich vorgegebenen Ideal folgt. Und in einem solchen Dialog gewinnt man sein Selbst, nicht aber durch Konzentration auf sich.

In einem Text des Zen-Buddhismus wird nach dem »Weg« gefragt: »Chao-chou fragt Nan-ch'üan: ›Was ist der WEG?‹ – Nan-ch'üan: ›Wir erleben ihn täglich, den WEG.‹ – Chao-chou: ›Läßt er sich verfolgen?‹ – Nan-ch'üan: ›Sobald du das versuchst, hast du ihn schon verloren.‹ – Chao-chou: ›Ohne es zu versuchen, wie weiß ich, es *ist* der WEG?‹ – Nan-ch'üan: ›Der WEG ist nichts, von dem wir etwas wissen können, nichts, von dem wir nichts wissen können. Von ihm zu wissen, ist Einbildung, von ihm nicht zu wissen, ist leeres Gerede. [...]«[5]

Was ›Weg‹ hier meint, umfaßt die eben genannten Fragen. Auch für Bubers Sichtweise gilt: der Sinn oder das wahre Tun ist täglich zu erleben; will man ihn ›verfolgen‹, d.h. ihn sich als bewußtes Ziel vornehmen, um ihm zu folgen, so hat man ihn verloren. Man kann *von ihm* nichts wissen, aber man kann *um ihn* wissen – zu sagen, man wisse nichts von ihm, ist ›leeres Gerede‹: man weicht der anderen Ebene von Wissen, um die es hier geht, aus.

Bubers Denken steht in einem bestimmten philosophie- und problemgeschichtlichen Zusammenhang. Er hat seinem Buch »Das dialogische Prinzip« ein Nachwort »Zur Geschichte des dialogischen Prinzips« beigegeben. Darin nennt er einige Denker, die etwa um die Zeit, in der »Ich und Du« erschien, in ihren Werken die gleiche Problematik wie er selbst bedacht oder zumindest dialogische Motive aufgenommen haben. Die heute noch bekanntesten unter ihnen sind Hermann Cohen (»Religion der Vernunft aus den Quellen des Judentums«, 1919), Franz Rosenzweig (»Der Stern der Erlösung«, 1921), Ferdinand Ebner (»Das Wort und die geistigen Realitäten«, 1921), Eugen Rosenstock-Huessy (»Angewandte Seelenkunde«, 1923; später »Der Atem des Geistes«, 1951), Gabriel Marcel (»Journal métaphysique«, 1927), Theodor Litt (»Individuum und Gemeinschaft«, ^{2}1924) und Karl Löwith (»Das Individuum in der Rolle des Mitmenschen«, 1928).

In kurzer Charakterisierung kann man sagen, daß sich in den zwanziger Jahren eine Reihe von Denkern in Kritik an der idealistischen Philosophie dem Problem zuwandten, wie ein Zugang zum anderen Menschen möglich sei. In der Folge der

---

5 Wu-men Hui-k'ai, Ch'an-tsung Wu-men kuan. Zutritt nur durch die Wand, S. 78.

Philosophie des Idealismus hatte man unter ›Erkenntnis‹ die Erkenntnis eines Subjekts von einem Objekt verstanden. Der Mensch wurde als ›Subjekt‹ oder ›Bewußtsein‹ betrachtet; eine ›Erkenntnis der Wirklichkeit‹ ging davon aus, den Menschen als das Subjekt zu erkennen, in dessen Bewußtsein – nämlich in der Form von Gedanken, als Inhalte des Bewußtseins – die Welt und alles gegeben sei. Die Frage, ob eine wahre Erkenntnis von der Welt möglich und wie sie möglich sei, war uminterpretiert worden: die Richtung ging nicht mehr auf das andere, das Fremde, das sich außerhalb des Ich befindet – man wandte sich dem Ich, dem Bewußtsein zu. Denn wie und was immer die Welt sein mochte: das menschliche Bewußtsein kannte sie in Form seiner Vorstellungen, als Inhalte, Gedanken. Über diese nun nicht mehr fremde Welt, die als Teil des eigenen Bewußtseins zum ›Eigenen‹ geworden war, glaubte man nun sichere Kenntnis gewinnen zu können. Der andere war zum Teil des Bewußtseins geworden, in seiner eigenständigen Wirklichkeit damit unerreichbar. Das Ich des Menschen war in dieser Betrachtung eine Abstraktion: es war das Ich und Bewußtsein *des* Menschen, nicht das eines konkreten Einzelnen. Und vor allem war das Ich nicht der konkrete, reale Mensch, nicht die Einheit aus Leib und Seele.[6]
Buber, Rosenzweig und andere stellten die Beziehung des Ich zum anderen, Fremden, dem Du, in den Mittelpunkt ihres Denkens. Das Ich und das Du in der konkreten, zeitlichen Situation und Wirklichkeit waren ihr Ansatzpunkt.[7]

Die Frage nach dem Menschen

Martin Buber hat sein Philosophieren als »wesentlich ein anthropologisches« bezeichnet.[8] Die Frage nach dem Menschen ist für sein Denken zentral. Sie bedeutete für ihn, danach zu fragen, was den Menschen ausmacht, und dies hieß: sich selbst die Frage zu stellen, als von ihr betroffener Mensch. Eine Antwort, die

---

6 Zur Wendung Bubers gegen den Idealismus und die Transzendentalphilosophie vgl. den Aufsatz des Philosophen Emmanuel Lévinas »Martin Buber und die Erkenntnistheorie« (in dem Sammelband von Paul Arthur Schilpp/Maurice Friedman (Hrsg.), »Martin Buber«, S. 119 – 134) und das Buch »Der Andere. Studien zur Sozialontologie der Gegenwart« von Michael Theunissen.

7 Vgl. Franz Rosenzweig, Das neue Denken; in: Ders., Kleinere Schriften, S. 373 – 398. Zur philosophiegeschichtlichen Einordnung des dialogischen Denkens vgl. u.a. John Cullberg, Das Du und die Wirklichkeit; Heinz-Horst Schrey, Dialogisches Denken.

8 Antwort, S. 592; in: Paul Arthur Schilpp/Maurice Friedman (Hrsg.), Martin Buber, S. 589-639.

auch für andere relevant ist, kann in Bubers Sinn nur aus der Selbstbesinnung, aus der Besinnung (auch des Philosophen) auf die eigene Problematik kommen. Buber hat die Frage in einer bestimmten geschichtlichen Situation gestellt. Der Mensch als Individuum, das sich als abgetrennt von den andern erlebt und diese Einsamkeit zur *condition humaine* verallgemeinert, war für ihn ebensowenig eine Lösung wie der Versuch, die eigene Unsicherheit durch Anschluß an ein Kollektiv zu überwinden. Dem in sich abgeschlossenen Einzelnen und dem Menschen, der, seine eigene Verantwortlichkeit abgebend, in der Geborgenheit eines Kollektivs aufgeht, stellt Buber ›den Menschen mit dem Menschen‹ gegenüber. Die anthropologische Besinnung führt ihn zu *dem* Einzelnen, der in Beziehung tritt. Die Fremdheit, das Anderssein des anderen auszuhalten und zu bejahen, ist die Grundbedingung dafür, in Beziehung treten zu können.

Heute ist die Sicherheit im geordneten Chaos einer furchtbaren geschichtlichen Wendung untergegangen. Vorbei ist die Beruhigung, eine neue anthropologische Bangigkeit ist emporgekommen, die Frage nach dem Wesen des Menschen steht vor uns in all ihrer Größe und ihrem Schrecken wie nie zuvor, und nicht mehr in philosophischer Gewandung, sondern in der Nacktheit der Existenz. Keine dialektische Garantie hindert den Menschen vor dem Sturz; ihm selbst liegts ob, den Fuß zu heben und den Schritt zu tun, der ihn vom Abgrund entfernt. Die Kraft, diesen Schritt zu tun, kann ihm aus keiner Zukunftssicherheit kommen, sondern allein aus jenen Tiefen der Unsicherheit, in denen der Mensch, von der Verzweiflung überschattet, die Frage nach dem Wesen des Menschen durch seine Entscheidung beantwortet. *1942; Das Problem des Menschen, S. 57*

Philosophische Erkenntnis des Menschen ist ihrem Wesen nach eine Selbstbesinnung des Menschen, und der Mensch kann sich auf sich selbst eben nur so besinnen, daß sich zunächst die erkennende Person, der Philosoph also, der Anthropologie treibt, auf sich selber als Person besinnt. Das Prinzip der Individuation, das grundlegende Faktum der unendlichen Mannigfaltigkeit der menschlichen Personen, von denen diese eben nur eine, so und nicht anders beschaffene ist, relativiert die anthropologische Erkenntnis nicht, im Gegenteil, die gibt ihr den Kern und das Gerüst. Um das, was der sich auf sich besinnende Philosoph entdeckt, muß sich alles, was er sonst am geschichtlichen und am gegenwärtigen Menschen, an Männern und Frauen, Indianern, Chinesen, Landstreichern und Imperatoren, Schwachsinnigen und Genies findet, aufbauen und kristallisieren, um echte philosophische Anthropologie zu werden. Das ist aber ein ganz anderer

Vorgang, als wenn etwa der Psycholog das, was er aus der Literatur und Beobachtung weiß, durch Selbstbeobachtung, Selbstanalyse, Experiment an sich selber ergänzt und erklärt. Denn hier geht es immer um einzelne, objektivierte Prozesse und Phänomene, um etwas aus dem Zusammenhang der ganzen leibhaften Person Gelöstes. Der philosophische Anthropolog aber muß nicht weniger als seine leibhafte Ganzheit, sein konkretes Selbst einsetzen. Und mehr noch. Es genügt nicht, wenn er sein Selbst als *Objekt* des Erkennens einsetzt. Die *Ganzheit* der Person und durch sie die Ganzheit des *Menschen* erkennen kann er erst dann, wenn er seine *Subjektivität* nicht draußen läßt und nicht unberührter Betrachter bleibt. Sondern er muß in den Akt der Selbstbesinnung in Wirklichkeit ganz eingehen, um der menschlichen Ganzheit inne werden zu können. Mit anderen Worten: er muß diesen Akt des Hineingehens in jene einzigartige Dimension als *Lebensakt* vollziehen, ohne vorbereitete philosophische Sicherung, er muß sich also alledem aussetzen, was einem widerfahren kann, wenn man wirklich lebt. Hier erkennt man nicht, wenn man am Strande bleibt und den schäumenden Wogen zusieht, man muß sich dran wagen, sich drein werfen, man muß schwimmen, wach und mit aller Kraft, und mag da sogar ein Augenblick kommen, wo man fast die Besinnung zu verlieren meint: so und nicht anders wird die anthropologische Besinnung geboren. Solang man sich »hat«, sich als ein Objekt hat, erfährt man vom Menschen doch nur als von einem Ding unter Dingen, die zu erfassende Ganzheit ist noch nicht »da«; erst wenn man nur noch *ist*, ist sie da, wird sie erfaßbar. Man nimmt nur so viel wahr, als einem die Wirklichkeit des »Dabeiseins« wahrzunehmen freigibt, das aber nimmt man wahr, und der Kristallisationspunkt bildet sich aus.[9]

Zu der Selbstbesinnung, von der ich spreche, ist am ehesten der sich vereinsamt fühlende Mensch geneigt und am ehesten befähigt, der Mensch also, der seiner Art nach oder seinem Schicksal nach oder beiden nach mit sich und seiner Problematik allein ist und dem es in dieser ausgesparten Einsamkeit gelingt, sich selbst zu begegnen, in seinem eigenen Selbst den Menschen und in seiner eigenen Problematik die menschliche Problematik zu entdecken. Die Zeiten der Geistesgeschichte, in denen bisher der anthropologische Gedanke seine Erfahrungstiefe fand, waren eben jene

[9] Das Problem des Menschen, S. 19-21: Hier endet im ersten Teil des Buchs »Der Weg des Problems« dessen erster Abschnitt »Die Fragen Kants«. Der folgende Absatz, der in der Formulierung an den vorherigen anschließt, gehört zum zweiten Abschnitt des Buchs »Von Aristoteles bis Kant«.

Zeiten, in denen sich des Menschen das Gefühl einer strengen, unausweichlichen Einsamkeit bemächtigte; und es waren die Einsamsten, in denen da der Gedanke fruchtbar wurde. Im Eis der Einsamkeit wird sich der Mensch am unerbittlichsten zur Frage, und eben daher, da die Frage grausam sein Heimlichstes aufruft und ins Spiel zieht, wird er sich zur Erfahrung.
In der Geschichte des Menschengeistes unterscheide ich Epochen der Behaustheit und Epochen der Hauslosigkeit. In den einen lebt der Mensch in der Welt wie in einem Hause, in den andern lebt er in der Welt wie auf freiem Feld und hat zuweilen nicht einmal vier Pflöcke, ein Zelt aufzuschlagen. *1942; Das Problem des Menschen, S. 19-23*

Die Frage Kants »Was ist der Mensch?« [...] kann, soweit sie überhaupt eine Antwort zu finden vermag, nie von der Betrachtung der menschlichen Person als solcher, sondern nur von ihrer Betrachtung in der Ganzheit ihrer Wesensbeziehungen zum Seienden aus beantwortet werden. Erst der Mensch, der die ihm möglichen Beziehungen mit seinem ganzen Wesen in seinem ganzen Leben verwirklicht, hilft uns wahrhaft den Menschen zu erkennen. Und da, wie wir gesehen haben, erst dem einsam gewordenen Menschen sich die Frage nach dem Wesen des Menschen in ihren Tiefen eröffnet, weist der Weg zur Antwort auf den Menschen hin, der die Einsamkeit überwindet, ohne ihre fragende Kraft einzubüßen. Damit ist schon gesagt, daß hier dem menschlichen Denken eine lebensmäßig *neue* Aufgabe gestellt ist. Und zwar eine *lebensmäßig* neue. Denn sie bedeutet, daß der Mensch, der sich selber erfassen will, die Spannung der Einsamkeit und den Brand ihrer Problematik hinüberrette in ein trotz allem erneutes Leben mit seiner Welt und von dieser Lage aus denke. Dabei ist freilich eben vorausgesetzt, daß ungeachtet all der ungemein erschwerenden Momente ein neuer Prozeß der Überwindung der Einsamkeit beginnt, im Hinblick auf den jene denkerische Sonderaufgabe wahrgenommen und ausgesprochen werden kann. Es ist offenbar, daß ein solcher Prozeß an diesem Punkte des Menschenwegs nicht vom Geist allein zu bewirken ist; aber in einem bestimmten Maße wird auch die Erkenntnis ihn zu fördern vermögen. Dies andeutungsweise klarzustellen, steht uns hier zu.
[...] Der Individualismus sieht den Menschen nur in der Bezogenheit auf sich selbst, aber der Kollektivismus sieht den *Menschen* überhaupt nicht, er sieht nur die »Gesellschaft«. Dort ist das Antlitz des Menschen verzerrt, hier ist es verdeckt.
Beide Lebensanschauungen – der moderne Individualismus und der moderne Kollektivismus –, wie verschieden auch ihre sonstigen Ursachen sein mögen: im wesentlichen sind sie Ergebnisse oder Äußerungen des glei-

chen menschlichen Zustands, nur in verschiedenen Stadien. Dieser Zustand ist durch das Zusammenströmen kosmischer und sozialer Heimlosigkeit, Weltangst und Lebensangst, zu einer Daseinsverfassung der Einsamkeit gekennzeichnet, wie es sie in diesem Ausmaß vermutlich noch nie zuvor gegeben hat. Die menschliche Person fühlt sich zugleich als Mensch ausgesetzt von der Natur, wie man ein verleugnetes Kind aussetzt, und als Person isoliert mitten in der tosenden Menschenwelt. Die erste Reaktion des Geistes auf die Erkenntnis der neuen unheimlichen Lage ist der moderne Individualismus, die zweite der moderne Kollektivismus.

Im Individualismus unterfängt sich die menschliche Person, diese Lage zu bejahen, sie in eine bejahende Reflexion, einen universalen *amor fati* zu tauchen; sie will die Trutzburg eines Lebenssystems bauen, in dem die Idee erklärt, die Wirklichkeit, wie sie ist, zu wollen. Eben als von der Natur ausgesetzt ist der Mensch Individuum in dieser besonderen radikalen Weise, in der kein anderes Wesen in der Welt Individuum ist, und er akzeptiert sein Ausgesetztsein, weil es sein Individuumsein bedeutet. Und ebenso akzeptiert er sein Isoliertsein als Person, weil erst die mit anderen unverbundene Monade sich als Individuum im äußersten Sinn erfahren und verherrlichen kann. Um sich vor der Verzweiflung zu retten, mit der ihn seine Vereinsamung bedroht, ergreift der Mensch den Ausweg, diese zu glorifizieren. Der moderne Individualismus hat im wesentlichen eine imaginäre Grundlage. An diesem seinem Charakter scheitert er; denn die Imagination reicht nicht zu, die gegebene Situation faktisch zu bewältigen.

Die zweite Reaktion, der Kollektivismus, folgt im wesentlichen auf das Scheitern der ersten. Die menschliche Person sucht hier ihrem Schicksal der Vereinsamung zu entgehen, indem sie sich völlig in eins der massiven modernen Gruppengebilde einbettet. Je massiver, lückenloser und leistungsstärker dieses ist, um so mehr kann sie sich als von beiden Formen der Heimlosigkeit, der sozialen und der kosmischen, erlöst empfinden. Es ist offenbar kein Anlaß zur Lebensangst mehr, da man sich doch nur in den »allgemeinen Willen« einzufügen und die eigene Verantwortung für das allzu kompliziert gewordene Dasein in der kollektiven aufgehen zu lassen braucht, die sich als allen Komplikationen gewachsen erweist. Und ebenso ist offenbar kein Anlaß zur Weltangst mehr, da an die Stelle des unheimlich gewordenen Weltalls, mit dem sich sozusagen kein Vertrag mehr machen läßt, die technisierte Natur getreten ist, mit der die Gesellschaft als solche fertig wird oder fertig zu werden scheint. Das Kollektiv macht sich anheischig, die totale Sicherung zu liefern. Imaginär ist hier nichts, hier waltet eine dichte Realität, das Allgemeine selber scheint real geworden; aber illusionär ist der moderne Kollektivismus im wesentlichen. Der Anschluß der Person an das zuverlässig funktionierende »Ganze«, das die Menschenmassen umfaßt, ist vollzogen; aber es ist kein Anschluß des Menschen an den Menschen. Der Mensch im Kollektiv ist nicht der Mensch mit dem Menschen. Nicht wird hier die Person von ihrer Vereinsamung befreit, indem sie Lebendem verbunden wird, das fortan mit ihr lebt; die »Gesamtheit« mit ihrem Anspruch an die Gesamtheit eines jeden geht folgerichtig und mit Erfolg darauf aus, alle Verbindung mit Lebendem zu reduzieren, zu neutralisieren, zu entwerten, zu entheiligen. Jene zarte Fläche des persönlichen Wesens, die nach Fühlung mit anderem Wesen verlangt, wird fortschreitend abgetötet oder doch unempfindlich gemacht. Die Vereinsamung des Menschen wird hier nicht überwunden, sondern übertäubt. Man verdrängt das Wissen um sie, aber der tatsächliche Stand wirkt unüberwindlich in der Tiefe und steigert sich insgeheim zu einer Grausamkeit, die mit dem Zersprühen der Illusion in die Erscheinung treten wird. Der moderne Kollektivismus ist die letzte Schranke, die der Mensch vor der Begegnung mit sich selbst aufgerichtet hat.

Die nach dem Ende der Imaginationen und Illusionen mögliche und unvermeidliche Begegnung des Menschen mit sich selbst wird sich nur als Begegnung des Einzelnen mit dem Mitmenschen vollziehen können und wird sich als sie vollziehen müssen. Erst wenn der Einzelne den Anderen, in all seiner Anderheit, als sich, als den Menschen erkennt und von da aus zum Anderen durchbricht, wird er, in einer strengen und verwandelnden Begegnung, seine Einsamkeit durchbrochen haben. Es ist offenbar, daß ein solcher Vorgang nur aus einer Aufrüttelung der Person als Person hervorgehen kann. Im Individualismus ist die Person, infolge der nur-imaginären Bewältigung ihrer Grundsituation, von dem Kernschaden der Fiktivität befallen, so sehr sie auch meint oder zu meinen sich anstrengt, daß sie sich als Person im Sein behaupte; im Kollektivismus gibt sie, mit dem Verzicht auf die Unmittelbarkeit persönlicher Entscheidung und Verantwortung, sich selber auf. In beiden Fällen ist sie unfähig, den Durchbruch zum Anderen zu vollziehen: nur zwischen echten Personen gibt es echte Beziehung.

[…] Das Leben und das Denken stehen […] in der gleichen Problematik. Wie das Leben fälschlich meint, zwischen Individualismus und Kollektivismus wählen zu müssen, so meint das Denken fälschlich, zwischen einer individualistischen Anthropologie und einer kollektivistischen Soziologie wählen zu müssen. Das echte Dritte, gefunden, wird auch hier den Weg weisen.

Die fundamentale Tatsache der menschlichen Existenz ist weder der Einzelne als solcher noch die Gesamtheit als solche. Beide, für sich betrachtet, sind nur mächtige Abstraktionen. Der Einzelne ist Tatsache der Existenz, sofern er zu andern Einzelnen in lebendige Beziehung tritt; die Gesamtheit ist Tatsache der Existenz, sofern sie sich aus lebendigen Beziehungseinheiten aufbaut. Die fundamentale Tatsache der menschlichen Existenz ist der Mensch mit dem Menschen. *1942; Das Problem des Menschen, S. 158-164*

NUR IN DER LEBENDIGEN BEZIEHUNG ist die Wesenheit des Menschen, die ihm eigentümliche, unmittelbar zu erkennen. Auch der Gorilla ist ein Individuum, auch der Termitenstaat ist ein Kollektiv, aber Ich und Du gibt es in unserer Welt nur, weil es den Menschen gibt, und zwar das Ich erst vom Verhältnis zum Du aus. [...] Betrachtest du den Einzelnen an sich, dann siehst du vom Menschen gleichsam nur so viel, wie wir vom Mond sehen; erst der Mensch mit dem Menschen ist ein rundes Bild. Betrachtest du die Gesamtheit an sich, dann siehst du vom Menschen gleichsam nur so viel, wie wir von der Milchstraße sehen; erst der Mensch mit dem Menschen ist umrissene Form. Betrachte den Menschen mit dem Menschen, und du siehst jeweils die dynamische Zweiheit, die das Menschenwesen ist, zusammen: hier das Gebende und hier das Empfangende, hier die angreifende und hier die abwehrende Kraft, hier die Beschaffenheit des Nachforschens und hier die des Erwiderns, und immer beides in einem, einander ergänzend im wechselseitigen Einsatz, miteinander den Menschen darzeigend. Jetzt kannst du dich zum Einzelnen wenden und du erkennst ihn als den Menschen nach seiner Beziehungsmöglichkeit; du kannst dich zur Gesamtheit wenden und du erkennst sie als den Menschen nach seiner Beziehungsfülle. Wir mögen der Antwort auf die Frage, was der Mensch sei, näher kommen, wenn wir ihn als das Wesen verstehen lernen, in dessen Dialogik, in dessen gegenseitig präsentem Zu-zweien-Sein sich die Begegnung des Einen mit dem Anderen jeweils verwirklicht und erkennt. *1942; Das Problem des Menschen, S. 168 f.*

Die Frage nach der Wahrheit menschlicher Beziehungen

Vor allem in seinem Aufsatz »Hoffnung für diese Stunde«[10] hat Buber auf eine Problematik menschlicher Existenz hingewiesen, durch welche die Möglichkeit eines sinnvollen Dialogs zwischen Menschen grundsätzlich in Frage gestellt ist. Sie wird im Verlauf einer geistesgeschichtlichen Entwicklung sichtbar, welche die Bedingtheit menschlicher Erkenntnis gezeigt hat; damit wurde zugleich die Möglichkeit des Menschen, um sich selbst zu wissen, die Möglichkeit der menschlichen Selbsterkenntnis, in Zweifel gezogen. Auch dies gehört zu der ›Krisis‹, an dessen Heilung das dialogische Denken mitwirken möchte.

Das, was der Mensch von der Welt erkennt, ist bedingt durch die geschichtliche Situation, in der er lebt, sodann durch die Art und Weise, wie das (jedes) menschliche Bewußtsein ›arbeitet‹ – von seinen apriorischen, d.h. von der Erfahrung des Einzelnen unabhängigen Formen –, und schließlich dadurch, daß man Urteile des sozialen Umfelds übernimmt und daß sich seelische, unbewußte Vorprägungen und Motive auf die Wahrnehmungsfähigkeit auswirken.

Zwei verschiedene Ebenen der Frage nach der Wahrheit spricht Buber an: auf der objektiven Ebene ist festzustellen, daß menschliches Erkennen dem, was ist, nicht adäquat sein kann; was von der Welt erkannt wird, ist abhängig von der Vorbildung der menschlichen Verständnisfähigkeit durch die genannten Faktoren.

Auf der Ebene der Beziehungen zwischen den Menschen stellt sich die Frage nach der Wahrheit, im Wissen um jene Faktoren, anders: wenn Menschen etwa durch psychische Muster oder solche, die aus dem gesellschaftlichen Umfeld übernommen sind, geprägt sind, dann handeln *diese* in ihnen, wenn sie glauben, nach ihrem eigenen Willen zu handeln. Ihre Überzeugung, selbst zu handeln, erweist sich als Illusion. Es ist fraglich, ob das Wissen um die eigenen Motive je die unbewußten, wirklichen Beweggründe einholen kann. Hinter dem Sagen und Handeln eines Menschen muß sich anderes verbergen, als er selbst glaubt und vorgibt. Der eine Mensch will den anderen gar nicht täuschen, er will ihm nichts vorspiegeln: er kann nicht anders. Damit ist das Vertrauen in die Fähigkeit des anderen zur Wahrheit und zugleich eine Grundbedingung sinnvoller Kommunikation zerstört.

Im fünften Kapitel und im Nachwort wird diese Problematik nochmals zum Thema und vertiefend besprochen.

---

[10] Ursprünglich eine Ansprache, die Buber 1952 in New York auf einer Abschiedsfeier nach Abschluß einer Reihe von Vorlesungen hielt.

Während des ersten Weltkriegs ist mir offenbar geworden, daß sich ein Prozeß vollzieht, den ich bis dahin nur geahnt hatte: die zunehmende Erschwerung des echten Gesprächs, und besonders des echten Gesprächs zwischen Menschen verschiedener Art und Gesinnung. Der unmittelbare, rückhaltlose Dialog wird immer schwerer und seltener; immer unbarmherziger drohen die Abgründe zwischen Mensch und Mensch unüberbrückbar zu werden. Dies, so ging mir damals, vor 35 Jahren, auf, ist die eigentliche Schicksalsfrage der Menschheit. Seither habe ich unablässig darauf hingewiesen, daß die Zukunft des Menschen als Menschen von einer Wiedergeburt des Dialogs abhängt. [...] es gilt, das massive Mißtrauen im andern zu überwinden, aber auch das in uns selbst. Ich meine damit nicht das angestammte Urmißtrauen, etwa das gegen den Artfremden, den Unsteten, den Traditionslosen, das Mißtrauen des Bauern im abgelegenen Gehöft gegen den plötzlich vor ihm auftauchenden Landstreicher. Ich meine das universale Mißtrauen unseres Zeitalters. Nichts steht dem Aufstieg einer Kultur des Dialogs so sehr im Wege wie die dämonische Macht, die unsere Welt regiert, die Dämonie des grundsätzlichen Mißtrauens. Was hilft es, den andern zum Reden zu bewegen, wenn man grundsätzlich im Sinne hat, dem, was er sagen wird, keinen Glauben zu schenken? Schon die Begegnung mit ihm vollzieht sich unter der Perspektive seiner Unzuverlässigkeit. Und diese Perspektive ist nicht unberechtigt; denn unter der entsprechenden Perspektive vollzieht sich ja seine Begegnung mit mir. Das grundsätzliche Mißtrauen, in die Erscheinung tretend, erzeugt Grund zum Mißtrauen, und so fort und fort.

Es ist wichtig, deutlich wahrzunehmen, worin sich das spezifisch moderne Mißtrauen von dem uralten, ja dem Menschenwesen anscheinend inhärenten unterscheidet, das in allen Kulturen seine Zeichen hinterlassen hat. Immer hat es zahllose Situationen gegeben, wo ein Mensch im Umgang mit einem Mitmenschen vom Zweifel ergriffen wurde, ob er ihm vertrauen dürfe, das heißt, ob der andere auch wirklich meine, was er sagt, und ob er handeln würde, wie er spricht; wo ein Mensch glaubte, sein Lebensinteresse fordere von ihm, den Verdacht zu hegen, der andere lege es darauf an, ihm anders zu erscheinen, als er ist, und er müsse auf der Hut sein, das andrängende Scheinbild abzuwehren. In unserer Zeit ist etwas wesentlich anderes hinzugekommen, das mit weit größerer Mächtigkeit die Grundlagen des zwischenmenschlichen Daseins zu untergraben geeignet ist. Es wird nun nicht mehr einfach befürchtet, der andere verstelle sich willentlich, sondern es wird schlechthin vorausgesetzt, er könne gar nicht anders; die bei ihm angenommene Differenz zwischen Meinung und Äußerung, zwischen Äußerung und Handlung wird hier nicht mehr als Absicht, sondern als Wesensnotwendigkeit verstanden. Der andere teilt mir den Aspekt mit, den er von einem bestimmten Gegenstand gewonnen habe; aber ich nehme seine Mitteilung gar nicht wirklich zur Kenntnis, sie ist mir nicht ein ernstzunehmender Beitrag zur Information über diesen Gegenstand; ich höre vielmehr vor allem etwas heraus, was den andern antreibe, das zu sagen, was er sagt, ein unbewußtes Motiv, einen »Komplex« etwa. Er äußert einen Gedanken über ein Lebensproblem, das mich beschäftigt; aber ich frage mich gar nicht nach dem Wahrheitsgehalt des Geäußerten, ich achte nur darauf, welches Interesse der Gruppe, der der andere angehört, sich in dieses dem Schein nach so sachliche Urteil verkleidet habe; die Idee ist mir, eben als die Idee des andern, nur noch eine »Ideologie«. Die Hauptaufgabe im Umgang mit meinem Mitmenschen wird mehr und mehr, ihn, sei es individualpsychologisch oder soziologisch, zu durchschauen und zu entlarven – wobei im klassischen Fall gar nicht mehr eine Larve gemeint ist, die er sich aufgesetzt habe, um mich zu täuschen, sondern eine, die sich ihm ohne sein Wissen aufgesetzt, ja geradezu aufgeprägt habe, so daß der eigentlich Getäuschte sein eigenes Bewußtsein ist; dazwischen gibt es natürlich unzählige Übergangsformen. Mit dieser veränderten Grundhaltung, die in den Lehren von Marx und Freud wissenschaftliche Rationalisierungen gefunden hat, ist das Mißtrauen zwischen Mensch und Mensch existentiell geworden. Und zwar im doppelten Sinn: es stellt nicht mehr bloß die Aufrichtigkeit, die Redlichkeit des andern in Frage, sondern die innere Übereinstimmung seines Daseins selber, und es hebt nicht mehr bloß das zuverlässige Gespräch zwischen offenen oder geheimen Gegnern auf, sondern die Unmittelbarkeit des Miteinanderseins von Mensch und Mensch überhaupt. Die Durchschauung und Entlarvung wird jetzt der große zwischenmenschliche Sport, von dem die ihn treiben freilich nicht ahnen, wohin er sie verlockt. Nietzsche wußte, was er tat, als er die »Kunst des Mißtrauens« pries, und wußte es doch nicht – denn das Spiel wird naturgemäß in dem Maße vollständig, als es gegenseitig wird, das heißt in dem Maße, in dem der Entlarvende selber zum Gegenstand des Entlarvens wird. Es ist somit zukünftig ein Grad der vollständigen und vollkommenen Gegenseitigkeit im existentiellen Mißtrauen abzusehen, wo die Rede in Stummheit und der Sinn in Wahnsinn umschlägt. Noch neigt der Mensch dazu, den andern zu schonen, um selber geschont zu werden; denn wenn er auch zuweilen sich anschickt, sich selber in Frage zu stellen, er wird im allgemeinen noch rechtzeitig innehalten mögen; aber die Dämonie läßt nicht mit sich spaßen. Im Grunde ist ja das existentielle Mißtrauen nicht mehr, wie das alte, ein Mißtrauen zu meinem Mitmenschen, sondern es ist die Vernichtung des Vertrauens zum Dasein überhaupt. […]

[...] von welcher geistigen Position aus ist der Mensch, für den das existentielle Mißtrauen schon zur selbstverständlichen Eingangssituation im Umgang mit seinen Mitmenschen geworden ist, zur Selbstkritik in diesem entscheidenden Belange zu veranlassen? Es ist eine Position, die als Kritik der Kritik bezeichnet werden kann. Es handelt sich darum, einen fundamentalen und ungeheuerlich einflußreichen Irrtum aller Durchschauungs- und Entlarvungstheorien aufzuzeigen. Das Wesen dieses Irrtums ist, daß man ein vordem nicht oder zu wenig beachtetes, nun entdecktes oder erhelltes Element im seelischen und geistigen Bestand des Menschen mit seiner Gesamtstruktur identifiziert, statt es in diese einzugliedern. Es müßte ein führendes methodologisches Postulat für alle anthropologische Erkenntnis im weiteren Sinne sein, daß jedes neuentdeckte und neuerhellte Element auf sein relatives Gewicht hin im Verhältnis zu den andern, bereits einigermaßen bekannten und erklärten Elementen und in seiner Wechselwirkung mit ihnen zu erfassen ist. Die entscheidenden Fragen müßten sein: Welche Proportion besteht zwischen ihm und den anderen; in welchem Maße und in welcher Weise schränkt es jene ein und wird von ihnen eingeschränkt; in welche Dynamik ist es in den verschiedenen historischen und individualgenetischen Momenten der menschlichen Existenz einbezogen? Die wissenschaftliche Anfangsaufgabe müßte daher jeweils sein: die Demarkationslinie der Geltung für die über das neuentdeckte oder neuerhellte Element aufstellbaren Thesen zu ziehen, das heißt, zu bestimmen, innerhalb welches Bereiches sie Geltung beanspruchen dürfen. Die Durchschauungs- und Entlarvungstheorien, sowohl die psychologischen wie die soziologischen, haben es unterlassen, diese Linien zu ziehen. Sie haben den Menschen jeweils auf das aufgezeigte Element zurückgeführt. Betrachten wir als Beispiel die Ideologientheorie, wonach Ansichten und Urteile eines einer bestimmten Gesellschaftsklasse angehörigen Menschen im wesentlichen als Produkt dieser seiner Klassenlage, das heißt, im Zusammenhang der Aktion seiner Klasse zur Durchsetzung ihrer Interessen zu untersuchen sind. War das Problem der Klassenlage und ihres Einflusses mit aller Deutlichkeit gestellt, so hätte die wissenschaftliche Eingangsfrage lauten müssen: Da der Mensch in seiner Welt als in einen vielfältigen Zusammenhang von beeinflussenden Sphären [...] gefügt ist, als eine von denen die soziale Schichtung erscheint, in welchem Gewichtsverhältnis und in welcher Wechselwirkung steht der Klasseneinfluß in der Gestalt der Ideologie zu dem nichtideologischen Bestand der Person? Natürlich könnte die Beantwortung solcher Fragen dem wissenschaftlichen Denken vorerst nur als Ziel gesetzt werden; diese Zielsetzung aber wäre eine wesentliche Vorbedingung für die Richtigkeit dieses Denkens. Statt dessen haben die

Ideologientheorien den Ansichten hegenden und Urteile formulierenden Menschen auf das Ideologische reduziert. Diese schrankenlose Simplifikation hat an der Ausbildung des existentiellen Mißtrauens entscheidend mitgewirkt. Wollen wir dieses Mißtrauen überwinden, so müssen wir nicht etwa hinter sie zurück, in eine unkritische Akzeptation der menschlichen Kundgebungen, sondern über sie hinaus gehen, indem wir der Ideologienkritik immer exakter Maß und Grenze setzen. Was ich meine, ist kein vager Idealismus, sondern ein umfassenderer, ein eindringenderer Realismus, ein größerer Realismus, der Realismus einer größeren Realität. Der Mensch soll nicht durchschaut, sondern in seiner Offenbarkeit und seiner Heimlichkeit, in dem Verhältnis beider zueinander immer vollständiger geschaut werden. Wir wollen ihm nicht blind, wohl aber sehend vertrauen, das heißt, wir wollen seiner Vielfältigkeit und seiner Ganzheit, seiner eigentlichen Beschaffenheit innewerden, ohne alle vorgefaßte Meinung über diese oder jene Hintergründe, mit der Absicht, ihn so sehr anzunehmen, zu beglaubigen, zu bestätigen, als uns dieses Innewerden erlauben wird.
[...] Die Hoffnung für diese Stunde geht auf eine Erneuerung der dialogischen Unmittelbarkeit zwischen den Menschen. Aber laßt uns über die drängende Not, die Angst und Sorge dieser Stunde hinausgehen, laßt uns diese Not in dem Zusammenhang des großen Menschenweges sehen, und wir werden erkennen: nicht zwischen Mensch und Mensch allein, sondern zwischen dem Wesen Mensch und dem Urgrunde des Seins ist die Unmittelbarkeit verletzt worden. Im Innersten des Widerstreits von Mißtrauen und Vertrauen zum Menschen birgt sich der Widerstreit zwischen Mißtrauen und Vertrauen zur Ewigkeit. Gerät es unserem Munde, wahrhaft Du zu sagen, dann haben wir, nach langem Schweigen und Stammeln, unser ewiges Du von neuem angesprochen. Versöhnung wirkt Versöhnung. *1952; Hoffnung für diese Stunde, S. 315-326*

Der Weg des nachkartesianischen Denkens hat uns insbesondre über drei Stationen entdeckender Kritik geführt, über deren jeder das Verbot der Rückkehr unmißverständlich geschrieben stand: die Entdeckungen der Gebundenheit unserer Erkenntnis an die Geschichtlichkeit unseres Daseins (Vico), an die Formen unserer Anschauung (Kant) und an die soziologisch und psychologisch determinierte Seinsverschiedenheit der erkennenden Individuen (die moderne Gesellschafts- und Seelenanalytik). Freilich hat der vielfältige theoretische und praktische Pragmatismus unserer Zeit die so gewonnenen kritischen Einsichten zu einer – biologisch oder gar kraß utilitarisch fundierten – Entwertung und Entwirklichung des Wahrheitsbegriffs verkehrt. Aber dieser erfolgreiche Mißbrauch kann uns nicht veranlassen, den großen Weg der kritischen Entdeckungen als unmaßgeblich zu behandeln und uns zu unterfangen, mit einer vorkritischen und vorgeblich in sich unanfechtbaren Wahrheitskonzeption neu zu beginnen. Es ist unrettbar illusorisch, den dogmatisch verabsolutierten Bedingtheitsthesen eine axiomatische Unbedingtheitslehre entgegensetzen zu wollen. Das Licht der dem Sein inhärenten Wahrheit bricht sich im Menschengeist und wird in solcher Gebrochenheit, und eben in ihr, also spezifisch nicht-zulänglich, weltoffenbar. [...] Aber mit dieser prismatisch bunten Helligkeit ist eine andere, spezifische Wahrheit zugleich Möglichkeit und Aufgabe geworden, eine Menschenwahrheit. Es kann in dieser Stunde des Geistesschicksals nicht mehr darum gehen, für die Adäquatheit und gegen die Inadäquatheit des menschlichen Denkens zu votieren, so wenig wie umgekehrt, vielmehr die Relation beider und ihre gegenseitige Begrenzung zu bestimmen und auszutragen. Die künftige Zuständigkeit des philosophierenden Menschen hängt davon ab, daß er um die Bedingtheit und Unbedingtheit seines Denkens *in einem* wisse und in solcher Umfassung die personale Devotion des ungeteilten erkennenden Wesens an das Sein vollziehe. *1948; Zur Situation der Philosophie, S. 125-127*

Der existenzverbindliche Geist

Zu Beginn dieses Kapitels wurde Bubers Denken in einen philosophiegeschichtlichen Zusammenhang gestellt. Es wäre aber verfehlt und würde sein Denken unzulässig verkürzen und vereinfachen, wenn man es primär als Gegenreaktion auf eine bestimmte Strömung der Philosophie verstehen wollte.

Buber war Jude, und er hat den osteuropäischen Chassidismus als Kind miterlebt. Der Chassidismus war aus seiner Sicht in der Lage, zur In-Frage-Stellung des Menschen und zur Krise der Zeit ein wichtiges Wort zu sagen. Dieses Wort kam von einer bestimmten Religion und wurde in der Sprache dieser Religion gesprochen; was es sagt, kann aber Bedeutung über den Kulturkreis hinaus gewinnen, aus dem es stammt. In seinem Aufsatz »Der Ort des Chassidismus in der Religionsgeschichte« hat Buber Motive dargestellt, die im Chassidismus und im Zen-Buddhismus parallel sind; im sechsten Kapitel zu Bubers Verständnis von Religion wird eine längere Passage aus diesem Text wiedergegeben.

Den Chassidismus, der Mitte des 18. Jahrhunderts von Israel ben Elieser, dem »Baal-Schem« (»Meister des Namens«) oder »Baal-Schem-Tow« (»Meister des guten Namens«) gegründet wurde, zeigt Buber als eine weltzugewandte Mystik.

Es geht ihm um die Zuwendung zur Welt, zu Gott durch die Welt, nicht um ein Erlebnis mystischer Einheit bei Abwendung von der Welt.[11] Zur Begeisterung, dem »Entbrennen«, der Inbrunst der Beziehung zu Gott (»Hitlawahut«) gehört im Leben des »Chassid«, des Frommen, der Dienst (»Awoda«), der Zuwendung zu Gott und zu den Dingen und Situationen des Alltags zugleich ist; diese Hinwendung geschieht in der Intention (»Kawwana«), dem Richtungnehmen des Menschen in seinem Tun, und in Demut (»Schiflut«), die nicht bedeutet, sich klein zu machen, sondern seine Wesensgleichheit mit dem anderen zu sehen: sich nicht, sich mit ihm vergleichend, ihm gegenüber abzuscheiden und herauszustellen.[12]

In »Mein Weg zum Chassidismus« schrieb Buber: »Hier ist keine Trennung zwischen Glauben und Werken, zwischen Wahrheit und Bewährung, in heutiger Sprache zwischen Moral und Politik; hier ist alles Ein Reich, Ein Geist, Eine Wirklichkeit.«[13]

Die Verbindung des Menschen mit dem anderen Menschen und der Welt können die *Ideen* vom anderen und von der Welt nicht herstellen. Der Geist – oder in der religiösen Sprache: das Heilige – bildet keinen Bereich außerhalb des alltäglichen Lebens, sondern er wird ins Leben gezogen.

I [...] Seit im Jahr vor dem ersten Weltkrieg das Herannahen der Katastrophe mir spürbar wurde, hatte ich zu erfahren angefangen, was mir hernach, bald nach Kriegsende, fulminanterweise zur Gewißheit wurde: daß der menschliche Geist entweder existenzverbindlich oder, auch beim erstaunlichsten Kaliber, vor der entscheidenden Instanz nichtig ist. Es handelte sich dabei nicht um eine philosophische Überzeugung, nicht um das, was man heute als Existentialismus zu bezeichnen pflegt; es handelte sich um den unwiderstehlich gewordenen Anspruch der Existenz selbst. Die Erkenntnis, die damals in mir groß wurde, die des Menschenlebens als der

---

[11] Auf Kritik an seinem Verständnis des Chassidismus hat Buber auf verschiedene Linien verwiesen, auf eine ursprünglichere der Weltzuwendung und der Heiligung des Lebens, aber auch auf eine Linie der Vergeistigung, in welcher die Lehre der Kabbala größere Wirkung ausgeübt habe. Vgl. Antwort, S. 626-635; in: Paul Arthur Schilpp/Maurice Friedman (Hrsg.), Martin Buber, S. 589-639. Zur Kritik an Buber: Gershom Scholem, Martin Bubers Deutung des Chassidismus; in: Ders., Judaica I, S. 165-207; Rivka Schatz-Uffenheimer, Die Stellung des Menschen zu Gott und Welt in Bubers Darstellung des Chassidismus; in: Paul Arthur Schilpp/Maurice Friedman (Hrsg.), Martin Buber, S. 275-301.

[12] Vgl. das Stichwort »Chassidismus« im Glossar.

[13] Mein Weg zum Chassidismus, S. 181; in: Hinweise, S. 179-196.

Möglichkeit eines Dialogs mit dem Seienden, war nur der denkerische Ausdruck eben jener Gewißheit oder eben dieses Anspruchs.

Zur gleichen Zeit [...] hatte sich mein Verhältnis zum Chassidismus gewandelt. Zwar wußte ich von Anbeginn, daß er nicht eine Lehre war, die von ihren Anhängern in dem oder jenem Maße verwirklicht wurde, sondern eine Art von Leben, zu der die Lehre den unerläßlichen Kommentar abgab. Jetzt aber zeigte es sich mit überwältigender Deutlichkeit, daß in der Aufgabe, die mich angefordert hatte, dieses Leben auf eine geheimnisvolle Weise involviert war. Gewiß, ich konnte kein Chassid werden; es wäre eine unerlaubte Kostümierung gewesen, hätte ich die chassidische Lebensweise angenommen, der ich eine ganz andere Beziehung zur jüdischen Tradition hatte und im innersten Wesen zwischen dem mir Gebotenen und dem mir nicht Gebotenen unterscheiden mußte. Es galt vielmehr, in mein eigenes Dasein so viel als ich vermochte aufzunehmen von dem, was mir da vorgelebt worden war, und das heißt: von der Realisierung jenes Dialogs mit dem Seienden, dessen Möglichkeit mein Denken mir gewiesen hatte. [...][14]

II Das Wichtigste am Chassidismus ist [...] die starke und sowohl im persönlichen Dasein als in dem der Gemeinden bewährte Tendenz, die fundamentale Scheidung zwischen dem Heiligen und dem Profanen immer mehr zu überwinden.

Diese Scheidung ist in die Grundlage jeder Religion aufgenommen. Überall wird da der Fülle der Dinge, Eigenschaften und Handlungen, die der Allgemeinheit zugehören, das Geweihte enthoben und entsondert, und dieses bildet nun in seiner Gesamtheit ein geschlossenes Heiligtum, in das die diffuse Profanheit keinen Einzug finden kann.

In der Geschichte des Menschen ist die Auswirkung dieser Scheidung eine zwiespältige. Der Religion wird dadurch ein Bezirk gesichert, dessen Unantastbarkeit ihr immer wieder von den Vertretern des Staates und der Gesellschaft gewährleistet wird. Aber zugleich wird dadurch den Bekennern der Religionen ermöglicht, die wesentliche Betätigung ihres Glaubensverhältnisses auf diesen Bezirk zu beschränken, ohne daß dem Heiligen im übrigen persönlichen Leben und insbesondere in dessen öffentlicher Sphäre eine entsprechende Macht eingeräumt würde.

Im Judentum scheint auf den ersten Anblick die Grenze zwischen beiden Bereichen äußerst scharf gezogen zu sein, weil den von außen Kommen-

[14] Einige Absätze, u.a. über die Form der Überlieferung chassidischen Lebens und deren Weitergabe bei Buber, sind hier ausgelassen.

den der große Block des Rituals wie etwas ganz für sich Bestehendes anmutet; auch drinnen zeugt manches dafür. Man braucht aber dagegen nur zu beachten, wie viele Handlungen des Alltags durch Segenssprüche eingeleitet werden, um zu erkennen, wie tief hier die Heiligung in das an sich Ungeweihte hineinreicht. Segnet einer Gott nicht bloß allmorgendlich beim Erwachen dafür, daß er ihn hat erwachen lassen, sondern auch, wenn er etwa ein neues Haus oder Kleid oder Gerät in Gebrauch nimmt, dafür, daß er bis zu dieser Stunde am Leben erhalten worden ist, so wird hier die gewohnte Tatsache des irdischen Fortbestehens bei jeder sich bietenden Gelegenheit eingeheiligt und damit auch diese Gelegenheit selber. Fortschreitend bildet sich aber die Anschauung aus, die Scheidung zwischen den Bereichen sei nur eine vorläufige. Nach dieser Anschauung stecken die Anordnungen des religiösen Gesetzes nur das schon für die Heiligung beanspruchte Gebiet ab, das Gebiet, in dem sich die Bereitung und Erziehung für das Heiligwerden alles Handelns vollzieht; in der messianischen Welt soll alles heilig geworden sein. Diese Tendenz gelangt im Chassidismus zu einer höchst realistischen Vollendung. Das Profane wird nunmehr nur noch als ein Vorstadium des Heiligen angesehen; es ist das noch nicht Geheiligte. Das menschliche Leben ist aber dazu bestimmt, in all seiner natürlichen, d.h. schöpfungsmäßigen Struktur geheiligt zu werden. »Gott wohnt, wo man ihn einläßt«, sagt ein chassidischer Spruch;[15] die Heiligung des Menschen bedeutet dieses Einlassen. Im Grunde ist somit in unserer Welt das Heilige nichts anderes als das dem Göttlichen Offene, wie das Profane nichts anderes ist als das sich ihm vorerst noch Verschließende, und Heiligung ist Erschließung.

Hier muß einem Mißverständnis vorgebeugt werden. Man schreibt dem Judentum gern einen »religiösen Aktivismus« zu, der die Wirklichkeit der Gnade nicht kenne und eitel Selbstheiligung oder gar Selbsterlösung betreibe. In Wahrheit wird im Judentum, wie das Verhältnis zwischen menschlicher Freiheit und göttlichem Allwissen, so auch das zwischen Menschentat und Gottesgnade als Mysterium gehütet, das letztlich mit dem Geheimnis des Verhältnisses zwischen Gott und Mensch gleichzusetzen ist. Der Mensch kann sich zwar nicht in die Hand nehmen, um sich zu heiligen: er ist nie in seiner eignen Hand; aber es gibt etwas ihm schöpfungsmäßig Vorbehaltenes, das eben ihm überantwortet und von eben ihm erwartet wird – man nennt es die Wahl oder das Beginnen. Das Sein der Schöpfung meint eine stets erneute Situation der Wahl. Heiligung ist ein Vorgang, der

---

[15] Vgl. Die Erzählungen der Chassidim, S. 784 f. (»Gottes Wohnung«).

im Grunde des Menschen anhebt, da, wo das Wählen, das Sich-entscheiden, das Beginnen sich ereignet. Der Mensch, der so beginnt, tritt in die Heiligung ein. Das aber kann er nur, wenn er eben als Mensch beginnt und sich keine übermenschliche Heiligkeit anmaßt. Die echte Heiligung eines Menschen ist *die Heiligung des Menschlichen* in ihm. Darum ist das biblische Gebot »Heilige Menschen sollt ihr mir sein« chassidisch so gedeutet worden: »*Menschlich* heilig sollt ihr mir sein.«[16]

In dem Leben, wie der Chassidismus es meint und verkündet, gibt es demgemäß keinen Wesensunterschied mehr zwischen heiligen und profanen Räumen, zwischen heiligen und profanen Zeiten, zwischen heiligen und profanen Handlungen, zwischen heiligen und profanen Gesprächen. An jedem Ort, zu jeder Stunde, in jeder Rede, kann das Heilige erwachen.

Als ein Beispiel, das sich zu sinnbildlicher Höhe erhebt, führe ich die Geschichte vom Schlaf des Rabbi Schmelke an. Er pflegte, damit sein Studium in den heiligen Büchern nicht allzu lange Unterbrechung erleide, nicht anders als sitzend zu schlafen, den Kopf auf dem Arm; zwischen den Fingern aber hielt er ein brennendes Licht, das ihn wecken sollte, sowie die Flamme seine Hand berührte. Als Rabbi Elimelech ihn besuchte und die noch eingesperrte Macht seiner Heiligkeit erkannte, bereitete er ihm sorgsam ein Ruhebett und bewog ihn mit vieler Überredung, sich für ein Weilchen darauf auszustrecken. Dann schloß und verhüllt er das Fenster. Rabbi Schmelke erwachte erst am hellen Morgen. Er merkte, wie lang er geschlafen hatte, aber es reute ihn nicht, denn er empfand eine ungekannte, sonnenhafte Klarheit. Er ging ins Bethaus und betete der Gemeinde vor, wie es sein Brauch war. Der Gemeinde aber schien es, sie hätte ihn noch nie gehört, so bezwang und befreite alle die Macht seiner Heiligkeit. Als er den Gesang vom Schilfmeer sprach, mußten sie – so wird erzählt – den Saum ihrer Kaftane raffen, weil sie fürchteten, die rechts und links sich bäumenden Wellen könnten ihn netzen.[17]

Hier ist auch der antiasketische Charakter der chassidischen Lehre zum Ausdruck gekommen. Es bedarf keiner Abtötung der »Triebe«, denn alles natürliche Leben kann geheiligt werden: man kann es mit heiliger Inten-

[16] Vgl. Die Erzählungen der Chassidim, S. 790 (»Heiligkeit«).

[17] Die Erzählungen der Chassidim, S. 309 f. (»Der Schlaf«). Mit dem »Gesang vom Schilfmeer« ist ein Hymnus im »Buch Namen« (Exodus) 15, 1-19 gemeint, in dem der Zug Israels durchs Rote Meer und die Rettung vor den Ägyptern besungen wird: »Damals sang Mosche und die Söhne Jissraels / IHM diesen Gesang, / sie sprachen im Spruch [...]«. Die fünf Bücher der Weisung. Verdeutscht von Martin Buber gemeinsam mit Franz Rosenzweig, S. 190. Vgl. hierzu auch das Kapitel »Das Wunder am Meer« in Bubers Buch »Moses« (S. 99-106).

tion erfüllen. Die chassidische Lehre erläutert diese Intention gern im Anschluß an den kabbalistischen Mythos von den heiligen Funken: beim »Zerbrechen der Weltgefäße«, die in der Vorschöpfung dem schöpferischen Überfluß nicht standzuhalten vermochten, sind Funken in alle Dinge gefallen und sind nun in sie gebannt, bis je und je ein Mensch mit einem Ding in Heiligkeit umgeht, und so die Funken, die es birgt, befreit. »Alles, was der Mensch zu eigen hat«, sagt der Stifter des Chassidismus, der Baalschem, »birgt Funken, die der Wurzel seiner Seele zugehören und von ihm zu ihrem Ursprung erhoben werden wollen.«[18] Und weiter heißt es: »Darum soll man sich seiner Geräte und all seines Besitzes erbarmen; man soll sich der heiligen Funken erbarmen.«[19] Auch in der Speise wohnen heilige Funken, und das Essen kann daher heiliger sein als das Fasten; dieses ist nur Bereitung zur Heiligung, jenes vermag Heiligung selber zu sein.

Was der Chassidismus hier mythisch ausspricht, ist ein zentrales Wissen, das nur bildhaft, nicht begrifflich mitteilbar ist. Er ist aber keineswegs ausschließlich an diese eine mythische Tradition gebunden. Dieselbe Weisung wird in einem ganz anderen, biblisch fundierten Bilde geäußert. »Alle Kreatur, Gewächs und Getier«, heißt es da, »bringt sich dem Menschen dar, durch den Menschen aber werden alle Gott dargebracht. Wenn der Mensch sich mit all seine Gliedern Gott zum Opfer reinigt und heiligt, reinigt und heiligt er die Kreatur.« Hier wird die Anschauung noch deutlicher, der Mensch sei als ein kosmischer Mittler bestellt, dazu berufen, durch heiligen Kontakt mit den Dingen eine heilige Realität in ihnen zu erwecken.

Nicht solcherweise traditionellen, sondern ganz persönlichen Ausdruck gewinnt der gleiche Grundgedanke in dem uns erhaltenen Gespräch eines großen Zaddiks mit seinem Sohn.[20] Er fragt den Sohn: »Womit betest du?« Der Sohn versteht den Sinn der Frage: auf welche Betrachtung er sein Gebet gründe. Er erwidert: »Mit dem Spruch: ›Jeglicher Hochwuchs, vor dir neige er sich‹.« Dann fragt er den Vater: »Und womit betest du?« Der Vater antwortet: »Mit der Diele und mit der Bank.« Das ist keine Metapher, das Wort »mit« ist jetzt ganz unmittelbar gemeint: der Rabbi schließt sich betend mit der Diele, auf der er steht, und mit der Bank, auf die er sich

[18] Vgl. die Worte des Baalschem in »Des Baal-Schem-Tow Unterweisung im Umgang mit Gott«, S. 30.

[19] Des Baal-Schem-Tow Unterweisung im Umgang mit Gott, S. 32: »Man ißt Menschen, man trinkt Menschen, man gebraucht Menschen; das sind die Funken, die in den Dingen wohnen. Darum soll man sich seiner Geräte und all seines Besitzes erbarmen, um der Funken willen, die darin sind; man soll sich der heiligen Funken erbarmen.«

[20] Schnëur Salman von Ljadi. Vgl. Die Erzählungen der Chassidim, S. 418 (»Womit er betete«).

dann setzt, zusammen – sie, die Dinge, die zwar von Menschenhand gemacht sind, aber doch wie alles ihren Ursprung in Gott haben, helfen ihm beten, und er, ja, er hilft ihnen beten, er hebt sie, die Holzdiele und die Holzbank, ihrem Ursprung, dem Ursprung entgegen, er »erhebt« sie. Dieses »Erheben« ist aber keineswegs als eine Entweltlichung der Dinge oder Vergeistigung der Welt zu verstehen, wiewohl in der chassidischen Theorie auch manches dieser Art zu finden ist; das Leben, von dem ich sprach, das exemplarische Leben hat sich eben stärker erwiesen als der Gedanke, und in dem Maße, als die Lehre der Kommentar dieses Lebens wurde, hat sie sich ihm anpassen müssen. Um was es hier letztlich geht, ist in einer anderen Erzählung naiv und gültig gesagt. Von einem Zaddik wird berichtet, man habe einmal vor ihm von dem großen Elend des Menschenvolkes gesprochen. In Gram versunken hörte er zu. Dann hob er den Kopf. »Laßt uns«, rief er, »Gott in die Welt ziehn, und alles wird gestillt sein.«[21] Man darf den kühnen Spruch nicht so verstehn, als ob darin ein vermessener »Aktivismus« zu Worte käme. Er stammt vielmehr aus demselben Geiste wie jener vorher angeführte: »Gott wohnt, wo man ihn einläßt.« Gott will – das ist der Sinn davon – in der Welt wohnen, aber erst wenn sie ihn einlassen will. Laßt uns, sagt der chassidische Rabbi zur Welt, Gott die Wohnstatt erstellen, in die er einzuziehen begehrt, wenn sie von uns aus ihrem eigenen Willen erstellt wird, – lassen wir Gott ein! Die Heiligung der Welt wird dieses Einlassen sein. Die Gnade aber will der Welt helfen, sich zu heiligen.

Mit all dem ist jedoch nicht etwa vorausgesetzt, daß Gott seiner Schöpfung nicht einwohne. Das würde ja jenem gewichtigen Vers der Schrift widersprechen, in dem es von Gott heißt, er nehme Wohnung »bei ihnen inmitten ihrer Makel«,[22] ein Vers, der freilich nicht von einem dauernden Wohnen – das würde anders bezeichnet werden –, sondern eben von einem jeweiligen Wohnung-nehmen spricht. Auch die nachbiblische, später von der Mystik vielfältig mythisch ausgestaltete und dem Chassidismus tief vertraute Vorstellung von der Schechina, der göttlichen »Einwohnung«, einer Hypostase oder Emanation, die sich dem aus dem Paradies verbannten Menschengeschlecht oder dem aus seinem Lande vertriebenen Israel

---

21 Pinchas von Korez. Vgl. Die Erzählungen der Chassidim, S. 228 (»Das Eine«).

22 Vgl. Das Buch Er rief (Leviticus) 16, 16: »Er bedecke / über dem Heiligtum / vor den Makeln der Söhne Jiſsraels / und vor ihren Abtrünnigkeiten, / all ihren Versündigungen, / und ebenso tue er / dem Zelt der Begegnung / des, der einwohnt bei ihnen / inmitten ihrer Makel.« Die fünf Bücher der Weisung. Verdeutscht von Martin Buber gemeinsam mit Franz Rosenzweig, S. 317.

beigesellt und mit ihm über die Erde wandert, auch sie meint nur die göttliche Teilnahme an dem Schicksal seiner sündigen und leidenden Schöpfung: das Werk der »Stillung« dieses Leids, von dem die chassidische Erzählung redet, ist nicht mehr geschichtlicher Art. Hier bricht, wie immer wieder im Chassidismus, die eschatologische Konzeption in die gelebte Stunde ein und durchdringt sie.

Wir haben also innerhalb des chassidischen Lebens und der chassidischen Lehre zweierlei »Einlassen« Gottes zu unterscheiden. Das sei an zwei, wieder andersartigen, Sprüchen verdeutlicht.

Der eine schließt sich der Vorstellung der Schechina an. Den Psalmvers »Ein Gast bin ich auf Erden, verhehle mir nicht deine Gebote« hat ein Zaddik so ausgelegt: »Du bist wie ich ein Gast auf Erden und hast deiner Einwohnung keine Ruhestatt: so entziehe dich mir nicht, sondern enthülle mir deine Gebote, daß ich dein Freund werden kann.«[23] Dem Menschen, der sich und seine Welt heiligen will, hilft Gott mit seiner Nähe.

Um recht zu verstehen, welche Daseinsweise hier gemeint ist, tun wir gut, ein anderes Wort desselben Zaddiks neben dieses zu stellen: »Die Funken, die von der Urschöpfung her in die Hüllschalen gefallen waren und sich in Steine, Gewächse und Tiere verwandelten, sie alle steigen durch die Weihe des Frommen, der in Heiligkeit an ihnen arbeitet, in Heiligkeit sich ihrer bedient, in Heiligkeit sie verzehrt, zu ihrem Quell empor.«[24] So ist der Mensch beschaffen, der sich einen Gast auf Erden nennt.

Der zweite Spruch stammt von einem späteren Zaddik. Er lautet: »Auch die Völker der Erde glauben, daß zwei Welten sind; ›in jener Welt‹, sagen sie. Der Unterschied ist dies: Sie meinen, die zwei seien voneinander abgehoben und abgeschnitten, Israel aber bekennt, daß beide Welten in ihrem Grunde eine sind und daß sie in ihrer Wirklichkeit eine werden sollen.«[25] Erst beide Sprüche zusammen stellen uns den chassidischen Glaubensurstand dar.

---

[23] Vgl. die Auslegung des Rabbi Baruch von Mesbiž in der Erzählung »Die beiden Fremdlinge« (Die Erzählungen der Chassidim, S. 181). Statt »Gast« heißt es hier »Fremdling«. In den »Preisungen« übersetzt Buber »Ein Gast bin ich auf der Erde, / nimmer verhehle mir deine Gebote!« (Psalm 119, 19; vgl. Die Schriftwerke. Verdeutscht von Martin Buber, S. 175.)

[24] Die Erzählungen der Chassidim, S. 187 (»Die Arzenei«).

[25] Ein Spruch Chanochs von Alexander in der Erzählung »Zwei Welten« (Die Erzählungen der Chassidim, S. 841).

III An dem zentralen Beispiel der chassidischen Überwindung der Distanz zwischen dem Heiligen und dem Profanen läßt sich andeutungsweise erläutern, was darunter zu verstehen ist, der Chassidismus habe in die Krisis des abendländischen Menschen sein Wort zu sprechen.
Die Krisis ist schon vor hundert Jahren von Kierkegaard als eine vorher erschienene In-Frage-Stellung des Menschen als Menschen erkannt worden, aber erst in unserem Geschlecht hat man sich ernstlich damit zu befassen angefangen, daß in dieser Krisis etwas sich zu entscheiden anschickt, das aufs engste mit einer Entscheidung unser selbst zusammenhängt.
Man hat die Krisis von verschiedenen Teilaspekten aus kausal zu erklären unternommen, so Marx von der durch die wirtschaftlichen und technischen Umwälzungen verursachten radikalen »Entfremdung« des Menschen her und die Psychoanalytiker von dessen individualer oder gar kollektiver Neurotisierung her; aber weder einer dieser Erklärungsversuche noch alle miteinander ergeben ein zureichendes Verständnis dessen, was uns angetreten hat. Wir müssen die versehrte Ganzheit des Menschen als Lebenslast auf uns nehmen, um über alle bloße Symptomatik hinaus den eigentlichen Schaden zu erfassen, von dem her jenen Momenten die Stärke kam, zu wirken, wie sie gewirkt haben. Diejenigen, die statt dessen die grausame Problematik als einen an Interessantheit nicht zu überbietenden Gegenstand beschauen, abschildern und etwa auch zu rühmen wissen, arbeiten, zuweilen mit hoher Begabung, an der massiven Entscheidungslosigkeit mit, deren wahrer Name die Entscheidung für das Nichts ist.
Ein besonders bedrohlicher Zug der Krisis ist die säkularisierte Form der radikalen Scheidung zwischen dem Heiligen und dem Profanen. Das Heilige ist sehr vielen ein realitätsbarer Begriff von nur noch historischem oder gar nur noch ethnologischem Belange geworden; aber sein Charakter der Abgeschiedenheit ist einem Erben zugefallen. Man kennt das Heilige nicht mehr von Angesicht; aber seinen Erben, das »Geistige«, meint man zu kennen und zu pflegen, ohne daß man ihm freilich das Recht zubilligte, das Leben irgend zu bestimmen. Der Geist ist abgehegt, und sein Anspruch an das persönliche Dasein ist durch einen umfänglichen Apparat abgewehrt; man kann seiner nun genießen, ohne faschöse Folgen befürchten zu müssen. Man hat Ideen, man hat sie eben und zeigt sie zur eignen und mitunter auch zu fremder Zufriedenheit vor; man nimmt sie anscheinend grimmig ernst; aber dabei muß es sein Bewenden haben. Man läßt sie auf goldenen Stühlen thronen, an die ihre Glieder gefesselt sind. Kein Frömmlertum hat je diesen Konzentrationsgrad der Unechtheit erreicht.
Nun erst ist man das Heilige und das Gebot der Heiligung gründlich losgeworden.

All diesem Verhalten des heutigen Menschen stellt der Chassidismus die simple Wahrheit entgegen, daß die Heillosigkeit unserer Welt in ihrem Widerstand gegen den Einzug des Heiligen in das gelebte Leben begründet ist. Der Geist wird nicht im Hirn gesponnen, er west von je, und das Leben kann ihn in die menschliche Wirklichkeit aufnehmen. Ein Leben, das nicht zu verwirklichen sucht, was der Lebende im Grunde seiner Selbstbesinnung als das Rechte meint oder ahnt, ist nicht bloß des Geistes unwert, auch lebenswert ist es nicht.
Besonders schwerwiegend innerhalb der säkularisierten Scheidung zwischen Oben und Unten ist die Erkrankung des Kontakts mit den Dingen und Wesen. Das Denken der Zeit weiß über die Dinge und Wesen Aufschlußreiches zu sagen, aber dem Leben scheint das große Gefühl, daß die Beziehungen zu den Dingen und Wesen das Mark des Daseins sind, fremd geworden zu sein. Die chassidische Lehre von dem heiligen Umgang mit allem Seienden widerspricht dieser Zersetzung der lebendigen Begegnungskraft als dem fortschreitenden Ausweichen des Menschen vor der Begegnung mit Gott in der Welt.

IV Ich habe die Botschaft des Chassidismus nicht in dichte Begrifflichkeit umgesetzt; ich war bestrebt, wie seine epische Essenz, so auch seine mythische zu bewahren. [...] Meine Übermittlung chassidischer Botschaft ist keine spekulative Theologie; wo hier Mythos vernehmbar wird, ist es ein in das gelebte Leben von sieben Generationen eingegangener, als dessen nachgeborener Dolmetsch ich fungiere.
In dieser Gestalt habe ich in einer langen Arbeit die chassidische Lebenslehre dem abendländischen Menschen von heute zuzuführen versucht. Es ist mir mehrfach nahegelegt worden, diese Lehre von ihrer, wie man gern sagt, »konfessionellen Beschränktheit« zu befreien und als eine ungebundene Menschheitslehre zu verkündigen. Das Einschlagen eines solchen »allgemeinen« Wegs wäre für mich die pure Willkür gewesen. Um das Vernommene in die Welt zu sprechen, bin ich nicht gehalten, auf die Straße zu treten, ich darf in der Tür meines angestammten Hauses stehenbleiben; auch das hier gesprochene Wort geht nicht verloren.
Das chassidische Wort sagt, die Welten könnten ihre Bestimmung, zu einer zu werden, dadurch erfüllen, daß das Leben des Menschen eins wird. Aber wie läßt sich das verstehen? Ist doch eine vollkommene Einheit lebendigen Seins nirgendwo anders denkbar als in Gott selber. Das Bekenntnis Israels zur Einheit Gottes sagt ja nicht bloß, daß es außer ihm keinen Gott gibt, sondern auch, daß er allein die Einheit ist. Hier muß der Dolmetsch einsetzen. Kann der Mensch »menschlich heilig«, d.h. als Mensch, im Maße

und in der Art des Menschen heilig werden, und zwar, wie geschrieben steht, »mir«, d.h. im Angesicht Gottes, dann kann er auch, der einzelne Mensch kann, im Maße seines persönlichen Vermögens und in der Art seiner persönlichen Möglichkeit, im Angesicht Gottes eins werden. Der Mensch kann dem Göttlichen nicht nahekommen, indem er über das Menschliche hinauslangt; er kann ihm nahekommen, indem er der Mensch wird, der zu werden er, dieser einzelne Mensch da, erschaffen ist. Dies erscheint mir als der ewige Kern des chassidischen Lebens und der chassidischen Lehre. *1956; Der Chassidismus und der abendländische Mensch, S. 936-947*

Eine Grundbestimmung der Bedeutung von ›Dialog‹ in Bubers Denken

Bubers programmatische Grundschrift, in der ansatzweise bereits all seine anderen philosophischen und pädagogischen Schriften zum dialogischen Denken enthalten sind, ist »Ich und Du«. Weitere Schriften – wie »Zwiesprache. Traktat vom dialogischen Leben«, »Elemente des Zwischenmenschlichen«, »Urdistanz und Beziehung« und seine »Reden über Erziehung« – wollen aus der grundlegenden Sicht heraus, die in »Ich und Du« ausgesprochen ist, offene Fragen klären und die Bedeutung der Beziehung von Ich und Du in Bereichen wie Pädagogik und Psychotherapie zeigen.
Das Miteinander-sprechen, der Dialog, den Buber meint, ist nicht an die Rede, die Wortsprache gebunden; entscheidend ist die Haltung oder ›innere Handlung‹ der Menschen; so kann ein Beieinandersein, in dem Menschen schweigen, dialogischer sein als ein eifriges Gespräch.
Die Haltung zum anderen, die dialogisch ist, läßt sich mit dem Wort »Innewerden« beschreiben.

DAS MITTEILENDE SCHWEIGEN. Wie auch das eifrigste Aufeinanderzu-Reden kein Gespräch ausmacht (am deutlichsten zeigt das jener absonderliche Sport einigermaßen denkbegabter Menschen, den man zutreffend Diskussion, Auseinanderschlagung, nennt), so bedarf es hinwieder zu einem Gespräch keines Lauts, nicht einmal einer Gebärde. Sprache kann sich aller Sinnenfälligkeit begeben und bleibt Sprache.
Ich meine natürlich nicht das zärtliche Ineinanderschweigen der Liebes-

leute, das in einem Blick, ja in der bloßen Gemeinsamkeit eines beziehungsreichen Vorsichhinsehens sich an Äußerung und Einvernehmen genugtun kann. Aber auch nicht das mystische Miteinanderschweigen meine ich, wie es von dem Franziskusjünger Ägidius und Ludwig von Frankreich (oder fast ebenso von zwei chassidischen Rabbis) berichtet wird,[26] die in einer einmaligen Zusammenkunft kein Wort redeten, sondern »im Spiegel des göttlichen Angesichts stehend« einander erfuhren; denn auch hier noch ist Gebärde, eine körperliche Haltung des einen zum andern, äußernd.
Was ich meine, will ich an einem Beispiel verdeutlichen.
Man stelle sich zwei Männer vor, in irgendeiner Einsamkeit der Welt nebeneinander sitzend. Sie reden nicht miteinander, sie sehen einander nicht an, sie haben sich nicht einmal einander zugewandt. Sie sind nicht miteinander vertraut, einer weiß nichts vom Lebenslauf des andern, heute frühmorgens auf der Wanderschaft haben sie einander kennengelernt. Keiner denkt in diesem Augenblick an den andern; wir brauchen nicht zu wissen, woran sie denken. Der eine sitzt auf der gemeinsamen Bank so, wie es offenbar seine Art ist: gelassen, allem gastfrei zugeneigt, was kommen mag; sein Wesen scheint zu sagen, es sei zu wenig, bereit zu sein, man müsse auch wirklich *da* sein. Der andere: seine Haltung verrät ihn nicht, er ist ein gehaltener, verhaltener Mann; aber wer um ihn weiß, weiß, daß ein Kindheitsbann auf ihm liegt, daß seine Verhaltenheit noch anderes als Haltung ist, hinter aller Haltung lagert das undurchdringliche Sich-nicht-mitteilen-können. Und nun – stellen wir uns vor, daß dies eine der Stunden ist, die es fertigbringen, die sieben Eisenbande um unser Herz aufzubrechen – löst sich unversehens der Bann. Aber auch jetzt spricht der Mann kein Wort, rührt keinen Finger. Dennoch tut er etwas. Die Lösung hat sich ohne sein Tun an ihm ereignet, gleichviel woher; jetzt aber tut er dies, daß er seinen Rückhalt, über den nur er selbst Macht hat, in sich aufhebt. Rückhaltlos strömt die Mitteilung aus ihm, und das Schweigen trägt sie zu seinem Nachbarn, dem sie ja doch zugedacht war und der sie, wie alles echte Schicksal, das ihm begegnet, rückhaltlos aufnimmt. Er wird niemand, auch nicht sich selbst, erzählen können, was er erfahren hat. Was »weiß« er nun vom andern? Er bedarf keines Wissens mehr. Denn wo Rückhaltlosigkeit zwischen Menschen, sei es auch wortlose, gewaltet hat, ist das dialogische Wort sakramental geschehen.[27] *1930; Zwiesprache, S. 141-143*

[26] Vgl. das kurze Kapitel »Die Franziskaner: Von Aegidius von Assisi« in Bubers Band »Ekstatische Konfessionen«, S. 59-62.
[27] Der Abschnitt »Das mitteilende Schweigen« wird hier vollständig wiedergegeben.

DER WEG DES SCHWEIGENS. Einst kamen Rabbi Mendel, der Sohn des Zaddiks von Worki,[28] und Rabbi Eleasar, der Enkel des Maggids von Kosnitz, zum erstenmal zusammen. Sie gingen ohne Gefährten in eine Stube, setzten sich einander gegenüber und schwiegen eine Stunde lang. Dann ließen sie die andern ein. »Nun sind wir fertig«, sagte Rabbi Mendel. *Die Erzählungen der Chassidim, S. 818 f.*

FRAGESTELLUNG. Das Dialogische ist nicht auf den Verkehr der Menschen miteinander beschränkt: es ist, so hat es sich uns gezeigt, ein Verhalten der Menschen zueinander, das sich in ihrem Verkehr nur eben darstellt. Demnach scheint, mag auch Rede, mag auch Mitteilung zu entbehren sein, eins denn doch zum Mindestbestand des Dialogischen sinngemäß unablösbar zu gehören: die Gegenseitigkeit der inneren Handlung. Zwei Menschen, die dialogisch verbunden sind, müssen doch offenbar einander zugekehrt sein, sich also – gleichviel, mit welchem Maß von Aktivität oder gar von Aktivitätsbewußtsein – einander zugekehrt haben.
Es ist gut, sich das so kraß formelhaft vorzurücken. Denn hinter der formulierenden Frage nach den Grenzen einer erörterten Kategorie birgt sich eine Frage, die alle Formeln zersprengt.

BEOBACHTEN, BETRACHTEN, INNEWERDEN. Es gilt drei Arten zu unterscheiden, auf die wir einen Menschen, der vor unsern Augen lebt (ich meine nicht ein Objekt der Wissenschaft, von der ich hier nicht rede), wahrzunehmen vermögen. Der Gegenstand unsrer Wahrnehmung braucht von uns, von unserm Dabeisein nichts zu wissen; ob er zum Wahrnehmen ein Verhältnis, ein Verhalten hat, ist hier gleichgültig.
Der *Beobachter* ist ganz darauf gespannt, den Beobachteten sich einzuprägen, ihn zu »notieren«. Er sucht ihn ab und zeichnet ihn auf. Und zwar ist er beflissen, so viele »Züge« als möglich aufzuzeichnen. Er lauert den Zügen auf, daß ihm keiner entgehe. Der Gegenstand besteht aus Zügen, und von jedem weiß man, was dahintersteckt. Die Kenntnis des menschlichen Expressionssystems verleibt sich die neuerscheinenden individuellen Variationen stets im Nu ein und bleibt verwendbar. Ein Gesicht ist nichts als Physiognomie, Bewegungen nichts als Ausdrucksgebärde.
Der *Betrachter* ist überhaupt nicht gespannt. Er nimmt die Haltung ein, die ihm den Gegenstand frei zu sehen gibt, und erwartet unbefangen, was sich ihm darbieten wird. Nur zu Anfang darf bei ihm die Absicht walten, alles weitere ist unwillkürlich. Er notiert nicht drauflos, läßt sich gehn, er

[28] Jizchak von Worki.

fürchtet sich gar nicht, etwas zu vergessen (»Vergessen ist gut«, sagt er). Er gibt seinem Gedächtnis keine Aufgaben, er vertraut dessen organischer Arbeit, die das Erhaltenswerte erhält. Er fährt nicht, wie der Beobachter, das Gras als Grünfutter ein, er wendet es und läßt es von der Sonne bescheinen. Auf Züge paßt er nicht auf (»Züge«, sagt er, »führen irre«). Am Gegenstand ist ihm das erheblich, was nicht »Charakter« und nicht »Ausdruck« ist (»Das Interessante«, sagt er, »ist nicht wichtig«). Alle großen Künstler sind Betrachter gewesen.

Es gibt aber eine Wahrnehmung, die von entscheidend anderer Art ist.

Dem Betrachter und dem Beobachter ist das gemeinsam, daß sie eine Einstellung haben, eben den Wunsch, den vor unsern Augen lebenden Menschen wahrzunehmen; sodann, daß dieser für sie ein von ihnen selber und ihrem persönlichen Leben abgetrennter Gegenstand ist, der eben nur deshalb »richtig« wahrgenommen werden kann; daß somit das, was sie so erfahren, ob es nun wie beim Beobachter eine Summe von Zügen oder wie beim Betrachter eine Existenz ist, ihnen weder Tat abfordert noch Schicksal zufügt; daß das Ganze sich vielmehr in den abgeschiedenen Gefilden der Ästhesie begibt.

Anders geht es zu, wenn mir, in einer empfänglichen Stunde meines persönlichen Lebens, ein Mensch begegnet, an dem mir etwas, was ich gar nicht gegenständlich zu erfassen vermag, »etwas sagt«. Das heißt keineswegs: mir sagt, wie dieser Mensch sei, was in ihm vorgehe und dergleichen. Sondern: *mir* etwas zuspricht, mir etwas in mein eigenes Leben hineinspricht. Das kann etwas über diesen Menschen sein, zum Beispiel, daß er mich braucht. Es kann aber auch etwas über mich sein. Der Mensch selber in seinem Verhalten zu mir hat mit diesem Sagen nichts zu schaffen; er verhält sich nicht zu mir, er hat mich wohl gar nicht bemerkt. Nicht er sagt es mir, wie jener Einsame auf der Bank schweigsam sein Geheimnis gestand: *es* sagt.

Wer hier »sagen« als Metapher versteht, versteht nicht. Die Phrase »das sagt mir nichts« ist metaphorisch verschliffen; aber das Sagen, auf das ich hinzeige ist wirkliche Sprache. Im Haus der Sprache sind viele Wohnungen, und das ist eine der innern.

Die Wirkung dieses Gesagtbekommens ist eine völlig andere als die des Betrachtens und des Beobachtens. Ich kann den Menschen, an dem, durch den mir etwas gesagt worden ist, nicht abmalen, nicht erzählen, nicht beschreiben; versuchte ich es, wärs schon aus mit dem Gesagtsein. Dieser Mensch ist nicht mein Gegenstand; ich habe mit ihm zu tun bekommen. Vielleicht habe ich etwas an ihm zu vollbringen; aber vielleicht habe ich nur etwas zu lernen, und es kommt nur darauf an, daß ich »annehme«. Es kann sein, daß ich sogleich zu antworten habe, eben an diesen Menschen hier hin; es kann auch sein, daß dem Sagen eine lange, vielfältige Transmission bevorsteht und daß ich darauf anderswo, anderswann, anderswem antworten soll, wer weiß in was für einer Sprache, und es kommt jetzt nur darauf an, daß ich das Antworten auf mich nehme. Immer aber ist mir ein Wort geschehen, das eine Antwort heischt. Diese Wahrnehmungsweise sei *Innewerden* genannt.[29] *1930; Zwiesprache, S. 149-153*

Dialogisches Leben ist nicht eins, in dem man viel mit Menschen zu tun hat, sondern eins, in dem man mit den Menschen, mit denen man zu tun hat, wirklich zu tun hat. *1930; Zwiesprache, S. 167*

Der Dialog: die Begegnung von Ich und Du

In einer philosophischen Arbeit zu Bubers Denken heißt es: »Wir fragen nach dem Erkenntnisbegriff von Buber und er antwortet mit einer Gegenfrage: Was geschieht mit dem Menschen, wenn er *erkennt*?«[30] Was und wie der Mensch den andern Menschen, die Welt versteht, was ihm darin zuteil wird, ist abhängig von einer Haltung, die er dabei einnimmt. Bubers Erkenntnisbegriff und Wahrheitsbegriff sind in eine Ethik eingebunden: am Anfang ist die Haltung, und daraus ergibt sich, was man erkennen, verstehen, als Wahrheit fassen kann.
Für Buber gibt es im menschlichen Leben zwei grundlegende Weisen, sich zum anderen zu verhalten; er beschreibt beide als das ›Sprechen eines Grundworts‹.
Ein Wort spricht man zu einem andern: Buber gebraucht den Begriff ›Grundwort‹, weil es ihm nicht um das abgetrennte Ich, das Subjekt geht, sondern um das Ich *und* den Partner, an den das Wort gerichtet ist. Ein Grundwort zu sprechen, hat nicht nur Bedeutung für das Ich, den Sprecher, sondern auch für den andern.
Die Grundworte sind »Ich-Du« und »Ich-Es«. Im Grundwort Ich-Du geschieht die Begegnung zwischen zwei Menschen; nur hier gibt es ein Gegenwärtigwerden des ganzen anderen Menschen, nur hier ist das Ich ganz beteiligt.
Was Buber über das ›Grundwort Ich-Es‹ oder die ›Ich-Es-Beziehung‹ sagt, erin-

---

[29] Die Überschriften »Fragestellung« und »Beobachten, Betrachten, Innewerden« sind Abschnittsüberschriften Bubers; der erste dieser beiden Abschnitte wird hier vollständig, der zweite lediglich um den Schlußabsatz gekürzt wiedergegeben.
[30] Zóltan Balogh, Martin Buber und die Welt des Es, S. 38.

nert in vielem an die Philosophie Kants. Dieser hat in seiner »Kritik der reinen Vernunft« danach gefragt, wie Erkenntnis möglich ist. Buber übernimmt Bestimmungen Kants und schränkt sie zugleich ein. Die ›Formen der Anschauung‹, die Kant feststellt, Zeit und Raum, sind gültig; menschliches Bewußtsein muß sich das, was es erkennt, nacheinander (in zeitlicher Folge oder einer Folge von Ursache und Wirkung) oder nebeneinander (in räumlicher Anordnung) vorstellen. Die Realität ist nicht wirklich so, sondern das menschliche Bewußtsein arbeitet so, daß es solche Zusammenhänge herstellen muß.

Wenn der Mensch sich ein Wissen von der Welt oder vom andern Menschen aneignen, wenn er ›etwas‹ erkennen will, so stellt er dessen ›Beschaffenheit‹ fest: er zeichnet die Eigenschaften – äußere wie »innere«, seelische – auf, er stellt das, was er sieht, nebeneinander; er bringt es in seinem Bewußtsein in eine zeitliche Reihenfolge, verknüpft es kausal – er trägt den anderen und die Welt in ein ›Weltnetz aus Raum und Zeit‹ ein, wie Buber es nennt. Das andere, das Es, ist sein Objekt, ist ihm Gegenstand. Er gewinnt Erkenntnisse oder Vorstellungen vom anderen in seinem Bewußtsein, im Ich; dies ist genau die Art des Bezugs zum anderen, in dem das Ich, der Mensch, allein bleibt und keinen Zugang zum andern gewinnen kann.

Dies alles gilt, aber es ist abhängig davon, welches Grundwort der Mensch spricht; es gilt nur im Rahmen der Ich-Es-Beziehung.

Es gibt eine andere Art der Zuwendung zum andern, und auf diese, oft vergessene kann sich der Mensch besinnen. Wenn er das Grundwort Ich-Du spricht, ist ihm der andere »Gegenwart«, er »leibt« ihm gegenüber: die ganze Dynamik der leiblich-seelischen Person des anderen steht und dauert ihm gegenüber, ohne daß sie in vorübergehende Momente des Wahrnehmens aufgesplittet würde. Buber spricht auch vom ›Gegenwarten‹ und ›Gegenwähren‹. Zu einer solchen Gegenwart des andern muß der Mensch selbst in anderer Weise gegenwärtig sein; dies bedeutet ›Zwiefalt‹: der *eine* Mensch kann sich im Sprechen des einen oder des andern Grundworts entfalten, und der andere ist ihm in der einen oder in der anderen Weise gegeben. Bedingungen, die Kant für jedes menschliche Verstehen sah, gelten aus Bubers Sicht nur, wenn das Grundwort Ich-Es gesprochen wird.

Es ist mir einmal in einem Buch ein Satz aufgestoßen, der lautet etwa: »Und da unser bewußtes Leben aus Erfahrungen besteht ...«, und so ging es weiter. Und dieser Satz kam mir etwas sonderbar vor. Was bedeutet das eigentlich, daß unser bewußtes Leben aus Erfahrungen besteht? Entweder ist das Tautologie und bedeutet nichts anderes, als daß unser bewußtes Leben aus bewußten Vorgängen besteht, dann sagt der Satz gar nichts, oder aber er sagt mehr als das, denn dann bedeutet er, unser bewußtes Leben bestehe aus Vorgängen, in denen wir etwas erfahren. Erfahrungen wären also Vorgänge, in denen etwas, ein Etwas, ein Gegenstand erfahren wird. Sie wissen ja, wie dieses Wort, dieses merkwürdige Wort »erfahren« entstanden ist. »Erfahrungen« ist ja ein später Plural, ursprünglich gibt es das Wort nur im Singular: »Erfahrung«, und das ist nämlich das, was man sich erwirbt, wenn man erfährt, wenn man die Welt oder ich möchte fast sagen die Dinge befährt. Man erfährt die Dinge und holt sich aus ihnen, indem man sie erfährt, Erfahrung heraus, man bekommt ein Wissen von den Dingen sozusagen aus den Dingen heraus, und dieses Wissen hat eben die Dinge zum Gegenstand. Man erfährt, was die Dinge sind, was an den Dingen ist. Immer also handelt es sich um ein Etwas, das erfahren wird. Man bekommt die Beschaffenheit der Dinge zu wissen, also ein Wißbares und Aussagbares zu fassen.

Wenn jener Satz also etwas besagen soll, jener Satz, daß unser bewußtes Leben aus Erfahrungen besteht, so dürfte er wohl dies besagen: Unser bewußtes Leben bestehe aus solchen Vorgängen, worin wir etwas Wißbares, Aussagbares von der Beschaffenheit der Dinge, das heißt, der äußeren und inneren Dinge erfahren. Denn selbstverständlich gehören zu dem Bezirk dieser Erfahrungen auch die inneren Erfahrungen. Es müssen durchaus nicht Dinge der Außenwelt sein, die wir erfahren, sondern es können auch innere Vorgänge sein. [...] Und nun ist die Grundfrage, von der wir ausgehen wollen: Besteht in der Tat unser bewußtes Leben aus solchen Vorgängen? Machen in der Tat solche Vorgänge, solche Erfahrungen unser bewußtes Leben aus? Und da möchte ich Sie selbst bitten, sich ganz unabhängig von irgendwelchen fertigen Formulierungen zu fragen: Wie verhält es sich damit? Wenn Sie nicht unter dem Einfluß irgend einer Begrifflichkeit, sondern ganz unbefangen sich auf sich selbst besinnen, gibt Ihnen Ihr Gedächtnis in der Tat Ihr bewußtes Leben wieder als eine Reihe von Erfahrungen und nichts weiter? Oder gibt es Dinge, gibt es Momente, gibt es Vorgänge in Ihrem Leben, die Sie nicht als Erfahrung bezeichnen können? Das heißt: Gibt es Vorgänge in Ihrem Leben, bei denen Sie nicht ein Etwas, die Beschaffenheit eines Etwas, ein Wißbares und Aussagbares zugeführt bekommen, sondern wo Sie irgend einem Ding, einem sogenannten äußeren oder sogenannten inneren Ding – wir werden auf diese Unterscheidung noch zu sprechen kommen – wo Sie irgend einem Ding anders gegenüberstehen als einem erfahrbaren Gegenstand, als einem Gegenstand, über dessen Beschaffenheit ich etwas wissen und aussagen kann, zu wissen und auszusagen bekomme?

[...] Das, was mit Erfahrungen gemeint ist in dem Sinn, in dem wir eben sprachen, das könnte man vielleicht auch etwas enger bezeichnen als Es-

Erfahrungen. Ich erfahre immer ein Etwas, einen Inhalt, einen Gegenstand, etwas, was sich auch in der Welt der Dinge, der inneren und äußeren, befindet als ein Es. In dem Sinne kann ich vielleicht sagen: Diese Erfahrungen bedeuten Es-Erfahrungen. Und wenn wir den Ausdruck Erfahrungen noch einen Augenblick beibehalten wollen, ehe wir ihn aufgeben, so könnte man vielleicht zunächst einmal fragen: Gibt es vielleicht eine andere Art von Erfahrungen? Gibt es nur Es-Erfahrungen? Gibt es nur solche Vorgänge, wo uns die Dinge als ein Es, als ein Etwas in der Welt der Dinge zugeführt werden? Oder gibt es Vorgänge, in denen uns ein Ding oder Wesen aus der äußeren oder inneren Welt anders entgegentritt?

[...][31] In der Tat ist es das ganz Einfache, was anderer Art ist als eine Erfahrung, die wir zunächst einmal einen Augenblick als Du-Erfahrung bezeichnen können. Das ist die einfache Tatsache des Gegenübertretens eines Du. Vielleicht vergegenwärtigen Sie sich auch wieder aus Ihrem Selbstwissen, aus Ihrem Gedächtnis, wie es sich damit verhält.

Ich stehe einem Menschen gegenüber, um das deutlichste Beispiel zu geben, den ich liebe. Was bedeutet das, was ist das für ein Vorgang, wenn ich diesem Menschen wirklich gegenüberstehe als einem Du? Bedeutet das, daß ich nun von diesem Menschen jetzt etwas über seine Beschaffenheit erfahre, daß mir nun dieser Mensch irgendwie als ein Er oder eine Sie gegeben ist in der Welt der Dinge und daß ich nun diesen Menschen als eine Summe von Eigenschaften, die ich kenne und aussagen kann, aufnehme?

Wer diese ganz einfache Tatsache der Beziehung kennt (ich glaube, jeder Mensch kennt sie), weiß das. Es ist etwas, was von den Es-Erfahrungen völlig abgehoben ist. Oder mit einem anderen und einem richtigeren Wort bezeichnet, es sind überhaupt keine Erfahrungen, es ist überhaupt nicht etwas, was wir subjektiv bezeichnen können – Erfahrung klingt immer noch subjektiv –, sondern etwas, was wir nur objektiv bezeichnen können als einen Vorgang, an dem wir teilnehmen, mit einem Wort, es sind Beziehungen.

Unser bewußtes Leben, um den Satz wieder aufzunehmen, besteht nicht bloß aus Erfahrungen, sondern auch aus Beziehungen.

Und wenn Sie nun in dieser Selbstbesinnung, zu der ich Sie auffordere, noch ein Stück weitergehen, so merken Sie, daß diese Beziehungen, das Verhältnis zu einem Du, zum Du, die ursprünglichen, die wesentlichen Vorgänge des Lebens sind. *1922; Religion als Gegenwart, S. 83-88*

---

[31] Der vorliegende Text aus Bubers Reihe von acht Vorlesungen, gehalten im Freien Jüdischen Lehrhaus Frankfurt vom 15. Januar bis zum 22. März 1922, gilt als eine Vorstufe zu Bubers Buch »Ich und Du«. Eine längere Passage mit Fragen der Hörer und Antworten Bubers wird hier weggelassen.

DIE WELT ist dem Menschen zwiefältig nach seiner zwiefältigen Haltung.
Die Haltung des Menschen ist zwiefältig nach der Zwiefalt der Grundworte, die er sprechen kann.
Die Grundworte sind nicht Einzelworte, sondern Wortpaare.
Das eine Grundwort ist das Wortpaar Ich-Du.
Das andere Grundwort ist das Wortpaar Ich-Es; wobei, ohne Änderung des Grundwortes, für Es auch eins der Worte Er und Sie eintreten kann.
Somit ist auch das Ich des Menschen zwiefältig.
Denn das Ich des Grundworts Ich-Du ist ein andres als das des Grundworts Ich-Es.

*

Grundworte sagen nicht etwas aus, was außer ihnen bestünde, sondern gesprochen stiften sie einen Bestand.
Grundworte werden mit dem Wesen gesprochen.
Wenn Du gesprochen wird, ist das Ich des Wortpaars Ich-Du mitgesprochen.
Wenn Es gesprochen wird, ist das Ich des Wortpaars Ich-Es mitgesprochen.
Das Grundwort Ich-Du kann nur mit dem ganzen Wesen gesprochen werden.
Das Grundwort Ich-Es kann nie mit dem ganzen Wesen gesprochen werden.

*

Es gibt kein Ich an sich, sondern nur das Ich des Grundworts Ich-Du und das Ich des Grundworts Ich-Es.
Wenn der Mensch Ich spricht, meint er eins von beiden. Das Ich, das er meint, dieses ist da, wenn er Ich spricht. Auch wenn er Du oder Es spricht, ist das Ich des einen oder das des andern Grundworts da.
Ich sein und Ich sprechen sind eins. Ich sprechen und eins der Grundworte sprechen sind eins.
Wer ein Grundwort spricht, tritt in das Wort ein und steht darin.

*

Das Leben des Menschenwesens besteht nicht im Umkreis der zielenden Zeitwörter allein. Es besteht nicht aus Tätigkeiten allein, die ein Etwas zum Gegenstand haben. Ich nehme etwas wahr. Ich empfinde etwas. Ich stelle etwas vor. Ich will etwas. Ich fühle etwas. Ich denke etwas. Aus alledem und seinesgleichen besteht das Leben des Menschenwesens nicht.
All dies und seinesgleichen zusammen gründet das Reich des Es.
Aber das Reich des Du hat anderen Grund.

*

Wer Du spricht, hat kein Etwas zum Gegenstand. Denn wo Etwas ist, ist anderes Etwas, jedes Es grenzt an andere Es, Es ist nur dadurch, daß es an andere grenzt. Wo aber Du gesprochen wird, ist kein Etwas. Du grenzt nicht.

Wer Du spricht, hat kein Etwas, hat nichts. Aber er steht in der Beziehung.

*

Man sagt, der Mensch erfahre seine Welt. Was heißt das? Der Mensch befährt die Fläche der Dinge und erfährt sie. Er holt sich aus ihnen ein Wissen um ihre Beschaffenheit, eine Erfahrung. Er erfährt, was an den Dingen ist.

Aber nicht Erfahrungen allein bringen die Welt dem Menschen zu.

Denn sie bringen ihm nur eine Welt zu, die aus Es und Es, aus Er und Er und Sie und Sie und Es besteht.

Ich erfahre Etwas.

[…]

*

Der Erfahrende hat keinen Anteil an der Welt. Die Erfahrung ist ja »in ihm« und nicht zwischen ihm und der Welt.

Die Welt hat keinen Anteil an der Erfahrung. Sie läßt sich erfahren, aber es geht sie nichts an, denn sie tut nichts dazu, und ihr widerfährt nichts davon.

*

Die Welt als Erfahrung gehört dem Grundwort Ich-Es zu. Das Grundwort Ich-Du stiftet die Welt der Beziehung. *1923; Ich und Du, S. 7-10*

STEHE ICH einem Menschen als meinem Du gegenüber, spreche das Grundwort Ich-Du zu ihm, ist er kein Ding unter Dingen und nicht aus Dingen bestehend.

Nicht Er oder Sie ist er, von andern Er und Sie begrenzt, im Weltnetz aus Raum und Zeit eingetragener Punkt; und nicht eine Beschaffenheit, erfahrbar, beschreibbar, lockeres Bündel benannter Eigenschaften. Sondern nachbarnlos und fugenlos ist er Du und füllt den Himmelskreis. Nicht als ob nichts andres wäre als er: aber alles andre lebt in *seinem* Licht.

Wie die Melodie nicht aus Tönen sich zusammensetzt, der Vers nicht aus Wörtern und die Bildsäule nicht aus Linien, man muß dran zerren und reißen, bis man die Einheit zur Vielheit zubereitet hat, so der Mensch, zu dem ich Du sage. Ich kann die Farbe seiner Haare oder die Farbe seiner Rede oder die Farbe seiner Güte aus ihm holen, ich muß es immer wieder; aber schon ist er nicht mehr Du.

Und wie das Gebet nicht in der Zeit ist, sondern die Zeit im Gebet, das

Opfer nicht im Raum, sondern der Raum im Opfer, und wer das Verhältnis umkehrt, hebt die Wirklichkeit auf, so finde ich den Menschen, zu dem ich Du sage, nicht in einem Irgendwann und Irgendwo vor. Ich kann ihn hineinstellen, ich muß es immer wieder, aber nur noch einen Er oder eine Sie, ein Es, nicht mehr mein Du.
Solang der Himmel des Du über mir ausgespannt ist, kauern die Winde der Ursächlichkeit an meinen Fersen, und der Wirbel des Verhängnisses gerinnt.
Den Menschen, zu dem ich Du sage, erfahre ich nicht. Aber ich stehe in der Beziehung zu ihm, im heiligen Grundwort. Erst wenn ich daraus trete, erfahre ich ihn wieder. Erfahrung ist Du-Ferne.
Beziehung kann bestehn, auch wenn der Mensch, zu dem ich Du sage, in seiner Erfahrung es nicht vernimmt. Denn Du ist mehr, als Es weiß. Du tut mehr, und ihm widerfährt mehr, als Es weiß. Hierher langt kein Trug: hier ist die Wiege des Wirklichen Lebens.
[...]

*

– Was erfährt man also vom Du?
– Eben nichts. Denn man erfährt es nicht.
– Was weiß man also vom Du?
– Nur alles. Denn man weiß von ihm nichts Einzelnes mehr.

*

Das Du begegnet mir von Gnaden – durch Suchen wird es nicht gefunden. Aber daß ich zu ihm das Grundwort spreche, ist Tat meines Wesens, meine Wesenstat.
Das Du begegnet mir. Aber ich trete in die unmittelbare Beziehung zu ihm. So ist die Beziehung Erwähltwerden und Erwählen, Passion und Aktion in einem. Wie denn eine Aktion des ganzen Wesens, als die Aufhebung aller Teilhandlungen und somit aller – nur in deren Grenzhaftigkeit gegründeter – Handlungsempfindungen, der Passion ähnlich werden muß.
Das Grundwort Ich-Du kann nur mit dem ganzen Wesen gesprochen werden. Die Einsammlung und Verschmelzung zum ganzen Wesen kann nie durch mich, kann nie ohne mich geschehen. Ich werde am Du; Ich werdend spreche ich Du.
Alles wirkliche Leben ist Begegnung.

*

Die Beziehung zum Du ist unmittelbar. Zwischen Ich und Du steht keine Begrifflichkeit, kein Vorwissen und keine Phantasie; und das Gedächtnis selber verwandelt sich, da es aus der Einzelung in die Ganzheit stürzt. Zwischen Ich und Du steht kein Zweck, keine Gier und keine Vorwegnahme;

und die Sehnsucht selber verwandelt sich, da sie aus dem Traum in die Erscheinung stürzt. Alles Mittel ist Hindernis. Nur wo alles Mittel zerfallen ist, geschieht die Begegnung.
[...]

*

Gegenwart, nicht die punkthafte, die nur den jeweilig im Gedanken gesetzten Schluß der »abgelaufenen« Zeit, den Schein des festgehaltenen Ablaufs bezeichnet, sondern die wirkliche und erfüllte, gibt es nur insofern, als es Gegenwärtigkeit, Begegnung, Beziehung gibt. Nur dadurch, daß das Du gegenwärtig wird, entsteht Gegenwart.
Das Ich des Grundworts Ich-Es, das Ich also, dem nicht ein Du gegenüber leibt, sondern das von einer Vielheit von »Inhalten« umstanden ist, hat nur Vergangenheit, keine Gegenwart. Mit anderm Wort: insofern der Mensch sich an den Dingen genügen läßt, die er erfährt und gebraucht, lebt er in der Vergangenheit, und sein Augenblick ist ohne Präsenz. Er hat nichts als Gegenstände; Gegenstände aber bestehen im Gewesensein.
Gegenwart ist nicht das Flüchtige und Vorübergleitende, sondern das Gegenwartende und Gegenwährende. Gegenstand ist nicht die Dauer, sondern der Stillstand, das Innehalten, das Abbrechen, das Sichversteifen, die Abgehobenheit, die Beziehungslosigkeit, die Präsenzlosigkeit.
Wesenheiten werden in der Gegenwart gelebt, Gegenständlichkeiten in der Vergangenheit. *1923; Ich und Du, S. 12-17*

ICH HALTE das menschliche »Innenleben« im allgemeinen, und innerhalb seiner das menschliche Denken insbesondere, keineswegs für ausschließlich aus Vorgängen der einen und der anderen Art zusammengesetzt. Was ich meine, ist, daß, wenn der Mensch sich zur »Welt« oder überhaupt zum Anderen stellt, wenn er eine »Haltung« einnimmt, wenn er »ein Grundwort spricht«, es entweder das eine oder das andere ist – und daß er dann entweder das eine oder das andere Ich aktualisiert. Aber ganz und gar nicht meine ich, daß das Leben des Menschen oder auch nur sein »Innenleben« eine Kontinuität solcher Haltungen, solchen »Sprechens«, solcher Aktualisierungen darstelle. Die Momente, in denen er ein Anderes als sich gegenüber seiend, als sich gegenwärtig sieht und sich eben so zu ihm verhält, und die Momente, in denen er alles andere rings um sich versammelt sieht und jeweils ein Ding oder Wesen, ohne sich um dessen integrale Selbständigkeit zu kümmern, herausholt, beobachtet, untersucht, verwendet, jene und diese mitsammen sind in die Dynamik des gelebten Lebens eingetan. *1963; Antwort, S. 591*

2 Die menschliche Person: die Anerkennung des anderen und ihr Selbstsein

Bei Martin Buber sind die Frage nach dem anderen Menschen und die nach dem Selbstsein des Menschen nicht zu trennen. Der Wunsch, einen Menschen ›wirklich kennen zu wollen‹, steht nicht im Widerspruch zur sogenannten Selbstfindung. Der Mensch, der sich als abgetrennt erfährt, hat sich nicht aufzugeben, wenn er zum andern finden will.

Den anderen zu verstehen, heißt gewöhnlich, ›sich ein Bild machen‹. Verstehen bedeutet so, den andern auf dem Hintergrund der eigenen Vorerwartungen, Vorstellungen, Wünsche zu fassen zu suchen; man wirft gleichsam sein ›Netz‹ aus, um in dessen Maschen den andern einzufangen. Das Bild vom andern wird geprägt von den persönlichen, subjektiven Erwartungen, denen er entspricht oder widerspricht, und von objektiven Gegebenheiten: das Denken, das Verstehen in Begriffen muß sich den anderen einordnen, angleichen, es nimmt ihm damit sein Selbstsein. Ein Bild vom andern zu haben, gibt dem Ich Sicherheit, es erleichtert den Umgang. Das Anderssein des anderen gelten zu lassen, ist dem gegenüber die Voraussetzung, ihn wirklich kennenlernen zu können.[1]

Verstehen, das einordnet, geschieht für Buber dann, wenn der Mensch das Grundwort Ich-Es spricht.

Die folgenden Texte können die Grundbestimmungen des dialogischen Denkens aus dem ersten Kapitel weiter klären. Nicht die Grundworte stehen nun im Vordergrund, sondern die Partner, die in diesen Grundworten stehen.

---

[1] Auch der Zen-Buddhismus will einen direkten Zugang zur Wirklichkeit. Das Problem der begrifflichen Erkenntnis wird im 6. Kapitel im Abschnitt zu Chassidismus und Zen aufgegriffen und vertieft.

Die Voraussetzung: das Prinzip des Menschseins

In seinem Buch »Urdistanz und Beziehung« hat Buber eine »anthropologische Grundlegung« der Grundworte Ich-Du und Ich-Es gegeben. Um überhaupt in eine Beziehung treten zu können, muß man zunächst in der Lage sein, das Gegenüber der Beziehung als selbständig wahrzunehmen. Dies ist eine Grundfähigkeit des Menschen, die ihn vom Tier unterscheidet. Erst er, nicht schon das Tier, setzt, was in seine Lebenssphäre tritt, als selbständige Dinge, Lebewesen von sich ab und imaginiert sie als die Gesamtheit der Welt. Durch den Menschen gibt es die Welt: das, was existiert, nimmt er in seiner Eigenständigkeit wahr und vermag, ihm als Ganzheit gegenüberzutreten. Die Urdistanzierung ist die Bedingung dafür, daß Beziehung möglich ist, in *dieser* jedoch verwirklicht sich Menschsein.

Es ist die Frage nach dem Prinzip des Menschseins, nach seinem Anfang also, zu stellen.
Dieser kann hier nicht als ein Anfang in der Zeit gemeint sein. [...] Es darf nur darum gehen, die Seinskategorie, die mit dem Namen des Menschen bezeichnet wird, in all ihrer Paradoxie und Tatsächlichkeit zu betrachten, um in Erfahrung zu bringen, worin sie ihren Grund und Anfang hat.
Doch wäre es durchaus verfehlt, im Stellen der Frage von der Wirklichkeit des Geistes auszugehen. Das Prinzip eines Seins ist ja nicht anders zu erschließen, als daß man zunächst die Wirklichkeit dieses Seins gegen die Wirklichkeit anderen bekannten Seins sich abheben läßt. Die Wirklichkeit des Geistes aber ist uns nicht ohne den Menschen gegeben; alles uns gegebene Geistige hat seine Wirklichkeit in ihm. Die Natur allein bietet sich uns zum Akt des Sich-abheben-lassens dar, sie, die wohl den Menschen mitumfaßt, aber, sowie wir zu dessen Eigentlichkeit vordringen, ihren Umgriff zu lockern, ja das – von ihr aus gesehen – aus der Art geschlagene Kind für unsre Sonderbetrachtung freizugeben genötigt wird. Diese Sonderbetrachtung geschieht nunmehr nicht innerhalb der Natur, aber von ihr aus.
Von der Natur aus, in diesem Falle also: von dem Verband der »Lebewesen« ausgehn, dem der Mensch, insofern er ein Bestandteil der Natur ist, zugerechnet werden muß, bedeutet nicht, die Merkmale ausfindig machen, durch die er von jenen sich unterscheidet, sondern untersuchen, worin die Gesamtheit dieser Merkmale ihren Seinsgrund hat. Nur so wird uns kund, daß und warum diese Gesamtheit der unterscheidenden Merkmale nicht

lediglich eine besondre Gruppe der Lebewesen, sondern eine besondre Seinsweise, somit eine eigne Kategorie des Seins konstituiert. Die echt und zulänglich ausgeführte Abhebung führt uns zur Erfassung des Prinzips als solchem.

Auf diesem Wege gelangen wir zur Einsicht, daß das Prinzip des Menschseins kein einfaches, sondern ein doppeltes ist, in einer doppelten Bewegung sich aufbauend, und zwar solcher Art, daß die eine Bewegung die Voraussetzung der anderen ist. Die erste sei die Urdistanzierung, die zweite das In-Beziehungtreten genannt. Daß die erste die Voraussetzung der zweiten ist, ergibt sich daraus, daß man nur zu distanziertem Seienden, genauer: zu einem ein selbständiges Gegenüber gewordenen, in Beziehung treten kann. Ein selbständiges Gegenüber aber gibt es nur für den Menschen.

[...] Das Tier befindet sich in dem Bereich seiner Wahrnehmungen wie der Fruchtkern in der Schale; der Mensch ist in der Welt oder kann doch in der Welt sein wie ein Wohngast in einem ungeheuren Bau, der unablässig durch Zubauten erweitert wird, und zu dessen Grenze er nie vorzudringen vermag, den er aber doch weiß, wie man eben ein Haus weiß, in dem man wohnt: weil er die Ganzheit des Baus als solche innezuhaben befähigt ist. Daß er das aber ist, liegt daran, daß er das Wesen ist, durch dessen Sein das Seiende von ihm abgerückt und in sich anerkannt wird. Erst der abgerückte, der nackten Präsenz enthobene, dem Getriebe der Bedürfnisse und Nöte halbwegs entzogene, der distanzierte und damit sich selber übergebene Bereich ist mehr und anderes als Bereich. Erst wenn einem Seienden ein Seinszusammenhang selbständig gegenüber, selbständiges Gegenüber ist, ist Welt.

Man könnte meinen, diese Verselbständigung einer Welt sei doch erst das Ergebnis urlanger Entwicklungen des Menschengeschlechts, könne also nicht für den Menschen als solchen konstitutiv sein. Es kann uns ja aber nicht darum zu tun sein, wann und wie die Kategorie des Menschen sich verwirklicht hat, sondern worin sie sich gründet. Eben wenn und insofern es Welt gibt, gibt es den sie bedingenden Menschen im Sinn nicht einer Gattung der Lebewesen, sondern einer in die Wirklichkeit gekommenen Kategorie. Man kann ihn, den Menschen, auf seinem Wege nirgends antreffen, ohne daß er in irgendeinem Maße, in irgendeiner Weise mit dem ihm Bekannten auch das ihm Unbekannte, beides zu einer – wenn auch noch so »primitiven« – Welt verbunden, sich gegenüber hielte. Das gilt natürlich für sein Verhältnis zur Zeit nicht weniger als für das zum Raum: das Tier befaßt sich handelnd mit seiner und seiner Jungen Zukunft, aber nur der Mensch imaginiert sie – der Biber treibt seinen Bau in einen Zeitbereich hinein, aber der gepflanzte Baum wurzelt in der Zeitwelt, und wer den ersten Baum pflanzte, ist eben der, der den Messias erwarten wird. Damit freilich ist schon zur ersten Bewegung die zweite gefügt: dem abgerückten Zusammenhang des Seienden wendet sich der Mensch zu und tritt zu ihm in Beziehung. Wieder sind »erste« und »zweite« nicht im Sinn eines zeitlichen Aufeinanderfolgens zu verstehen; es ist kein Einer-Welt-Gegenübersein denkbar, das nicht auch schon ein Zu-ihr-als-Welt-sich-Verhalten, und das heißt, der Umriß eines Beziehungsverhaltens wäre. Es soll somit eben nur dies gesagt sein, daß das Tier den Beziehungsstand deshalb nicht kennt, weil man zu einem nicht als abgehoben und für sich seiend Wahrgenommenen nicht in eine Beziehung treten kann. Der Regenmacher, der mit der hinter seinem Gesichtskreis heransegelnden Wolke verhandelt, tut kategorial dasselbe wie der Physiker, der den noch ungesehenen Planeten errechnet hat und am Schreibtisch mit ihm kommuniziert.

Akt und Werk des In-Beziehung-tretens zur Welt als solcher – also nicht zu Bestandteilen ihrer und nicht zu aller Summe, sondern zu ihr als Welt – dürfen wir als synthetische Anschauung bezeichnen, wofern wir nur feststellen, daß dieser Begriff in diesem seinem prägnanten Gebrauch die Einheitsfunktion involviert: synthetische Anschauung nennen wir die Anschauung eines Seienden als Ganzheit und Einheit. Anschauung solcher Art ist nur und wird immer wieder nur von der Anschauung der Welt als Welt aus gewonnen. Die Konzeption der Ganzheit und Einheit ist ursprünglich mit der der Welt identisch, der der Mensch zugewandt ist. Wer sich dem zur Welt ergänzten und gewandelten Bereich, den er von sich abgerückt hat, – wer sich der Welt zuwendet und anschauend zu ihr in Beziehung tritt, wird des Seins von Ganzheit und Einheit dermaßen inne, daß er von da her, je und je, Seiendes als Ganzheit und Einheit zu erfassen vermag; das einzelne Seiende hat den Charakter der Ganzheit und Einheit in seinem Wahrgenommenwerden von der der Welt in deren Wahrgenommenwerden empfangen. Die Distanzierung und Verselbständigung allein aber liefert dem Menschen diese Anschauung noch nicht; sie würde ihm die Welt nur zum Gegenstand bieten, als welcher nur eine Summe beliebig vermehrbarer Qualitäten, nicht eine echte Ganzheit und Einheit ist. Nur die Anschauung des mir gegenüber welthaft Wesenden in seiner vollen Gegenwärtigkeit, zu der ich, selber als Gesamtperson gegenwärtig, mich in die Beziehung gesetzt habe, gibt mir die Welt wahrhaft als ganze und eine. Denn nur in solchem Gegenüber ist der Bereich des Menschen und alles seinen Bereich im Geist Ergänzende letztlich eins. So von je und so in dieser Stunde.

Man darf das hier Angedeutete jedoch nicht dahin mißverstehn, als ob gemeint wäre, das Ich »setze« die Welt oder dergleichen. Der Distanzierungsakt des Menschen ist ebensowenig wie sein damit verbundner Beziehungsakt als ein Erstes zu fassen. Vielmehr ist dies das schlechthin Eigentümliche am Menschsein, daß hier, und hier allein, der Allheit ein Wesen entsprungen ist, begabt und befugt, sie als Welt von sich abzusetzen und sie sich zum Gegenüber zu machen, statt wie alle andern sich mit seinen Sinnen sein notdürftiges Teil aus ihr zu schneiden und damit auszukommen. Diese dem Menschen verliehene Gabe und Befugnis treibt aus der Allheit das Weltsein hervor, das immer nur bedeuten kann, für den Menschen eben als Für-sich-seiendes da zu sein, zu dem er in Beziehung zu treten vermag.
Es ist nun aber erneut die Doppelheit des Prinzips ins Auge zu fassen. So sehr und so vielfältig die beiden Bewegungen in ihm miteinander verknüpft sind, so sind sie doch keineswegs etwa als zwei Seiten desselben Vorgangs oder Prozesses zu fassen. Es besteht keinerlei Parallelismus zwischen ihnen, nichts auch, was bedingte, daß der Vollzug der einen den der andern mit sich führte. Vielmehr ist streng daran festzuhalten, daß die erste die Voraussetzung der zweiten bildet, – nicht die Herkunft, sondern die Voraussetzung. Es ist also mit dem In-Erscheinung-treten der ersten nicht mehr als der Raum für die zweite gegeben. Ob und wann und wie die zweite sich manifestiert, ist nicht mehr von der ersten aus zu bestimmen. An diesem Punkte setzt erst die eigentliche Geschichte des Geistes, eben als Geschichte, ein, die ihren ewigen Ursprung im Maße des Anteils der zweiten Bewegung an den Kundgebungen der ersten, in den Maßen des Aufeinander-zu-wirkens, des Gegeneinanderwirkens und des Zusammenwirkens beider hat. Der Mensch kann distanzieren, ohne zu dem Distanzierten wesentlich in Beziehung zu kommen; er kann den Distanzierungsakt selber mit dem Willen zur Beziehung füllen, als welche durch jenen erst möglich wird; er kann den Beziehungsakt in der Anerkennung der fundamentalen Tatsächlichkeit der Urdistanz vollziehen; es können aber auch die beiden Bewegungen miteinander ringen, weil jede in der andern das Hindernis für die eigne Verwirklichung erblickt; und schließlich kann, in Momenten und Gestalten der Gnade, aus der gewaltigsten Anspannung des Widerspruchs als dessen erst jetzt und so gewährte Überwindung die Einheit hervorgehn. *1950; Urdistanz und Beziehung, S. 9-19*

---

[2] Buber bezieht sich auf den Aufsatz von Nathan Rotenstreich »Gründe und Grenzen von Martin Bubers dialogischem Denken«, S. 98; in: Paul Arthur Schilpp/Maurice Friedman (Hrsg.), Martin Buber, S. 87-118.

WEITGEHENDE FOLGERUNGEN werden aus dem von mir in »Urdistanz und Beziehung« (1950) verwendeten Begriff einer Urdistanzierung gezogen.[2] Dabei hat man zwar erwähnt, aber nicht genügend beachtet, daß ich die Urdistanz als elementare *Voraussetzung* aller menschlichen Beziehungen verstehe. Es ist mir lediglich um eine anthropologische Grundlegung der Dualität von Ich-Du und Ich-Es zu tun gewesen. Der Mensch, so habe ich angedeutet, ist das eigentümliche Lebewesen, das seiner Natur nach das ihn Umgebende nicht als etwas an ihm, an seinen vitalen Akten gleichsam Haftendes, mit ihnen Zusammengehöriges, sondern als etwas Abgerücktes, für sich Bestehendes wahrnimmt. Diese »erste Bewegung«, die einst den Menschen als solchen konstituiert hat, ist keineswegs eine »reflektierende Haltung«, sie ist der Urakt, die Urhaltung des Menschen, die ihn zum Menschen macht. Sie ist auch die Voraussetzung für das In-Beziehungtreten des Menschen. Genauer: beides steht dem Menschen in seiner Urdistanz immer wieder zu: es steht ihm zu, das ihn Umgebende, auch das ihn Umlebende mitsammen in dessen Abgerücktheit zu belassen, als das ihm als sein Objekt Zugehörige, als Es, und es steht ihm zu, je und je, Mal für Mal, sich einem Seienden als seinem Gegenüber zuwendend, dieses Seiende wirklich meinend, mit ihm als mit seinem Du zu kommunizieren. Mit einer »reflektierenden Haltung« vermag ich diese Urbeschaffenheit des Menschen, ohne die es weder Sprache noch Werkzeug gäbe, nicht in Verbindung zu bringen. Der Mensch, sage ich, »ist das Wesen, durch dessen Sein das Seiende von ihm abgerückt wird«. Nicht durch Reflexionen, sondern durch das menschliche Sein.
Daher ist es auch unzutreffend, im Faktum der Urdistanz eine reflektierende »Position eines Zuschauers« zu sehen. Dadurch, daß der Mensch seine Umgebung nicht mehr, wie das Tier, in der Sphäre der eigenen Körperlichkeit, sondern als ein anderes, in und aus sich Wesendes sieht, wird er nicht zum »Zuschauer«. Das andere geht auch ihn an, aber es ist nicht mehr bloß *sein* Junges oder *sein* Feind, es ist auch was es selber ist, es affiziert ihn nicht bloß, es *ist* auch, es ist »drüben«. Noch einmal, das ist nicht Reflexion, sondern die Wahrnehmungsweise, die den Menschen vom Tier unterscheidet. *1963; Antwort, S. 594*

DIE TATSACHEN DER URDISTANZ liefern uns eben die wesentliche Antwort auf die Frage: Wie ist der Mensch möglich?, die Tatsachen der Beziehung aber die wesentliche Antwort auf die Frage: Wie verwirklicht sich das Menschsein? [...] die Urdistanz stiftet die menschliche Situation, die Beziehung das Menschwerden in ihr. *1950; Urdistanz und Beziehung, S. 20*

Person und Eigenwesen, Du und Es

In der Ich-Es-Beziehung hat der Mensch Zugang zu *Aspekten* des anderen, in der Ich-Du-Beziehung zu ihm selber. Der Unterschied zwischen Ich-Du- und Ich-Es-Beziehung ist nicht so zu verstehen, daß das Ich vom Du eine vollkommene, vom Es eine unzureichende Erkenntnis gewänne: die Beziehung eines Ich zum Du ist eine *andere* Zuwendung als die der Erkenntnis, die sich das andere einordnet. Ohne die genannten Vorprägungen ist die Beziehung zum andern »unmittelbar«.

Das Ich einer Ich-Du- bzw. Ich-Es-Beziehung ist, je nach Grundwort, ein anderes, das bedeutet: derselbe Mensch ist in anderer Weise gegenwärtig, je nach dem, welches Grundwort er spricht. Buber unterscheidet »Person« und »Eigenwesen«; diese Begriffe weisen über die jeweils aktuelle Weise der Beziehung hinaus: wer sich in seinem Leben meist als Ich zum Du verhält, wird nicht zum Eigenwesen, wenn das andere ihm Es ist, und wer nur selten ›Du‹ spricht, begegnet, ist deshalb nicht Person.

Wenn Buber vom »Selbstbewußtsein« spricht, aus dem heraus ›Du‹ oder ›Es‹ gesagt werde, so ist damit eben die Weise gemeint, in der das Ich gegenwärtig ist: es ist nicht gemeint, daß das Ich in der Begegnung darauf achten würde, wie jetzt sein Ich ist, welches ›Selbstbewußtsein‹ es gerade entwickelt. Vielmehr ist der »Zweck der Beziehung [...] ihr eigenes Wesen«, eine Rückwendung aufs Ich gibt es in der Begegnung mit einem Du nicht. Nur in der Begegnung ist der Mensch ganz gegenwärtig – aber er kann die Begegnung nicht benutzen, um sein Ichsein zu heben, zu steigern: er kann sich die Wirklichkeit der Beziehung zum Du nicht »eignen«, wie Buber schreibt.

Der Mensch als Eigenwesen definiert sich über seine Eigenschaften, seine Leistungen, Erfahrungen, mit denen er sich vom andern unterscheidet; die Person gewinnt eine Bewußtheit ihrer selbst in der Teilnahme am Sein anderer, im ›Mitsein‹. (Das ist die »Demut« der Chassidim, »Schiflut«.) Es geht hier aber nicht um Selbstaufgabe; die Person, von der Buber spricht, zeichnet sich gegenüber dem Eigenwesen eher durch Souveränität aus: sie *braucht* sich nicht gegen andere abzusetzen.

Die Doppelnatur des Menschen, als des Wesens, das sowohl von »unten« hervorgebracht als von »oben« entsandt ist, bedingt die Zweiheit seiner Grundbeschaffenheiten. Diese sind nicht in Kategorien des Für-sich-Seins des einzelnen Menschen, sondern nur in Kategorien des Mensch-mit-Mensch-Seins zu erfassen. Als entsandtes Wesen existiert der Mensch dem Seienden gegenüber, vor das er gestellt ist. Als hervorgebrachtes We-

sen befindet er sich neben allem Seienden in der Welt, neben das er gesetzt ist. Die erste dieser Kategorien hat ihre lebendige Wirklichkeit an der Relation Ich-Du, die zweite die ihre an der Relation Ich-Es. Die zweite Relation bringt uns jeweils nur zu Aspekten eines Seienden, nicht zu dessen Sein selber; auch der intimste Kontakt mit einem andern bleibt vom Aspekt überdeckt, wenn der andere mir nicht zum Du geworden ist. Die erste Relation allein, die die wesenhafte Unmittelbarkeit zwischen mir und einem Seienden stiftet, bringt mich eben dadurch nicht zu Aspekten von ihm, sondern zu ihm selber – freilich nur eben in die existentielle Begegnung mit ihm, nicht etwa in die Lage, es selber in seinem Sein objekthaft zu betrachten; sowie eine objekthafte Betrachtung einsetzt, ist uns wieder nur Aspekt und immer wieder nur Aspekt gegeben. [...]
Es verhält sich aber nicht so, daß in den beiden Relationen, Ich-Du und Ich-Es, das Ich das gleiche wäre. Sondern wo und wann die Wesen um einen herum als Gegenstände der Beobachtung, des Bedenkens, der Benützung, etwa auch der Fürsorge oder Förderung gesehen und behandelt werden, da und dann wird ein anderes Ich gesprochen, ein anderes Ich betätigt, da besteht ein anderes Ich, als wo und wann einer mit der Ganzheit seines Wesens einem Wesen gegenüber und in die Wesensbeziehung zu ihm tritt. Jeder, der an sich beides kennt – und das ist das Leben des Menschen, daß man an sich beides zu kennen bekommt und immer wieder beides –, weiß, wovon ich rede. Beide zusammen bauen das menschliche Dasein auf; es kommt nur darauf an, wer von beiden je und je der Baumeister und wer sein Gehilfe ist. Vielmehr, es kommt darauf an, ob die Ich-Du-Relation der Baumeister bleibt; denn als Gehilfe ist sie selbstverständlich nicht zu verwenden, und gebietet sie nicht, dann ist sie schon im Verfall. *1953; Gott und der Menschengeist (in: Gottesfinsternis), S. 129-131*

Wenn in dem einen Satz wahrhaft das Du der Beziehung und in dem andern das Es einer Erfahrung gemeint ist, und wenn also das Ich in beiden wahrhaft gemeint ist, ist es das gleiche, aus dessen Selbstbewußtsein beides gesagt wird?
Das Ich des Grundworts Ich-Du ist ein andres als das des Grundworts Ich-Es.
Das Ich des Grundworts Ich-Es erscheint als Eigenwesen und wird sich bewußt als Subjekt (des Erfahrens und Gebrauchens).
Das Ich des Grundworts Ich-Du erscheint als Person und wird sich bewußt als Subjektivität (ohne abhängigen Genetiv).
Eigenwesen erscheint, indem es sich gegen andere Eigenwesen absetzt.
Person erscheint, indem sie zu andern Personen in Beziehung tritt.

Das eine ist die geistige Gestalt der naturhaften Abgehobenheit, das andre die der naturhaften Verbundenheit.
Der Zweck des Sichabsetzens ist das Erfahren und Gebrauchen, und deren Zweck das »Leben«, das heißt das eine menschliche Lebensfrist dauernde Sterben.
Der Zweck der Beziehung ist ihr eigenes Wesen, das ist: die Berührung des Du. Denn durch die Berührung jedes Du rührt ein Hauch des ewigen Lebens uns an.
Wer in der Beziehung steht, nimmt an einer Wirklichkeit teil, das heißt: an einem Sein, das nicht bloß an ihm und nicht bloß außer ihm ist. Alle Wirklichkeit ist ein Wirken, an dem ich teilnehme, ohne es mir eignen zu können. Wo keine Teilnahme ist, ist keine Wirklichkeit. Wo Selbstzueignung ist, ist keine Wirklichkeit. Die Teilnahme ist um so vollkommener, je unmittelbarer die Berührung des Du ist.
Das Ich ist wirklich durch seine Teilnahme an der Wirklichkeit. Es wird um so wirklicher, je vollkommener die Teilnahme ist.
Aber das Ich, das aus dem Beziehungsereignis in die Abgelöstheit und deren Selbstbewußtsein tritt, verliert seine Wirklichkeit nicht. Die Teilnahme bleibt in ihm angelegt und lebendig bewahrt; mit einem andern Wort, das, von der höchsten Beziehung gesprochen, auf alle angewandt werden darf, »der Same bleibt in ihm«. Dies ist der Bereich der Subjektivität, darin das Ich seiner Verbundenheit und seiner Abgelöstheit in einem innewird. Die echte Subjektivität kann nur dynamisch verstanden werden, als das Schwingen des Ich in seiner einsamen Wahrheit. Hier auch ist der Ort, wo das Verlangen nach immer höherer, unbedingterer Beziehung, nach der vollkommenen Teilnahme am Sein sich bildet und emporbildet. In der Subjektivität reift die geistige Substanz der Person.
Die Person wird sich ihrer selbst als eines am Sein Teilnehmenden, als eines Mitseienden, und so als eines Seienden bewußt. Das Eigenwesen wird sich seiner selbst als eines So-und-nicht-anders-seienden bewußt. Die Person sagt: »Ich bin«, das Eigenwesen: »So bin ich«. »Erkenne dich selbst« bedeutet der Person: erkenne dich als Sein, dem Eigenwesen: erkenne dein Sosein. Indem das Eigenwesen sich gegen andre absetzt, entfernt es sich vom Sein.
Damit soll nicht gesagt sein, daß die Person ihr Sondersein, ihr Anderssein irgend »aufgäbe«; es ist ihr an ihr nur nicht Blickpunkt, nur eben da, nur eben die notwendige und sinnvolle Fassung des Seins. Das Eigenwesen dagegen schlemmt an seinem Sondersein; vielmehr zumeist an der Fiktion seines Sonderseins, die es sich zurechtgemacht hat. Denn sich erkennen bedeutet ihm im Grund zumeist: eine geltungskräftige und es selbst immer

gründlicher zu täuschen fähige Selbsterscheinung herstellen und sich in deren Anschauung und Verehrung den Schein einer Erkenntnis des eigenen Soseins verschaffen; dessen wirkliche Erkenntnis es zur Selbstvernichtung – oder zur Wiedergeburt führen würde.
Die Person schaut ihr Selbst, das Eigenwesen befaßt sich mit seinem Mein: meine Art, meine Rasse, mein Schaffen, mein Genius.
Das Eigenwesen nimmt an keiner Wirklichkeit teil und gewinnt keine. Es setzt sich gegen das Andere ab und sucht so viel davon als es kann in Besitz zu nehmen, durch Erfahren und Gebrauchen. Das ist *seine* Dynamik: das Sichabsetzen und die Besitznahme, beides am Es, beides im Unwirklichen geübt. Das Subjekt, als das es sich erkennt, mag sich noch so viel zu eigen machen, ihm wächst keine Substanz daraus, es bleibt punkthaft, funktionell, das Erfahrende, das Gebrauchende, nichts weiter. All sein ausgedehntes und vielfältiges Sosein, all seine eifrige »Individualität« kann ihm zu keiner Substanz verhelfen.
Es gibt nicht zweierlei Menschen; aber es gibt die zwei Pole des Menschentums.
Kein Mensch ist reine Person, keiner reines Eigenwesen, keiner ganz wirklich, keiner ganz unwirklich. Jeder lebt im zwiefältigen Ich. Aber es gibt Menschen, die so personbestimmt sind, daß man sie Person, und so eigenwesenbestimmte, daß man sie Eigenwesen nennen darf. *1923; Ich und Du, S. 65-68*

DER MENSCH ist um so personhafter, je stärker in der menschlichen Zwiefalt seines Ich das des Grundworts Ich-Du ist.
Nach seinem Ichsagen – danach, was er meint, wenn er Ich sagt – entscheidet sich, wohin ein Mensch gehört und wohin seine Fahrt geht. Das Wort »Ich« ist das wahre Schibboleth der Menschheit. *1923; Ich und Du, S. 68*

DIE *GROSSE* BEZIEHUNG gibt es nur zwischen wirklichen Personen. Sie kann stark wie der Tod sein, weil sie stärker als die Einsamkeit ist, weil sie die Schranken der hohen Einsamkeit durchbricht, ihr strenges Gesetz besiegt und die Brücke über den Abgrund der Weltangst von Selbstsein zu Selbstsein schlägt. Zwar sagt das Kind erst Du, ehe es Ich sagen lernt; aber auf der Höhe des persönlichen Daseins muß man wahrhaft Ich sagen können, um das Geheimnis des Du in seiner ganzen Wahrheit zu erfahren. Der Mensch, der zum Einzelnen geworden ist, ist, auch wenn wir uns auf das Innerweltliche beschränken, *für* etwas da, er ist für etwas dieser Einzelne geworden: für die vollkommene Verwirklichung des Du. *1942; Das Problem des Menschen, S. 114*

DIE HAUPTVORAUSSETZUNG zur Entstehung eines echten Gesprächs ist, daß jeder seinen Partner als diesen, als eben diesen Menschen meint. Ich werde seiner inne, werde dessen inne, daß er anders, wesenhaft anders ist als ich, in dieser bestimmten ihm eigentümlichen einmaligen Weise wesenhaft anders als ich, und ich nehme den Menschen an, den ich wahrgenommen habe, so daß ich mein Wort in allem Ernst an ihn, eben als ihn, richten kann. Vielleicht muß ich seiner Ansicht über den Gegenstand unseres Gesprächs die meine Mal um Mal in aller Strenge entgegenhalten, um eine Auflockerung der Überzeugungen geht es ganz und gar nicht, aber diese Person, den personhaften Träger der Überzeugung nehme ich in seinem Sosein an, aus dem seine Überzeugung gewachsen ist, eben die Überzeugung, von der ich etwa Stück um Stück zu zeigen versuchen muß, was da nicht stimmt. Ich sage Ja zu der Person, die ich bekämpfe, partnerisch bekämpfe ich sie, ich bestätige sie als Kreatur und als Kreation, ich bestätige auch das mir entgegen Stehende als das mir gegenüber Stehende. Freilich hängt es nun von jenem ab, ob zwischen uns ein echtes Gespräch, die zu Sprache gewordene Gegenseitigkeit aufkommt. Aber ist es erst so weit, daß ich den andern, als einen Menschen, mit dem ich dialogisch umzugehn bereit bin, so mir gegenüber legitimiere, dann darf ich ihm zutrauen und zumuten, daß auch er partnerisch handle.

Was aber bedeutet das, in dem genauen Sinn, in dem ich hier das Wort verwende, eines Menschen innewerden? Eines Dings oder Wesens innewerden heißt ganz allgemein: es als Ganzheit und doch zugleich ohne verkürzende Abstraktion, in aller Konkretheit erfahren. Aber ein Mensch ist, wiewohl als Wesen unter Wesen und sogar als Ding unter Dingen befindlich, doch etwas von allen Dingen und von allen Wesen kategorial Verschiedenes: weil ein Mensch nicht wirklich erfaßt werden kann, ohne daß man ihn auch von der dem Menschen allein unter ihnen allen eignenden Gabe des Geistes her erfaßt, und zwar des Geistes als entscheidend beteiligt an dem Personsein dieses Lebewesens hier: des personbestimmenden Geistes. Eines Menschen innewerden heißt also im besonderen seine Ganzheit als vom Geist bestimmte Person wahrnehmen, die dynamische Mitte wahrnehmen, die all seiner Äußerung, Handlung und Haltung das erfaßbare Zeichen der Einzigkeit aufprägt. Solch ein Innewerden ist aber unmöglich, wenn und solang der andere mir das abgelöste Objekt meiner Betrachtung oder gar Beobachtung ist, denn ihr gibt sich diese Ganzheit und gibt sich diese ihre Mitte nicht zu erkennen; es ist erst möglich, wenn ich zu dem andern elementar in Beziehung trete, wenn er mir also Gegenwart wird. Darum bezeichne ich das Innewerden in diesem besonderen Sinne als personale Vergegenwärtigung.

[…] Wollen wir zugleich das Heutige wachsam betreiben und das Morgige hellsichtig bereiten, dann müssen wir in uns selber und in den nach uns kommenden Generationen eine Gabe ausbilden, die als Aschenbrödel und vorbestimmte Prinzessin in der Innerlichkeit des Menschen lebt. Manche nennen sie Intuition, aber das ist ein nicht ganz eindeutiger Begriff. Ich möchte den Namen Realphantasie vorziehen, denn in ihrem eigentlichen Wesen ist sie nicht mehr ein Anschauen, sondern ein kühnes, fluggewaltiges, die intensivste Regung meines Seins beanspruchendes Einschwingen ins Andere, wie es eben die Art aller echten Phantasie ist, nur daß hier der Bereich meiner Tat nicht das Allmögliche, sondern die mir entgegentretende besondere reale Person ist, die ich mir eben so und nicht anders in ihrer Ganzheit, Einheit und Einzigkeit und in ihrer all dies immer neu verwirklichenden dynamischen Mitte zu vergegenwärtigen versuchen kann. Dies aber […] vermag nur in lebendiger Partnerschaft zu geschehen, das heißt, wenn ich, in einer gemeinsamen Situation mit dem andern stehend, mich seinem Anteil daran, als dem seinen, vital aussetze. Gewiß, diese meine Grundhaltung kann unerwidert bleiben und die Dialogik kann im Kern ersterben. Gerät die Gegenseitigkeit aber, dann blüht das Zwischenmenschliche im echten Gespräch auf. *1953; Elemente des Zwischenmenschlichen, S. 283-287*

Vergegenwärtigung und Umfassung

Den andern Menschen anzuerkennen, in seinem ganzen Anderssein, ist ein entscheidender Grundsatz des dialogischen Denkens. Allerdings ist es ungenau, von einem »Grundsatz« zu sprechen, denn es handelt sich nicht um eine Norm oder eine Maxime, sondern die dialogische Haltung bringt dies Anerkennen schlicht mit sich.

Mit einem andern in einen Dialog zu treten, das ›echte Gespräch‹, bedeutet nicht, sich lediglich zu äußern, seine eigene Meinung kundzugeben; in einen Dialog zu treten heißt vielmehr, seine Worte wirklich an diesen andern Menschen zu richten; um dies zu können, muß man ihn sich ›vergegenwärtigen‹.

Buber unterscheidet hier verschiedene Grade oder Stufen. Relativ abstrakt ist die Art der Vergegenwärtigung, wenn zwei Gesprächspartner, die von unterschiedlicher Basis ausgehen, erkennen, daß die entgegengesetzte Sichtweise des andern ebenso um Wahrheit bemüht ist wie die eigene. Vergegenwärtigung kann bedeuten, sich das Empfinden, Denken, Wollen des andern Menschen, eingebunden in

dessen konkretes Leben, vorzustellen, und sie kann schließlich ›ein Erfahren der Gegenseite‹ sein, eine konkretes Umfassen des anderen.
Was mit ›Umfassung‹ gemeint ist, kann eine Passage aus André Schwarz-Barts Roman »Der Letzte der Gerechten« (»Le Dernier des Justes«) verdeutlichen. Der Roman ist eine moderne Gestaltung der talmudischen Legende von den »Lamed Waw Zaddikim«, den »36 Gerechten«, die unerkannt und oft, ohne selbst um diese Eigenschaft zu wissen, in jeder Generation in der Welt leben und durch die die Welt Bestand hat. Schwarz-Bart erzählt die Geschichte von Erni Levy, der freiwillig in ein Lager geht, von wo die Juden nach Auschwitz transportiert werden, weil er sich vom Schicksal seiner Freundin nicht abschließen will. In einem Kapitel sprechen der Junge Erni und sein Großvater Mordechai darüber, was ein Gerechter ist; die Beschreibung der Haltung des Gerechten ist im Vergleich zu Bubers Darstellung der Umfassung noch eine Steigerung, und sie ist insofern spezieller, als sie sich nur auf das Gewahrwerden menschlichen Leids bezieht. Grundsätzlich wird hier aber deutlich, worum es auch Buber geht:
»›Also hör mir zu‹, sagte Mordechai nach erneutem Nachdenken, ›sperr beide Ohren auf: Wenn ein Mensch ganz allein leidet, das ist klar, dann bleibt sein Leiden auf ihm. Begriffen?‹ ›Begriffen‹, sagte Erni. ›Aber wenn ein anderer ihn ansieht und zu ihm sagt 'Wie du leidest, jüdischer Bruder...', was geschieht dann?‹ [...] ›Das verstehe ich auch‹, sagte er höflich. ›Er nimmt das Leiden seines Freundes in seine Augen.‹ Mordechai seufzte, lächelte, seufzte wieder: ›Und wenn er blind ist, glaubst du, daß er es dann nehmen kann?‹ ›Gewiß, durch seine Ohren!‹ ›Und wenn er taub ist?‹ ›Dann durch seine Hände‹, sagte Erni ernst. ›Und wenn der andere weit weg ist, wenn er ihn weder hören noch sehen und nicht einmal berühren kann: glaubst du, daß er dann sein Leiden nehmen kann?‹ ›Er kann es vielleicht erraten‹, sagte Erni mit vorsichtiger Miene.«[3]

DIE VERWIRKLICHUNG des Prinzips in der Sphäre zwischen den Menschen gipfelt in einem Vorgang, der Vergegenwärtigung genannt sei. [...] Er beruht auf einer Fähigkeit, von der jeder etwas besitzt und die als Realphantasie bezeichnet werden mag; ich meine die Fähigkeit, sich eine in diesem Augenblick bestehende, aber nicht sinnenmäßig erfahrbare Wirklichkeit vor die Seele zu halten. Auf den Umgang zwischen Menschen angewandt, bedeutet Realphantasie, daß ich mir vorstelle, was ein anderer Mensch eben jetzt will, fühlt, empfindet, denkt, und zwar nicht als abgelösten Inhalt, sondern eben in seiner Wirklichkeit, das heißt, als einen Lebensprozeß dieses Menschen. Die volle Vergegenwärtigung geht darüber in ei-

[3] André Schwarz-Bart, Der Letzte der Gerechten, S. 176 f.

ner entscheidenden Weise hinaus: der Vorstellung gesellt sich etwas vom Charakter des Vorgestellten selber, das heißt, meiner Vorstellung eines Willensaktes des andern ist etwas vom Wesen eines Willensaktes beigetan, und so fort. Als ein geläufiges Beispiel dafür mag das sogenannte Mitgefühl dienen, wofern man nur die vage Sympathie außer acht läßt und den Begriff auf jenen Vorgang beschränkt, in dem ich etwa den spezifischen Schmerz eines andern so erfahre, daß mir das Spezifische an ihm, also nicht ein allgemeines Unbehagen oder Leidwesen, sondern dieser besondere Schmerz, und doch eben als der des andern, fühlbar wird. *1950; Urdistanz und Beziehung, S. 33 f.*

WIE DER SASOWER DIE LIEBE LERNTE. Rabbi Mosche Löb erzählte: »Wie man die Menschen lieben soll, habe ich von einem Bauern gelernt. Der saß mit anderen Bauern in einer Schenke und trank. Lange schwieg er wie die andern alle, als aber sein Herz von Wein bewegt war, sprach er seinen Nachbarn an: ›Sag du, liebst du mich oder liebst du mich nicht?‹ Jener antwortete: ›Ich liebe dich sehr.‹ Er aber sprach wieder: ›Du sagst: ich liebe dich, und weißt doch nicht, was mir fehlt. Liebtest du mich in Wahrheit, du würdest es wissen.‹ Der andre vermochte kein Wort zu erwidern, und auch der Bauer, der gefragt hatte, schwieg wieder wie vorher. Ich aber verstand: das ist die Liebe zu den Menschen, ihr Bedürfen zu spüren und ihr Leid zu tragen.« *Die Erzählungen der Chassidim, S. 533*

WIR DÜRFEN drei Hauptgestalten des dialogischen Verhältnisses unterscheiden.

Die eine beruht auf einer abstrakten, aber gegenseitigen Umfassungserfahrung.

Das deutlichste Beispiel dafür ist eine Disputation zweier in Artung, Anschauung, Berufung grundverschiedener Menschen, in der es sich – wie durch die Handlung eines so namenlosen wie unsichtbaren Boten – in einem Nu begibt, daß jeder die mit den Insignien der Notwendigkeit und des Sinns bekleidete Legitimität des andern gewahrt. Welch eine Erleuchtung! Um nichts wird die eigne Wahrheit, die eigne Überzeugungsmacht, der eigne »Standpunkt« oder vielmehr Bewegungskreis durch sie geschmälert; keine »Relativierung« geschieht, es sei denn so zu nennen, daß im Zeichen der Grenze sich uns die urschicksalhafte Wesenheit der sterblichen Erkenntnis darstellt: erkennen heißt für uns Kreaturen, unsere, jeder die seine, Relation zum Seienden wahrhaft verantwortlich erfüllen, indem wir all seine Erscheinung getreulich, weltoffen, geistoffen mit unseren Kräften empfangen und unserem Sosein einverleiben; so entsteht und besteht

lebendige Wahrheit. Ich bin inne geworden, daß es so mit dem andern ist, wie es mit mir ist; und daß diese beiden keine Erkenntniswahrheit, sondern allein die Seinswahrheit und das Wahrheitsein des Seienden überwaltet. Und so sind wir Anerkennende geworden.
Abstrakt habe ich diese Gestaltung genannt, nicht als ob ihre Grunderfahrung der Unmittelbarkeit entbehrte, sondern weil sie sich auf den Menschen nur als geistige Person bezieht und von der vollen Wirklichkeit seines Wesens und Lebens absehen muß. Von der Umfassung dieser vollen Wirklichkeit gehen die beiden andern aus.
Von diesen die erste, das erzieherische Verhältnis, hat ihren Grund in der konkreten, aber einseitigen Umfassungserfahrung.
[...] Der Mensch, dessen Beruf es ist, auf das Sein bestimmbarer Wesen einzuwirken, muß immer wieder eben dieses Tun (und wenn es noch so sehr die Gestalt des Nichttuns angenommen hat) von der Gegenseite erfahren. Er muß, ohne daß die Handlung seiner Seele irgend geschwächt würde, zugleich drüben sein, an der Fläche jener anderen Seele, die sie empfängt; und nicht etwa einer begrifflichen, konstruierten Seele, sondern je und je der ganz konkreten dieses einzelnen und einzigen Wesens, das ihm gegenüber lebt, das zusammen mit ihm in der gemeinsamen Situation, des »Erziehens« und »Erzogenwerdens«, die ja *eine* ist, nur eben an deren andrem Ende steht. Es genügt nicht, daß er sich die Individualität dieses Kindes vorstelle; es genügt aber auch nicht, daß er es unmittelbar als eine geistige Person erfahre und sodann anerkenne; erst wenn er von drüben aus sich selber auffängt und verspürt, »wie das tut«, wie das diesem andern Menschen tut, erkennt er die reale Grenze, tauft er in der Wirklichkeit seine Willkür zum Willen, erneuert er seine paradoxe Rechtmäßigkeit. Er ist unter allen der eine, dem die Umfassung aus einem bestürzenden und erbauenden Ereignis zur Atmosphäre werden darf und soll.
[...] Freundschaft nennen wir die dritte Gestaltung des dialogischen Verhältnisses, auf die konkrete und gegenseitige Umfassungserfahrung gegründet. Sie ist das wahrhafte Einander-Umfassen der Menschenseelen. *1925; Rede über das Erzieherische, S. 41-44*

EIN MENSCH schlägt auf einen andern ein, der stillhält. Nun geschehe es plötzlich dem Schlagenden, daß er einen Schlag, den er führt, empfängt. Denselben Schlag. Als der andere, der Stillhaltende. Einen Augenblick lang erfährt er die gemeinsame Situation von der Gegenseite aus. Die Wirklichkeit tut sich ihm an. Was wird er tun? Er übertobt die Seele oder sein Trieb kehrt um.
Ein Mann liebkost eine Frau, die sich liebkosen läßt. Nun geschehe ihm,

daß er die Berührung doppelseitig verspürt: noch mit seiner Handfläche und schon auch mit der Haut der Frau. Die Zwiefältigkeit der Gebärde, als einer zwischen Person und Person sich ereignenden, zuckt durch die Geborgenheit seines genießenden Herzens und rührt es auf. Wenn er sein Herz nicht übertäubt, wird er – nicht etwa dem Genuß absagen: er wird lieben müssen.

Damit ist keineswegs gemeint, daß der Mensch, dem solches widerfährt, fortan in jeder Begegnung solchermaßen doppelseitig empfinden sollte – das müßte seinen Trieb vielleicht entmächtigen; aber die eine äußerste Erfahrung macht ihm den andern für alle Zeit gegenwärtig: es hat eine Transfusion stattgefunden, nach der eine bloße Auswirkung der Subjektivität nicht mehr möglich, dem Täter nicht mehr erträglich ist.

Erst die Mächtigkeit, die umfaßt, ist Liebe. Umfassung, das ist die volle Gegenwärtigung des Unterworfenen, des Begehrten, des »Partners«, nicht mit der Phantasie, sondern mit der Aktualität des Wesens.

Es wäre verkehrt, das, was hier gemeint ist, mit dem geläufigen, aber wenig sagenden Terminus der »Einfühlung« zusammenbringen zu wollen. Einfühlung bedeutet, wenn irgend etwas, mit dem eigenen Gefühl in die dynamische Struktur eines Gegenstands, einer Säule, eines Kristalls, eines Baumastes, wohl auch einer animalischen oder menschlichen Kreatur, zu schlüpfen und sie gleichsam von innen abzulaufen, die Formung und Bewegtheit des Gegenstandes mit den eigenen Muskelempfindungen verstehend; sich hinweg und hinein zu »versetzen«. Sie bedeutet somit Ausschaltung der eigenen Konkretheit, Verlöschen der gelebten Situation, Aufgehen der Wirklichkeit, an der man teilhat, in purer Ästhetik. Umfassung ist das Gegenteil: Erweitung der eigenen Konkretheit, Erfüllung der gelebten Situation, vollkommene Präsenz der Wirklichkeit, an der man teilhat. Ihre Elemente sind: erstens ein irgendwie geartetes Verhältnis zweier Personen zueinander, zweitens ein von beiden gemeinsam erfahrener Vorgang, an dem jedenfalls eine der beiden tätig partizipiert, drittens das Faktum, daß diese eine Person den gemeinsamen Vorgang, ohne irgend etwas von der gefühlten Realität ihres eigenen Tätigseins einzubüßen, zugleich von der andern aus erlebt.

Ein Verhältnis zweier Personen, das in geringerem oder höherem Maß von dem Element der Umfassung bestimmt ist, mögen wir ein dialogisches nennen. *1925; Rede über das Erzieherische, S. 36-38*

Bestätigung

Der Mensch ist das »aus der Art geschlagene Kind« der Natur, wie Buber in »Urdistanz und Beziehung« formuliert. Die Sonderstellung des Menschen bedeutet, daß er in seinem Sein nicht festgelegt ist; er ist ein »Wagnis des Lebens, undeterminiert und ungefestigt«.

Eine Art von Lebenssicherheit oder Geborgenheit akzeptiert Buber angesichts dieser menschlichen Grundkonstitution und hält sie für ein inneres Wachstum des Menschen für nötig: die durch die »Bestätigung«.

Der andere wird bestätigt, wenn er sich in seinem Sein – als der Mensch, der er ist – akzeptiert weiß. Eine Beziehung, die sich auf gegenseitigem, konkret erlebtem Akzeptieren aufbaut, schafft ein Vertrauen, das den anderen auch präsent sein läßt, wenn er sich irgendwo anders befindet, auch bei räumlichem Getrenntsein.

Zwei der Texte, die ich ausgewählt habe, betonen, wie wichtig dieses Vertrauen ist, und zwar an den Beispielen der Erziehung und der Psychotherapie. Buber spricht hier von der Beziehung des Vertrauens, die »existentielle Heilung« wirken könne. Bubers Freund Hans Trüb, ein Schweizer Psychotherapeut, der aus der Schule C.G. Jungs hervorging, hat eine Buber parallele Sicht und Haltung in seiner therapeutischen Praxis zu verwirklichen versucht. Für Trüb kam das Leiden des Menschen wesentlich aus einer, wie auch immer biographisch bedingten, Begegnungsabsage. In seinem Buch »Heilung aus der Begegnung« heißt es im Kapitel »Die erste Sprechstunde«: »Es ist durchaus wahrscheinlich, daß schon in dieser ersten Sprechstunde jener *Heilungsimpuls* erzeugt wird, der sich in allem hernach Kommenden wirksam durchsetzt.« Der Patient werde, so Trüb, durch den nachfragenden und aufmerksam zuhörenden Therapeuten »zuinnerst angesprochen und in seiner individuellen Eigenart grundsätzlich angenommen«. Und Trüb fährt fort: »Im Erlebnis dieses Angenommenseins durch einen ganz Anderen, der doch grad so ein Mensch ist wie er selbst, weicht in ihm allmählich jene alteingesessene Scham, die seine selbsteigenen Erfahrungen nie recht ans Tageslicht kommen und ihm so nicht ›bewußt‹ werden ließ. Damit aber ereignet sich schon das entscheidend Neue!« Die Wand, die den leidenden Menschen von der Welt trenne, habe Risse und Löcher bekommen, »Risse und Löcher, durch welche Lichtstrahlen hereindringen«.[4] Trübs Sätze sind ein Beispiel für die Bedeutung der Bestätigung und des Vertrauens im Beginn einer Psychotherapie.

---

[4] Hans Trüb, Heilung aus der Begegnung, S. 95. Vgl. zu dieser Thematik auch: Maurice Friedman, Der heilende Dialog in der Psychotherapie. Das Buch enthält ausführliche Passagen zu Buber.

Die Bestätigung bleibt nicht dabei stehen, den Ist-Zustand des anderen zu bejahen; bestätigen kann man auch jemanden, dessen Anschauung oder Handeln man entschieden ablehnen muß. Die Bestätigung will die beste Möglichkeit des andern fördern.
Ich habe an die Texte zur genannten Thematik einen angeschlossen, der im Kontrast zeigt, was mit Bestätigung *nicht* gemeint ist: das »Leben vom Bilde aus«, wie Buber es nennt, die Haltung des Scheins, in der ein Mensch als jemand erscheinen will, der er nicht ist, kann nicht bestätigt werden. Hier ist der Möglichkeit zu vertrauen die Basis entzogen.

DER MENSCH will vom Menschen bestätigt werden als der, der er ist, und echte Bestätigung gibt es nur in der Gegenseitigkeit. *1952; Hoffnung für diese Stunde, S. 320*

[...] EINE VERSACHLICHUNG ist in den zwischenmenschlichen Raum getreten, die auch zwischen Gleichgesinnten oft ein eigentümliches Mißtrauen, ein scheinüberlegenes Abschätzen und Aburteilen, eine Ferne in der Nähe bewirkt. Nur noch selten schließt sich der eine dem anderen unbefangen auf; man hält sich zurück, man beobachtet, man rechnet und rechtet. Der andere ist nicht mehr eine persönliche Welt wie ich, die ich von meiner eigenen aus mir vergegenwärtige und in der Vergegenwärtigung bejahe; er ist eine Summe von Eigenschaften, die mir mehr oder weniger verwendbar, ein Bündel von Kräften, die mir mehr oder weniger aktivierbar erscheinen. *1937; Die Vorurteile der Jugend, S. 112 f.*

WEIL DER MENSCH das einzige uns bekannte Lebewesen ist, in dem sich gewissermaßen die Kategorie der Möglichkeit verkörpert hat und dessen Wirklichkeit unablässig von den Möglichkeiten umwittert wird, bedarf er als das einzige unter allen der Bestätigung. Jedes Tier ist in seinem Dies-Sein gefestigt, seine Modifikationen sind ihm vorbestimmt, und wenn eins sich zur Raupe und zur Puppe wandelt, ist auch seine Wandlung noch Grenze; es ist eben in alledem mitsammen das, was es ist, und so kann ihm keine Bestätigung nottun, ja es wäre ein Widersinn, wenn ihm jemand oder wenn es sich selber sagte: Du darfst sein, was du bist. Der Mensch ist als Mensch ein Wagnis des Lebens, undeterminiert und ungefestigt; er bedarf der Bestätigung, und diese kann er naturgemäß nur als der einzelne Mensch empfangen, indem die andern und er selbst ihn in seinem Dieser-Mensch-Sein bestätigen. Immer wieder muß das Ja zu ihm gesprochen werden, vom Blick des Vertrauten und von der Regung des eigenen Herzens her, um ihn von der Bangigkeit des Preisgegebenseins zu befreien, die ein Vorgeschmack des Todes ist. *1952; Bilder von Gut und Böse, S. 68 f.*

Die Beziehung erfüllt sich in der vollen Vergegenwärtigung, wo ich den andern nicht bloß als eben diesen meine, sondern in der jeweiligen Approximation die ihm als eben diesem zugehörige Erfahrung erfahre. Hier und nun erst wird mir der andere zum Selbst, und die in der ersten, distanzierenden Bewegung erfolgte Verselbständigung seines Seins erweist sich in einem neuen, höchst prägnanten Sinn als Voraussetzung: Voraussetzung dieser Selbstwerdung-für-mich, die aber nicht psychologisch, sondern streng ontologisch zu verstehen, eher also Selbstwerdung-mit-mir zu nennen ist. Ihre ontologische Vollständigkeit gewinnt diese aber erst, wenn der andere sich von mir in seinem Selbst vergegenwärtigt weiß und dieses Wissen den Prozeß seines innersten Selbstwerdens induziert. Denn das innere Wachstum des Selbst vollzieht sich nicht, wie man heute gern meint, aus dem Verhältnis des Menschen zu sich selber, sondern aus dem zwischen dem Einen und dem Andern, unter Menschen also vornehmlich aus der Gegenseitigkeit der Vergegenwärtigung – aus dem Vergegenwärtigen anderen Selbst und dem sich in seinem Selbst vom anderen Vergegenwärtigtwissen – in einem mit der Akzeptation, der Bejahung und Bestätigung.
In seinem Sein bestätigt will der Mensch durch den Menschen werden und will im Sein des andern eine Gegenwart haben. Die menschliche Person bedarf der Bestätigung, weil der Mensch als Mensch ihrer bedarf. Das Tier braucht nicht bestätigt zu werden, denn es ist was es ist, unfraglich. Anders der Mensch: aus dem Gattungsreich der Natur ins Wagnis der einsamen Kategorie geschickt, von einem mitgeborenen Chaos umwittert, schaut er heimlich und scheu nach einem Ja des Seindürfens aus, das ihm nur von menschlicher Person zu menschlicher Person werden kann; einander reichen die Menschen das Himmelsbrot des Selbstseins. *1950; Urdistanz und Beziehung, S. 35-37*

Das echte Gespräch, und so jede aktuale Erfüllung der Beziehung zwischen Menschen, bedeutet Akzeptation der Anderheit. Wenn zwei Menschen einander ihre grundverschiedenen Meinungen über einen Gegenstand mitteilen, jeder in der Absicht, seinen Partner von der Richtigkeit der eignen Betrachtungsweise zu überzeugen, kommt im Sinn des Menschseins alles darauf an, ob jeder den andern als den meint, der er ist, bei allem Einflußwillen also ihn doch in seinem Dieser-Mensch-sein, in seinem Sobeschaffen-sein rückhaltlos annimmt und bestätigt. Die Strenge und Tiefe der menschlichen Individuation, das elementare Anderssein des Andern,

wird dann nicht bloß als notwendiger Ausgangspunkt zur Kenntnis genommen, sondern von Wesen zu Wesen bejaht. [...]
Menschentum und Menschheit werden in echten Begegnungen. Da erfährt der Mensch sich vom Menschen nicht etwa bloß begrenzt, auf die eigne Endlichkeit, Partialität, Ergänzungsbedürftigkeit hingewiesen, sondern das eigne Verhältnis zur Wahrheit wird ihm durch des andern individuationsmäßig verschiedenes, verschieden zu keimen und zu wachsen bestimmtes Verhältnis zur selben Wahrheit erhöht. Es ist den Menschen not und ist ihnen gewährt, in echten Begegnungen einander in ihrem individualen Sein zu bestätigen; aber darüber hinaus ist ihnen not und gewährt, die Wahrheit, die die Seele sich erringt, der verbrüderten andern anders aufleuchten und eben so bestätigt werden zu sehn. *1950; Urdistanz und Beziehung, S. 30-32*

Ein dialogisches Verhältnis wird sich auch in der Echtheit der Gespräche kundgeben, aber es baut sich nicht etwa aus ihnen auf. Vielmehr ist nicht bloß das Miteinanderschweigen solcher zwei Personen ein Dialog, sondern auch in ihrem räumlichen Getrenntsein lebt ihre Dialogik fort, als die stete potentielle Gegenwärtigkeit der einen für die andere, als ein äußerungsloser Verkehr. Hinwieder zieht alles Gespräch seine Echtheit nur aus dem Berührtsein von dem Element der Umfassung, sei es auch nur in dessen abstrakter Erscheinung, als »Anerkennung« des So-Seins des Gesprächspartners – welche real-wirksam nur dann sein kann, wenn sie einer Umfassungserfahrung, einer Erfahrung der Gegenseite entsprungen ist.
Die Umkehr des Machtwillens und die des Eros bedeuten die Dialogisierung der von ihnen bestimmten Verhältnisse; eben deshalb bedeuten sie den Eingang des Triebs in die Verbundenheit mit dem Mitmenschen und in die Verantwortung für ihn als für einen zugeteilten und anvertrauten Lebensbereich. *1925; Rede über das Erzieherische, S. 38 f.*

Ich habe auf das Kind hingewiesen, das, halb geschlossener Augen daliegend, der Ansprache der Mutter entgegenharrt. Aber manche Kinder brauchen nicht zu harren: weil sie sich unablässig angesprochen wissen, in einer nie abreißenden Zwiesprache. Im Angesicht der einsamen Nacht, die einzudringen droht, liegen sie bewahrt und behütet, unverwundbar, im silbernen Panzerhemd des Vertrauens.
Vertrauen, Vertrauen zur Welt, weil es diesen Menschen gibt – das ist das innerlichste Werk des erzieherischen Verhältnisses. Weil es diesen Menschen gibt, kann der Widersinn nicht die wahre Wahrheit sein, so hart er

einen bedrängt. Weil es diesen Menschen gibt, ist gewiß in der Finsternis das Licht, im Schrecken das Heil und in der Stumpfheit der Mitlebenden die große Liebe verborgen.
Weil es diesen Menschen gibt. Und so muß denn aber dieser Mensch auch wirklich dasein. Er darf sich nicht durch ein Phantom vertreten lassen: der Tod des Phantoms wäre die Katastrophe der ursprünglichen Kinderseele. Er braucht keine der Vollkommenheiten zu besitzen, die sie ihm etwa anträumt; aber er muß wirklich da sein. Er muß, um dem Kind in Wahrheit präsent zu werden und zu bleiben, dessen Präsenz in seinen eignen Bestand aufgenommen haben, als einen der Träger seiner Weltverbundenheit, einen der Herde seiner Weltverantwortung. Freilich kann er sich nicht in einem fort mit dem Kind befassen, weder tatsächlich noch auch in Gedanken, und solls auch nicht. Aber hat er es wirklich aufgenommen, dann ist jene unterirdische Dialogik, jene stete potentielle Gegenwärtigkeit des einen für den anderen gestiftet und dauert. Dann ist Wirklichkeit *zwischen* beiden, Gegenseitigkeit. *1925; Rede über das Erzieherische, S. 40 f.*

DAS FUNDAMENT des Mensch-mit-Mensch-seins ist dies Zwiefache und Eine: der Wunsch jedes Menschen, als das was er ist, ja was er werden kann, von Menschen bestätigt zu werden, und die dem Menschen eingeborene Fähigkeit, seine Mitmenschen eben so zu bestätigen. Daß diese Fähigkeit so unermeßlich brachliegt, macht die eigentliche Schwäche und Fraglichkeit des Menschengeschlechts aus: aktuale Menschheit gibt es stets nur da, wo diese Fähigkeit sich entfaltet. Wie freilich anderseits der leere Anspruch auf Bestätigung ohne die Andacht zu Sein und Werden je und je die Wahrheit der Existenz zwischen Mensch und Mensch zuschanden macht. *1950; Urdistanz und Beziehung, S. 28*

BUBER: Eine bestimmte sehr wichtige Art der Heilung – existentielle Heilung – kommt so [durch Begegnung – T.R.] zustande: Heilung, bei der nicht nur ein bestimmter Teil des Patienten, sondern wirklich die Wurzeln seines Seins erfaßt werden.
[...] Betrachten wir einmal die Art der Beziehung, die Vertrauen genannt wird – existentielles Vertrauen einer ganzen Person zu einer andern. Was wir im gewöhnlichen Leben Vertrauen nennen, spielt im Bereich der Heilung eine besondere Rolle, und solange es da noch nicht vorhanden ist, ist das Bedürfnis, das, was verdrängt wurde, in die Hände des Therapeuten zu geben, nicht wirklich da. [...]
FRIEDMAN: Tritt nach Ihrer Ansicht vom Unbewußten und von der Heilung »Bestätigung« an die Stelle von Beobachtung und Übertragung, oder

ergänzen sich Übertragung und Bestätigung, oder schließen sie einander ein?

BUBER: Lassen Sie uns diese Frage zweiteilen: Bestätigung ist in diesem Zusammenhang ein zu allgemeiner Begriff. Die Art der Bestätigung müßte näher bestimmt werden. Zweitens: Bestätigung ersetzt nicht Übertragung. Wenn aber Begegnung der entscheidende Faktor ist, würden sich auch die andern Begriffe verändern, in ihrer Bedeutung wie in ihrer Dynamik. Alles verändert sich in der wirklichen Begegnung. Bestätigung kann als etwas Statisches mißverstanden werden. Ich begegne einem andern – ich nehme ihn an und bestätige ihn so, wie er jetzt ist. Aber eine Person bestätigen, so wie sie ist, ist nur der erste Schritt, denn Bestätigung bedeutet nicht, daß ich ihre Erscheinung in diesem Augenblick als die Person verstehe, die ich bestätigen will. Ich muß darunter die andere Person in ihrer dynamischen Existenz, in ihrer spezifischen Möglichkeit verstehen. Wie kann ich bestätigen, was ich am meisten in seinem gegenwärtigen Sein bestätigen will? Es ist das Verborgene, denn im Gegenwärtigen liegt das, was werden kann, verborgen. Was in ihm angelegt ist, macht sich mir als das fühlbar, was ich am meisten bestätigen möchte. (In religiösem Begriff: der Schöpfungssinn in ihm.)[5] *1957; Das Unbewußte, S. 166 f.*

DIE EIGENTLICHE PROBLEMATIK im Bereich des Zwischenmenschlichen ist die Zwiefalt von Sein und Scheinen.

Daß Menschen sich oft angelegentlich darum kümmern, welchen Eindruck sie auf andere machen, ist zwar eine allgemein bekannte Tatsache; sie ist aber bisher weit mehr moralphilosophisch als anthropologisch erörtert worden. Und doch bietet sich hier der anthropologischen Betrachtung einer ihrer wichtigsten Gegenstände.

Wir dürfen zwischen zwei Arten menschlichen Daseins unterscheiden. Die eine mag als Leben vom Wesen aus, Leben bestimmt von dem was einer ist, die andre als Leben vom Bilde aus, Leben bestimmt von dem wie einer erscheinen will, bezeichnet werden. Im allgemeinen treten sie miteinander vermischt auf; es wird wohl wenige Menschen gegeben haben, die völlig unabhängig von dem Eindruck waren, den sie auf andere machten, aber ein ausschließlich davon Geleiteter dürfte kaum zu finden sein. Wir müssen uns damit begnügen, Menschen, bei denen in ihrem wesentlichen Ver-

---

[5] Bei »Das Unbewußte« handelt es sich um Protokolle von drei Gesprächen bei einem Seminar in der School of Psychiatry in Washington. Im hier wiedergegebenen Textauszug sind die Fragen anderer Gesprächsteilnehmer weggelassen, mit Ausnahme der Frage von Maurice Friedman, da Bubers Antwort nur aus dieser zu verstehen ist.

halten das eine, und solche, bei denen das andre vorherrscht, zu unterscheiden.
Am stärksten macht sich dieser Unterschied naturgemäß im Bereich des Zwischenmenschlichen, also im Umgang von Menschen miteinander geltend.
Man nehme als einfachstes und doch schon recht deutliches Beispiel eine Situation, in der zwei Personen einander ansehen, von denen die eine dem ersten, die andre dem zweiten Grundtypus angehört. Der Wesensmensch sieht den andern so an, wie man eben jemand ansieht, mit dem man sich persönlich abgibt; es ist ein »spontaner«, ein »unbefangener« Blick, er ist zwar selbstverständlich nicht unbeeinflußt von der Absicht, sich dem andern verständlich zu machen, aber er ist unbeeinflußt von einem Gedanken darüber, welche Vorstellung von der Beschaffenheit des Blickenden er in dem Angeblickten erwecken kann oder soll. Anders der Widerpart: da es ihm um das Bild zu tun ist, das seine Erscheinung, also ganz besonders der »sprechendste« Bestandteil seiner Erscheinung, sein Blick, im andern erzeugt, »macht« er diesen Blick; er stellt mit Hilfe der dem Menschen mehr oder minder eignenden Fähigkeit, ein bestimmtes Element des Seins im Blick erscheinen zu lassen, einen Blick her, der als spontane Äußerung wirken soll und oft genug auch wirkt, ja nicht allein als Äußerung eines angeblich in diesem Moment sich psychisch Ereignenden, sondern auch gleichsam als Spiegelung eines so und so beschaffenen persönlichen Seins. [...] Das ist [...] nicht, wie wenn einer eine Lüge sagt, etwa einen Sachverhalt verfälschend berichtet: die Lüge, die ich meine, vollzieht sich nicht an einem Tatbestand, sondern an der Existenz selber, und sie greift die zwischenmenschliche Existenz selber an. Zuweilen kann einer, um einer schalen Eitelkeit zu genügen, die große Chance des wahren Geschehens zwischen Ich und Du verscherzen.
Stellen wir uns zwei Bildmenschen vor, die beieinander sitzen und miteinander reden – nennen wir sie Peter und Paul – und zählen wir die Figurationen nach, die dabei im Spiel sind. Da sind erst mal der Peter, wie er dem Paul erscheinen will, und der Paul, wie er dem Peter erscheinen will; sodann der Peter, wie er dem Paul wirklich erscheint, Pauls Bild von Peter also, das gemeiniglich keineswegs mit dem von Peter gewünschten übereinstimmen wird, und vice versa; dazu noch Peter, wie er sich selbst, und Paul, wie er sich selbst erscheint; zu guter Letzt der leibliche Peter und der leibliche Paul. Zwei lebende Wesen und sechs gespenstische Scheingestalten, die sich in das Gespräch der beiden mannigfaltig mischen! Wo bliebe da noch Raum für die Echtheit des Zwischenmenschlichen!
Was immer in anderen Bereichen der Sinn des Wortes »Wahrheit« sein mag,

im Bereich des Zwischenmenschlichen bedeutet es, daß Menschen sich einander mitteilen als das was sie sind. Es kommt nicht darauf an, daß einer dem andern alles sage, was ihm einfällt, sondern darauf allein, daß er zwischen sich und den andern keinen Schein sich einschleichen lasse. Es kommt nicht darauf an, daß einer sich vor einem andern »gehen lasse«, sondern daß er dem Menschen, dem er sich mitteilt, an seinem Sein teilzunehmen gewähre. Auf die Authentizität des Zwischenmenschlichen kommt es an; wo es sich nicht gibt, kann auch das Menschliche nicht authentisch sein.
Deswegen müssen wir [...] den Begriff der Aufrichtigkeit von dem dünnen Moralpredigtton, der sich ihm angeheftet hat, befreien und ihn wieder an den Begriff der Aufrechtheit anklingen lassen. Wenn eine Voraussetzung des Menschseins in der Urzeit durch das Aufrechtgehen gegeben worden ist, erfüllt kann es erst durch die aufrecht gehende Seele, durch die hohe Aufrichtigkeit werden, die kein Schein mehr anficht, weil sie die Scheinhaftigkeit besiegt hat.
Wie aber – so mag gefragt werden –, wenn einer seiner Art nach sein Leben den Bildern hörig macht, die er in anderen hervorbringt? Kann er denn noch zum Wesensmenschen werden – kann er aus seiner Art fahren?
Die so verbreitete Neigung, von der Jeweiligkeit des gemachten Eindrucks statt von der Stetigkeit des Wesens aus zu leben, ist keine »Art«. Sie hat ja ihren Ursprung in der Rückseite des Zwischenmenschlichen selber: in der Abhängigkeit der Menschen voneinander. Es ist kein Leichtes, von den anderen in seinem Wesen bestätigt zu werden; da bietet sich der Schein zur Aushilfe an. Ihm willfahren ist die eigentliche Feigheit des Menschen, ihm widerstehen dessen eigentlicher Mut. Das aber ist nicht ein unerbittliches Sosein, nicht ein Sobleibenmüssen. Man kann darum ringen, zu sich zu kommen, das heißt, zum Vertrauen auf das Wesen. Man ringt mit wechselndem Erfolg, aber nie umsonst, auch wenn man zu erliegen meint. Man muß das Leben aus dem Wesen zuweilen teuer bezahlen; zu teuer ist es nie bezahlt. Aber gibt es denn nicht das schlechte Wesen, wuchert es nicht überall? Ich habe keinen jungen Menschen gekannt, der mir hoffnungslos schlecht erschienen wäre. Später wird es freilich immer schwerer, die immer zäher werdende Schicht, die sich auf das Wesen gewälzt hat, zu durchstoßen. So entsteht die falsche Perspektive der unabdingbaren »Art«. Sie ist falsch; der Vordergrund trügt; der Mensch ist, als Mensch, erlösbar. *1953; Elemente des Zwischenmenschlichen, S. 277-281*

Anerkennung des anderen und dialogisches Denken

Zum Abschluß dieses Kapitels stelle ich Texte zusammen, die aus unterschiedlichem Zusammenhang kommen, die sich aber dennoch gegenseitig erklären können.

Im ersten beschreibt Buber »Auferlegung« und »Erschließung« als die zwei grundlegenden Weisen, auf Gesinnung und Lebensgestaltung anderer Menschen einzuwirken. In der Auferlegung soll dem anderen eine Sicht aufoktroyiert werden; der Druck, der ausgeübt wird, zeigt, daß an die eigene Sache letztlich nicht geglaubt wird, daß ihr nicht hinreichende Überzeugungskraft zugetraut wird.

Die Erschließung ist Bestätigung, und zwar in der Art, wie sie zuletzt dargestellt wurde: was jemand als das Rechte erkannt zu haben glaubt, muß, »weil es das Rechte ist, [...] auch in dem Mikrokosmos des andern, als Möglichkeit unter Möglichkeiten, lebendig sein«. Begegnung, »existentielle Kommunikation« kann die Potentialität des anderen erschließen, kann den Anstoß dazu geben, daß er sie in sich entwickeln kann.

Im Grunde ist damit im ersten Text genau das gesagt, was Buber in den folgenden über die Art *seines* Philosophierens und *seiner* Beziehung zum Leser schreibt. Er selbst will eine Erfahrung (»Erfahrung« jetzt nicht im Sinne des Ich-Es; vgl. die Fußnote im Text): das, was er als das Rechte erkannt hat und was daher »auch in dem Mikrokosmos« der Leser potentiell »lebendig sein« muß, weitergeben. Und er tut dies, indem er an die Selbstbesinnung des Lesers appelliert. Das Dialogische, zu dem die Anerkennung des anderen gehört, ist also in der Tat genau Bubers Methode. Auch er kann die Zustimmung des Lesers nur erreichen, indem dieser die gleiche Erfahrung von sich aus in seinem Leben auffindet. Es gibt keine »Lehre«, die der Leser übernehmen soll. Formal muß Buber eine Menge von Aussagen, ›ein Es‹, aus seiner Erfahrung machen; die Art seines Sprachgebrauchs in »Ich und Du« erweist sich auch als Mittel, sich dem einfachen, glatten Verständnis als Lehre zu verweigern: der Gebrauch paradoxer Begriffe weist darauf hin, daß das Gemeinte nicht in der logischen Aussagestruktur aufgeht.[6]

---

[6] Ein Beispiel für paradoxes Sprechen ist die im ersten Kapitel wiedergegebene Beschreibung der Beziehung als »Passion und Aktion in einem« (»Ich und Du«, S. 15). Die Problematik des Verhältnisses zwischen Sprache und gemeinter Wirklichkeit bei Buber diskutiert Jochanan Bloch in dem Aufsatz »Berechtigung und Vergeblichkeit des dialogischen Denkens« (in: Jochanan Bloch/Haim Gordon [Hrsg.], Martin Buber. Bilanz seines Denkens, S. 62-81) und in seinem Buch »Die Aporie des Du«. Bloch gibt hier die vielleicht beste Darstellung und Analyse von Bubers Denken in der gesamten philosophischen Sekundärliteratur.

Buber mußte in der Tat darauf vertrauen, daß das, was er schrieb, auch dem Leser ›etwas sagen‹ konnte. Da sowohl zum Dialog, über den Buber sprach, als auch zu dem, in den er mit seinen Lesern treten wollte, wesentlich die Anerkennung des andern gehört, die nur ›erschließend‹ auf den anderen einwirken darf, ist jegliche Lehre, jegliche Art von Dogmatik mit Bubers Sicht unvereinbar. Sie würde die Dialogik im Kern zerstören. Genau in diesem Sinn sagt Buber: »Ich habe keine Lehre, aber ich führe ein Gespräch.«

ES GIBT ZWEI GRUNDWEISEN, auf Menschen, auf ihre Gesinnung und Lebensgestaltung einzuwirken. In der ersten will einer sich, seine Meinung und Haltung, dem andern so auferlegen, daß der wähne, das seelische Ergebnis der Aktion sei seine, durch jene Beeinflussung nur eben entbundene Einsicht. In der zweiten Grundweise der Einwirkung will einer das, was er in sich selber als das Rechte erkannt hat, auch in der Seele des andern, als darin angelegt, finden und fördern; weil es das Rechte ist, muß es auch in dem Mikrokosmos des andern, als Möglichkeit unter Möglichkeiten, lebendig sein, der andre muß nur in dieser seiner Potentialität erschlossen werden, und zwar im wesentlichen nicht durch Belehrung, sondern durch Begegnung, durch existentielle Kommunikation zwischen einem Seienden und einem Werden-könnenden. Die erste Weise hat sich am stärksten im Bereich der Propaganda, die zweite in dem der Erziehung ausgebildet.
Den sich auferlegenden Propagandisten, den ich meine, geht die Person, auf die er einwirken will, als Person überhaupt nicht an; etwelche individuelle Eigenschaften sind ihm nur insofern von Belang, als er sie für die Gewinnung des andern ausnutzen kann und zu diesem Zweck kennen lernen muß. […] Der Propaganda […] ist das Individuelle eher lästig, es geht ihr einfach um das Mehr – mehr Mitglieder, mehr Anhänger, eine zunehmende Stützfläche. Das politische Mittel, wo es wie hier in seiner extremen Form waltet, bedeutet: sich des andern bemächtigen, indem man ihn depersonalisiert. Diese Art der Propaganda geht verschiedene Verbindungen mit dem Zwang ein, sie ergänzt oder ersetzt ihn, je nach Bedarf und Aussichten, sie ist aber letztlich nichts anderes als der sublimierte, der unmerklich gewordene Zwang. Sie setzt die Seelen unter einen Druck, der die Illusion der Autonomie ermöglicht. Das politische Mittel vollendet sich in der effektiven Aufhebung des Menschenfaktums.
Der Erzieher, den ich meine, lebt in einer Welt der Individuen, von der ein bestimmter Teil jeweils seiner Hut anvertraut ist. Jedes dieser Individuen erkennt er als darauf angelegt, eine einmalige, einzige Person und damit

der Träger eines besonderen, durch sie und durch sie allein erfüllbaren Seins-Auftrags zu werden. Jedes personhafte Wesen zeigt sich ihm als in einem solchen Prozeß der Aktualisierung begriffen, und er weiß aus eigner Erfahrung, daß die aktualisierenden Kräfte je und je in einem mikrokosmischen Kampf mit Gegenkräften stehen. Er hat sich als einen Helfer der aktualisierenden Kräfte verstehen gelernt. Er kennt diese Kräfte: sie haben auch an ihm gewirkt und wirken. Es ist dieses an ihm getane Werk, das er Mal um Mal ihnen begegnen läßt, ihnen für neuen Kampf und neues Werk zur Verfügung stellt. Er kann sie nicht auferlegen wollen, denn er glaubt an das Wirken der aktualisierenden Kräfte, das heißt, er glaubt, daß in jedem Menschen das Rechte in einer einmaligen und einzigartig personhaften Weise angelegt ist; keine andere Weise darf sich diesem Menschen auferlegen, aber eine andere Weise, die dieses Erziehers, darf und soll das Rechte, wie es eben hier werden will, erschließen und dazu verhelfen, daß es sich entfalte.

Der sich auferlegende Propagandist glaubt nicht einmal an die eigene Sache wirklich, denn er traut ihr nicht zu, daß sie aus eigener Kraft, ohne seine Methoden, deren Gleichnis der Lautsprecher und die Lichtreklame sind, zur Wirkung käme. Der erschließende Erzieher glaubt an die Urmacht, die sich in all die Menschenwesen ausgestreut hat und ausstreut, um in jedem zu einer eigentümlichen Gestalt zu erwachsen; er vertraut darauf, daß dieses Wachstum jeweils nur jener in den Begegnungen gegebenen Hilfe bedarf, die eben auch er herzugeben berufen ist.

Ich habe an zwei extrem antithetischen Beispielen den Charakter der beiden Grundhaltungen und ihr Verhältnis zueinander verdeutlicht. Aber überall, wo Menschen miteinander umgehn, ist ein Maß der einen oder der andern zu finden.

[...] Auferlegung und Erschließung sind Vorgänge zwischen Menschen, anthropologische Sachverhalte, die auf eine Ontologie, die Ontologie des Zwischenmenschlichen eben, hinweisen.

Auf ethischem Gebiet hat Kant den überaus wichtigen Grundsatz ausgesprochen, der Mitmensch dürfe niemals bloß als Mittel, sondern müsse jederzeit zugleich als selbständiger Zweck gedacht und behandelt werden.[7] Der Satz steht im Zeichen eines Sollens, das von der Idee der Menschenwürde getragen wird. Unsere im Kern verwandte Betrachtung kommt an-

[7] Eine der Formulierungen von Kants kategorischem Imperativ: »Handle so, daß du die Menschheit sowohl in deiner Person, als in der Person eines jeden andern jederzeit zugleich als Zweck, niemals bloß als Mittel brauchest.« (Immanuel Kant, Grundlegung zur Metaphysik der Sitten, S. 79. Akademieausgabe [Gesammelte Schriften, begonnen v. der Königlich Preußischen Akademie der Wissenschaften]: Werke Bd. IV, S. 429.)

derswoher und zielt anderswohin. Uns geht es um die Voraussetzungen des Zwischenmenschlichen. Der Mensch ist nicht in seiner Isolierung, sondern in der Vollständigkeit der Beziehung zwischen dem einen und dem andern anthropologisch existent: erst die Wechselwirkung ermöglicht, das Menschentum zulänglich zu erfassen. Dazu, zum Bestande des Zwischenmenschlichen ist [...] erforderlich, daß sich in die Beziehung von personhaftem Sein zu personhaftem Sein nicht der Schein verderblich einmische; es ist dazu des weiteren [...] erforderlich, daß jeder den anderen in dessen personhaftem Sein meine und vergegenwärtige. Daß keiner der Partner sich dem andern auferlegen wolle, ist die dritte basische Voraussetzung des Zwischenmenschlichen schlechthin. Daß einer auf den andern erschließend einwirke, gehört nicht mehr zu diesen Voraussetzungen; wohl aber ist dies ein Element, geeignet zu einer höheren Stufe des Zwischenmenschlichen zu führen.

Daß jedem Menschen die Bestimmung innewohnt, das rechte Menschsein auf seine besondere, ihm allein eigentümliche Art zu erlangen, kann man im aristotelischen Bilde der Entelechie, der eingeborenen Selbstverwirklichung fassen; nur muß man darauf achten, daß das eine Entelechie des Schöpfungswerkes ist. Irrig ist es, hier von der Individuation allein zu sprechen; diese bedeutet nur das urnotwendig personhafte Gepräge aller Verwirklichung des Menschseins. Nicht das Selbst als solches ist das Letztwesentliche, sondern daß der Schöpfungssinn des menschlichen Daseins sich je und je als Selbst erfülle. Die erschließende Funktion zwischen den Menschen, die Hilfe zum Werden des Menschen als Selbst, das Einander-Beistehn zur Selbstverwirklichung des schöpfungsgerechten Menschentums ist es, das das Zwischenmenschliche zu seiner Höhe führt. Erst in zwei Menschen, von denen jeder, wenn er den andern meint, zugleich das Höchste meint, das eben diesem zubestimmt ist, und der Erfüllung der Bestimmung dient, ohne dem andern etwas von der eigenen Realisierung auferlegen zu wollen, stellt sich die dynamische Herrlichkeit des Menschenwesens leibhaft dar. *1953; Elemente des Zwischenmenschlichen, S. 287-292*

Seit ich zu einem Leben aus eigener Erfahrung[8] gereift bin – ein Prozeß, der kurz vor dem »ersten Weltkrieg« begann und bald nach ihm voll-

---

[8] Bubers eigene Anmerkung zu dieser Stelle: »Den Begriff der Erfahrung verwende ich hier nicht kritisch, wie am Anfang des Buches ›Ich und Du‹, sondern positiv; ich meine damit einfach das mir selbst unmittelbar Bekanntgewordene.« Vgl. Antwort, Anmerkung 1 auf S. 638; in: Paul Arthur Schilpp/Maurice Friedman (Hrsg.), Martin Buber, S. 589-639.

endet war –, habe ich unter der Pflicht gestanden, den Zusammenhang der damals gemachten entscheidenden Erfahrungen ins menschliche Denkgut einzufügen, aber nicht als »meine« Erfahrungen, sondern als eine für andere und auch für andersartige Menschen gültige und wichtige Einsicht. Da ich aber keine Botschaft empfangen habe, die solcherweise weiterzugeben wäre, sondern nur eben Erfahrungen gemacht und Einsicht gewonnen habe, mußte meine Mitteilung eine philosophische sein, d.h. ich mußte das Einmalige und Wesenseinzige in »Allgemeines«, von jedem in seinem eigenen Dasein Auffindbares verwandeln, mußte das seinem Wesen nach Unbegriffliche in Begriffen, die (wenn auch zuweilen mit Schwierigkeiten) gehandhabt und übermittelt werden können, aussagen. Genauer: ich mußte aus dem Ich-Du und als Ich-Du Erfahrenen ein Es machen. *1963; Antwort, S. 589*

DAS THEMA, das hier dem erlebenden Denker diktiert worden ist, mein Thema, war nicht geeignet, zum umfassenden System ausgebaut zu werden. Es ging hier eben um die große Voraussetzung für den Anbeginn des Philosophierens und seinen Fortgang, um die Dualität der Grundworte. Es galt, auf diese Dualität hinzuzeigen. Obgleich sie der Grundverhalt im Leben jedes Menschen mit allem Seienden ist, achtete man ihrer kaum. Es mußte auf sie hingezeigt, sie mußte in den Grundfesten des Daseins aufgezeigt werden. Eine vernachlässigte, verdunkelte Urwirklichkeit war sichtbar zu machen. Das Denken, das Lehren mußte von der Aufgabe des Zeigens bestimmt sein; nur was mit dem Zeigen des zu Zeigenden zusammenhing, war zulässig; nicht vom Sein war zu handeln, sondern einzig von dem menschlichen Doppelverhältnis zum Sein. Das Philosophieren mußte wesentlich ein anthropologisches sein; in seiner Mitte mußte, sich jeweils verdeutlichend, die Frage stehen, wie der Mensch möglich sei, eben die Frage, auf die die Wirklichkeit jenes Doppelverhältnisses unter der Voraussetzung der dem Menschen eigentümlichen Urdistanz die Antwort gibt. Ausblicke in das den Menschen Transzendierende waren gewährt, wo die Beziehung zu diesem zu klären war; aber die Tendenz zu einem die Situation des Menschen umgreifenden System konnte hier keinen Einlaß gewinnen.
Dem, was ich zu sagen hatte, geziemte keine Systematik. Zusammenhang geziemte ihm, geschlossener Zusammenhang, aber kein zusammenschließender. Ich durfte nicht über meine Erfahrung hinausgelangen und wünschte mir nie, es zu dürfen. Ich zeuge für Erfahrung und appelliere an Erfahrung. Die Erfahrung, für die ich zeuge, ist naturgemäß eine begrenzte. Aber sie ist nicht als eine »subjektive« zu verstehen. Ich habe sie durch

meinen Appell erprobt und erprobe sie immer neu. Ich sage zu dem, der mich hört: »Es ist deine Erfahrung. Besinne dich auf sie, und worauf du dich nicht besinnen kannst, wage, es als Erfahrung zu erlangen.« Wer aber sich ernstlich weigert, den nehme ich ernst. Er ist mir wichtig. Seine Weigerung ist mein Problem.

Ich muß es immer wieder sagen: Ich habe keine Lehre. Ich zeige nur etwas. Ich zeige Wirklichkeit, ich zeige etwas an der Wirklichkeit, was nicht oder zu wenig gesehen worden ist. Ich nehme ihn, der mir zuhört, an der Hand und führe ihn zum Fenster. Ich stoße das Fenster auf und zeige hinaus. Ich habe keine Lehre, aber ich führe ein Gespräch. *1963; Antwort, S. 592 f.*

MARTIN BUBER AN MALCOLM L. DIAMOND. Die Wirklichkeiten der menschlichen Situation, die ich zu *zeigen* versuche, können in der Sprache der Begriffe nicht adäquat ausgedrückt werden. Aber der Gebrauch dieser Sprache ist unerläßlich, wenn der ontische Charakter einer Wirklichkeit, zum Beispiel der des Dualismus der grundlegenden menschlichen Haltung dargelegt werden soll. Dann gibt es keinen anderen Weg, als »paradox« zu sprechen. Aber das bedeutet letzten Endes, sich mit dem Zuhörer oder Leser über drei Voraussetzungen zu einigen: 1. daß er als Zuhörer oder Leser ebenfalls paradox denkt; 2. daß er immer wieder den Schritt von der Erfassung der Gedanken zum Vergleich mit seinen eigenen Erfahrungen tut; 3. wo eine entsprechende eigene Erfahrung fehlt, sollte er versuchen, mit seiner eigenen Person diese Erfahrung zu machen.

Letzten Endes appelliere ich [...] an das wirkliche und mögliche Leben meines Lesers. Die Intention meiner Schriften ist wirklich eine ganz intim dialogische. *Jerusalem, 19.9.1957; Briefwechsel, Bd. III, S. 437 f.*

3 Martin Bubers Ethik der Antwort

Bubers Thema in seiner Philosophie ist die Dualität der Grundworte. Erst, wer Ich-Du spricht, verwirklicht ganz sein Menschsein. Eines der Grundworte zu sprechen, bedeutet, eine Haltung im Bezug zum anderen einzunehmen. Was sein Gegenüber dem Menschen sagen, ihm bedeuten kann, hängt von dieser Haltung zu ihm ab.

In seiner Haltung, in seinem Handeln am Gegenüber, entscheidet sich, ob die Existenz des Menschen letztlich Bestand haben wird oder ob sie nichtig ist.[1] Martin Bubers Denken ist im Grunde Ethik: in seiner Philosophie und Pädagogik, seinen Schriften zum Judentum und zum Chassidismus zielt er auf das Handeln und Verhalten des Menschen. Nicht auf die Wahrheit eines Glaubens oder einer Anschauung, sondern auf das Tun des Menschen kommt es Buber an. Texte zu einem wesentlichen Thema innerhalb seiner Ethik, zur Verantwortung und zur Einstellung des verantwortungsbereiten Menschen, habe ich hier zusammengestellt.

Bubers Ethik kann man nicht getrennt von seinem Judentum sehen. Man darf diesen Zusammenhang nicht so mißverstehen, als würde sich seine Ethik von religiösen Glaubenssätzen oder vom Glauben an Gott herleiten. Das Judentum insgesamt ist keine Religion, für das eine Glaubenslehre oder der Glauben an Gott im Mittelpunkt stünde; im Zentrum des Judentums steht vielmehr Ethik.

So schreibt Leo Baeck in seinem Buch »Das Wesen des Judentums« über die Gotteserkenntnis der Propheten: »Gott suchen, das ist: nach Gutem streben; Gott finden, das ist: Gutes tun. Übe, was Gott dir gebietet, dann weißt du, wer er ist. Das ist das Begreifen Gottes, wie die Propheten es erfahren und lehren, der Weg, welcher zu Gott führt« und »Die Erkenntnis Gottes belehrt über das, was der

---

[1] Zum Bestand oder der Nichtigkeit der Existenz vgl. das 5. Kapitel. Da Bubers Denken sich nicht innerhalb der ethischen Kategorien ›sittlich – unsittlich‹ oder ›moralisch – unmoralisch‹ bewegt, wäre es falsch, hier von der ›Sittlichkeit‹ zu sprechen, die sich im Handeln erweise.

Mensch sein soll; das Göttliche sagt, was menschlich ist.«[2] Und der Autor Zvi Kolitz läßt Jossel Rakover in den letzten Stunden des Widerstands im Warschauer Ghetto sagen: »Ich hab' Ihn lieb. Doch Seine Tora hab' ich lieber. Selbst wenn Er mich genarrt und ich mich in Ihm getäuscht hätte, Seine Tora würde ich weiter hüten. Gott heißt Religion. Aber Seine Tora heißt: Lebensweisung.«[3]

Die Verwirklichung des Rechten im Leben des Menschen ist hier das Primäre, aus ihm gewinnt das Leben des Menschen seine Wahrheit. In der Verwirklichung des Rechten kann ›Gotteserkenntnis‹ – Gott im Umgang mit seiner Welt erfahren – geschehen.

Dies ist genau die Haltung des Judentums und insbesondere des Chassidismus, wie Buber sie wiedergibt. Aus der Kabbala Isaak Lurias kam die Vorstellung, im Ursprung der Welt habe sich das grenzenlose göttliche Licht zusammengezogen, um Raum für die Schöpfung zu schaffen; die Behältnisse, in denen es schuf, Emanationen des Göttlichen, waren für das Licht aber zu schwach, so daß die Gefäße zerbrachen. Die Welt entstand aus den Resten dieser Explosion.[4] Im Chassidismus entstand daraus der Auftrag für den Menschen, sich der Welt zuzukehren, um die göttlichen Funken, das verstreute Licht, zu erheben und mit Gott zu einen. Innerhalb ihrer speziellen Welt von religiösen Vorstellungen und Bildern verwirklichten die Chassidim eine Haltung, deren Geltung über diese besondere Welt hinausgeht. Buber verstand sich hier als der »Dolmetsch« der chassidischen Botschaft an die Welt.

Der verantwortliche Mensch in der konkreten Situation – angesprochen und antwortend

Bubers Ethik ist eine Ethik der Verantwortung; Verantwortung ist die Antwort des Menschen – im Sprechen, im Tun, in der ganzen Haltung – darauf, daß er angeredet und in dieser Anrede angefordert wird. Die Anrede geschieht in den Situationen seines Alltags; in ihnen wird dem Menschen etwas ›gesagt‹; in ihnen ist er angefordert, durch sein Tun und Lassen und in seiner Haltung Stellung zu nehmen. Die Verantwortung ist kein ethisches Prinzip, keine Setzung aus der

---

2 Leo Baeck, Das Wesen des Judentums, S. 31.

3 Zvi Kolitz, Jossel Rakovers Wendung zu Gott, S. 64. Diesen Text bespricht Emmanuel Lévinas in dem Aufsatz »Die Thora mehr lieben als Gott« in seinem Buch »Schwierige Freiheit. Versuch über das Judentum«, S. 109-113.

4 Vgl. auch die Erklärungen im Glossar unter den Stichwörtern »Kabbala«, »Sefirot« und »Emanation«.

Freiheit des Menschen: ihre Bedeutsamkeit hängt nicht von menschlicher Einsicht oder Nicht-Einsicht ab. Sie bedeutet lediglich, die Situation anzunehmen, in die man gestellt ist: letztlich also, sein Leben auf sich zu nehmen.
Wenn jemand in einer Situation zur Verantwortung aufgerufen ist, ist es irrelevant, ob er an einen Gott glaubt oder nicht: Der Mensch ist gefordert, ohne erst nach Gott zu fragen. Er folgt einem Anspruch, der keine ethische Setzung des Menschen ist, woher er auch kommen mag. Er verwirklicht so viel, wie es die Situation erlaubt.
Wer antwortet, steht im Grundwort Ich-Du; er geht mit ganzem Wesen ein in die Situation. Indem er dies tut, kann er ›Heil wirken‹. (Was Buber hier in recht pathetischer Sprache 1919 gesagt hat, ist in der Anschauung für ihn gültig geblieben.) Es gibt keine allgemeine, situationsunabhängige Regel, was *man* zu tun hat; es gibt nur den Anspruch an die Person, die sich die Verantwortung dafür, was *sie* zu tun hat, von keiner Regel nehmen lassen kann. Auf eine solche Sicherheit von außerhalb der Situation kann der verantwortende Mensch nicht zurückgreifen.

ALS RABBI SCHNËUR SALMAN, der Raw von Reußen, weil seine Einsicht und sein Weg von einem Anführer der Mithnagdim bei der Regierung verleumdet worden waren, in Petersburg gefangen saß und dem Verhör entgegensah, kam der Oberste der Gendarmerie in seine Zelle. Das mächtige und stille Antlitz des Raw, der ihn zuerst, in sich versunken, nicht bemerkte, ließ den nachdenklichen Mann ahnen, welcher Art sein Gefangener war. Er kam mit ihm ins Gespräch und brachte bald manche Frage vor, die ihm beim Lesen der Schrift aufgetaucht war. Zuletzt fragte er: »Wie ist es zu verstehen, daß Gott der Allwissende zu Adam spricht: ›Wo bist du?‹« »Glaubt Ihr daran«, entgegnete der Raw, »daß die Schrift ewig ist und jede Zeit, jedes Geschlecht und jeder Mensch in ihr beschlossen sind?« »Ich glaube daran«, sagte er. »Nun wohl«, sprach der Zaddik, »in jeder Zeit ruft Gott jeden Menschen an: ›Wo bist du in deiner Welt? So viele Jahre und Tage von den dir zugemessenen sind vergangen, wie weit bist du derweilen in deiner Welt gekommen?‹ So etwa spricht Gott: ›Sechsundvierzig Jahre hast du gelebt, wo hältst du?‹«
Als der Oberste die Zahl seiner Lebensjahre nennen hörte, raffte er sich zusammen, legte dem Raw die Hand auf die Schulter und rief: »Bravo!« Aber sein Herz flatterte. *1947; Der Weg des Menschen nach der chassidischen Lehre, S. 7 f.*

JEDER VON UNS steckt in einem Panzer, dessen Aufgabe ist, die Zeichen abzuwehren. Zeichen geschehen uns unablässig, leben heißt angeredet werden, wir brauchten nur uns zu stellen, nur zu vernehmen. Aber das Wagnis ist uns zu gefährlich, die lautlosen Donner scheinen uns mit Vernichtung zu bedrohen, und wir vervollkommnen von Geschlecht zu Geschlecht den Schutzapparat. All unsere Wissenschaft versichert uns: »Sei ruhig, das geschieht eben alles wie es geschehen muß, aber an dich ist nichts gerichtet, du bist nicht gemeint, das ist eben ›die Welt‹, du kannst sie erleben wie du willst, aber was immer du in dir damit anfängst, geht von dir allein aus, man fordert dir nichts ab, man redet dich nicht an, alles ist still.«

Jeder von uns steckt in einem Panzer, den wir bald vor Gewöhnung nicht mehr spüren. Nur Augenblicke gibt es, die ihn durchdringen und die Seele zur Empfänglichkeit aufrühren. Und wenn sich dergleichen uns angetan hat und wir dann aufmerken und uns fragen: »Was hat sich denn da Besondres ereignet? Wars nicht von der Art, wie es mir alle Tage begegnet?«, so dürfen wir uns erwidern: »Freilich, nichts Besondres, so ist es alle Tage, nur wir sind alle Tage nicht da.«

Die Zeichen der Anrede sind nicht etwas Außerordentliches, etwas was aus der Ordnung der Dinge tritt, sie sind eben das, was sich je und je begibt, eben das, was sich ohnehin begibt, durch die Anrede kommt nichts hinzu. Die Ätherwellen brausen immer, aber wir haben zumeist unsern Empfänger abgestellt.

Was mir widerfährt ist Anrede an mich. Als das, was mir widerfährt, ist das Weltgeschehen Anrede an mich. Nur indem ich es sterilisiere, es von Anrede entkeime, kann ich das, was mir widerfährt, als einen Teil des mich nicht meinenden Weltgeschehens fassen. *1930; Zwiesprache, S. 153 f.*

VERANTWORTUNG, die nicht einem Wort antwortet, ist eine Metapher der Moral; faktisch ist Verantwortung nur, wenn es die Instanz gibt, vor der ich mich verantworte, und »Selbstverantwortung« hat nur dann Realität, wenn das »Selbst«, vor dem ich mich verantworte, in das Unbedingte durchsichtig wird. Wer aber die reale, die dialogische Verantwortung übt, braucht den Sprecher des Worts, dem er antwortet, nicht zu benennen – er kennt ihn in der Substanz des Worts, das andringend, eindringend, den Tonfall einer Innerlichkeit annehmend, ihm das Herz des Herzens bewegt. Einer kann mit aller Kraft abwehren, daß »Gott« sei, und kostet ihn im strengen Sakrament der Zwiesprache. *1930; Zwiesprache, S. 164*

DIE GUTE GOTTESLEUGNUNG. Rabbi Mosche Löb sprach: »Es gibt keine Eigenschaft und keine Kraft am Menschen, die umsonst geschaffen wäre. Und auch alle niedern und verworfenen Eigenschaften haben eine Erhebung zum Dienste Gottes. So etwa der Hochmut: wenn er erhoben wird, wandelt er sich zu einem hohen Mut in den Wegen Gottes. Aber wozu mag wohl die Gottesleugnung geschaffen sein? Auch sie hat ihre Erhebung in der hilfreichen Tat. Denn wenn einer zu dir kommt und von dir Hilfe fordert, dann ist es nicht an dir, ihm mit frommem Munde zu empfehlen: ›Habe Vertrauen und wirf deine Not auf Gott‹, sondern dann sollst du handeln, als wäre da kein Gott, sondern auf der ganzen Welt nur einer, der diesem Menschen helfen kann, du allein.« *Die Erzählungen der Chassidim, S. 538 f.*

DIE VERANTWORTUNG vor einer Idee ist fiktiv, weil die Idee mich nicht zur Verantwortung ziehen kann, weil sie nicht entscheiden kann, ob meine Verantwortung zu Recht oder zu Unrecht besteht. Ich verlange einem Begriff wie Verantwortung seinen ursprünglichen konkreten Sinn ab, ich gebe nicht zu, daß ihm ermöglicht werde, sich unterm Schutz einer Philosophie in die Innerlichkeit zu verflüchtigen. *1963; Antwort, S. 596 f.*

DIE GANZHEIT DER SEELE ist gerade in der Gebrochenheit der menschlichen Situation zu bewähren, und das heißt: dadurch, daß man nicht über den Situationen schwebt, sondern auf sie eingeht, daß man sich ins Handgemenge mit ihnen einläßt, daß man ihnen jeweils so viel an Wahrheit und Gerechtigkeit abgewinnt, als man hier, auf ihrem Boden, der Wirklichkeit gemäß vermag.

Die Situationen haben ein Wort mitzureden! Und die realen, die biographisch oder historisch realen Situationen sind nicht einfach und glatt wie Prinzipien, sie tragen den Widerspruch in sich, sie heben ihn uns ins Gesicht, und wir dürfen ihn nicht ignorieren, denn die Wirklichkeit steht im Widerspruch. Es gilt nicht »Alles oder Nichts«, es gilt, so viel von unserer Wahrheit zu verwirklichen, als es der unbefangen vordringende Einblick in all die Widersprüche der Situation zuläßt. [...]

Die damit zusammenhängende Lehre von der »Demarkationslinie« hat einer der Mitarbeiter dieses Buches,[5] Ernst Simon, genau verstanden und dargelegt,[6] und ich könnte mich hier damit begnügen, darauf hinzuweisen, wenn er nicht eine durchaus angemessene und sogar notwendige Frage anschlösse, der, wenn irgendeiner der Fragen dieses Buches, eine Antwort gebührt. Er fragt: Kann man das Kompromiß zwischen absolutem Gesetz und konkreter Wirklichkeit, das aus jenem Ringen, von dem du sprichst,

---

5 Paul Arthur Schilpp/Maurice Friedman (Hrsg.), Martin Buber.

6 Ernst Simon, Martin Buber, der Erzieher; in: Paul Arthur Schilpp/Maurice Friedman (Hrsg.), Martin Buber, S. 479-505.

hervorgeht, mit ganzer Seele tun, wie man eben deiner Lehre nach das Gute tut? In der Theorie weiß ich keine Antwort, und das wundert mich nicht, denn dies ist einer der Punkte, an denen die Theorie ihre Schranke findet. Aber im Bereich der Erfahrung wird uns eine Antwort gegeben.
Du stehst vor einer politischen Entscheidung, richtiger: vor deinem Anteil an einer politischen Entscheidung, und für den Menschen, den ich meine, ist eine politische Entscheidung auch eine moralische. Du bist vom Gebot einer Gerechtigkeit getrieben und, das Herz von ihm bewegt, blickst du in die fast chaotische Tiefe einer Situation, dahin, woher der Widerspruch dir entgegenschaut. Du vergegenwärtigst dir, so stark du irgend kannst, alles noch einmal und von Grund aus, was du schon gekannt hast, und neu, was sich dir jetzt zu kennen gibt. Du schonst dich nicht, du lässest dir Grausames von beiden Seiten antun, ohne sie zu beschränken, du, Schauplatz und Richter, lässest den Kampf ungehemmt ausgefochten werden. Und nun, mitten im Ringen, vielmehr: im Moment eines unvorhergesehenen Stillstands, geschieht etwas. Ich darf nicht sagen: immer, ich sage treulich: je und je. Es geschieht, daß du überraschend, zuweilen geradezu überwältigend merkst, was von deiner Wahrheit und Gerechtigkeit sich in dieser Situation verwirklichen läßt. Du merkst, du hast gemerkt, wieviel dem Leben gegeben werden muß, damit die Gerechtigkeit Leben annehme. Und in eben diesem Moment – nicht immer, aber je und je (das ist deine Chance) – schießen die Kräfte deiner Seele, die eben noch widereinander stritten, zusammen, wie zu einem Kristall schießen sie zusammen.
Keine allgemein gültige Antwort ist das, keinerlei Garantie ist darin, nur eben eine Chance, nur eben ein Wagnis. Der Glaube an Gott ist ein Wagnis, das Zeugen von Kindern ist ein Wagnis, vielleicht gibt es noch ein Wagnis im Tode. Auch wenn man das Rechte will, muß man wagen. *1963; Antwort, S. 618 f.*

WAS IST ZU TUN? Wer diese Frage stellt und damit meint: »Was hat man zu tun?« – für den gibt es keine Antwort. »Man« hat nichts zu tun, Man kann sich nicht helfen, mit Man ist nichts mehr anzufangen, mit Man geht es zu Ende. Wer sich damit genug tut, zu erklären oder zu erörtern oder zu fragen, was Man zu tun habe, redet und lebt ins Leere.
Wer aber die Frage stellt, den Ernst einer Seele auf den Lippen, und meint: »Was habe ich zu tun?« – den nehmen Gefährten bei der Hand, die er nicht kannte und die ihm alsbald vertraut werden, und antworten (er lauscht, was Wundersames da kommen mag, und ist erstaunt, als nichts anderes folgt denn dies):
»Du sollst dich nicht vorenthalten.«

Die alte, ewige Antwort! Aber ihre Wahrheit ist wieder einmal neu und unberührt.
Der Fragende sieht die Wahrheit an, und sein Staunen wird fruchtbar. Er nickt. Und sowie er nickt, fühlt er an seinen Handflächen stärker die Blutwärme des Miteinanderseins, und es redet um ihn, aber nun ist es ihm, als redete er selber:
»Du sollst dich nicht vorenthalten.
Du, eingetan in die Schalen, in die dich Gesellschaft, Staat, Kirche, Schule, Wirtschaft, öffentliche Meinung und dein eigener Hochmut gesteckt haben, Mittelbarer unter Mittelbaren, durchbrich deine Schalen, werde unmittelbar, rühre Mensch die Menschen an!
Uralter Wust und Mulm ist zwischen Mensch und Mensch gehäuft. Sinngeborene Form entartete zu Konvention, Ehrfurcht zu Mißtrauen, Keuschheit der Mitteilung zu geizender Verschlossenheit. Mitunter tappen die Menschen im bangen Rausch aufeinander zu – und verfehlen sich, denn der Mulmhaufe ist zwischen ihnen. Räumt ihn hinweg, du und du und du! Stellet Unmittelbarkeit, aus dem Sinn formende, ehrfürchtige, keusche Unmittelbarkeit zwischen den Menschen her!
Du sollst dich nicht vorenthalten.
Einsamer, zwei Einsamkeiten sind in deinem Leben verflochten. Nur eine sollst du ausrotten: das Sich-Verschließen, das Sich-Zurückziehen, das Sich-Gegenüberstellen – die Einsamkeit des Gemeinschaftsunfähigen. Die andere sollst du erst wahrlich gründen und festigen, das notwendige Immer-wieder-einsam-werden des Starken, der seine Strahlen von Mal zu Mal, um neue Kraft zu sammeln, heimberufen muß in eine Einsamkeit, wo er in der Gemeinschaft des Gewesenen und Kommenden ruht und von ihr genährt wird, daß er in neuer Kraft zur Gemeinschaft des Seienden ausgehen kann.
Zu ihr sollst du ausgehen lernen – ausgehen und dich nicht vorenthalten.
Du sollst helfen. Jeder Mensch, der dir begegnet, bedarf der Seelenhilfe, jeder bedarf *deiner* Hilfe. Das ist das tausendfältige Ereignis jedes Augenblicks, daß Hilfsbedürftigkeit und Hilfsfähigkeit einander ausweichen, und so, daß sie nicht nur um einander, daß jede auch um sich selber nicht weiß; denn es ist Menschenart, den innersten Mangel und die innerste Gabe der eigenen Seele gleicherweise unbeachtet zu lassen, ob auch zuweilen eine tiefe Stunde daran gemahnt. Du sollst in den andern die Hilfsbedürftigkeit, in dir die Hilfsfähigkeit erwecken. Auch wenn du selber bedürftig bist – und du bist es –, kannst du andern helfen und, indem du es tust, dir selber.
Wer das helfende Wort in sich aufruft, erfährt das Wort. Wer Halt gewährt,

verstärkt in sich den Halt. Wer Trost spendet, vertieft in sich den Trost. Wer Heil wirkt, dem offenbart sich das Heil.« *1919; Was ist zu tun?, S. 290-292*

DER WIRKLICHE GLAUBE – wenn ich denn das Sichstellen und Vernehmen so nennen darf – fängt da an, wo das Nachschlagen aufhört, wo es einem vergeht. Was mir widerfährt, sagt mir etwas, aber was das ist, das es mir sagt, kann mir durch keine geheime Kunde eröffnet werden, denn es ist noch nie zuvor gesagt worden und es setzt sich nicht aus Lauten zusammen, die je gesagt worden sind. Es ist undeutbar, wie es unübersetzbar ist, ich kanns nicht erklärt bekommen und ich kanns nicht darlegen, es ist ja gar nicht ein Was, es ist ja mir in mein Leben hinein gesagt, es ist keine Erfahrung, die sich unabhängig von ihrer Situation erinnern läßt, es bleibt immer die Anrede jenes Augenblicks, unisolierbar, es bleibt die Frage eines Fragenden, die ihre Antwort will.
(Die Frage. Denn das ist ja der andere große Gegensatz zwischen allem Zeichenwesen der Deuterei und der Zeichensprache, die hier gemeint ist: sie ist nie Auskunft, nie Bescheid, nie Beruhigung.) *1930; Zwiesprache, S. 155 f.*

ICH SAGE, wo eine Situation einen antrete, da sei es nicht an der Zeit, in einem Wörterbuch nachzuschlagen. Das Bild sollte doch wohl jedem klar sein: im Angesicht der jetzt erscheinenden Situation – nehmen wir zur Verdeutlichung an: einer unvorhergesehenen und unvorhersehbaren Situation – habe ich nicht zu überlegen, welchem Allgemeinbegriff diese Situation zu subsumieren und welches Prinzip somit auf sie anzuwenden sei, sondern es liegt mir ob, mich dieser »neuen« Situation zu stellen, selbstverständlich: mich mit allem, was ich bin und was ich weiß, ihr zu stellen, und sie im Maße meines Könnens zu bewältigen, also das ihr Angemessene zu tun, ihr zu entgegnen. *1963; Antwort, S. 595*

BUBER: Ich habe keine Prinzipien. Es gibt Dinge, die wir tun müssen – hier und jetzt. Ich habe keine Prinzipien, nur einen Orientierungssinn, und handle je nach der gegebenen Sachlage.
HEDVAH: Aber unser Leben im Kibbuz beruht auf Prinzipien.
PINI: Sie sagen, Sie seien gegen Prinzipien. Das ist auch ein Prinzip. Was ist der Unterschied?
BUBER: Ein Prinzip ist etwas, das Sie zwingt, immer auf eine vorgeschriebene Weise zu handeln [...] jede Situation muß von neuem betrachtet werden.

YAAKOV: Es gibt Dinge, auf die wir nicht verzichten können.
BUBER: Halten Sie Ihre Augen offen – das ist alles, was ich Ihnen zu sagen habe, denn ich kann Ihnen kein Prinzip nennen.
YAAKOV: Und nach welchen Gesichtspunkten soll ich urteilen?
BUBER: Sie müssen die Situation beobachten. Ich kann es Ihnen nicht leichter machen. *1963; nach: Abraham Schapira, Meetings with Martin Buber, S. 52*[7]

Die Haltung des verantwortlichen Menschen

Da der Mensch, der sich verantwortlich verhält, dies nicht durch freie Setzung tut, sondern damit einer Wirklichkeit entspricht, kann er diese seine Haltung auch nicht nach Belieben »ein- oder ausschalten«; sie durchdringt sein Menschsein, oder sie besteht nicht.
Im Chassidismus wurde diese Haltung des Alltags praktiziert. Zaddikim haben sie verkörpert. Man kann über eine solche Haltung sprechen; da sie aber nicht aus dem Gedanken, der Idee des Menschen kommt, ist sie wesentlich nicht sprachlich. Sie konnte vom Zaddik nur durch die Glaubhaftigkeit seiner Existenz weitergegeben werden; sein Dasein, sein ganzes Verhalten mußte diese Haltung ausdrücken. Das gesprochene Wort konnte hier nur unterstützend wirken.

DIE FUNKENLEHRE der späteren Kabbala ist in den Händen des Baal-Schem-Tow zu einer ethischen Lehre geworden und hat sich zu einem Auftrag erweitert, der das ganze Leben des Menschen umfaßt. In alle Dinge der Welt sind in der Urzeit des Seins, in der Zeit, da Gott Welten baute und niederriß, Funken gefallen. In einer stofflichen Schale, in einem Mineral, in einer Pflanze, in einem Tier ist der Funke verborgen, eine vollständige menschenähnliche Gestalt, in sich zusammengekrümmt, den Kopf auf den Schenkeln, ohne Hände und Füße bewegen zu können, embryohaft. Eine Erlösung gibt es für ihn nur durch den Menschen. Den Menschen liegt es ob, die Funken aus den Dingen und Wesen zu läutern, denen man im Alltag begegnet, und sie zu immer höheren Stufen, zu immer höheren Gebur-

[7] Auszug aus einem Gespräch, das Buber im Sommer vor seiner letzten Auslandsreise mit Mitgliedern des Kibbuz Afikim im Jordantal führte; das Gespräch gibt Abraham Schapira (Avraham Shapira) in seinem Aufsatz »Meetings with Martin Buber« wieder.

ten zu erheben, von Mineral zu Pflanze, von Pflanze zu Tier, von Tier zu Mensch, bis der heilige Funke zu seinem Ursprung zurückkehren kann. Dies vollbringen, das ist, wie wenn du einen Königssohn aus dem Gefängnis befreist.

Der Dienst des Menschen an den Funken begibt sich im Leben des Alltags; der Mensch vermag ihn mit allem, was er tut, zu verrichten, auch mit den profansten körperlichen Handlungen, die ihn mit Dingen und Wesen in Berührung bringen, denn auch die profanste Handlung kann in Heiligkeit getan werden, und wer sie in Heiligkeit tut, erhebt die Funken. In den Kleidern, die du anziehst, in den Geräten, die du verwendest, in den Speisen, die du issest, in dem Haustier, das sich für dich müht, in allem sind Funken verborgen, die nach Erlösung bangen, und gehst du mit den Dingen und Wesen mit Sorgfalt, Wohlwollen und Treue um, erlösest du sie. Gott gibt dir die Kleider und Speisen, die zur Wurzel deiner Seele gehören, damit du die Funken in ihnen erlösest. Man kann ihm mit allen Handlungen dienen, und er will, daß man ihm mit allen diene. Deshalb heißt es: »Auf allen deinen Wegen sollst du ihn erkennen.« Wie der in den Boden gesäte Same daraus die Kräfte zieht und aus ihnen die Frucht macht, so zieht der Mensch, der den Dienst vollbringt, aus allen Dingen, die zur Wurzel seiner Seele gehören, die Funken und erhebt sie zu Gott.

[...] Nur auf dem Weg des wahren Umgangs mit den Dingen und Wesen gelangt der Mensch zum wahren Leben, aber auch nur auf diesem Weg kann er an der Erlösung der Welt tätig teilnehmen. *1944; Der Grundstein (in: Die chassidische Botschaft), S. 88-91*

LEHRE SAGEN UND LEHRE SEIN. Rabbi Löb, Sohn der Sara, der verborgene Zaddik, der, dem Lauf der Gewässer folgend, über die Erde wanderte, um die Seelen Lebender und Toter zu erlösen, erzählte: »Daß ich zum Maggid fuhr, war nicht, um Lehre von ihm zu hören: nur um zu sehen, wie er die Filzschuhe aufschnürt und wie er sie schnürt.« *Die Erzählungen der Chassidim, S. 205*

EINE LEHRE, die hoch über das kodifizierbare Was des Tuns das nicht festzulegende Wie stellt, wird ihr Eigentliches nicht durch die Schrift übergeben können; immer wieder wird es sich durch das Leben, von Führer zu Gemeinde, vornehmlich aber von Lehrer zu Schüler mitteilen. Nicht als ob die Lehre in ein allen zugängliches und ein esoterisches Bereich getrennt wäre; es widerspräche ihrem Sinn, dem Werk am Menschen, wenn sie ein Geheimfach mit hieratischer Inschrift bärge. Vielmehr ist das Geheimnis, das übergeben wird, eben das, was auch das dauernde Wort verkündet, nur daß es seiner Natur nach, als ein Wie, durch das Wort nur angedeutet, in seiner substantiellen Wahrheit aber nur durch die Bewährung dargelegt werden kann.

»Was ist das«, sagt daher ein ›verborgener Zaddik‹ von den Rabbinen, die ›Thora sagen‹, das ist Worte der Schrift auslegen, »daß sie Thora sagen? Der Mensch soll achten, daß all seine Führung eine Thora sei und er selbst eine Thora«. Und ein andermal heißt es: »Der Weise sinne darauf, daß er selbst eine vollkommene Lehre sei und alle seine Taten Körper der Unterweisung; oder, wo ihm dies nicht gewährt ist, daß er eine Übertragung und Auslegung der Lehre sei und durch jede seiner Bewegungen die Lehre sich ausbreite«. Wie ein sakramentaler Ausdruck dieser Grundeinsicht erscheint es, wenn der Zaddik von Apt den zu Boden gefallenen Gürtel des siebzehnjährigen Rabbi Israel, des nachmaligen Rižiners, aufhebt, ihn damit umgürtet und spricht, er vollziehe die heilige Handlung der Gelila: der Einfaltung der Thorarolle.

Die Menschen, in denen sich das Thora-Sein erfüllt, heißen Zaddikim, die »Gerechten«, die Rechtmäßigen. Sie tragen die chassidische Lehre, nicht allein als deren Apostel, sondern als deren wirkende Wirklichkeit. Sie sind die Lehre. *1921; Geist und Leib der Bewegung (in: Die chassidische Botschaft), S. 107 f.*

Das Herz. Rabbi Mendel von Rymanow pflegte zu sagen, alle Menschen, die ihn angegangen hätten, um ihretwillen Gott zu bitten, zögen in der Stunde, da er das stille Gebet der Achtzehn Segenssprüche spreche, durch seinen Sinn.

Einst wunderte sich jemand, wie dies möglich sei, da die Zeit doch nicht hinreiche. Rabbi Mendel antwortete: »Von der Not eines jeden bleibt eine Spur in meinem Herzen eingeritzt. In der Stunde des Gebets öffne ich mein Herz und sage: ›Herr der Welt, lies ab, was hier geschrieben steht!‹« *Die Erzählungen der Chassidim, S. 597*

Die Bereiche der Beziehung

Die Gegenseitigkeit dialogischer Beziehung – das Grundwort, das nicht nur Rede ist, sondern die gesamte Haltung des Menschen einschließt – erfüllt sich zwischen den Menschen; aber das Grundwort Ich-Du wird auch im Verhältnis zur Natur – zu Tieren, Pflanzen, Dingen – und zu den ›geistigen Wesenheiten‹, d.h.

zu geschaffenen oder noch zu schaffenden Werken, gesprochen. Bei der beschriebenen Beständigkeit der Haltung kann kein Bereich ausgeklammert werden.
Ein Zen-Spruch lautet: »Auf die Frage eines Mönchs, was Buddha sei, antwortete Yün-men: ›Ein Arschwisch.‹«[8] Allem, jedem Ding gilt es, sich aufmerksam zuzuwenden, nicht nur den Menschen.

Es muss keineswegs ein Mensch sein, dessen ich innewerde; es kann ein Tier sein, ein Gewächs, ein Stein. Keine Art von Erscheinung, keine Art von Begebenheit ist grundsätzlich aus der Reihe derer geschaltet, durch die mir jeweils etwas gesagt wird. Nichts kann sich weigern, dem Wort Gefäß zu sein. Die Möglichkeitsgrenzen des Dialogischen sind die des Innewerdens. *1930; Zwiesprache, S. 153*

Drei sind die Sphären, in denen sich die Welt der Beziehung errichtet.
Die erste: das Leben mit der Natur. Da ist die Beziehung im Dunkel schwingend und untersprachlich. Die Kreaturen regen sich uns gegenüber, aber sie vermögen nicht zu uns zu kommen, und unser Du-Sagen zu ihnen haftet an der Schwelle der Sprache.
Die zweite: das Leben mit den Menschen. Da ist die Beziehung offenbar und sprachgestaltig. Wir können das Du geben und empfangen.
Die dritte: das Leben mit den geistigen Wesenheiten. Da ist die Beziehung in Wolke gehüllt, aber sich offenbarend, sprachlos, aber sprachzeugend. Wir vernehmen kein Du und fühlen uns doch angerufen, wir antworten – bildend, denkend, handelnd: wir sprechen mit unserm Wesen das Grundwort, ohne mit unserm Munde Du sagen zu können.
Wie dürfen wir aber das Außersprachliche in die Welt des Grundworts einbeziehn?
In jeder Sphäre, durch jedes uns gegenwärtig Werdende blicken wir an den Saum des ewigen Du hin, aus jedem vernehmen wir ein Wehen von ihm, in jedem Du reden wir das ewige an, in jeder Sphäre nach ihrer Weise.

*

Ich betrachte einen Baum.
Ich kann ihn als Bild aufnehmen: starrender Pfeiler im Anprall des Lichts, oder das spritzende Gegrün von der Sanftmut des blauen Grundsilbers durchflossen.
Ich kann ihn als Bewegung verspüren: das flutende Geäder am haftenden

---

[8] Wu-men Hui-k'ai, Ch'an-tsung Wu-men kuan, Zutritt nur durch die Wand, S. 82.

und strebenden Kern, Saugen der Wurzeln, Atmen der Blätter, unendlicher Verkehr mit Erde und Luft – und das dunkle Wachsen selber.
Ich kann ihn einer Gattung einreihen und als Exemplar beobachten, auf Bau und Lebensweise.
Ich kann seine Diesmaligkeit und Geformtheit so hart überwinden, daß ich ihn nur noch als Ausdruck des Gesetzes erkenne – der Gesetze, nach denen ein stetes Gegeneinander von Kräften sich stetig schlichtet, oder der Gesetze, nach denen die Stoffe sich mischen und entmischen.
Ich kann ihn zur Zahl, zum reinen Zahlenverhältnis verflüchtigen und verewigen.
In all dem bleibt der Baum mein Gegenstand und hat seinen Platz und seine Frist, seine Art und Beschaffenheit.
Es kann aber auch geschehen, aus Willen und Gnade in einem, daß ich, den Baum betrachtend, in die Beziehung zu ihm eingefaßt werde, und nun ist er kein Es mehr. Die Macht der Ausschließlichkeit hat mich ergriffen.
Dazu tut nicht not, daß ich auf irgendeine der Weisen meiner Betrachtung verzichte. Es gibt nichts, wovon ich absehen müßte, um zu sehen, und kein Wissen, das ich zu vergessen hätte. Vielmehr ist alles, Bild und Bewegung, Gattung und Exemplar, Gesetz und Zahl, mit darin, ununterscheidbar vereinigt.
Alles, was dem Baum zugehört, ist mit darin, seine Form und seine Mechanik, seine Farben und seine Chemie, seine Unterredung mit den Elementen und seine Unterredung mit den Gestirnen, und alles in einer Ganzheit.
Kein Eindruck ist der Baum, kein Spiel meiner Vorstellung, kein Stimmungswert, sondern er leibt mir gegenüber und hat mit mir zu schaffen, wie ich mit ihm – nur anders.
Man suche den Sinn der Beziehung nicht zu entkräften: Beziehung ist Gegenseitigkeit.
So hätte er denn ein Bewußtsein, der Baum, dem unsern ähnlich? Ich erfahre es nicht. Aber wollt ihr wieder, weil es euch an euch geglückt scheint, das Unzerlegbare zerlegen? Mir begegnet keine Seele des Baums und keine Dryade, sondern er selber. *1923; Ich und Du, S. 10-12*

DAS GLEICHE GILT für jedes andere Ich in der echten Kommunikation mit mir: es ist mir nur Partner, nicht Gegenstand; als Partner, als mein Du kann der andere in seiner vollen Selbständigkeit gefaßt werden, ohne daß seine Sinnenhaftigkeit verkürzt würde. Nicht so alles eigentlich Gegenständliche oder als gegenständlich Behandelte, dem ich entweder kein Ich zuschreibe oder dessen Ich von mir jetzt und hier nicht vergegenwärtigt wird.

All dies kann ich in seine Selbständigkeit nur so stellen, daß ich es von der Sinnenwelt, von seinem sinnenhaften Vertretensein in ihr frei mache. Was dann als Es-selber verbleibt, aller Eigenschaften entledigt, die ihm in der Begegnung mit mir, in der Sinnenwelt zu eigen geworden waren, sei jeweils als kleines x bezeichnet. Es existiert aber nicht als vorstellbar. Wir können freilich versuchen, ihm etwelche Eigenschaften zu belassen, die es in der Sinnenwelt besaß; aber dann setzen wir es nur in ein fiktives Zwischenreich, das mittendrin zwischen der Sinnenhaftigkeit und der Selbständigkeit schwebt. Von x wissen wir, was Kant uns vom Ding an sich wissen heißt, nämlich, daß es ist – Kant würde sagen: »und nicht mehr«, wir heute Lebenden aber müssen hinzufügen: »und daß das seiende (sic!) uns begegnet«. Das ist, wenn wir es ernst genug nehmen, ein gewaltiges Wissen. Denn in all der Sinnenwelt ist nicht ein Zug, der nicht aus Begegnungen stammte, nicht von der Mitwirkung des x in der Begegnung herrührte.

Eine uralte Linde stand einst an dem Weg, den ich Mal um Mal gegangen bin. Immer nahm ich sie an, wie sie mir gegeben war, und damit war's genug. Bis mich einmal die Frage überkam: »Jetzt, da ich ihr begegne, ist die Linde so – wie ist sie vor, wie nach unsrer Begegnung? Was ist sie, wenn ihr keine Wahrnehmung naht?« Die philosophische Denkschulung befahl mir, die Frage als sinnlos zu verwerfen, aber ich widerstand. Die Botanik antwortete auf die Frage mit einer Rechenschaft über Struktur und Dynamik der Linde, aber von den Eigenschaften der Linde, die ich wahrnahm, konnte ich dabei nichts beibehalten; das Grün des Blattes, das auf meine Hand niedergeweht war, mußte gegen das Chlorophyll eingetauscht werden, und dieses, wie alles, was mir von den biochemischen Befunden im Leben des Baums gesagt wurde, zog mich in die Welt des x, wo es nur noch das Unvorstellbare gab, sogar der Raum war es, in dem die Linde haftete, unvorstellbares Mathema. Aber ich ließ es mir gefallen, ich nahm das eigenschaftslos und unheimlich gewordene Ding oder Unding an, das auf mich gewartet hatte, um wieder einmal zur blühenden und duftenden Linde meiner Sinnenwelt zu werden, ich sagte zum entsinnlichten Linden-x, wie Goethe zur sinnenfälligen Rose: »Du bist es also.«

[...] Gehen wir [...] von x aus, von seinem unergründlichen Dunkel: sein Sein hat Umgang mit meinem Sein, wenn es zu meinen Sinnen die Vertreter entsendet, denen die wissenschaftliche Sprache den zweideutigen Namen von Reizen verliehen hat, und aus unsrem Umgang steigen die klarumrissenen Gestalten auf, die farbig und tönend meine Sinnenwelt bevölkern. Sie selber, die Sinnenwelt, steigt aus dem Umgang von Sein mit Sein auf. *1955; Der Mensch und sein Gebild, S. 29-33*

Die erste Frage[9] läßt sich mit einiger Präzision etwa so formulieren: Wenn wir, wie in dem Buche gesagt ist, nicht bloß zu anderen Menschen, sondern auch zu Wesen und Dingen, die uns in der Natur entgegentreten, im Ich-Du-Verhältnis stehen können, was ist es, das den eigentlichen Unterschied zwischen jenen und diesen ausmacht? Oder, noch genauer: wenn das Ich-Du-Verhältnis eine beide, das Ich und das Du, faktisch umfangende Wechselseitigkeit bedingt, wie darf die Beziehung zu Naturhaftem als ein solches Verhältnis verstanden werden? Noch exakter: wenn wir annehmen sollen, daß auch Wesen und Dinge der Natur, denen wir als unserem Du begegnen, uns eine Art von Gegenseitigkeit gewähren, was ist dann der Charakter dieser Gegenseitigkeit und was berechtigt uns, darauf diesen fundamentalen Begriff anzuwenden?
Offenbar gibt es auf diese Frage keine einheitliche Antwort; wir müssen hier, statt die Natur gewohnterweise als ein Ganzes zu fassen, ihre verschiedenen Bezirke gesondert betrachten. Der Mensch hat einst Tiere »gezähmt«, und er ist jetzt noch fähig, diese eigentümliche Wirkung auszuüben. Er zieht Tiere in seine Atmosphäre und bewegt sie dazu, ihn, den Fremden, auf eine elementare Weise anzunehmen und »auf ihn einzugehen«. Er erlangt von ihnen eine, oft erstaunliche, aktive Erwiderung auf seine Annäherung, auf seine Anrede, und zwar im allgemeinen eine um so stärkere und direktere Erwiderung, je mehr sein Verhältnis ein echtes Dusagen ist. Tiere wissen ja nicht selten, wie Kinder, eine geheuchelte Zärtlichkeit zu durchschauen. Aber auch außerhalb des Zähmungsbezirks findet zuweilen ein ähnlicher Konflikt zwischen Menschen und Tieren statt: es handelt sich da um Menschen, die eine potentielle Partnerschaft zum Tier im Grunde ihres Wesens tragen, – vorwiegend übrigens nicht etwa »animalische«, sondern eher naturhaft geistige Personen.
Das Tier ist nicht, wie der Mensch, zwiefältig: die Zwiefalt der Grundworte Ich-Du und Ich-Es ist ihm fremd, wiewohl es sich sowohl einem anderen Wesen zuwenden als auch Gegenstände betrachten kann. Wir

[9] Im Nachwort zu »Ich und Du«, dem Buch 34 Jahre nach seiner Erstveröffentlichung im Insel Verlag, Leipzig, angefügt, geht Buber auf Fragen seiner Leser ein: »[…] Mal um Mal haben sich Leser an mich gewandt, um zu erfragen, was mit jenem und diesem gemeint sei. Ich habe lange Zeit jedem einzelnen geantwortet, aber allmählich merkte ich, daß ich der Anforderung nicht gerecht zu werden vermag, und überdies darf ich doch das dialogische Verhältnis nicht auf diejenigen Leser beschränken, die sich zum Reden entschließen, – vielleicht sind gerade unter den Schweigenden manche, die besondere Beachtung verdienen würden. So habe ich denn darangehen müssen, öffentlich zu antworten, zunächst auf einige essentielle Fragen, die sinnmäßig untereinander zusammenhängen.« (S. 123)

mögen immerhin sagen, die Zwiefalt sei hier latent. Darum dürfen wir diese Sphäre, auf unser zur Kreatur ausgehendes Dusagen hin betrachtet, die Schwelle der Mutualität nennen.
Ganz anders verhält es sich mit jenen Bezirken der Natur, denen die uns mit dem Tier gemeinsame Spontaneität fehlt. Zu unserem Begriff der Pflanze gehört, daß sie auf unsere Aktion zu ihr hin nicht reagieren, daß sie nicht »erwidern« kann. Doch bedeutet dies nicht, daß uns hier schlechthin keinerlei Reziprozität zuteil werde. Die Tat oder Haltung eines Einzelwesens gibt es hier freilich nicht, wohl aber eine Reziprozität des Seins selber, eine nichts als seiende. Jene lebende Ganzheit und Einheit des Baums, die sich dem schärfsten Blick des nur Forschenden versagt und dem des Dusagenden erschließt, ist eben dann da, wenn *er* da ist, er gewährt es dem Baum, sie zu manifestieren, und nun manifestiert sie der seiende Baum. Unsere Denkgewohnheiten erschweren uns die Einsicht, daß hier, durch unser Verhalten erweckt, vom Seienden her etwas uns entgegen aufleuchtet. In der Sphäre, um die es geht, gilt es, der sich uns eröffnenden Wirklichkeit unbefangen gerecht zu werden. Ich möchte diese weite, von Steinen zu Sternen reichende Sphäre als die der Vorschwelle, d.h. der vor der Schwelle liegenden Stufe bezeichnen. *1957; Ich und Du, Nachwort, S. 123-125*

Das ist der ewige Ursprung der Kunst, daß einem Menschen Gestalt gegenübertritt und durch ihn Werk werden will. Keine Ausgeburt seiner Seele, sondern Erscheinung, die an sie tritt und von ihr die wirkende Kraft erheischt. Es kommt auf eine Wesenstat des Menschen an: vollzieht er sie, spricht er mit seinem Wesen das Grundwort zu der erscheinenden Gestalt, dann strömt die wirkende Kraft, das Werk entsteht.
[...] Schaffen ist Schöpfen, Erfinden ist Finden. Gestaltung ist Entdeckung. Indem ich verwirkliche, decke ich auf. Ich führe die Gestalt hinüber – in die Welt des Es. Das geschaffene Werk ist ein Ding unter Dingen, als eine Summe von Eigenschaften erfahrbar und beschreibbar. Aber dem empfangend Schauenden kann es Mal um Mal leibhaft gegenübertreten. *1923; Ich und Du, S. 13 f.*

Nun aber erhebt sich die Frage nach der Sphäre, die in der gleichen Bildsprache[10] die der »Überschwelle« (superliminare) genannt werden mag, d.h. die des Balkens, der die Tür oben deckt: der Sphäre des Geistes.

---

[10] Dies bezieht sich auf die Bezeichnung der Beziehung zur Natur (»von Steinen zu Sternen reichende Sphäre«) als Sphäre der »Vorschwelle« (Ich und Du, S. 125; in: Das dialogische Prinzip, S. 5-136.)

Auch hier muß eine Scheidung zwischen zwei Bezirken vollzogen werden; hier aber reicht sie tiefer als jene innerhalb der Natur. Es ist die zwischen dem, was an Geist schon in die Welt eingegangen und unter der Vermittlung unserer Sinne in ihr wahrnehmbar ist, einerseits und dem, was noch nicht in die Welt eingegangen, aber bereit ist in sie einzugehen und uns gegenwärtig wird, anderseits. Diese Scheidung ist in der Tatsache begründet, daß ich dir, mein Leser, das schon in die Welt eingegangene Geistgebild gleichsam zeigen kann, das andere aber nicht. [...] Wenn ich auch hier, auch für dieses Grenzgebiet noch, gefragt werde, wo denn da die Mutualität zu finden sei, bleibt mir nur die indirekte Hindeutung auf bestimmte, aber kaum beschreibbare Vorgänge im Leben des Menschen, denen Geist als Begegnung widerfuhr, und letztlich, wenn es am Indirekten nicht genug ist, bleibt mir nichts mehr, als an das Zeugnis deiner eigenen – etwa verschütteten, aber wohl doch noch erreichbaren Geheimnisse, mein Leser, zu appellieren. Kehren wir denn nun zu jenem ersten Gebiet, dem des »Vorhandenen«, zurück. Hier ist es möglich, Beispiele heranzuziehen. Der Fragende vergegenwärtige sich einen der überlieferten Sprüche eines vor Jahrtausenden gestorbenen Meisters und versuche es, so gut er kann, den Spruch nunmehr mit den Ohren, also als von dem Sprecher in seinem Beisein gesprochen, ja etwa gar ihm zugesprochen, aufzufangen und zu empfangen. Dazu muß er sich mit seinem ganzen Wesen dem nicht vorhandenen Sprecher des vorhandenen Spruches zuwenden, das heißt, er muß ihm, dem Toten und Lebendigen, gegenüber die Haltung einnehmen, die ich das Dusagen nenne. Wenn es ihm gerät [...], wird er, vielleicht nur erst undeutlich, eine Stimme hören, mit der identisch, die ihm aus anderen echten Sprüchen desselben Meisters entgegentönen wird. Er wird jetzt nicht mehr können, was er konnte, solange er den Spruch als einen Gegenstand behandelte: er wird aus ihm keinen Inhalt und keinen Rhythmus heraussondern können; er empfängt nur die unteilbare Ganzheit einer Gesprochenheit.
Aber dies ist noch an eine Person, an die jeweilige Kundgabe der Person in ihrem Wort gebunden. Was ich meine, ist aber nicht auf das Fortwirken eines personhaften Daseins im Wort beschränkt. Darum muß ich zur Ergänzung auf ein Beispiel hindeuten, dem nichts Persönliches mehr anhaftet. Ich wähle, wie stets, ein Beispiel, das für manchen mit starken Erinnerungen verknüpft ist. Es ist die dorische Säule, wo immer sie einem Menschen erscheint, der fähig und bereit ist, sich ihr zuzuwenden. Mir trat sie zuerst aus einer Kirchenmauer in Syrakus entgegen, in die sie einst eingemauert worden war: geheimes Urmaß, sich in so schlichter Gestalt darstellend, daß nichts Einzelnes dran zu besehn, nichts Einzelnes zu genießen

war. Zu leisten war, was ich zu leisten vermochte: diesem Geistgebild da, diesem durch Sinn und Hand des Menschen Hindurchgegangenen und Leibgewordenen gegenüber Stand zu fassen und zu halten. Verschwindet hier der Begriff der Mutualität? Er taucht nur ins Dunkel zurück – oder er wandelt sich in einen konkreten Sachverhalt, die Begrifflichkeit spröd abweisend, aber hell und zuverlässig.

Von hier aus dürfen wir auch in jenes andere Gebiet, das Gebiet des »nicht Vorhandenen«, das des Kontaktes mit »geistigen Wesenheiten«, das der *Entstehung* von Wort und Form hinüberblicken.

Wort gewordener Geist, Form gewordener Geist, – in irgendeinem Grade weiß jeder, den der Geist berührte und der sich ihm nicht verschloß, um das grundlegend Faktische: daß solches nicht ungesät in der Menschenwelt keimt und wächst, sondern aus ihren Begegnungen mit dem Anderen hervorgeht. Nicht Begegnungen mit platonischen Ideen (von denen ich keinerlei unmittelbare Kenntnis habe und die als Seiendes zu verstehen ich nicht imstande bin), wohl aber mit dem Geist, der uns umweht und sich uns einweht. Wieder werde ich an das seltsame Bekenntnis Nietzsches gemahnt, der den Vorgang der »Inspiration« dahin umschrieb, man nehme, aber man frage nicht, wer da gibt. Es sei immerhin – man fragt nicht, doch man dankt.

Wer den Anhauch des Geistes kennt, vergeht sich, wenn er sich des Geistes bemächtigen oder dessen Beschaffenheit ermitteln will. Aber Untreue übt er auch dann, wenn er die Gabe sich selber zuschreibt. *1957; Ich und Du, Nachwort, S. 125-128*

Die Möglichkeit eines Menschen: das Anfangen

Die Quintessenz dieses Abschnitts ist in der Erzählung von Rabbi Bunam enthalten: Er rief dem Mann, der sich vor dem Schofarblasen weitläufig darauf vorzubereiten begann, wie er das Schofar blasen wollte, einfach »Blas!« zu.

Sein Thema ist der Anfang eines sinngemäßen Handelns im Leben des Menschen. In den ausgewählten Texten stellt Buber seine Sicht am Beispiel des Judentums bzw. des Chassidismus dar.

Sinngemäßes Handeln ist nicht der zweite Schritt nach der Reflexion; es folgt keiner *Idee* vom Sinn. Eine Sinn*gebung* wird hier ohnehin abgelehnt.

Das Volk Israel, so schreibt Buber in einem Text, antwortete auf den Zuruf Gottes am Sinai »Wir tuns, wir hörens«. Das Erstaunliche ist, daß sich das Tun nicht

nach dem Hören richten soll: nicht danach, was zuvor als rechtes Tun genannt wurde; oder, übertragen: was zu tun ist, erfährt man nicht, *nachdem* Klarheit darüber gewonnen ist, was das Rechte, das zu Tuende ist. Am Anfang steht vielmehr das Tun selbst. Die Einsicht wird hier nicht vom Handeln getrennt, ihm nicht vorangestellt: beides ist *ein* Vorgang.
Auch hier, bei der konkreten einzelnen Tat, erweist sich also die Einheit von Ethik und Erkenntnis. Wer beide trennt und die Erkenntnis voranstellt, subsumiert die Tat unter den Begriff. Wer der *Idee* vom Sinn folgt, nimmt die konkrete Begegnung mit der Situation in seinem Denken vorweg und zerstört sie. (Der Geist wird hier ganz in die Situation gezogen, er verliert seinen geläufigen Charakter, gleichsam über den Situationen zu schweben und Anweisungen zu erteilen oder Urteile zu sprechen.)
Bubers dialogisches Denken muß auf solche Sicherung vor der Situation (»vor« im Sinne von »zeitlich davor« und »gegen«) verzichten. Die Unsicherheit auf sich zu nehmen, bedenkt die Chance, sich als ganzer Mensch in einer Situation zu bewähren. Eine Gewähr fürs Gelingen gibt es nicht, denn der Mensch kann, so Buber, nur anfangen.

DIE ERSTEN WORTE der Schrift »Im Anfang schuf Gott« haben unsere Weisen so gedeutet: »Um des Anfangs willen – um der Thora willen, die Anfang genannt ist, um Israels willen, das Anfang genannt ist.« Eins der weisesten chassidischen Bücher, der »Raw Jewi«, aber führt die Deutung aus: »Gott verlangt vom Menschen nur das Anfangen: daß er anfange, das Rechte zu tun, und Gott wird ihm helfen, es zu vollenden, denn ohne Hilfe von Gott kann man ja nichts zu Ende führen. Wenn aber Gott ihm hilft, womit dient er Gott? er hat ja selber nichts getan! Damit verhält es sich so: Das Wesen des Dienstes ist eben das Anfangen, da gehört die Tat dem Menschen; dann aber ist sie nicht mehr sein, denn vom Himmel wird ihm beigestanden. Das ist der Sinn des Wortes ›Im Anfang‹: um des Anfangens in allem Rechttun willen hat Gott die Welt erschaffen.«
Wie tief werden wir durch diese Lehre belehrt! Es gibt also etwas, was uns in Wahrheit zugewiesen ist, was wir und nur wir selber zu tun vermögen, was niemand, auch Gott nicht, uns abnimmt. Dieses eine zu tun und immer wieder zu tun sind wir da, das ist mit uns gemeint, das ist unser und aller Schöpfung Sinn.
Es kommt also nicht darauf an, ein »Ideal« zu verkünden und seine Erfüllung zu fordern, zu verfechten und abzuwarten, sondern darauf, an jedem Morgen mit der Verwirklichung des Rechten neu zu beginnen, ohne zu wissen, wie weit man heute kommt, wissend, daß es am nächsten Tag er-

neuten Anfang gilt – und daß in diesem All-Tag verborgen unser Vollenden und unsere Vollendung ruht. *1924; Im Anfang, S. 240*

Ein Chassid wird nach dem Tode seines Lehrers gefragt, was für diesen das Wichtigste im Leben gewesen sei. Er antwortet: »Das, womit er sich gerade abgab.« In jedem Augenblick hat jeder Mensch einen echten Zugang zum Sinn des Daseins: eben das, womit er sich gerade, im natürlichen Gang seines Lebens, jetzt und hier abgibt. In der Heiligung dieses Jetzt und Hier, also in der leiblichen Einheit von Glauben und Leben, hat er den einzigen Zugang zum Sinn. Er wird diese Einheit freilich nur sehr unzulänglich verwirklichen; aber wenn er in der Heiligung die ganze gesammelte Kraft seines Wesens einsetzt, hat er das Seine getan, das Weitere ist nicht mehr seine Sache. Der Mensch kann nur anfangen; aber um dieses Anfangens willen, das ihm niemand abnimmt, ist er da. »Wer sich zu reinigen kommt, dem steht man von oben bei.« *1930; Das Judentum und die neue Weltfrage, S.231*

Das Judentum verwirft das Ich der Selbstsucht und des Hochmuts, aber es bejaht und bestätigt das Ich der echten Beziehung, das Ich des »Ich und Du«, das Ich der Liebe. Denn die Liebe löscht das Ich nicht aus, sondern sie verbindet es mit dem Du; sie sagt nicht: »Du wirst geliebt«, sondern »Ich liebe dich«. [...] Das Judentum verwirft das Wir des Gruppenegoismus, des Nationaldünkels und der Parteiexklusivität, aber es postuliert das Wir, das sich auf echten Beziehungen seiner Glieder zueinander erhebt und echte Beziehungen zu anderen Wir unterhält, das Wir, das in Wahrheit sagen darf: »Unser Vater!«
[...] Die Propheten bedeuten den Protest gegen das religiöse Versagen Israels, dagegen also, daß die Forderung Gottes, seiner Gerechtigkeit und seiner Liebe eine Stätte auf Erden zu schaffen, von dem Volke und von dem Einzelnen im Volke nicht zulänglich, das heißt nicht in dem mit den gegebenen Kräften und unter den gegebenen Bedingungen möglichen Maße, erfüllt worden ist. Und die Saat der Propheten geht auf, spät, aber immer stärker. Wohl konnte in der Diaspora eine umfassende Verwirklichung der Gerechtigkeit nicht angestrebt werden, weil es dazu einer selbständigen Volksordnung, selbständiger nationaler Institutionen bedarf, die erst von der Heimführung ins Heilige Land erhofft werden konnte; aber das höhere, das entscheidende Prinzip, in dem allein die Beziehung zu Gott und die Beziehung zu den Mitmenschen sich miteinander verbinden können, das Prinzip der Liebe bedarf keiner Ordnung und keiner Institutionen, es kann immer und überall zu Wirklichkeit werden. Jedoch beschränkte sich der

Wille zur Verwirklichung nicht auf das individuelle Leben. In der Gemeinschaftsform, die an die Stelle des Staates getreten war, der lokalen Gemeinde, sehen wir immer wieder die aktive Liebe in der Gestalt der gegenseitigen Hilfe als tragendes soziales Element. Diese Struktur hat ihre Vollendung erst vor zwei Jahrhunderten im Chassidismus gefunden, der sich aus kleinen, auf brüderlicher Liebe errichteten Gemeinden aufbaute. Dem aber entspricht eine innerreligiöse Entwicklung von höchster Bedeutung, die danach strebt, die Distanz zwischen der Liebe zu Gott und der Liebe zu den Menschen aufzuheben. Zur vollen Auswirkung ist auch diese Tendenz in der chassidischen Bewegung gelangt. Sie lehrt, die Nächstenliebe habe ihren Sinn nicht darin, daß Gott sie uns geboten habe und wir seinen Befehl vollziehen, sondern daß wir durch sie und in ihr zu Gott gelangen. Das wird an der Interpretation jenes Gebotes dargelegt. Es steht nicht lediglich geschrieben (Lev 19, 18): »Halte lieb deinen Genossen dir gleich«, so daß damit der Satz zu Ende wäre, sondern geschrieben steht: »Halte lieb deinen Genossen dir gleich, ich bin der Herr.«[11] Der erste Satz, in dem das Verb »lieben« ausnahmsweise nicht mit dem Akkusativ, sondern mit dem Dativ konstruiert ist, bedeutet: Du sollst deinem Genossen – das heißt jedem Menschen, dem du auf dem Wege deines Lebens begegnest – Liebe erweisen als einem dir Gleichen. Der zweite Satz aber – und hier setzt die chassidische Deutung ein – fügt dem hinzu: »Ich bin der Herr – du meinst, ich sei dir fern, aber in dieser Liebe zu deinem Genossen wirst du mich finden; nicht in seiner Liebe zu dir, sondern in deiner zu ihm.« Der liebende Mensch bringt Gott und Welt zusammen.

Die chassidische Lehre ist die Vollendung des Judentums. Und das ist ihre Botschaft an jedermann: Du mußt selber anfangen. Das Sein wird dir sinnlos bleiben, wenn du nicht selber, liebend-tätig, in es eingehst und den Sinn in ihm erschließest; alles will geheiligt, das heißt in seinem Sinn erschlossen und verwirklicht werden durch dich. Um deines Anfangens willen hat Gott die Welt erschaffen. Er hat sie aus sich entfernt, damit du sie ihm nahebringst. Begegne ihr mit deinem ganzen Wesen, und du begegnest ihm. *1951; Die heimliche Frage, S. 167 f.*

In keinem anderen Glaubensgehalt als in ihrer höchsten Gewißheit kann in allen Religionen die Religion determiniert werden. Das ist die Gewißheit, daß der Sinn des Daseins in der jeweils gelebten Konkretheit auf-

---

[11] In der letzten Fassung der Bibelübersetzung: »Halte lieb deinen Genossen, / dir gleich. / Ich bins.« Vgl. Die fünf Bücher der Weisung. Verdeutscht von Martin Buber gemeinsam mit Franz Rosenzweig, S. 326.

getan und erlangbar ist – nicht über dem Handgemenge mit der geschehenden Wirklichkeit, sondern in ihm.
Daß der Sinn in der jeweils gelebten Konkretheit aufgetan und erlangbar ist, bedeutet nicht, daß er durch irgendeine analytische oder synthetische Erforschung, durch irgendeine Reflexion auf die gelebte Konkretheit aus ihr zu gewinnen und innezuhaben sei, vielmehr, daß er eben *in* ihr, also im lebendigen Tun und Leiden selber, in der unverkürzten Augenblicklichkeit des Augenblicks erfahren wird. Freilich, wer auf das Erfahren der Erfahrung ausgeht, verfehlt sie mit Notwendigkeit, weil er die Spontaneität des Geheimnisses verletzt. Nur der erlangt den Sinn, der dem ganzen Walten der Wirklichkeit ohne Rückhalt und Vorbehalt standhält und ihm lebensmäßig, das heißt in der vollen Bereitschaft, den erlangten Sinn mit dem Leben zu bewähren, antwortet.
Jede religiöse Aussage ist ein vergeblicher Versuch, dem erlangten Sinn gerecht zu werden. Alle religiöse Äußerung ist nur Hindeutung auf seine Erlangung. Die Entgegnung des Volkes Israel am Sinai: »Wir tun's, wir hören's«, spricht das Entscheidende mit naiver und unüberbietbarer Prägnanz aus. Der Sinn wird gefunden, indem man sich mit dem Einsatz der eigenen Person daran beteiligt, daß er sich kundtut. *1929; Religion und Philosophie (in: Gottesfinsternis), S. 38*

BLAS! Als Rabbi Bunam einst in seinem Bethaus einen Mann mit dem Schofarblasen beehrte, hob der an, weitläufige Vorbereitungen zu machen, um seine Seele recht auf die Intention der Töne auszurichten. »Narr«, rief der Zaddik, »blas!« *Die Erzählungen der Chassidim, S. 749*

DER SINN, der nicht vom Menschen gemacht wird, sondern der den Menschen und die Welt macht und trägt, kann nicht erdacht und nicht erfühlt werden; und erst recht führt ein Leben, das ohne Verbindlichkeit des Geistes gelebt wird, nicht zu ihm hin. Man wird des Sinns nur inne, indem man den Geist verleibt, das Leben heiligt, den Glauben erfüllt. Das heißt: man findet ihn nicht, wenn man ihn sucht, sondern nur, wenn man ihm *dient*.
Die Bibel berichtet, das Volk hätte auf den Zuruf Gottes am Sinai geantwortet: »Wir tuns, wir hörens.«[12] Man möchte meinen, erst müsse das Hö-

[12] Das Buch Namen (Exodus) 24, 7: »Mosche nahm die Urkunde des Bundes, / er las in die Ohren des Volks. / Sie sprachen: / Alles, was ER geredet hat, / wir tuns, wir hörens!« Die fünf Bücher der Weisung. Verdeutscht von Martin Buber gemeinsam mit Franz Rosenzweig, S. 217.

ren kommen und dann das Tun. Aber es ist in Wirklichkeit unser eigenes Tun, aus dem sich uns der Sinn erschließt. Wir vernehmen die Stimme, wir heben an zu tun, was sie gebietet, und in diesem Tun selber vollendet sich die offenbarende Rede. Wir erfahren den Sinn, indem wir ihn tun. *1930; Das Judentum und die neue Weltfrage, S. 232 f.*

Die Aktualisierung allgemeiner Werte

Eine letzte Frage ist in diesem Kapitel zu klären: die nach der Bedeutung der Werte, der sittlichen Regeln, die man vorfindet. Im Kapitel zur Religion wird diese Frage erneut auftauchen, wenn es um Bubers Verhältnis zum jüdischen Gesetz geht.
Buber wehrt sich gegen den Vorwurf, er verneine die Gültigkeit solcher Regeln; es gelte aber, sie mit dem eigenen Leben auszulegen.
Das Wie ist das Primäre gegenüber dem Was des Gebots; man kann das Gebot ›mit Intention erfüllen‹, wie der Text zum Chassidismus zeigt, aber es verliert seine Berechtigung, wenn es von der ›anstrengenden Unendlichkeit des Augenblicks‹ abhält.

FREUNDE UND GEGNER halten mir vor, daß ich weder einen überlieferten Zusammenhang von Gesetzen und Vorschriften als absolut gültig anerkenne, noch aber auch ein eigenes System der Ethik zu bieten habe. In der Tat, das Manko besteht; und es ist mit der Ganzheit meiner Erkenntnis so eng verbunden, daß eine Ausfüllung undenkbar ist. Wenn ich eine versuchte, würde ich damit den Kern meiner Anschauung verletzen.
»Vom Lehrer«, sagt ein Freund,[13] »erwarten wir, daß er Anweisungen dafür gibt, wie wir den Weg gehen sollen«. Ich trete eben dieser Erwartung entgegen. Die Richtung soll man vom Lehrer empfangen, nicht aber die Weise, in der man dieser Richtung zustreben soll: die muß jeder selber

---

[13] Hugo Bergmann, Martin Buber und die Mystik, S. 271; in: Paul Arthur Schilpp/Maurice Friedman (Hrsg.), Martin Buber, S. 265 – 274: »Die Menschen von heute können nicht umhin, von ihrem Lehrer zu verlangen, daß er ihnen den Weg zeige. Sie fragen: Was sollen wir also tun? Wie lernen wir, ›die Handlung mit der auf Gott gerichteten Ganzheit unseres Wesens zu vollbringen‹, die Handlung ›mit Intentionskraft‹ zu laden?« Zu »Richtung« und »Ganzsein« vgl. das 5. Kapitel dieses Buchs.

entdecken und erwerben, jeder die seine, in einer Arbeit, die das beste Vermögen seiner Seele anfordert, ihm aber auch einen Schatz schenken wird, der für sein Dasein hinreicht. Soll ihm dieses große Werk abgenommen werden? Oder mute ich etwa dem Einzelnen zu viel zu? Wie denn als durch solche Zumutung könnten wir erfahren, wieviel der Einzelne vermag?
Die Richtung aber – nun wohl, ich habe in der zweiten, der wesentlichen Hälfte eines langen Lebens wieder und wieder, direkt und indirekt, darauf hingewiesen. Mein Aufzeigen der beiden Grundworte und ihres wahren Verhältnisses zueinander hat immer diesen Hinweis in sich geborgen.
Gewiß, ich gebe einem, der meinen Hinweis annimmt, kein Prinzipienbuch in die Hand, in dem er jeweils nachsehen könnte, wie er sich in einer gegebenen Situation zu entscheiden hat. Das ist nicht an mir: der Mann mit dem ausgestreckten Zeigefinger hat nur eins zu zeigen und nicht vielerlei.
Nein, ein System der Ethik habe ich in der Tat nicht zu bieten; auch ist mir kein allgemeingültiges bekannt, das ich nur anzuführen brauchte. Doch halte ich es nicht bloß für natürlich, sondern auch für rechtmäßig, daß jeder an sittlichen Vorschriften annehme, was immer ihm hilft, den Weg zu gehen. Ich meine freilich, daß keine sittliche Norm einen absoluten Anspruch an einen Menschen hat, wenn sie nicht als Gabe des Absoluten geglaubt wird.
[...] Man behauptet, ich verletzte (violate) meine Lehre von der Absolutheit der sittlichen Forderung, indem ich »jeden einzelnen zum alleinigen, aber unsicheren Richter darüber erkläre, was er tun sollte«, denn ich setzte »den privaten Charakter der individuellen Entscheidung« an die Stelle der absoluten Werte.[14] Weil ich also erkenne, daß es in einer gegebenen widerspruchsvollen Situation zuweilen nicht ohne ernste Prüfung der Umstände und der eigenen Seele zu entscheiden möglich ist, was es hier praktisch bedeutet, der Wahrheit zu folgen, deshalb werde ich bezichtigt, den absoluten Unterschied zwischen Wahrheit und Lüge in Frage zu stellen!
Daß ich erkläre, jede Situation sei eine besondere und verlange eine besondere Lösung, wird dahin verstanden, es gebe meiner Anschauung nach keine allgemein gültigen sittlichen Regeln.[15] Ich darf meinem Kritiker versichern, daß ich an der absoluten Gültigkeit des Gebotes »Ehre deinen Vater und deine Mutter« nie gezweifelt habe; wer mir aber sagt, man wisse ja stets

[14] Vgl. Marvin Fox, Einige Probleme in Bubers Moralphilosophie, S. 143; in: Paul Arthur Schilpp/Maurice Friedman (Hrsg.), Martin Buber, S. 135-152.
[15] Vgl. Marvin Fox, Einige Probleme in Bubers Moralphilosophie, S. 143 f.; in: Paul Arthur Schilpp/Maurice Friedman (Hrsg.), Martin Buber, S. 135-152.

und unter allen Umständen, was »ehren« bedeute und was nicht, von dem sage ich, daß er nicht weiß, wovon er redet. Auslegen muß der Mensch die ewigen Werte, und zwar mit dem eigenen Leben. *1963; Antwort, S. 615-617*

»HENOCH WAR ein Schuhflicker. Mit jedem Stich seiner Ahle, der Oberleder und Sohle zusammennähte, verband er Gott und seine Schechina.« Dieser wunderliche Beitrag zur Legende des Urvaters [...] wird in der chassidischen Lehre gern variiert. Denn in seinem erdnahen Bilde spricht er das ihr Wesentliche aus: daß der Mensch auf das Ewige einwirkt, und dies nicht durch besondere Werke, sondern durch die Intention all seines Werks. Es ist die Lehre von der Heiligung des Alltags. Es gilt nicht, ein neues, seiner Materie nach sakrales oder mystisches Tun zu gewinnen; es gilt, das einem Zugewiesene, das Gewohnte und Selbstverständliche in seiner Wahrheit und in seinem Sinn, und das heißt in der Wahrheit und dem Sinn aller Tat, zu tun.
Auch die Werke sind Schalen;[16] wer sie mit der rechten Weihe vollbringt, umfängt im Kern das Schrankenlose.
Von hier aus wird verständlich, daß der Chassidismus keinen Anreiz hatte, irgendein Stück aus der Fügung des überlieferten Gesetzes zu brechen, da es der chassidischen Lehre nach keins geben konnte, das nicht mit Intention zu erfüllen oder in seiner Intention zu entdecken war. Aber es wird auch verständlich, wie eben hierdurch die beharrende Kraft der bewegenden und erneuernden insgeheim überlegen blieb und schließlich innerhalb des Chassidismus selbst ihr obsiegte.
Ohnehin hat es keine Lehre so schwer, ihre reine Kraft zu bewahren, wie eine, die den Sinn des Lebens auf die wirkende Wirklichkeit des Jetzt und Hier stellt und nicht duldet, daß der Mensch vor der anstrengenden Unendlichkeit des Augenblicks in ein gleichmäßig geltendes System des Seins und Sollens flüchte; die Trägheit erweist sich bald stärker und zwingt die Lehre um. Aber in der kurzen Zeit ihrer Reinheit hat diese eine unsterbliche Fülle des echten und rückhaltlosen Lebens erzeugt. *1921; Geist und Leib der Bewegung (in: Die chassidische Botschaft), S. 106 f.*

---

[16] Reste der »zerbrochenen Gefäße«; vgl. das Stichwort »Emanation« im Glossar.

4 Sprachdenken

Für Bubers Denken ist eine eigentümliche Paradoxie von Freiheit und Einbindung menschlicher Existenz charakteristisch. »Der freie Mensch ist der ohne Willkür wollende«, schreibt er in »Ich und Du«,[1] womit letztlich gemeint ist, daß es der *freien* Entscheidung und Tat des Menschen bedarf, um etwas zu verwirklichen, was nicht von ihm ausgeht. So bedeutet die Übernahme der Verantwortung für den Menschen, in freier Entscheidung dem an ihn ergehenden Wort zu antworten. Er ist frei, zu antworten oder die Antwort zu versagen: aber wenn er antwortet, dann entspricht er damit einer Wirklichkeit, die nicht von ihm abhängt. Und diese Wirklichkeit, ein weiteres Paradoxon, ist von ihm unabhängig und bedarf doch seiner, um zu erscheinen.

Der Mensch soll sich aber – in der Verwirklichung von ihm unabhängiger Wirklichkeit – nicht einer höheren Einsicht, einem höheren, etwa göttlichen, Willen unterwerfen; er soll sich auch nicht an Bestimmungen der Vernunft orientieren, die seinen Neigungen gegenüber das ›Höhere‹, das Sittliche wären. Es gibt keine höhere Erkenntnis, die er als die seine zu akzeptieren hätte. Er soll ganz er selbst sein.

Zwei Themenkreise gehören, wie sich hier zeigt, in Bubers Denken zusammen: Texte Bubers zum Selbst des Menschen sind im fünften Kapitel zusammengestellt; die dieses Kapitels zeigen die Wirklichkeit, in welcher der Mensch in Bubers Sicht steht.

In der Verantwortung antwortet der Mensch einer Anrede, die an ihn ergeht; in den Texten zur Ethik stand im letzten Kapitel die Entscheidung und Haltung des Menschen im Vordergrund, in den folgenden rücken das Wort, das an den Menschen ergeht, und sein Sprecher ins Zentrum. Bubers Denken ist Sprachdenken; die Wortsprache ist für ihn eine besondere Form von Sprache. Der Mensch steht

[1] Ich und Du, S. 62; in: Das dialogische Prinzip, S. 5-136.

in der Sprache; dieser Wirklichkeit zu entsprechen, ist nach Buber die Chance des Menschen zu einem wahrhaften und sinngemäßen Dasein. Die Verwirklichung bedeutet dabei eine Tätigkeit ›mit dem ganzen Wesen‹ im Zeichen des Grundworts Ich-Du.

Alles ist Wort

In seinen Beiträgen zum Judentum hat Buber immer wieder dargestellt, wie zentral hier das Verständnis der menschlichen Situation als dialogisch ist. Die folgenden Texte zeigen Bubers Verständnis des Judentums; Ausschnitte aus »Ich und Du« und »Zwiesprache« belegen die parallele Sichtweise seiner Philosophie.
Für das Judentum ist, so Buber, die Sprache ein ›Geschehen, das über das Dasein des Menschen und der Welt hinausgreift‹. Das Geschaffene ist »Aussprache Gottes«, alles, was dem Menschen widerfährt, ist Sprache, auf die er mit seinem Tun und Lassen antworten kann. Der Sinn der Kündung der biblischen Propheten war es, Mensch und Volk in Israel vor die Entscheidung zu stellen, das Rechte zu tun oder zu unterlassen; erst die Unterlassung läßt die Katastrophe eintreten. Die Propheten stehen mit Gott »in der dialogischen Situation«; sie sind zugleich Gottes Mittler zum Volk Israel, das er durch sie anredet. Damit ist die Prophetie keine monologische Zukunftsweissagung aus einem inneren Erleben des Propheten, in dem er in die Zukunft gesehen hätte und entsprechend verkündete; sie ist eine Form der Verwirklichung jener Sprache, die den Menschen in seinem Leben anredet: jenes ›Wo bist du?‹, das der Raw Schnëur Salman interpretiert, mit der Aufforderung zur konkreten Lebensänderung.
Thema der Bibel ist nach Buber ›die Menschenwelt und die hier gültige Wahrheit der Entscheidung‹, nicht das Wesen Gottes. Die Stimme der Bibel kann auch heute zum Menschen sprechen. Das Daseinsverständnis, das sich dort ausspricht, das dialogische, ist relevant über die konkreten biblischen Erzählungen hinaus.
Der Mensch, der Verantwortung übt, nimmt die Situation an, wie sie gegeben ist; Verantwortung steht in der Konsequenz eben jener Sprache.

DER VERLAUF des menschlichen Daseins wird vom Judentum, für das alles Weltgeschehen von der Schöpfung bis zur Erlösung im Zeichen der *Sprache* steht, als ein Zwiegespräch empfunden. Der Mensch wird durch das, was ihm widerfährt, was ihm geschickt wird, durch sein Schicksal *angeredet*; durch sein eigenes Tun und Lassen vermag er auf diese Anrede zu *antworten*, er vermag sein Schicksal zu *verantworten*. Diese Antwort mag stammelnd erfolgen – wenn nur eine unbedingte *Entscheidung* des Menschen in ihr rückhaltlos zum Ausdruck kommt. Die menschliche Person ist in der Auffassung des Judentums, trotz aller Belastung vom Ursprung her bis auf heute, immer noch in der Lage des ersten Menschen; sie steht in der Freiheit, auf die Anrede, die vom schöpferischen Geheimnis aus an sie ergeht, die Lebensantwort zu geben oder sie zu versagen – das anvertraute Stück Welt zu heiligen oder es zu entweihen. Denn was nicht geheiligt wird, wird entweiht. *1930; Das Judentum und die neue Weltfrage, S. 231*

DAS WICHTIGSTE VON ALLEM, was die biblische Daseinsbetrachtung für alle kommenden Zeiten erschlossen hat, wird uns kenntlich, sowie wir die heilige Schrift Israels mit allen unabhängig von ihr entstandenen heiligen Büchern der Völker vergleichen. Keines dieser Bücher ist so wie sie von einem Dialog zwischen Himmel und Erde erfüllt. Es wird uns erzählt, wie Gott immer wieder den Menschen anspricht und vom Menschen angesprochen wird. Gott sagt dem Menschen an, was er für die Welt im Sinn hat, er läßt ihn, wie der älteste der Schriftpropheten es ausdrückt (Amos 4, 13), »sein Selbstgespräch« erfahren, er gibt ihm seinen Willen bekannt und fordert ihn an, an dessen Verwirklichung teilzunehmen;[2] aber der Mensch ist kein blindes Werkzeug, er ist als ein freies Wesen erschaffen, frei auch Gott gegenüber, frei, sich ihm zu ergeben oder sich ihm zu versagen. Auf Gottes souveräne Anrede gibt der Mensch seine selbständige Antwort; auch wenn er schweigt, ist es eine Antwort. Sehr oft hören wir Gottes Stimme allein, so zumeist in den prophetischen Büchern, wo nur in einzelnen Fällen, wie in einigen Visionsberichten und in den tagebuchartigen Aufzeichnungen Jeremias, die Erwiderung des Propheten laut wird, und zuweilen nehmen diese Aufzeichnungen geradezu eine dialogische Form an; aber auch da, wo Gott allein redet, wird uns zu spüren gegeben, daß der von ihm Angeredete mit seiner wortlosen Seele antwortet, daß er also in der dialogischen Situation steht. Und sehr oft hören wir die Stimme des Menschen allein, so zumeist in den Psalmen, wo nur in einzelnen Fällen der Beter uns die göttliche Entgegnung zu kennen gibt; aber auch hier ist die dialogische Situation offenbar, offenbar wird es uns, daß der klagende, fle-

---

[2] Amos 4, 12 f.: »Darum / will ich so dir tun, Jiſsrael! / Deswegen, / daß ich dir dieses tun will, / bereite dich, / deinem Gott gegenüberzustehn, / Jiſsrael! / – Ja denn, wohlan, / der die Berge bildet, / der den Geistbraus schafft, / der dem Menschen ansagt, / was sein Sinnen ist, / macht nun aus Morgenrot Trübnis / und tritt einher auf den Kuppen der Erde, / sein Name: / ER IST DA, der Umscharte Gott.« Bücher der Kündung. Verdeutscht von Martin Buber gemeinsam mit Franz Rosenzweig, S. 640.

hende, dankende, preisende Mensch sich von dem, an den er sich wendet, gehört und verstanden, angenommen und bestätigt erfährt. Die Grundlehre, die die jüdische Bibel füllt, ist diese, daß unser Leben ein Gespräch zwischen Oben und Unten ist.

Aber gilt das noch für unser heutiges Leben? Gläubige und Ungläubige bestreiten es. Unter den Gläubigen ist die Ansicht vertreten, gewiß sei alles, was in der Schrift stehe, buchstäblich wahr, gewiß habe Gott damals zu den von ihm erwählten Menschen geredet, aber seither sei der heilige Geist von uns genommen worden, der Himmel schweige uns, und nur durch die Bücher der schriftlichen und der mündlichen Überlieferung werde uns Gottes Wille für unser Tun und Lassen zu wissen getan; und wohl stehe auch heute der Beter unmittelbar vor seinem Schöpfer, aber wie könnte er es wagen, wie der Psalmist Worte der persönlichen Erwiderung, der persönlichen Gewährung als unmittelbar zu ihm gesprochen der Welt zu berichten! Und was die Ungläubigen betrifft, so braucht von den Atheisten selbstverständlich gar nicht geredet zu werden, sondern nur von den Anhängern eines mehr oder weniger philosophischen Gottesbegriffs, mit dem sie die Vorstellung eines göttlichen Anredens und Angeredetwerdens nicht in Einklang bringen können; für sie ist die ganze Dialogik der Schrift nichts als ein Mythenbild, geistesgeschichtlich lehrreich, aber für unser Leben unverwendbar.

Beiden Meinungen gegenüber muß der zugleich treue und unbefangene Leser der Schrift die Einsicht vertreten, die er von ihr gelernt hat: was einst geschah, geschieht jetzt und immer, und dies, daß es uns geschieht, verbürgt uns, daß es geschah. Einem ewig wiederkehrenden Geschehen hat die Bibel in der Form der verklärten Erinnerung den bildhaft entscheidenden Ausdruck verliehen. In den unendlichen, ewig wechselnden, aber dem wahrhaft Aufmerkenden offenbaren Zeichen der Begebenheiten und Situationen spricht in den Wesensstunden des persönlichen Lebens die Transzendenz zu unserem Herzen. Und es gibt eine Sprache, in der wir antworten können; das ist die unserer Handlungen und Haltungen, unserer Reaktionen und unserer Unterlassungen; in der Gesamtheit dieser Antworten ist das beschlossen, was wir im eigentlichen Sinn unsere Verantwortung nennen dürfen. Diese fundamentale Interpretation unseres Daseins verdanken wir der jüdischen Bibel; und so oft wir wahrhaft in ihr lesen, wird uns unser Selbstverständnis erneuert und vertieft.

Aber nicht bloß der Einzelne wird in der Schrift von oben angeredet, sondern auch die Gemeinschaft, in einer Weise, wie wir sie in keinem andern der heiligen Bücher der Menschheit finden.

Hier steht das Volk als Volk Gott gegenüber und empfängt als Volk seine nie abbrechende Unterweisung. Wie der Einzelne so wird auch es angefordert, an der Verwirklichung des göttlichen Willens auf Erden teilzunehmen. Wie der Einzelne in seinem persönlichen, so soll das Volk in seinem gemeinschaftlichen Leben sich heiligen, es soll ein »heiliges Volk« werden. Wie der Einzelne, so ist es in die Freiheit gestellt, auf den göttlichen Anruf zu antworten, mit seinem Tun und Lassen zu Gott Ja oder Nein zu sprechen. [...] nicht bloß Israel, sondern alle Völker werden – so lehren die Propheten – von ihm, wenn sie von anderen Völkern versklavt werden, in die Freiheit geführt, und in der Freiheit sollen sie ihm dienen, und zwar eben als Völker, jedes in seiner eigenen Art und nach seinem eigenen Wesen. [...]

Nach dem biblischen Verständnis des Daseins, so haben wir gesehn, spricht Gott die menschliche Person und das Menschenvolk auf das hin an, was durch diese Person, durch dieses Volk verwirklicht werden soll. Das bedeutet, daß der Mensch in die Freiheit gestellt und daß jede Stunde, da er in der eben jetzt gegebenen Situation sich selber angesprochen weiß, eine Stunde der echten Entscheidung ist. Er entscheidet zunächst freilich nur über sein eigenes Verhalten, aber damit nimmt er – in irgendeinem Maße, das zu ermessen er weder fähig noch berufen ist – an der Entscheidung daran teil, wie die nächste Stunde beschaffen sein wird, und also auch, wie die Zukunft beschaffen sein wird.

Von da aus ist die große biblische Erscheinung der Prophetie zu verstehen. Die wesentliche Aufgabe der Propheten Israels war nicht, eine bereits festgelegte Zukunft vorherzusagen, sondern Mensch und Volk in Israel jeweils in die Alternative zu stellen, die der Situation entspricht. Es wird nicht angekündigt, was unter allen Umständen geschehen wird, sondern was geschehen wird, wenn die Hörer der Botschaft den Willen Gottes verwirklichen, und was geschehen wird, wenn sie sich der Verwirklichung seines Willens verweigern. Die göttliche Stimme wählt sich den Propheten gleichsam zu ihrem »Munde«, um dem Menschen immer wieder seine Freiheit und deren Folgen ganz unmittelbar zu vergegenwärtigen. Auch wenn der Prophet nicht in alternativischer Form spricht, sondern bedingungslos ansagt, nach dieser und dieser bestimmten Zeit werde die Katastrophe eintreten, birgt sich in dieser Ansage, wie wir aus dem paradigmatischen Buche Jona lernen, eine geheime Alternative: das Volk wird in die Verzweiflung getrieben, aber gerade in ihr entbrennt der Funke der Umkehr, es kehrt zu Gott um – und bleibt bewahrt. Durch die äußerste Bedrohung des Daseins soll der Mensch im Grunde seiner Seele aufgerührt und zur innersten Entscheidung für Gott gebracht werden, aber diese Entscheidung ist zugleich eben eine Schicksalsentscheidung im genauesten Sinn.

Nachbiblische religiöse Denker haben darüber gegrübelt, wie sich die Freiheit des menschlichen Willens (und die sich daraus ergebende Unentschiedenheit der Zukunft) mit der göttlichen Voraussicht und Vorherbestimmung vereinbaren lasse. [...] In der Bibel selbst wird nicht gegrübelt; sie befaßt sich nicht mit dem Wesen Gottes, sondern mit seiner Kundgebung an das Menschengeschlecht; die Wirklichkeit, von der sie handelt, ist die der Menschenwelt, und für diese gilt die unverbrüchliche Wahrheit der Entscheidung.

Für den schuldigen Menschen ist damit die Entscheidung zur Umkehr, der Umkehr von seinem Irrweg auf den Weg Gottes, gemeint. Hier zeigt es sich am klarsten, was es in der biblischen Anschauung bedeutet, daß unsere Verantwortung zuinnerst unser Antworten auf eine göttliche Anrede ist. Die zwei großen Beispiele dafür sind Kain und David. Beide haben gemordet (so versteht die Schrift auch Davids Tat, da sie den Gottesboten zu ihm sagen läßt, er habe Uria »mit dem Schwert erschlagen«), und beide werden von Gott zur Verantwortung gezogen. Kain versucht, sich zu entziehen: »Bin ich der Hüter meines Bruders?«[3] Er ist der Mensch, der dem Zwiegespräch mit Gott ausweicht. Nicht so David. Er antwortet: »Ich habe an dem Herrn gesündigt«.[4] Das ist die wahre Antwort: an wem immer einer schuldig wird, in Wahrheit wird er es an Gott. David ist der Mensch, der sich zur Beziehung zwischen Gott und ihm bekennt, aus der seine Verantwortung quillt, und erkennt, daß er sich gegen sie vergangen hat.

Es geht der jüdischen Bibel um die furchtbare und gnädige Tatsache der *Unmittelbarkeit* zwischen Gott und uns. Auch in der dunkeln Stunde, nachdem der Mensch an seinem Bruder schuldig geworden ist, ist er den Mächten des Chaos nicht ausgeliefert. Gott selber sucht ihn auf, und auch wenn er Rechenschaft zu fordern kommt, ist sein Kommen Erlösung.

Es gibt jedoch in biblischer Anschauung eine dritte und allerweiteste Sphäre des Sprechens Gottes. Er spricht nicht bloß zum Einzelnen und zur Gemeinschaft in den Grenzen und Bedingungen einer bestimmten biogra-

---

[3] Das Buch Im Anfang (Genesis) 4, 9: »ER sprach zu Kajin: / Wo ist Habel dein Bruder? / Er sprach: / Ich weiß nicht. Bin ich meines Bruders Hüter?« Die fünf Bücher der Weisung. Verdeutscht von Martin Buber gemeinsam mit Franz Rosenzweig, S. 18.

[4] Die beiden von Buber zitierten Stellen zu David: Das Buch Schmuel (Samuel) II 12, 9: »Urija den Chetiter hast du durchs Schwert erschlagen und sein Weib dir zum Weibe genommen!« – Schmuel II 12, 13: »Dawid sprach zu Natan: / Ich habe IHM gesündigt.« Bücher der Geschichte. Verdeutscht von Martin Buber gemeinsam mit Franz Rosenzweig, S. 277 bzw. 278.

phischen oder historischen Situation. Alles, das Seiende und das Werdende, Natur und Geschichte, ist wesentlich eine Aussprache Gottes, ein unendlicher Zusammenhang von Zeichen, die von wahrnehmenden und verstehenden Wesen wahrzunehmen und zu verstehen sind.
Ein grundwichtiger Unterschied besteht hier aber zwischen der Natur und der Menschengeschichte. Die Natur sagt als Ganzes und in allen ihren Elementen etwas aus, was als eine mitteilbare Selbstmitteilung Gottes an alle sie zu empfangen Bereiten aufgefaßt werden darf. Das ist es, was der Psalm meint, der Himmel und Erde wortlos die Herrlichkeit Gottes »erzählen« läßt.[5] Anders die menschliche Geschichte – anders schon deshalb, weil an ihrem Gange unablässig das in die Freiheit gestellte Menschengeschlecht mitwirkt, anders aber ganz besonders deshalb, weil in der Natur der schaffende Gott redet, dessen Akt der Schöpfung nie unterbrochen wird; in der Geschichte hingegen es der offenbarende Gott ist, der spricht, Offenbarung aber ihrem Wesen nach kein steter Vorgang ist, sondern immer wieder in das Geschehen eindringt und es durchstrahlt. Die Natur ist der Rede Gottes voll, man muß sie nur vernehmen – aber was hier gesagt wird, ist immer das Eine und freilich alles Umfassende, eben das, was der Psalm die Herrlichkeit Gottes nennt; in der Geschichte dagegen wechseln Zeiten des großen Wortes, da man in der Fügung der Begebenheiten die Spur des göttlichen Waltens erkennt, mit gleichsam stummen Zeiten ab, in denen alles, was sich in der Menschenwelt ereignet und den Anspruch auf geschichtliche Bedeutung erhebt, uns gottesleer erscheint, nirgends ein Wink seines Fingers, nirgends ein Zeichen, daß er gegenwärtig ist und in diese unsere geschichtliche Gegenwart hinein wirkt. In solchen Zeiten ist auch dem Einzelnen, und erst recht dem Volke, sehr schwer, sich als von Gott angesprochen zu verstehen; die Erfahrung der konkreten Verantwortung tritt immer mehr zurück, weil man im scheinbar gottesleeren Geschichtsraum es verlernt, das Verhältnis zwischen Gott und Mensch dialogisch ernst zu nehmen. *1951;Der Dialog zwischen Himmel und Erde, S. 169-176*

Es gilt nicht eine »Rückkehr zur Bibel«. [...] es gilt, in bibeltreuer Glaubensaufgeschlossenheit unseren heutigen Situationen dialogisch verantwortend standzuhalten.

---

[5] Psalm 19, 1-5: »Des Chormeisters, ein Harfenlied Dawids / Die Himmel erzählen die Ehre Gottes, / die Tat seiner Hände meldet das Gewölb: / Sprache sprudelt Tag dem Tag zu, / Kunde zeigt Nacht der Nacht an, / kein Sprechen ists, keine Rede, / unhörbar bleibt ihre Stimme, – / über alles Erdreich fährt ihr Schwall, / an das Ende der Welt ihr Geraun.« Die Schriftwerke. Verdeutscht von Martin Buber, S. 31.

Meinen wir ein Buch? Wir meinen die Stimme. Meinen wir, daß man lesen lernen soll? Wir meinen, daß man hören lernen soll. Kein andres Zurück, als das der Umkehr, die uns um die eigne Achse dreht, bis wir nicht etwa auf eine frühere Strecke unsres Wegs, sondern auf den Weg geraten, wo die Stimme zu hören ist! Zur Gesprochenheit wollen wir hindurch, zum Gesprochenwerden des Worts. *1926; Der Mensch von heute und die jüdische Bibel, S. 45*

[...] DAS GOTTESWORT, das plötzlich, vom Menschen nicht erwartet und nicht gewollt, in eine menschliche Situation niederfährt, ist frei und neu wie der Blitz. Auch der Mensch, der es zu künden hat, wird von ihm immer wieder bezwungen, ehe er es sich »in den Mund legen« läßt (1, 9; 20, 7).[6] Das ist nicht die Äußerung eines geläufigen Gottes, mit dem man an vorbestimmten Orten und zu vorbestimmten Zeiten geregelten Umgang pflegt; ein Unerfaßbarer, Regelwidriger, Überraschender, Überwältigender, Selbstherrlicher ist es, der spricht. Darum ist es an diesem Wort, und nur an ihm, zu führen, das heißt: den Weg zu weisen.

Zu dem und durch den das Wort gesprochen wird, der ist im eminenten Sinn *Person*: ehe es durch ihn gesprochen wird, in der Menschensprache, wird es zu ihm gesprochen in einer andern Sprache, aus der er es in jene zu übertragen hat – zu ihm gesprochen wird es von Person zu Person. Um zum Menschen reden zu können, muß Gott Person werden; aber um zu ihm reden zu können, muß er ihn auch zur wirklichen Person machen. Diese menschliche Person nimmt das Wort nicht bloß auf, sie antwortet auch darauf, wehklagend, anklagend, Gott selber anklagend (15, 18), um die Gerechtigkeit mit ihm rechtend (12, 1), sich beugend, betend.[7] Unter allen Propheten Israels hat nur Jeremia dieses verwegene und fromme Lebensgespräch des unbedingt Unterlegenen mit dem unbedingt Überle-

---

[6] Das Buch Jirmejahu (Jeremia) 1, 9: »ER sprach zu mir: / Da, / ich gebe meine Rede in deinen Mund«. Jirmejahu 20, 7: »Betört hast du mich, DU, / ich ließ mich betören, / gepackt hast du mich, / du hast übermocht.« Bücher der Kündung, Verdeutscht von Martin Buber gemeinsam mit Franz Rosenzweig, S. 215 und 298.

[7] Das Buch Jirmejahu 15, 17 f.: »Im Kreis der Scherzenden / gesessen habe ich nie, / daß ich fröhlich geworden wäre, / unter deiner Hand / einsam habe ich gesessen, / denn mit Unmut hast du mich gefüllt. / Warum ist mein Schmerz dauernd worden, / meine Schlagwunde versehrend, / weigert, sich heilen zu lassen? / Du wirst mir, wirst / gleichwie versiegendes Wasser, / ein Gewässer, das ungetreu ist!« Jirmejahu 12, 1: » – Bewahrheitet bist du stets, DU, / wenn ich gegen dich streiten wollte, / dennoch muß ich mit dir reden / um die Gerechtigkeit. / Weshalb glückt der Weg der Frevler, / behagts allen, die verräterisch verraten?« Bücher der Kündung, Verdeutscht von Martin Buber gemeinsam mit Franz Rosenzweig, S. 279 und 264.

genen aufzuzeichnen gewagt – so sehr ist der Mensch hier Person geworden. Alles Glaubensverhältnis Israels ist dialogisch; hier ist der Dialog zu seiner reinen Gestalt gediehen. Der Mensch kann reden, er darf reden; wenn er nur wirklich zu Gott redet, gibt es nichts, was er ihm nicht sagen darf. *1942; Der Glaube der Propheten, S. 206 f.*

OB DER WEISE des Mittelalters redet: »Mein Gott, wo finde ich dich, aber wo finde ich dich nicht?«, ob der heutige ostjüdische Bettler in das Grauen der härtesten Stunde zärtlich und unbeirrbar seinen nicht zu übersetzenden, einfältigen, aber in der Aussprache so abwandlungsreichen Kosenamen »Gottenju« hineinflüstert: es ist das gleiche Wiedererkennen, das gleiche Immerwieder-Anerkennen des Einen.
Was so zu erhabenem oder kindhaftem Ausdruck kommt, ist die dialogische Situation, in der der Mensch steht.
Die Sprache wird vom Judentum als ein über das Dasein des Menschen und der Welt hinausgreifendes Geschehen erkannt. Gegenüber der Statik der Logosidee erscheint hier das Wort in seiner vollen Dynamik, als das, was sich begibt. Der Schöpfungsakt Gottes ist Sprache; aber auch jeder gelebte Augenblick ist es. Die Welt wird dem sie wahrnehmenden Menschen zugesprochen, und das Leben des Menschen selbst ist ein Zwiegespräch. Was ihm widerfährt, sind die großen und kleinen, unübertragbaren, aber unverkennbaren Zeichen einer Anrede; was er tut und läßt, kann Antwort oder Versagen der Antwort sein. Und so ist die ganze Geschichte der Welt, die heimliche, wirkliche Weltgeschichte, ein Dialog zwischen Gott und seiner Kreatur; ein Dialog, in dem der Mensch echter, rechtmäßiger Partner ist, der sein eigenes selbständiges Wort von sich aus zu sprechen befugt und ermächtigt ist.
Ich bin weit davon entfernt zu behaupten, daß die Erfahrung und Erfassung der dialogischen Situation eine Besonderheit des Judentums sei. Aber es ist mir gewiß, daß keine andere Menschenschar an diese Erfahrung solche Kraft und Innigkeit hingegeben hat wie die Juden. *1929; Der Glaube des Judentums, S. 185 f.*

MAN MUSS SICH [...] davor hüten, das Gespräch mit Gott, das Gespräch, von dem ich in diesem Buch und in fast allen, die darauf folgten, zu reden hatte, als etwas lediglich neben oder über dem Alltag sich Begebendes zu verstehen. Gottes Sprache an die Menschen durchdringt das Geschehen in eines jeden von uns eigenem Leben und alles Geschehen in der Welt um uns her, alles biographische und alles geschichtliche, und macht es für dich und mich zu Weisung, zu Forderung. Ereignis um Ereignis, Situation um

Situation ist durch die Personsprache befähigt und ermächtigt, von der menschlichen Person Standhalten und Entscheidung zu heischen. Wir meinen gar oft, es sei nichts zu vernehmen, und haben uns doch vorlängst selber Wachs in die Ohren gesteckt.
Die Existenz der Mutualität zwischen Gott und Mensch ist unbeweisbar, wie die Existenz Gottes unbeweisbar ist. Wer dennoch von ihr zu reden wagt, legt Zeugnis ab und ruft das Zeugnis dessen an, zu dem er redet, gegenwärtiges oder künftiges Zeugnis. *1957; Ich und Du: Nachwort, S. 135f.*

ECHTE VERANTWORTUNG gibt es nur, wo es wirkliches Antworten gibt.
Antworten worauf?
Auf das, was einem widerfährt, was man zu sehen, zu hören, zu spüren bekommt. Jede konkrete Stunde mit ihrem Welt- und Schicksalsgehalt, die der Person zugeteilt wird, ist dem Aufmerkenden Sprache. Dem Aufmerkenden; denn mehr als dessen bedarf es nicht, um mit dem Lesen der einem gegebenen Zeichen anzuheben. Eben deshalb ist [...] der ganze Apparat unserer Zivilisation erforderlich, um den Menschen vor diesem Aufmerken und seinen Folgen zu bewahren. Der Aufmerkende nämlich würde mit der Situation, die ihn in diesem Augenblick antritt, nicht mehr, wie er gewohnt ist, im nächsten »fertig« werden«: er wäre aufgefordert, auf sie und in sie einzugehen. Und dabei würde ihm nichts helfen, was er als stets Verwendbares zu besitzen glaubte, keine Kenntnis und keine Technik, kein System und kein Programm, denn nun hätte er es mit dem Uneinreihbaren, eben mit der Konkretion selber zu tun. Diese Sprache hat kein Alphabet, jeder ihrer Laute ist eine neue Schöpfung und nur als solche zu erfassen.
Es wird also dem Aufmerkenden zugemutet, daß er der geschehenden Schöpfung standhalte. Sie geschieht als Rede, und nicht als eine über die Köpfe hinbrausende, sondern als die eben an ihn gerichtete; und wenn einer einen andern fragte, ob auch er höre, und der bejahte, hätten sie sich nur über ein Erfahren und nicht über ein Erfahrnes verständigt.
Die Laute aber, aus denen die Rede besteht [...], sind die Begebenheiten des persönlichen Alltags. In ihnen werden wir angeredet, wie sie nun sind, »groß« oder »klein«, und die als groß geltenden liefern nicht größere Zeichen als die andern.
Damit, daß wir ihrer innewerden, ist jedoch unsere Haltung noch nicht entschieden. Immer noch können wir das Schweigen um uns schlagen [...] oder in die Gewöhnung ausweichen; obwohl wir beidemal eine durch keine Produktivität und durch keine Betäubung zu vergessende Wunde davontragen. Doch es kann geschehen, daß wir zu antworten uns unterfan-

gen, stammelnd etwa, zu sicherer Artikulation langt uns nur selten die Seele zu, aber es ist ein rechtschaffenes Stammeln, wie wenn zwar Sinn und Kehle einig sind in dem, was zu sagen ist, aber die Kehle darüber zu erschrocken, um den schon geschlichteten Sinn rein auszutönen. Die Worte unserer Antwort sind in der wie die Rede unübersetzbaren Sprache des Tuns und Lassens gesprochen, – wobei das Tun sich wie ein Lassen und das Lassen wie ein Tun gebärden darf. Was wir so mit dem Wesen sagen, ist unser Eingehen auf die Situation, in die Situation, sie, die uns eben jetzt angetreten hat, deren Erscheinung wir nicht kannten und nicht kennen konnten, weil es ihresgleichen noch nicht gegeben hat.
Wir werden nun mit ihr nicht fertig, darauf haben wir verzichten müssen, nie ist mit einer Situation, deren man inne ward, fertig zu werden, aber wir bewältigen sie in die Substanz des gelebten Lebens ein. So erst, dem Augenblick treu, erfahren wir ein Leben, das etwas anderes als eine Summe von Augenblicken ist. Dem Augenblick antworten wir, aber wir antworten zugleich für ihn, wir verantworten ihn. Ein neuerschaffenes Weltkonkretum ist uns in die Arme gelegt worden; wir verantworten es. Ein Hund hat dich angesehen, du verantwortest seinen Blick, ein Kind hat deine Hand ergriffen, du verantwortest seine Berührung, eine Menschenschar regt sich um dich, du verantwortest ihre Not. *1930; Zwiesprache, S. 161-163*

Der Sprecher des Worts: das ewige Du des Menschen

Der Sprecher des Worts an den Menschen ist für Buber Gott. Während in der Beziehung zu allem endlichen Du immer nur die Begegnung mit einem Du möglich ist, schließt die Beziehung zu Gott die zu anderem, endlichem Du ein. Man findet Gott *in* der dialogischen Haltung zu den Dingen und Wesen.
Bubers Gotteserfahrung zeigt sich als eine ethische Erfahrung. In ihr gibt es nur die Stimme, den Sprecher des Worts an den Menschen, in der Zuwendung zum einzelnen Gegenüber im Alltag erfahrbar. Ein theologisches Wissen ist hier nicht zu gewinnen: das ewige Du bleibt »Geheimnis des Seins«.[8] Das Rechte zu tun, in den Situationen zu antworten, ist die Voraussetzung der ›Gotteserkenntnis‹ (Erkenntnis als ›Kontakt‹), so wie Leo Baeck es für die Propheten sagt.

---

[8] Vgl. hierzu Bubers Texte im 6. Kapitel, insbesondere sein Verständnis von Offenbarung.

Die Beziehung zum ewigen Du stellt die Begegnungen mit einzelnem Du »in ihren Grund«, wie Buber schreibt. Der Psychotherapeut Hans Trüb hat dies als Erfahrung in seiner Arbeit geschildert: »Der Kranke fragt: Wie können Sie sich je und je auf verschiedene Menschen so einstellen? Die Antwort lautet: Es wäre wirklich verwirrend, wenn nicht diese Vielen vom *Einen* her zu mir kämen. Der Auftrag kommt immer von dem Einen: in der Vielheit habe ich immer mit dem Einen zu tun. Das unendliche und das endliche Du (Buber). So komme ich zum Anderen vom unendlichen Du her und er ebenso zu mir.
Das besagt, daß das Wegrichtung ist, in der wir stehen und uns begegnen, – nicht etwas in mir Lokalisiertes.«[9]
Vom ewigen Du kommt die Einheit menschlichen Lebens:
Ein Mensch kann nicht kontinuierlich im Dialog stehen. Jedes Du wird ihm wieder zum Es, zu seinem Objekt oder Gegenstand; ihm widerfährt »die Enttäuschung des Eswerdens«. So bleiben die jeweiligen Begegnungen eines Menschen mit einem endlichen Du *allein* ›isolierte Momente‹.
Für den Menschen, der die Wesen und Dinge in ihrem räumlichen Nebeneinander, ihrer zeitlichen Folge und ihrem kausalen Zusammenhang sieht, baut sich eine »Eswelt« auf. Erschließt er sich die Lebewesen und Dinge überwiegend in dieser Weise, so ist er »Eigenwesen« (vgl. die Texte des zweiten Kapitels). Eine Kontinuität, eine Einheit kann sich im menschlichen Leben im Wissen um Zusammenhänge – man sieht sich als derjenige, der *weiß* –, um bestimmte eigene Fähigkeiten, in der Zugehörigkeit zu einer Gruppe, einer Weltanschauung, Religion etc. aufbauen. Solches Wissen um etwas, solche Zugehörigkeit zu etwas oder jemand führt zu einem Ichbewußtsein oder der Art, wie man sich empfindet. Das Dialogische, die Wahrheit menschlichen Lebens, ist hier verschlossen.
Die Begegnungen eines Menschen mit einem endlichen Du *allein* bleiben aus dem sonstigen Leben herausgehobene, isolierte Momente. Es gibt eine Einheit im menschlichen Leben, in der seine Wahrheit *er*schlossen ist: die Kontinuität im Leben des Menschen *als Person* kann aber nicht aus der beschriebenen Art von Ichbewußtsein oder Ichempfinden kommen, nicht eine Kontinuität *im* Ich sein. Die Einheit, die Kontinuität im Leben der Person kommt von dem immer einen *Gegenüber* in allen Begegnungen: dem ewigen Du.
Im letzten Kapitel war von der Haltung die Rede, die das Leben des verantwortlichen Menschen durchdringt; diese Haltung, so wird in den folgenden Texten deutlich, ist für Buber möglich, weil der Mensch *einen* Bezugspunkt als sein Gegenüber hat: das ewige Du. Sie ist keine antrainierte Haltung, sondern eine, die in der Begegnung mit dem jeweiligen endlichen Du zugleich auf das unbekannte, aber den Menschen ansprechende ewige Du gerichtet ist: auf den Bezugspunkt,

[9] Hans Trüb, Heilung aus der Begegnung, S. 102.

der immer bleibt und in allen Begegnungen präsent ist. Die Kontinuität der Haltung ist eine Kontinuität des Bezogenseins.
Entscheidend im Leben des Menschen ist nicht, *daß* er an Gott glaubt; wer dialogisch lebt und eine Kontinuität der »Wegrichtung« in diesem Leben hat, der spricht, so glaubt Buber, sein ewiges Du an, auch wenn er »ablehnt, daß ›Gott‹ sei«.

WIR WERDEN in den Zeichen des widerfahrenden Lebens angeredet. Wer redet?
Es würde uns nicht frommen, zur Entgegnung die Vokabel Gott herzusetzen, wenn wirs nicht von jener entscheidenden Stunde der persönlichen Existenz aus tun, wo wir alles vergessen mußten, was wir von Gott zu wissen wähnten, nichts Überkommenes, nichts Gelerntes, nichts Selbstersonnenes behalten durften, keinen Fetzen Wissen, und eingetaucht wurden in die Nacht.
Wenn wir aus ihr ins neue Leben steigen und darin die Zeichen zu empfangen beginnen, was können wir von dem wissen, das – der sie uns gibt? Nur was wir jeweils aus den Zeichen selber erfahren. Nennen wir den Sprecher dieser Sprache Gott, so ist es immer der Gott eines Augenblicks, ein Augenblicksgott.
Ich will nun einen linkischen Vergleich gebrauchen, weil ich keinen rechten kenne.
Wenn wir ein Gedicht wirklich aufnehmen, wissen wir von dem Dichter nur das, was wir daraus von ihm erfahren – keine biographische Weisheit taugt zur reinen Aufnahme des Aufzunehmenden: das Ich, das uns angeht, ist das Subjekt dieses einzigen Gedichts. Wenn wir aber in der gleichen getreuen Weise andre Gedichte dieses Dichters lesen, schließen sich ihre Subjekte doch in all ihrer Mannigfaltigkeit, einander ergänzend und bestätigend, zu dem einen polyphonen Dasein der Person zusammen.
So ersteht uns aus den Gebern der Zeichen, den Sprechern der Sprüche im gelebten Leben, aus den Augenblicksgöttern identisch der Herr der Stimme, der Eine. *1930; Zwiesprache, S. 159 f.*

DAS SEIENDE ist dem Menschen entweder Gegenüber oder Gegenstand. In dieser Zwiefalt des Verhältnisses zum Seienden – Begegnung und Betrachtung – baut sich das Menschenwesen auf. Dies sind nicht zwei Erscheinungsformen, sondern die zwei Grundarten des Daseins mit dem Seienden. Das Kind, das seine Mutter anruft, und das Kind, das sich seine Mutter ansieht, in genauerer Beispielgebung: das Kind, das die Mutter stumm, durch nichts anderes als durch sein In-ihre-Augen-sehen, anspricht,

und dasselbe Kind, das etwas an der Mutter wie irgendein anderes Objekt in Augenschein nimmt, zeigen die Zwiefalt an, in der der Mensch steht und besteht, und etwas von ihr ist zuweilen noch an dem Sterbensnahen wahrzunehmen. Was hier offenbar wird, ist die Doppelstruktur des menschlichen Daseins selber: weil es die zwei Grundarten unseres Daseins mit dem Seienden sind, sind es die zwei Grundarten unseres Daseins überhaupt – Ich-Du und Ich-Es. Ich-Du findet seine höchste Verdichtung und Verklärung in der religiösen Wirklichkeit, in der das uneingeschränkt Seiende als die absolute Person zu meinem Partner wird [...]
Die Glaubenswirklichkeit der Begegnungen mit dem alle Gestalten durchscheinenden und selber gestaltlosen Begegner kennt, als reine Ich-Du-Beziehung, kein Bild von ihm, nichts als Gegenstand Erfaßliches, – sie kennt die Gegenwart des Gegenwärtigen allein. *1929; Religion und Philosophie (in: Gottesfinsternis), S. 48 f.*

Der Mensch hat seiner Beschaffenheit und seiner Lage nach ein dreifaches Lebensverhältnis. Er kann seine Beschaffenheit und seine Lage in seinem Leben zur vollen Wirklichkeit bringen, indem bei ihm alle Lebensverhältnisse wesentliche Verhältnisse werden. Und er kann Elemente seiner Beschaffenheit und seiner Lage in der Unwirklichkeit belassen, indem er nur einzelne Lebensverhältnisse zu wesentlichen werden läßt, die anderen aber als unwesentliche betrachtet und behandelt.
Das dreifache Lebensverhältnis des Menschen ist: sein Verhältnis zu der Welt und den Dingen, sein Verhältnis zu den Menschen, und zwar sowohl zu einzelnen als zur Vielheit, und sein Verhältnis zu dem zwar auch durch all dies durchscheinenden, aber all dies grundhaft transzendierenden Geheimnis des Seins, das der Philosoph das Absolute und der Gläubige Gott nennt, das aber auch für den, der beide Bezeichnungen verwirft, nicht faktisch aus seiner Situation ausgeschaltet werden kann. *1942; Das Problem des Menschen, S. 118*

Die verlängerten Linien der Beziehungen schneiden sich im ewigen Du.
Jedes geeinzelte Du ist ein Durchblick zu ihm. Durch jedes geeinzelte Du spricht das Grundwort das ewige an. Aus diesem Mittlertum des Du aller Wesen kommt die Erfülltheit der Beziehungen zu ihnen, und die Unerfülltheit. Das eingeborene Du verwirklicht sich an jeder und vollendet sich an keiner. Es vollendet sich einzig in der unmittelbaren Beziehung zu dem Du, das seinem Wesen nach nicht Es werden kann. *1923; Ich und Du, S. 76*

Jede wirkliche Beziehung zu einem Wesen oder einer Wesenheit in der Welt ist ausschließlich. Losgemacht, herausgetreten, einzig und gegenüber wesend ist ihr Du. Es füllt den Himmelskreis: nicht als ob nichts anderes wäre, aber alles andre lebt in *seinem* Licht. Solang die Gegenwart der Beziehung währt, ist diese ihre Weltweite unantastbar. Sowie jedoch ein Du zu Es wird, erscheint die Weltweite der Beziehung als ein Unrecht an der Welt, ihre Ausschließlichkeit als eine Ausschließung des Alls.
In der Beziehung zu Gott sind unbedingte Ausschließlichkeit und unbedingte Einschließlichkeit eins. Wer in die absolute Beziehung tritt, den geht nichts Einzelnes mehr an, nicht Dinge und nicht Wesen, nicht Erde und nicht Himmel; aber alles ist in der Beziehung eingeschlossen. Denn nicht von allem absehen heißt in die reine Beziehung treten, sondern alles im Du sehen; nicht der Welt entsagen, sondern sie in ihren Grund stellen. Von der Welt wegblicken, das hilft nicht zu Gott; auf die Welt hinstarren, das hilft auch nicht zu ihm; aber wer die Welt in ihm schaut, steht in seiner Gegenwart. »Hier Welt, dort Gott« – das ist Es-Rede; und »Gott in der Welt« – das ist andre Es-Rede; aber nichts ausschalten, nichts dahinterlassen, alles – all die Welt mit im Du begreifen, der Welt ihr Recht und ihre Wahrheit geben, nichts neben Gott, aber auch alles in ihm fassen, das ist vollkommne Beziehung.
Man findet Gott nicht, wenn man in der Welt bleibt, man findet Gott nicht, wenn man aus der Welt geht. Wer mit dem ganzen Wesen zu seinem Du ausgeht und alles Weltwesen ihm zuträgt, findet ihn, den man nicht suchen kann.
[...] Wenn du das Leben der Dinge und der Bedingtheit ergründest, kommst du an das Unauflösbare, wenn du das Leben der Dinge und der Bedingtheit bestreitest, gerätst du vor das Nichts, wenn du das Leben heiligst, begegnest du dem lebendigen Gott.

*

Der Du-Sinn des Menschen, dem aus den Beziehungen zu allem einzelnen Du die Enttäuschung des Eswerdens widerfährt, strebt über sie alle hinaus und doch nicht hinweg seinem ewigen Du zu. Nicht wie man etwas sucht: es gibt in Wahrheit kein Gott-Suchen, weil es nichts gibt, wo man ihn nicht finden könnte. Wie töricht und hoffnungslos wäre einer, der vom Weg seines Lebens abwiche, um Gott zu suchen: ob er auch alle Weisheit der Einsamkeit und alle Macht der Sammlung gewänne, ihn verfehlte er. Vielmehr ist es, wie wenn einer seines Wegs geht und nur eben wünscht, es möchte *der* Weg sein; in der Kraft seines Wunsches äußert sich sein Streben. Jedes Beziehungsereignis ist eine Station, die ihm einen Blick in das erfüllende auftut; so ist er in allen des einen unteilhaftig, aber teilhaftig

auch, weil er gewärtig ist. Gewärtig, nicht suchend, geht er seines Wegs; daher hat er die Gelassenheit zu allen Dingen und die Berührung, die ihnen hilft. Aber wenn er gefunden hat, ist sein Herz ihnen nicht abgewandt, ob ihm nun auch alles in einem begegnet. Er segnet alle Zellen, die ihn beherbergt haben, und alle, in denen er noch einkehren wird. Denn dieses Finden ist nicht ein Ende des Wegs, nur seine ewige Mitte.
Es ist ein Finden ohne Suchen; ein Entdecken dessen, was das Ursprünglichste und der Ursprung ist. Der Du-Sinn, der sich nicht ersättigen kann, bis er das unendliche Du findet, hatte es von Anfang an sich gegenwärtig: die Gegenwart mußte ihm nur ganz wirklich werden, aus der Wirklichkeit des geheiligten Weltlebens.
Es ist nicht so, daß Gott aus irgend etwas erschlossen werden könnte, etwa aus der Natur als ihr Urheber, oder aus der Geschichte als ihr Lenker, oder auch aus dem Subjekt als das Selbst, das sich in ihm denkt. Es ist nicht so, daß irgend etwas anderes »gegeben« und dies erst daraus abgeleitet wäre, sondern dies ist das uns unmittelbar und zunächst und dauernd gegenüber Wesende: das rechtmäßig nur angesprochen, nicht ausgesagt werden kann. *1923; Ich und Du, S. 79-82*

Die Eswelt hat Zusammenhang im Raum und in der Zeit.
Die Duwelt hat in beiden keinen Zusammenhang.
Sie hat ihren Zusammenhang in der Mitte, in der die verlängerten Beziehungen sich schneiden: im ewigen Du.
In dem großen Privileg der reinen Beziehung sind die Privilegien der Eswelt aufgehoben. Kraft seiner gibt es das Kontinuum der Duwelt: die isolierten Momente der Beziehungen verbinden sich zu einem Weltleben der Verbundenheit. *1923; Ich und Du, S. 101 f.*

Einer kann mit aller Kraft abwehren, daß »Gott« sei, und kostet ihn im strengen Sakrament der Zwiesprache.[10] *1930; Zwiesprache, S. 164*

Das menschliche Leben hat seinen Absolutheitscharakter darin, daß es seine eigene Bedingtheit faktisch transzendiert, d.h. daß der Mensch das, dem er gegenübersteht und mit dem er in ein reales Verhältnis von Wesen zu Wesen treten kann, als nicht weniger wirklich sieht denn sich selbst, es nicht weniger ernst nimmt als sich selbst. Das menschliche Leben rührt an die Absolutheit durch seinen dialogischen Charakter, denn trotz seiner Einzigkeit kann der Mensch, wenn er auf seinen Grund taucht, nie ein Sein

[10] Als Schlußsatz eines umfangreicheren Zitats bereits im 3. Kapitel wiedergegeben.

finden, das in sich ganz ist und als solches schon an das Absolute rührt; nicht durch ein Verhältnis zu seinem Selbst, sondern nur durch ein Verhältnis zu einem anderen Selbst kann der Mensch ganz werden. Dieses andere Selbst mag ebenso begrenzt und bedingt sein wie er, im Miteinander wird Unbegrenztes und Unbedingtes erfahren. [...] Wenn der einsam gewordene Mensch zu dem »toten« bekannten Gott[11] nicht mehr »du« sagen kann, kommt alles darauf an, ob er es noch zu dem lebenden unbekannten dadurch sagen kann, daß er mit seinem ganzen Wesen zu einem lebenden bekannten anderen Menschen »du« sagt. *1942; Das Problem des Menschen, S. 101-103*

NUR WER an die Welt glaubt, bekommt es mit ihr selbst zu tun; und gibt er sich dran, kann er auch nicht gottlos bleiben. Lieben wir die wirkliche, die sich nie aufheben lassen will, nur wirklich in all ihrem Grauen, wagen wir es nur, die Arme unseres Geistes um sie zu legen: und unsre Hände begegnen den Händen, die sie halten.
Ich weiß nichts von einer »Welt« und von einem »Weltleben«, die einen von Gott trennten; was so genannt wird, ist das Leben mit einer verfremdeten Eswelt, das erfahrende und gebrauchende. Wer wahrhaft zur Welt ausgeht, geht zu Gott aus. Sammlung und Ausgehn, beide wahrhaft, das Ein-und-andre, welches das Eine ist, tut not.
Gott umfaßt das All, und ist es nicht; so aber auch umfaßt Gott mein Selbst, und ist es nicht. Um dieses Unbesprechbaren willen kann ich in meiner Sprache, wie jegliches in seiner, Du sagen; um dieses willen gibt es Ich und Du, gibt es Zwiesprache, gibt es Sprache, gibt es den Geist, dessen Urakt sie ist, gibt es in Ewigkeit das Wort. *1923; Ich und Du, S. 96 f.*

DIE BEZIEHUNG zum Menschen ist das eigentliche Gleichnis der Beziehung zu Gott: darin wahrhafter Ansprache wahrhafte Antwort zuteil wird. Nur daß in Gottes Antwort sich alles, sich das All als Sprache offenbart. *1923; Ich und Du, S. 104 f.*

»DER EINZELNE« ist nicht, wer wesentlich mit Gott und nur unwesentlich mit den Andern sich einläßt, in Unbedingtheit mit Gott und in Bedingtheit mit dem öffentlichen Wesen umgeht. Sondern das ist der Einzel-

[11] Vgl. Das Problem des Menschen, S. 100 f.: »Schließlich [...] gelangt der Mensch in eine Verfassung, wo er aus seiner Einsamkeit die Hände nicht mehr einer göttlichen Gestalt entgegenstrecken kann. Dies ist es, was dem Wort Nietzsches zugrunde liegt, Gott sei tot. Es bleibt nun dem Einsamen scheinbar nichts mehr übrig, als intimen Umgang mit sich selbst zu suchen.«

ne, wem die Beziehungswirklichkeit zu Gott, die ausschließliche, die Beziehungsmöglichkeit zu aller Anderheit einschließt und umschließt, und dem das ganze öffentliche Wesen, der Speicher der Anderheit, der Anderheit eben genug darbietet, um sein Leben damit zu verbringen.[12] *1936; Die Frage an den Einzelnen, S. 239*

Und in der Tat, der Mensch kann nur als Einzelner, als der zum Einzelnen gewordene Mensch mit Gott Umgang haben, – was das Alte Testament, ob darin auch ein Volk als Volk der Gottheit begegnet, so zum Ausdruck bringt, daß es jeweils nur eine namentragende Person, Henoch, Noah, »mit dem Elohim umgehen« läßt. Nicht eher, als man in vollkommener Wirklichkeit – also: sich findend – Ich sagen kann, kann man in vollkommener Wirklichkeit – also: zu Gott – Du sagen. *1936; Die Frage an den Einzelnen, S. 203*

Das ewige Du kann seinem Wesen nach nicht zum Es werden; weil es seinem Wesen nach nicht in Maß und Grenze, auch nicht in das Maß des Unermeßlichen und die Grenze des Unbegrenztseins gesetzt werden kann; weil es seinem Wesen nach nicht als eine Summe von Eigenschaften, auch nicht als eine unendliche Summe zur Transzendenz erhobener Eigenschaften gefaßt werden; weil es weder in noch außer der Welt vorgefunden werden kann; weil es nicht erfahren werden kann; weil es nicht gedacht werden kann; weil wir uns an ihm, dem Seienden verfehlen, wenn wir sagen: »Ich glaube, daß er ist« – auch »er« ist noch Metapher, »du« aber nicht.
Und doch machen wir das ewige Du immer wieder zum Es, zum Etwas, machen Gott zum Ding – unserem Wesen nach. Nicht aus Willkür. Die dingliche Geschichte Gottes, der Gang des Gott-Dings durch die Religion und ihre Randgebilde, durch ihre Erleuchtungen und Verfinsterungen, ihre Lebenserhöhungen und -zerstörungen, der Gang vom lebendigen Gott weg und wieder zu ihm hin, die Wandlungen von Gegenwart, Eingestaltung, Vergegenständlichung, Verbegrifflichung, Auflösung, Erneuerung sind ein Weg, sind der Weg. *1923; Ich und Du, S. 113 f.*

[12] Die Sätze antworten auf Kierkegaard, von dem Buber schreibt, er habe »auf eine wesentliche Beziehung zu einem bestimmten Menschen wesentlich verzichtet«, nämlich auf die Heirat mit Regine Olsen, weil eine solche »wesentliche Beziehung zur Welt« das »Alleinsein vor Gott behindre«. Vgl. Die Frage an den Einzelnen, S. 228; in: Das dialogische Prinzip, S. 197-267.

» […] in Wahrheit nämlich steckt die Sprache nicht im Menschen, sondern der Mensch steht in der Sprache und redet aus ihr, – so alles Wort, so aller Geist«, schreibt Buber.

Der Mensch, der spricht, und der Mensch, der schafft – Werke der bildenden Kunst, Literatur, Philosophie etc., – verwirklicht auf seiner Ebene, in seiner konkreten Weise Geist und Sprache, die ihn umfassen.

»Erst wenn die Wirklichkeit in uns zu ihrer eigenen Verwirklichung gelangt, erfahren wir die Wirklichkeit wahrhaft.«[13] Dieser Satz eines japanischen Philosophen, angewandt auf Bubers Sprachdenken, sagt: indem wir in unserem Sprechen und Schaffen die dialogische Wirklichkeit realisieren, erfahren wir die Dialogik als Wesen der Wirklichkeit, jenes ›Alles ist Wort‹.

Geist als das Schaffen von Werken steht im Grundwort Ich-Du; das fertige Werk wird ›Es‹, kann aber wieder als ›Du‹ vergegenwärtigt werden. Ein Beispiel der Tätigkeit des Geistes gibt Buber am Akt der Ideierung. Mit ›Ideierung‹ ist der geistige Vorgang gemeint, in dem man das Wesen eines Phänomens über den konkreten Fall hinaus fassen will; man will also z.B. über den jeweils konkreten Schmerz konkreter Menschen hinaus erfassen, was *der* Schmerz ist. Eine allgemeine Aussage über das Wesen des Phänomens muß, so Buber, aus der konkreten Erfahrung kommen.

Geist erweist sich zum einen darin, ein Phänomen der Wirklichkeit zu entdekken, dann es zu gestalten – im Wort, im Bild – und es mitzuteilen. Der Mensch nimmt mit seinem ganzen Wesen an der Wirklichkeit teil; Geist ist für Buber nicht eine Sondereigenschaft, die sich durch Verdrängung und Sublimierung anderer Eigenschaften herausgebildet hat. Er ist keine Spezialität einer besonderen Gruppe von Menschen, wie der Philosophen, Künstler. Träger des Geistes ist z.B. der Prophet, den die Erkenntnis der Situation zwischen Gott und Mensch erfaßt und der aus dieser heraus zu den Menschen sprechen muß.

Das Volk verwirklicht in Bubers Sinn den Geist, das in den Beziehungen seiner Mitglieder Gerechtigkeit und Friede verwirklicht.

GEIST IN SEINER MENSCHLICHEN KUNDGEBUNG ist Antwort des Menschen an sein Du. Der Mensch redet in vielen Zungen, Zungen der Sprache, der Kunst, der Handlung, aber der Geist ist einer, Antwort an das aus dem Geheimnis erscheinende, aus dem Geheimnis ansprechende Du. Geist

[13] Keiji Nishitani, Was ist Religion?, S. 44.

ist Wort. Und wie die sprachliche Rede wohl erst im Gehirn des Menschen sich worten, dann in seiner Kehle sich lauten mag, beides aber sind nur Brechungen des wahren Vorgangs, in Wahrheit nämlich steckt die Sprache nicht im Menschen, sondern der Mensch steht in der Sprache und redet aus ihr, – so alles Wort, so aller Geist. Geist ist nicht im Ich, sondern zwischen Ich und Du. Er ist nicht wie das Blut, das in dir kreist, sondern wie die Luft, in der du atmest. Der Mensch lebt im Geist, wenn er seinem Du zu antworten vermag. Er vermag es, wenn er in die Beziehung mit seinem ganzen Wesen eintritt. Vermöge seiner Beziehungskraft allein vermag der Mensch im Geist zu leben.

Aber das Schicksal des Beziehungsvorgangs reckt sich hier am gewaltigsten auf. Je mächtiger die Antwort, um so mächtiger bindet sie das Du, bannt es zum Gegenstand. Nur das Schweigen zum Du, das Schweigen *aller* Zungen, das verschwiegene Harren im ungeformten, im ungeschiedenen, im vorzunglichen Wort läßt das Du frei, steht mit ihm in der Verhaltenheit, wo der Geist sich nicht kundgibt, sondern ist. Alle Antwort bindet das Du in die Eswelt ein. Das ist die Schwermut des Menschen, und das ist seine Größe. Denn so wird Erkenntnis, so wird Werk, so wird Bild und Vorbild in der Mitte des Lebendigen.

Was aber so zum Es sich gewandelt hat, dem ist, dem zum Ding unter Dingen Erstarrten, der Sinn und die Bestimmung eingetan, daß es sich immer wieder entwandle. Immer wieder – so war es gemeint in der Stunde des Geistes, als er sich dem Menschen antat und die Antwort in ihm zeugte – soll das Gegenständliche zu Gegenwart entbrennen, einkehren zum Element, daraus es kam, von Menschen gegenwärtig geschaut und gelebt werden.

Die Erfüllung dieses Sinns und dieser Bestimmung wird von dem Menschen vereitelt, der sich mit der Eswelt als einer zu erfahrenden und zu gebrauchenden abgefunden hat und nun das in ihr Eingebundene, statt es zu lösen, niederhält, statt ihm zuzublicken, beobachtet, statt es zu empfangen, verwertet. *1923; Ich und Du, S. 41 f.*

SCHELER[14] WILL UNS die Eigenart des Geistes, als eines spezifischen Gutes des Menschen, zum Unterschied von der technischen Intelligenz, die der Mensch mit den Tieren gemeinsam habe, an dem Akt der Ideierung darle-

[14] Im folgenden zitiere ich Passagen aus dem »Dritten Abschnitt« (Kapitel) »Die Lehre Max Schelers«, S. 127-157 in »Das Problem des Menschen«. Buber stellt dort ausführlich die philosophische Anthropologie Max Schelers dar, auf die er sich dann bezieht. Ich beschränke mich hier im wesentlichen auf die Aussagen, in denen Buber seine eigene Position darlegt.

gen.[15] Er gibt dieses Beispiel: Ein Mensch hat Schmerz im Arm. Die Intelligenz fragt, wie er entstanden sei und wie er beseitigt werden könne, und beantwortet die Frage mit Hilfe der Wissenschaft. Der Geist aber faßt denselben Schmerz als Exempel des Wesensverhalts, daß die Welt von Schmerz durchsetzt ist, er fragt nach dem Wesen des Schmerzes selbst, und darüber hinaus fragt er, wie der Grund der Dinge beschaffen sein müsse, damit so etwas wie »Schmerz überhaupt« möglich sei. Das heißt: der Geist des Menschen hebt den Wirklichkeitscharakter der Erscheinung des Schmerzes, den der Mensch verspürt hat, auf, und zwar schaltet er nicht bloß, wie Husserl meinte, das Urteil über das Tatsächlich-sein des Schmerzes aus und behandelt ihn seinem Wesen nach, sondern er beseitigt »versuchsweise« den ganzen Realitätseindruck, er vollzieht den »im Grunde asketischen Akt der Entwirklichung« und erhebt sich so über den schmerzgeplagten Lebensdrang.[16]

Ich bestreite sogar für den Philosophen, sofern er aus Entdeckung eines Seins denkt, daß der entscheidende Akt der Ideierung so beschaffen sei. Das Wesen des Schmerzes wird nicht so erkannt, daß der Geist sich von ihm gleichsam entferne, sich gleichsam in eine Loge setze und das Schauspiel des Schmerzes als ein unwirkliches Beispiel betrachte; wessen Geist das tut, der mag allerhand geistvolle Gedanken über den Schmerz bekommen, das Wesen des Schmerzes wird er nicht erkennen. Es wird erkannt, indem der Schmerz faktisch entdeckt wird. Das heißt: der Geist bleibt durchaus nicht draußen und er entwirklicht nicht, er wirft sich selber in die Tiefe dieses wirklichen Schmerzes, er nimmt Wohnung im Schmerz, er gibt sich ihm hin, er durchgeistigt ihn, und nun gibt sich ihm gleichsam der Schmerz selber in solcher Nähe zu erkennen. Die Erkenntnis geschieht nicht durch Entwirklichung, sondern gerade durch ein Eindringen in diese bestimmte Wirklichkeit, und zwar durch ein Eindringen solcher Art, daß sich eben im Innern dieser Wirklichkeit das Wesen erschließt. Ein solches Eindringen nennen wir ein geistiges. Man fragt also zunächst nicht, wie Scheler meint: »was ist denn eigentlich der *Schmerz selbst*, abgesehen

[15] Vgl. hierzu Max Scheler, Die Stellung des Menschen im Kosmos, S. 49-56.

[16] Vgl. Max Scheler, Die Stellung des Menschen im Kosmos, S. 55: »Denn alle Wirklichkeit, schon weil sie Wirklichkeit ist, und ganz gleichgültig, was sie ist, ist für jedes lebendige Wesen zunächst ein hemmender, beengender Druck und die ›reine‹ Angst (ohne jedes Objekt) ihr Korrelat. Dieser im Grunde *asketische Akt* der Entwirklichung kann, wenn Dasein ›Widerstand‹ ist, nur in der Aufhebung, in der Außerkraftsetzung eben jenes *Lebensdranges* bestehen, im Verhältnis zu dem die Welt vor allem als Widerstand erscheint, und der zugleich die Bedingung ist aller sinnlichen Wahrnehmung des zufälligen Jetzt-Hier-So.«

davon, daß *ich* ihn *jetzt hier* habe?[17] Man sieht überhaupt nicht ab. Gerade der Schmerz, den ich jetzt hier habe, sein Meinsein, sein Jetztsein, sein Hiersein, sein Sosein, gerade die vollkommene Gegenwärtigkeit dieses Schmerzes erschließt mir das Wesen des Schmerzes selbst. Unter der eindringenden Berührung des Geistes teilt gleichsam der Schmerz selber dem Geist sich in dämonischer Sprache mit. Der Schmerz – und jedes wirkliche Geschehen der Seele – ist nicht einem Schauspiel, sondern frühen Mysterien zu vergleichen, deren Sinn niemand erfährt, der nicht selber im Reigen mittanzt. Aus der dämonischen Sprache, die der Geist in der intimen Berührung mit dem Schmerz erfuhr, überträgt er in die Sprache der Ideen. Erst diese Übertragung findet in einer Abhebung und Entfernung vom Gegenstande statt; der entscheidende Akt des Geistes hat schon vor ihr stattgefunden; die primäre Ideierung geht der abstrahierenden voraus. Das »betrachtende« Denken ist auch beim Philosophen, sofern er wirklich vom Sein der Welt ermächtigt ist, es zu künden, nicht das erste, sondern das zweite. Das erste ist die Entdeckung eines Seins in der Kommunion mit ihm, und diese Entdeckung ist ein eminent geistiger Akt. Jede philosophische Idee stammt aus solch einer Entdeckung. Nur einer, der in der letzten Tiefe des eigenen Schmerzes, ohne irgend von ihm abzusehen, in seinem Geiste mit dem Schmerz der Welt kommunizierte, kann das Wesen des Schmerzes erkennen. Dafür, daß er es könne, ist aber freilich eine Voraussetzung; nämlich, daß dieser Mensch schon die Tiefe des Schmerzes anderer Wesen wirklich – und d.h. nicht mit dem »Mitleid«, das gar nicht zum Sein vordringt, sondern mit der großen Liebe – erfahren hat; dann erst wird ihm der eigene Schmerz in seiner letzten Tiefe transparent ins Leid der Welt. Nur die Teilnahme am Sein der seienden Wesen erschließt den Sinn im Grunde des eigenen Seins.[18]

Aber um genauer zu erfahren, was Geist ist, darf man sich nicht damit begnügen, ihn zu erforschen, wo er zu Werk und Beruf geworden ist; man

---

[17] Max Scheler, Die Stellung des Menschen im Kosmos, S. 49 f.: »Ein Problem der Intelligenz wäre beispielsweise folgendes: Ich habe jetzt hier Schmerz im Arm – wie ist er entstanden, wie kann er beseitigt werden? [...] Ich kann aber denselben Schmerz in einer distanteren, besinnlichen, kontemplativen Haltung zu diesem selben Erlebnis auch als ›*Beispiel*‹ fassen für den [...] *Wesens*verhalt, daß diese Welt *überhaupt* schmerz-, übel- und leidbefleckt ist; dann werde ich anders fragen: Was ist denn eigentlich ›*der Schmerz selbst*‹ abgesehen davon, daß ich ihn jetzt hier habe – und wie muß der Grund der Dinge beschaffen sein, daß so etwas wie ›Schmerz überhaupt‹ möglich ist?«

[18] Der Abschnitt (Kapitel) »Die Lehre Schelers« ist wiederum in 13 (Unter-) Abschnitte gegliedert. Im Original beginnt als nächstes der 10. Unterabschnitt.

muß ihn auch da aufsuchen, wo er noch *Ereignis* ist. Denn der Geist in seiner ursprünglichen Wirklichkeit ist nicht etwas, was ist, sondern etwas, was sich ereignet, genauer: etwas, was nicht erwartet wird, sondern plötzlich geschieht.

Man achte auf das Kind, besonders in dem Alter, wo es die Sprache bereits in sich aufgenommen hat, aber noch nicht die in der Sprache aufgespeicherten Traditionsgüter. Es lebt bei den Dingen, drin in der Welt der Dinge, mit dem, was auch noch wir Erwachsenen kennen, und auch mit dem, was wir nicht mehr kennen, was uns durch Traditionsgüter, durch die Begriffe, durch all das sicher Feststehende verscheucht worden ist. Und unvermittelt fängt es an, zu erzählen, erzählt, verfällt ins Schweigen, wieder bricht etwas hervor. Wie erzählt das Kind, was es erzählt? Es gibt keine andere Bezeichnung dafür als: mythisch. Es erzählt genau so, wie der frühe Mensch seine aus Traum und wacher Schau, aus Erfahrung und »Phantasie« (aber ist Phantasie im Ursprung nicht auch eine Art Erfahrung?) zur unlöslichen Einheit gewordenen Mythen erzählt. Da ist plötzlich der Geist da. Aber ohne alle vorhergehende »Askese« und »Sublimierung«. Der Geist war selbstverständlich schon im Kinde, ehe es erzählt, aber nicht als solcher, nicht für sich, sondern verbunden mit dem »Triebe« – und mit den Dingen! Jetzt tritt er selber, selbständig auf – im *Wort*. Das Kind »hat Geist« erst wenn es spricht, es hat ihn, weil es sprechen will. Ehe es jetzt gesprochen hat, waren die mythischen Bilder nicht gesondert da, sondern eingetan, eingemengt in die Substanz des Lebens. Jetzt aber sind sie da – im Wort. Erst weil das Kind den *geistigen Trieb* zum Wort hat, treten sie nun überhaupt hervor, werden sie zugleich selbständig existent und sagbar. Der Geist beginnt hier als Trieb, als Trieb zum Wort, d.h. als der Trieb, zusammen mit den anderen in einer Welt strömender Mitteilung, gegebenen und empfangenen Bildes dazusein.

Oder man achte auf einen Bauerntypus, den es noch immer gibt, obgleich die sozialen und kulturellen Voraussetzungen für ihn geschwunden zu sein scheinen. Ich meine einen Bauern, der zeitlebens nicht anders als zweckhaft und technisch denken zu können schien, der immer nur das jeweils für die Wirtschaft und die unmittelbare Lebenslage Notwendige im Sinne trug. Nun aber beginnt er zu altern, beginnt sich anstrengen zu müssen, um bei der Arbeit seinen Mann zu stellen. Und da kommt es vor, daß man ihn einmal am Ruhetag dastehen und in die Wolken starren sieht, und wenn man ihn fragt, antwortet er erst nach einer Weile, er habe nach dem Wetter ausgeschaut, und man merkt, daß das nicht wahr ist. Um die gleiche Zeit aber sieht man zuweilen ganz unerwarteterweise seinen Mund sich öffnen – zu einem Spruch. Er hatte freilich schon früher Sprüche geäußert, aber

traditionelle, bekannte, zumeist pessimistisch-humoristische über den »Gang der Dinge«, und dergleichen äußert er auch jetzt noch, und zwar vorzugsweise, wenn ihm etwas verquer gegangen ist, wenn er den Widerstand der Dinge erfahren hat, den Scheler für das Grundwesen der Welterfahrung hält, d.h. wenn er wieder einmal den Widerspruch, der in der Welt waltet, erfahren hat. Aber dazwischen sagt er auch Worte ganz anderer Art, wie man sie von ihm früher nicht hörte, aus der Tradition nicht bekannte Worte, und er sagt sie vor sich hinstarrend, oft nur flüsternd, wie zu sich selbst, man fängt sie nur eben auf; er äußert eigene Einsichten. Das tut er aber nicht, wenn er den Widerstand der Dinge erfahren hat, sondern z.B. wenn die Pflugschar so weich und tief in die Erde fuhr, als tue sich der Acker mit Willen ihr auf, oder wenn die Kuh so schnell und leicht ihr Kalb warf, als wirke eine unsichtbare Macht als Geburtshelferin mit. Das heißt: er äußert eigene Einsichten, wenn er die *Gnade* der Dinge erfahren hat; wenn er wieder einmal erfahren hat, trotz allen Widerstands, daß es eine Teilnahme des Menschen an dem Sein der Welt gibt. Gewiß, die Erfahrung der Gnade ist durch die Erfahrung des Widerstands und in der Abhebung von ihr ermöglicht; aber auch hier gilt es, daß der Geist sich aus der Eintracht mit den Dingen und in der Eintracht mit den Trieben erhebt.
[...][19]

Der Geist *als Ereignis*, der Geist, den ich an Kind und Bauer aufgezeigt habe, beweist uns, daß es nicht zum ursprünglichen Wesen des Geistes gehört, wie Scheler meint, durch Verdrängung und Sublimierung der Triebe zu entstehen.[20] Diese psychologischen Kategorien entnimmt Scheler bekanntlich dem Begriffsschatz Sigmund Freuds, zu dessen großen Verdiensten es gehört, sie geprägt zu haben. Aber wiewohl diesen Kategorien eine allgemeine Geltung zukommt, so ist doch die zentrale Stellung, die Freud

---

[19] Hier ist Unterabschnitt »11« ausgelassen; es folgt »12«.

[20] Vgl. Max Scheler, Die Stellung des Menschen im Kosmos, S. 56: »Auf alle Fälle ist der Mensch [...] der ewige ›Faust‹, die bestia cupidissima rerum novarum [das Tier, das am meisten nach neuem verlangt – T.R.], nie sich beruhigend mit der ihn umringenden Wirklichkeit, immer begierig, die Schranken seines Jetzt-Hier-So-seins zu durchbrechen, immer strebend, die Wirklichkeit, die ihn umgibt, zu *transzendieren* – darunter auch seine eigene jeweilige Selbstwirklichkeit. In diesem Sinne sieht auch Sigmund Freud im Menschen den ›Triebverdränger‹ [Vgl. ›Jenseits des Lustprinzips‹]. Und nur weil er das ist, – durch diese nicht gelegentliche, sondern *konstitutionelle* ›Nein‹ zum Triebe – kann der Mensch seine Wahrnehmungsfähigkeit durch ein ideelles Gedankenreich überbauen, andererseits eben hierdurch seinem ihm einwohnenden Geiste die in den verdrängten Trieben schlummernde Energie steigend zuführen. D.h. der Mensch kann seine Triebenergie zu geistiger Tätigkeit ›*sublimieren*‹.«

ihnen verleiht, ihre beherrschende Bedeutung für den ganzen Aufbau des persönlichen und gemeinschaftlichen Lebens und insbesondere auch für die Entstehung und Entwicklung des Geistes, nicht im allgemeinen Wesen des Menschen, sondern nur in der Lage und Beschaffenheit des typischen heutigen Menschen begründet. Dieser Mensch aber ist erkrankt, sowohl in seinem Verhältnis zu den anderen als auch in seiner Seele selbst. Die zentrale Bedeutung von Verdrängung und Sublimierung in Freuds System ergibt sich aus der Analyse eines pathologischen Zustands und gilt für diesen Zustand; die Kategorien sind psychologische, ihre beherrschende Macht ist eine pathopsychologische. [...] Wenn ich unsre Krise auf eine Formel bringen soll, möchte ich sie die Krise des Vertrauens nennen. Wir haben gesehen, wie Epochen der Sicherheit menschlichen Seins im Kosmos mit Epochen der Unsicherheit abwechseln, aber in diesen waltet zumeist noch eine *soziale* Gewißheit, das Getragenwerden von einer kleinen, in wirklichem Miteinandersein lebenden organischen Gemeinschaft; das Vertrauendürfen innerhalb dieser Gemeinschaft entschädigt für kosmische Unsicherheit, es gibt Zusammenhang und Gewißheit. Wo das Vertrauen herrscht, muß der Mensch zwar oft seine Wünsche den Geboten seiner Gemeinschaft anpassen, aber er muß sie nicht in solchem Maße verdrängen, daß diese Verdrängung beherrschende Bedeutung für sein Leben gewönne; sie verschmelzen vielfach mit den Bedürfnissen der Gemeinschaft, deren Ausdruck ihre Gebote sind. Diese Verschmelzung kann sich wohlgemerkt nur da wirklich vollziehen, wo innerhalb der Gemeinschaft wirklich alles mit allem lebt, wo also nicht ein gefordertes und eingebildetes, sondern ein echtes, elementares Vertrauen waltet. Erst wenn die organische Gemeinschaft von innen her zerfällt und das Mißtrauen der Grundton des Lebens wird, gewinnt die Verdrängung ihre beherrschende Geltung. Die Unbefangenheit des Wünschens wird vom Mißtrauen erstickt, alles um einen her ist feindlich oder kann feindlich werden, man erfährt keine Übereinstimmung mehr zwischen dem eignen Verlangen und dem der andern, denn es gibt keine wahre Verschmelzung oder Versöhnung mit dem, was einer tragenden Gemeinschaft not tut, und hoffnungslos verkriechen sich die dumpfgewordenen Wünsche in die Höhlen der Seele. Nun aber ändern sich auch die Wege des Geistes. Vorher war es die wesentliche Art seiner Entstehung, als konzentrierte Kundgebung der Ganzheit des Menschen aus dem Gewölk hervorzublitzen. Jetzt gibt es eine menschliche Ganzheit mit der Kraft und dem Mut sich kundzugeben nicht mehr; damit Geist werde, muß zumeist erst die Energie der verdrängten Triebe »sublimiert« werden, die Spuren dieser Entstehung haften dem Geist an, und er kann sich zumeist nur in krampfhafte Entfremdung gegen die Triebe behaupten. Die Scheidung zwischen Geist und Trieben ist hier wie oft die Folge der Scheidung zwischen Mensch und Mensch.[21]

Im Gegensatz zu Schelers Auffassung ist vom Geist zu sagen, daß er in seinem Anfang reine Macht ist,[22] die Macht des Menschen nämlich, aus inniger Teilnahme an der Welt und aus engem Nahkampf mit ihr, sie im Bild, im Klang, im Begriff zu fassen. Das erste ist die intime Teilnahme des Menschen an der Welt, intim im Streit wie im Frieden mit ihr. Hier ist der Geist als Sonderwesen noch nicht da, er ist aber mit drin in der Kraft der primitiv-konzentrierten Teilnahme. Erst mit dem wachen Antrieb, die Welt nicht bloß mit ihr ringend oder mit ihr spielend zu spüren, sondern sie auch zu erfassen, erst mit der Leidenschaft, das erfahrene Chaos zum Kosmos zu binden, ersteht der Geist als Sonderwesen. Aus dem wilden Geflimmer des Lichts löst sich das Bild, aus dem wilden Lärm der Erde löst sich der Klang, aus dem wilden Durcheinander aller Dinge löst sich der Begriff. So entsteht der Geist als Geist. Aber es ist kein Urstadium des Geistes zu denken, in dem er sich nicht auch schon äußern wollte – das Bild selbst will an die Decke einer Höhle gemalt werden, und schon ist ein Rötel zur Hand, der Klang will gesungen werden, und schon gibt im Zauberlied die eigene Kehle sich her. Das Chaos ist bezwungen durch die Gestalt. Aber die Gestalt will wahrgenommen werden von andern als von dem, der sie hervorbrachte: das Bild wird mit Leidenschaft gezeigt, der Singende singt die Hörenden mit Leidenschaft an. Der Trieb zur Gestalt ist vom Trieb zum Wort nicht zu scheiden. Aus der Teilnahme an der Welt gelangt der Mensch zur Teilnahme an den Seelen. Die Welt wird gebunden, wird geordnet, die Welt wird sagbar zwischen den Menschen, jetzt erst wird sie zu einer Welt zwischen den Menschen. Und wieder ist der Geist reine Macht; mit Gebärde und Spruch bezwingt der Mann des Geistes den Widerstand der Chaosfreunde und ordnet die Gemeinschaft. Die Ohnmacht des Geistes, die Scheler für ursprünglich hält, ist stets ein Begleitumstand des Gemeinschaftszerfalls. Das Wort wird nicht mehr aufgenommen, es bildet und ordnet das Menschliche nicht mehr, dem Geist wird

---

21 Hiernach im Original Übergang zu »13«.

22 Vgl. Max Scheler, Die Stellung des Menschen im Kosmos, S. 57: »Der Geist ist […] in letzter Linie ein Attribut des Seienden selbst, das im Menschen manifest wird *in* der Konzentrationseinheit der sich zu sich ›sammelnden‹ Person. Aber als solcher ist der Geist in seiner ›reinen‹ Form *ursprünglich schlechthin ohne alle ›Macht‹, ›Kraft‹, ›Tätigkeit‹*. Um irgendeinen noch so kleinen Grad von Kraft und Tätigkeit zu gewinnen, muß jene *Askese*, jene Triebverdrängung und gleichzeitige *Sublimierung hinzukommen.*«

die Teilnahme an den Seelen verwehrt, und er kehrt sich ab, er schneidet sich von der Einheit des Lebens los, er flüchtet in seine Burg, die Burg des Gehirns. Bis dahin dachte der Mensch mit dem ganzen Leibe und noch mit den Fingerspitzen, von da an denkt er nur noch mit dem Gehirn. Erst jetzt erhält Freud den Gegenstand seiner Psychologie und Scheler den seiner Anthropologie: den erkrankten Menschen, der von der Welt getrennt und in Geist und Triebe gespalten ist. Solang wir wähnen, dieser kranke Mensch sei *der* Mensch, der normale Mensch, der Mensch überhaupt, werden wir ihm keine Heilung bringen.
Hier muß ich die Darstellung und Kritik der Anthropologie Schelers abbrechen. Es wäre noch in einer genetischen Betrachtung zu zeigen, daß der wesentliche Unterschied zwischen dem Menschen und dem Tier, der Unterschied, der das Wesen des Menschen begründet, nicht seine Ablösung von der triebhaften Verbindung mit den Dingen und Wesen ist, sondern im Gegenteil seine andere, neue Art von Zuwendung zu den Dingen und Wesen. Es wäre zu zeigen, daß nicht das technische, Tier und Mensch gemeinsame Verhältnis das Primäre ist, über das sich der Mensch sodann erhebt, sondern daß die spezifische primitive Technik des Menschen, die Erfindung selbständiger, ihrem Zweck angepaßter und immer wieder verwendbarer Werkzeuge, erst durch das neue Verhältnis des Menschen zu den Dingen, als zu etwas Angeschautem, Selbständigem und Dauerndem, ermöglicht worden ist. Es wäre weiter zu zeigen, daß ebenso in dem Verhältnis zu anderen Menschen nicht das allgemein Triebhafte das ursprünglich Bestimmende ist, über das der Mensch sich erst später in der Auseinandersetzung des Geistes mit den Trieben erhebt, sondern daß das Menschliche erst im Zusammenhang mit einer Zuwendung zu den Menschen beginnt als zu Personen, die unabhängig von einem Bedürfnis selbständig und dauernd da sind, und daß die Entstehung der Sprache erst aus einer solchen Zuwendung heraus zu verstehen ist. Sowohl hier wie dort steht offenbar eine Einheit von Geist und Trieb, die Ausbildung neuer geistiger Triebe am Anfang. Und sowohl hier wie dort ist das Wesen des Menschen nicht von dem aus zu erfassen, was sich im Innern des Einzelnen abspielt, und nicht von seinem Selbstbewußtsein aus, das Scheler für den entscheidenden Unterschied zwischen Mensch und Tier hält, sondern von der Eigenart seiner Beziehungen zu den Dingen und Wesen. *1942; Das Problem des Menschen, S. 143-157*

PLATON IST das erhabenste Bild jenes Geistes, der in seinem Verkehr mit der Wirklichkeit von seinem Besitz der Wahrheit ausgeht. Nach der Platonischen Lehre ist die vollkommene Seele ja die, die sich ihrer Schau der

Vollkommenheit erinnert. Sie hat vor diesem Leben die Idee des Guten geschaut, hat in der Ideenwelt die Gestalt der Gerechtigkeit geschaut, und nun im Wachstum des Geistes entsinnt sie sich ihrer. Es kann ihr nicht Genüge tun, diese Gestalt zu kennen und sie andere kennen zu lehren. Sie will ihr den Atem des Lebens einflößen und sie lebendig in die Menschenwelt stellen als den gerechten Staat. Der Geist besitzt die Wahrheit, er schenkt sie der Wirklichkeit, durch den Geist wird die Wahrheit wirklich; das ist der Urgrund der Lehre. Aber die Lehre erfüllt sich nicht. Der Geist gelangt nicht dazu, der Wirklichkeit das zu geben, was er ihr geben will. Liegt das an ihr nur, liegt es nicht auch an ihm? Und liegt es nicht auch an seinem Verhältnis zur Wahrheit? Das sind Fragen, vor die Platons Scheitern uns stellt. Es ist ein Scheitern solcher Art, daß es uns davor stellen muß.

Aber es gibt auch ein anderes, ganz andersartiges Scheitern des Geistes. »Im Todesjahr des Königs Usijahu« wird Jesaja in einer Vision des himmlischen Heiligtums zum Künder berufen.[23] Der ganze Vorgang weist darauf hin, daß Usijahu noch am Leben ist. Dieser König ist seit langem aussätzig. Der Aussatz wurde bekanntlich in biblischer Zeit nicht als eine Krankheit wie andere angesehen, sondern als das Ausbrechen einer Verstörung des Verhältnisses zwischen Gott und einem Menschen am menschlichen Leibe. Man hat sich zugeflüstert, der König sei geschlagen worden, weil er sich im Heiligtum zu Jerusalem sakrale Funktionen anmaßte, die ihm, als dem nur politischen Statthalter Gottes, nicht zustanden. Jesaja aber empfindet darüber hinaus, daß im Aussatz Usijas die Unreinheit des ganzen Volkes, auch seine, Jesajas, eigene, ausgebrochen ist; sie alle sind »unreiner Lippen«, sie müßten alle, wie der Aussätzige tun muß, »den Lippenbart verhüllen«, damit in Atem und Wort ihre Unreinheit nicht in die Welt ziehe und sie verunreinige; sie alle sind dem wahren König, *dem* König, unbotmäßig und untreu gewesen, in dessen himmlischem Heiligtum Jesajas Augen nun seine Glorie sehen.[24] *Hammelech* – zum erstenmal

[23] Die entsprechende Bibelstelle im Buch Jeschajahu (Jesaja) beginnt (6, 1): »Im Todesjahr des Königs Usijahu / sah ich meinen Herrn sitzen auf hohem und ragendem Stuhl, / seine Säume füllten den Hallenraum.« Vgl. hier und zum folgenden »Das Buch Jeschajahu«; in »Bücher der Kündung. Verdeutscht von Martin Buber gemeinsam mit Franz Rosenzweig«, S. 7-211; Jesaja 6, 1: S. 25.

[24] Vgl. Das Buch Jeschajahu 6, 5-7: »Ich sprach: / Weh mir, / denn ich werde geschweigt, / denn ich bin ein Mann maklig an Lippen / und bin seßhaft inmitten eines Volkes maklig an Lippen, – / denn den König, IHN den Umscharten, haben meine Augen gesehn! / Aber von den Brandwesen flog eines zu mir, / eine Glühkohle in seiner Hand, / mit der Greifzange hatte es sie oben von der Statt gegriffen, / er berührte

in der Schrift steht hier die Bezeichnung Gottes als des Königs Israels so nackt und klar: *er* ist der König; der Aussätzige, den das Volk König nennt, ist nur sein ungetreuer Statthalter. Und der wahre König sendet Jesaja nun mit einer Botschaft an das ganze Volk, von der er ihm ankündigt, daß er mit ihr scheitern wird, so scheitern, daß diese vom Volk mißverstandene, mißkannte, mißbrauchte Botschaft das Volk – mit Ausnahme eines »kleinen Restes«[25] – in seiner Untreue nur noch bestärken und »verstocken« wird.[26] Der Träger des Geistes erfährt hier am Anfang seines Weges, daß er scheitern muß. Er wird nicht wie Platon enttäuscht werden: das Scheitern gehört zu dem Weg, den er zu gehen hat.

Jesaja glaubt nicht wie Platon an den Geist als des Menschen Eigentum. Der Mann des Geistes – so ist es von Urzeit her überliefert – ist einer, auf den der Geist eindringt, den er ergreift und mit dem er sich bekleidet; nicht ist er einer, in dem der Geist steckt. Der Geist ist ein Geschehen, er ist etwas, was am Menschen geschieht, der Sturm des Geistes trägt den Menschen, wohin er ihn tragen will, und dann stürmt er weiter in die Welt.

Jesaja glaubt nicht wie Platon an die Macht als des Menschen Eigentum. Macht wird dem Menschen verliehen, damit er seinen statthalterischen Auftrag erfülle; mißbraucht er sie, dann verzehrt sie ihn, und an Stelle des Geistes, der auch zu ihm kam, um ihn zur Macht auszurüsten, sucht nun »ein böses Geisten« ihn heim. Der Machthaber steht in der Verantwortung einem gegenüber, der ihn in der Stille befragt und dem er antworten muß, oder es ist um ihn getan.

(Fortsetzung Fußnote 24)
damit meinen Mund, / er sprach: / Da, / dies hat deine Lippen berührt, / so weicht dein Fehl, / so wird deine Sünde bedeckt.« Bücher der Kündung. Verdeutscht von Martin Buber gemeinsam mit Franz Rosenzweig, S. 25.

[25] Vgl. Das Buch Jeschajahu 10, 20-22: »Geschehn wirds an jenem Tag: / nicht mehr fortfahren wird der Rest Jiſsraels, / die Entronnenschaft des Hauses Jaakobs, / sich zu stützen auf den, der es schlägt, / es stützt sich auf IHN, / den Heiligen Jiſsraels, / in Vertrauen. / Ein Rest kehrt um, / Jaakobs Rest, / zum heldischen Gott. / Denn ob auch deines Volks, / Jiſsrael, / wie des Sands am Meer wäre, / ein Rest nur in ihm kehrt um: / Vernichtung ist entschieden, / sie flutet Bewährung empor.« Bücher der Kündung. Verdeutscht von Martin Buber gemeinsam mit Franz Rosenzweig, S. 37.

[26] Vgl. Das Buch Jeschajahu 6, 9 f.: »Er sprach: / Geh, / sprich zu diesem Volk: / Hört nur, höret, / und unterscheidet nimmer, / seht nur, sehet, / und erkennet nimmer! / Zu verfetten ist das Herz dieses Volks, / seine Ohren zu verstumpfen, / seine Augen zu verkleben, / sonst könnte es mit seinen Augen sehn, / mit seinen Ohren hören, / in seinem Herzen unterscheiden, / umkehren / und Genesung würde ihm!« Bücher der Kündung. Verdeutscht von Martin Buber gemeinsam mit Franz Rosenzweig, S. 26. »verfetten« steht hier statt des im Text zitierten »verstocken«.

Jesaja glaubt nicht an den Beruf des geistigen Menschen zur Macht. Er selbst weiß sich als einen Mann des Geistes ohne Macht. Es gehört zum Wesen des Künders, machtlos zu sein und als der machtlose den Machthabern entgegenzutreten und sie an ihre Verantwortung zu gemahnen, wie Jesaja den Achas an der Straße zum Wäscherfeld. Es gehört zum Schicksal des Künders, machtlos vor der Macht zu stehen, die er zur Verantwortung zieht. Er selber will keine Macht gewinnen. Das eben begründet den besonderen soziologischen Sinn seines Amtes.
Jesaja fühlt nicht wie Platon eine vollkommene Seele sein eigen. Er fühlt und bekennt sich als unrein. Er spürt, wie ihm die Unreinheit, die seinen Atem und sein Wort durchsetzt, an den Lippen ausgebrannt wird, damit seine Lippen die Botschaft sprechen dürfen.
Jesaja schaut Thron und Majestät dessen, der ihm die Botschaft gibt. Die Gestalt des gerechten Staates, die Platon in der Erinnerung schaut, kennt er nicht. Er weiß und sagt: Es ist den Menschen geboten, gegeneinander gerecht zu sein. Er weiß und sagt: Die Ungerechten gehen an ihrer Ungerechtigkeit zugrunde. Und er weiß und sagt: Ein Reich der Gerechtigkeit wird kommen, ein Gerechter wird als treuer Statthalter des Königs regieren. Aber von der Struktur des Reiches weiß er nichts und sagt er nichts. Er hat keine Idee, er hat nur eine Botschaft. Er hat nichts zu gründen, er hat nur etwas auszurufen. Was er auszurufen hat, ist Kritik und Forderung.
Seine Kritik und Forderung geht darauf, daß Volk und Fürst die unsichtbare Herrschaft real anerkennen. Es ist keine theologische Metapher, wenn Jesaja *hammelech* sagt, es ist ein politischer Verfassungsbegriff. Aber diese Gottesherrschaft ist auch das Gegenteil jener Priesterherrschaft, die man gewöhnlich Theokratie nennt und von der man mit Recht gesagt hat, sie sei »die absolut unfreie Form der Gesellschaft«, denn sie sei »unfrei durch den Mißbrauch des Höchsten, was der Mensch kennt«.[27] Nur der Machtlose kann den Willen des wahren Königs für den Staat aussprechen und Volk und Regierung zur *gemeinsamen* Verantwortung diesem Willen gegenüber mahnen. Er kann dies aber tun, weil er die Illusionen der gegenwärtigen Geschichte durchblickt und die potentiellen Krisen erkennt.
Die Kritik und Forderung geht eben deshalb auf die Gesellschaft, das Miteinanderleben der Menschen. Ein Volk, das Gott selbst im Ernst seinen König nennt, muß zum wahrhaften Volk, zur Gemeinschaft erwach-

[27] Fußnote im Abdruck in »Hinweise« von 1953: Lorenz von Stein, System der Staatswissenschaft II 384.

sen, in der zwischen all ihren Gliedern Rechtlichkeit ohne Zwang, Wohlwollen ohne Schein, die Brüderlichkeit der begeistert einem Herrn folgenden Schar waltet. Wo die soziale Ungleichheit, die Scheidung in Freie und Unfreie, die Gemeinschaft zersprengt und Abgründe zwischen Volksgenosse und Volksgenosse aufreißt, da gibt es nicht wahres Volk, da ist das Volk »Gottes Volk« nicht mehr. Hier ergeht die Kritik und Forderung an jeden einzelnen Menschen, von dem andere Menschen abhängen, an jeden, der das Schicksal anderer mitzubestimmen hat, und das heißt, an jeden überhaupt. Wenn Jesaja Gerechtigkeit sagt, meint er nicht Institutionen, sondern dich und mich; denn ohne dich und mich wird die herrlichste Institution zur Lüge.

Und schließlich geht die Kritik und Forderung auf das Verhältnis zu den anderen Völkern. Laßt euch auf keine Bündnisse ein, sagt sie, verlaßt euch nicht auf diese oder jene sogenannte Weltmacht, sondern »haltet euch still« (7, 4; 30, 15),[28] baut euer eigenes Volk zu einem wahren Volk, das seinem göttlichen König treu ist, dann braucht ihr euch nicht zu fürchten. Das Haupt von Damaskus, sagt Jesaja zu Achas an der Straße zum Wäscherfeld, ist der Mann Rezin, und das Haupt von Samaria ist der Mann Pekach; aber wer das Haupt Jerusalems ist, weißt du, wenn du es wissen willst. Jedoch: Vertraut ihr nicht, bleibt ihr nicht betreut (7, 9).[29] Man spricht hierzu gern von einer »utopischen« Politik und rückt damit Jesajas Scheitern in die Nähe des Scheiterns Platons, der die Utopie der Politeia geschrieben hat. Man sieht in dem Spruch Jesajas an Achas eine zwar »religiös« sublime, aber politisch wertlose Äußerung, eine von denen also, die sich nur zu feierlichem Zitieren, nicht zur Anwendung in der Wirklichkeit eignen. Aber die einzige politische Chance für ein zwischen die Weltreiche geklemmtes Völkchen ist die metapolitische, auf die Jesaja hinweist. Er verkündigt eine Wahrheit, die freilich in der bisherigen Geschichte noch nicht erprobt werden konnte, aber nur weil man sie nie zu erproben gesonnen war: einzig ein Volk, das in sich selbst, in seinem eigenen Leben

---

[28] Das Buch Jeschajahu 7, 4: »Hüte dich, halte dich still, / fürchte dich nimmer, / nimmer weich werde dein Herz / vor diesen zwei qualmenden Fackelstummeln, / bei der Zornglut Rzins und Arams und des Remaljahusohns!« Das Buch Jeschajahu 30, 15: »Denn so hat mein Herr gesprochen, / ER, der Heilige Jiſsraels: / In Umkehr und Ruhe / werdet ihr befreit, / in Stille, in Gelassenheit / geschieht euer Heldentum.« Bücher der Kündung. Verdeutscht von Martin Buber gemeinsam mit Franz Rosenzweig, S. 27 bzw. 95.

[29] »[…] / mag auch noch Samaria Haupt Efrajims sein, der Remaljahusohn Haupt Samarias! / Vertraut ihr nicht, bleibt ihr nicht betreut.« Bücher der Kündung. Verdeutscht von Martin Buber gemeinsam mit Franz Rosenzweig, S. 27 f.

den Frieden verwirklicht, wird die Völker zum Völkerfrieden führen. Realisierung des Geistes wirkt magnetisch auf eine Menschheit, die am Geist verzweifelt; das bedeutet uns Jesajas Lehre. Wenn der Berg des Hauses Gottes auf der Wirklichkeit eines echten Gemeinschaftslebens »festgegründet« sein wird, erst dann, dann aber tatsächlich werden die Weltstämme zu ihm »strömen« (2, 2), um hier Frieden statt Krieg zu lernen.[30]

Auch Jesaja scheitert, wie es ihm in der Berufung angesagt worden war. Volk und König widerstreben ihm, und sogar der nachfolgende König, der sich ihm anschließt, versagt im Entscheidenden, da er mit dem babylonischen Rebellen gegen Assyrien liebäugelt. Aber dieses Scheitern ist ein anderes als das Platons. Für dieses Anderssein legt die Fortdauer Israels Zeugnis ab. Wir leben von der Begegnung an der Straße zum Wäscherfeld, leben davon, daß es Menschen gegeben hat, die mit diesem *hammelech* für die ganze soziale und politische Wirklichkeit Ernst machten. Das hat uns herübergetragen in diese neue Chance einer Realisierung des Geistes, die wir ahnen. Unser kann ein Tag der Geschichte werden, der die »Geschichte« widerlegt. Der Prophet scheitert für die geschichtliche Stunde, aber nicht für die Zukunft seines Volkes. Es bewahrt seine Botschaft als etwas, das in einer anderen Stunde, unter anderen Bedingungen und in anderen Formen verwirklicht werden soll. Auch der prophetische Geist gelangt nicht dazu, der Wirklichkeit seiner Stunde das zu geben, was er ihr geben will. Aber er senkt es in das Volk ein für alle kommenden Zeiten; da lebt es seither als das Verlangen, die Wahrheit zu verwirklichen.

Der prophetische Geist meint nicht wie der platonische, eine allgemeine und zeitlose begriffliche Wahrheit zu besitzen. Er empfängt immer nur eine Botschaft für eine Situation; aber gerade deshalb redet sein Wort noch nach Jahrtausenden zu den wechselnden Situationen der Volksgeschichte. Er stellt kein allgemeingültiges Bild der Vollkommenheit, keine Pantopie und Utopie vor die Menschen hin; er hat daher auch nicht die Wahl zwischen seinem Vaterland und einem anderen Land, das eher »zu ihm paßt«; für die Verwirklichung ist er auf den Topos, auf diesen Ort, auf dieses Volk angewiesen, als auf das Volk, das *anfangen* muß. Er hat aber auch nicht wie der platonische Geist die Möglichkeit, sich, wenn er sich wie einer fühlt, der unter wilde Tiere geraten ist, in die Haltung des ruhigen Zuschauens zurückzuziehen; er muß die Botschaft sagen. Und die Botschaft wird miß-

[30] Das Buch Jeschajahu 2, 2 f.: »Geschehn wirds in der Späte der Tage: / festgegründet ist der Berg SEINES Hauses / zu Häupten der Berge, / über die Hügel erhaben, / strömen werden zu ihm die Weltstämme alle, / hingehn Völker in Menge, / […].« Bücher der Kündung. Verdeutscht von Martin Buber gemeinsam mit Franz Rosenzweig, S. 13.

verstanden, mißkannt, mißbraucht, sie bestärkt und »verstockt« das Volk noch in seiner Untreue. Aber ihr Stachel bleibt in ihm für alle Zeiten. *1938; Die Forderung des Geistes und die geschichtliche Wirklichkeit,*[31] *S. 133-140*

Sprache in der Gemeinschaft der Menschen

Im Bereich der Beziehungen zwischen Menschen gibt es für Buber auch in der Gemeinschaft der Menschen, nicht nur in der Beziehung zwischen einem Ich und einem Du, eine Verwirklichung des Dialogischen. Das »wesenhafte Wir« ist eine Gruppe, bei der die Verbundenheit ihrer Mitglieder aus der Verwirklichung der Sprache kommt: daraus, daß sie einander anreden, sich gegenseitig mitteilen wollen, was sie erfahren, gefunden haben. In dieser Art von Gemeinschaft ist die Verantwortlichkeit der einzelnen Menschen nicht wie im Kollektiv aufgehoben, sie prägt gerade ihre Verbindung.
Die Menschen ›sind ein Gespräch‹, wie Buber bei der Interpretation eines Gedichts von Hölderlin schreibt. Die Welt, in der die Menschen leben und die es anzunehmen gilt, ist der ›gemeinschaftliche Kosmos‹; es ist »Flucht vor dem Existentialanspruch an die Person«, vor der Verantwortung, wenn Lebenserfüllung in einem Erleben gesucht wird, das Gemeinschaft ausschließt. Buber selbst stand einer solchen Art von Mystik einst nah; in dem Text »Eine Bekehrung« hat er seine Abkehr von einer Spielart solchen Erlebens beschrieben.

DAS ENTSPRECHENDE zum wesenhaften Du auf der Stufe des Selbstseins im Verhältnis zu einer Schar von Menschen nenne ich das wesenhafte Wir. Der Mensch, der Gegenstand meiner bloßen Fürsorge ist, ist kein Du, sondern ein Er oder eine Sie. Die namenlose, gesichtslose Menge, in die ich verschlungen bin, ist kein Wir, sondern ein Man. Aber wie es ein Du gibt, so gibt es ein Wir. Es handelt sich hier um eine für unsere Betrachtung wesentliche Kategorie, die es zu klären gilt. [...] Mit Wir meine ich eine Verbindung mehrerer selbständiger, zum Selbst und zur Selbstverantwortung erwachsener Personen, die gerade auf dem Grunde dieser Selbstheit und Selbstverantwortung beruht und durch sie ermöglicht wird. Die be-

[31] Bubers Antrittsvorlesung als Professor für Sozialphilosophie an der Hebräischen Universität in Jerusalem.

sondere Beschaffenheit des Wir bekundet sich darin, daß zwischen seinen Gliedern eine wesentliche Beziehung besteht oder zeitweilig entsteht; d.h. daß in dem Wir die ontische Unmittelbarkeit waltet, die die entscheidende Voraussetzung des Ich-Du-Verhältnisses ist. Das Wir schließt das Du potentiell ein. Nur Menschen, die fähig sind, zueinander wahrhaft Du zu sagen, können miteinander wahrhaft Wir sagen.
Man kann [...] keine bestimmte Art der Gruppenbildung *als solche* als Beispiel für das wesenhafte Wir heranziehen, aber man kann bei manchen besonders genau die Abart bezeichnen, die die Entstehung des Wir begünstigt. Bei revolutionären Gruppen z.B. finden wir ein Wir am ehesten dann, wenn es sich um solche handelt, die sich eine stille langsame weckende und lehrende Arbeit im Volke zur Aufgabe setzen, bei religiösen Gruppen unter solchen, die eine unpathetische und opferwillige Verwirklichung des Glaubens im Leben anstreben. [...]
Das wesenhafte Wir ist bisher in der Geschichte und Gegenwart allzuwenig erkannt worden, weil es selten ist und weil man die Gruppenbildungen bisher zumeist nur auf ihre Energien und ihre Wirkungen, nicht aber auf ihre innere Struktur hin betrachtet hat, von der freilich die Richtung der Energien und die Art der Wirkungen aufs stärkste abhängt, wenn auch oft nicht ihr sichtbarer und meßbarer Umfang.
Zum genauen Verständnis will ich noch darauf hinweisen, daß es neben den konstanten Formen des wesenhaften Wir auch flüchtige gibt, die aber dennoch Beachtung verdienen. Zu diesen ist z.B. zu zählen, wenn beim Tod eines bedeutenden Führers einer Bewegung sich für etliche Tage ein engerer Zusammenschluß seiner echten Schüler und Mitarbeiter bildet, alle Hemmungen und Schwierigkeiten zwischen ihnen beseitigt und eine seltsame Fruchtbarkeit oder doch Leidenschaft des Miteinanderseins begründet [...].
Wir sehen, daß es auch in der Sphäre der Relation zu einer Schar von Menschen ein Wesensverhältnis gibt, das den zum Selbstsein Gelangten aufnimmt, ja, nur ihn wahrhaft aufnehmen kann. Dies erst ist der Bereich, wo der Mensch wahrhaft vom Man erlöst wird. Nicht schon die Aussonderung erlöst wahrhaft vom Man, sondern erst die echte Verbundenheit.[32] *1942; Das Problem des Menschen, S. 115-117*

[32] Der Textauszug stammt aus dem zweiten Abschnitt »Die Lehre Heideggers« – wie man daraus ersehen kann, daß sich Buber auf den Begriff des ›man‹ bezieht. Es würde aber hier zu weit führen, Bubers Auseinandersetzung mit dem Denken anderer Philosophen wie dem Martin Heideggers zu dokumentieren; deshalb wurde der Text hier so gewählt, daß nur Bubers eigene Sicht dargestellt ist.

AMRAM:[33] Meines Erachtens ist die gemeinsame Sache durchaus dazu angetan, die Mitglieder auch des großen Kibbuz einander nahezubringen, da sie ja Teilhaber am gemeinsam zu schaffenden Werk sind.
BUBER: Die Beziehung der Mitglieder eines großen Kibbuz zum gemeinsamen Objekt genügt nicht. Es geht darum, ob direkter Kontakt von einem Menschen zum andern besteht und ob die Wendung zum andern wirklich ihn, in seinem Sein und seinem Sosein, meint. Die gemeinsame Sache bewirkt dies nicht von selbst. Wenn über die Ausrichtung auf die gemeinsame Sache hinaus auch eine Wechselbeziehung der Menschen untereinander besteht, verleiht dies auch der Sache erhöhte Bedeutung, aber die Sache als solche kann zwischenmenschliche Beziehung nicht ersetzen. *1961; Kibbuzleben zwischen Nähe und Beziehung, S. 302 f.*

DAS ECHTE WIR in seiner objektiven Existenz ist daran zu erkennen, daß, in welchem auch seiner Teile es betrachtet wird, stets eine wesenhafte Beziehung zwischen Person und Person, zwischen Ich und Du sich als aktuell oder potentiell bestehend erweist. Denn das Wort entspringt immer nur zwischen einem Ich und einem Du, das Element aber, aus dem das Wir sein Leben hat, ist die Sprache, das gemeinschaftliche Sprechen mitten im Zueinandersprechen anhebend.
Sprache im ontologischen Sinn war von je überall gegenwärtig, wo Menschen einander in der Gegenseitigkeit des Ich und Du antraten; wo einer dem andern irgend etwas in der Welt so zeigte, daß er es fortan erst wirklich wahrnahm; wo einer dem andern ein Zeichen so gab, daß der darin die bezeichnete Situation zulänglicher erkannte, als er es bisher vermocht hatte; wo einer dem andern die eigene Erfahrung so mitteilte, daß sie den Erfahrungszusammenhang des andern durchdrang und wie von innen her ergänzte, so daß er von nun an welthafter empfand als zuvor. All dies immer wieder einfließend in ein größeres Strömen wechselseitiger Kundgabe – so wurde und so ist das lebendige Wir, das echte, das, wo es sich vollendet, die Toten mit umfaßt, die einst am Gespräch teilnahmen und nun mit dem von ihnen Überlieferten weiter daran teilnehmen. [...]
Seine Erfahrungen hat der Mensch von je als Ich gemacht, Erfahrungen mit anderen und mit sich; aber als Wir, immer wieder als Wir hat er aus Erfahrungen Welt gebaut und ausgebaut. Eine Schar, von Gleichaltrigen etwa, in der die von den einzelnen gemachten überwältigenden neuen Erfahrungen in begeisterten Zurufen Sprache werden und alsbald bestätigenden und ergänzenden Widerhall finden – eine Schar und wieder eine

[33] Amram Hajisraeli.

Schar: so ist wohl ureinst dem abgründigen Sein der gemeinschaftliche Kosmos abgewonnen worden, die gestalthafte Ordnung des vom Menschen Erfahrenen und als erfahrbar Erkannten, eine Gestalt, die wächst und sich wandelt. Und so auch wird, mitten im abgründigen Sein, er, der menschliche Kosmos, bewahrt, den sein Bildner, die menschliche Sinnrede, der gemeinschaftliche Logos hütet; so wird der Kosmos im Wandel der Weltbilder bewahrt.

Seine Gedanken hat der Mensch je und je als Ich gedacht und hat als Ich seine Ideen an den Sternenhimmel des Geistes versetzt, aber als Wir hat er sie je und je in das Sein selber gehoben, in jene Art des Seins eben, die ich das Zwischen oder das Zwischensein nenne. Das ist die zwischen den miteinander kommunizierenden Personen bestehende Seinsart, die wir weder der Psyche noch der Physis zuzuordnen vermögen. [...]

Die Flucht aus dem gemeinschaftlichen Kosmos in eine Sondersphäre, welche als das wahre Sein verstanden wird, ist auf allen ihren Stufen, vom elementaren Spruch der uralten morgenländischen Lehren bis zur Willkür moderner Intoxikationsratschläge, letztlich eine Flucht vor dem Existentialanspruch an die Person, die sich im Wir bewähren soll. Es ist eine Flucht vor der authentischen Gesprochenheit der Sprache, in deren Reiche Antwort geheischt wird, und Antwort ist Verantwortung. *1956; Dem Gemeinschaftlichen folgen, S. 65-69*

VOR KURZEM hat der namhafte englische Romancier Aldous Huxley die erstaunlichen Wirkungen des Meskalinrausches geschildert und gerühmt. Meskalin wird aus einem Kaktus gewonnen, dessen Genuß von alters her mexikanische Indianerstämme so verzückt und beseligt hat, daß ihnen die freigebige Pflanze zum Mittelpunkt eines ritenreichen Kults wurde. Die Wirkungen des Rausches berichtet Huxley aus eigener Erfahrung, die sich in der Hut wohlgeschulter Selbstbeobachtung vollzieht.

Was er da mit offenen Augen schaut, ist nicht etwa ein erdferner Phantasiebau, es ist die ihm vertraute häusliche Umwelt, aber von ihren räumlichen Bedingnissen losgemacht, in nie geahnter Farbengewalt und einer faszinierenden Präsenz des einzelnen Gegenstands, die Huxley mit der kubistischen Sehweise vergleicht. Diese radikale Ästhetisierung des Verhältnisses zu den Dingen ist aber nur die Vorstufe einer höheren Art von Vision, die er als »die sakramentale Schau der Wirklichkeit« bezeichnet. In den Religionen bedeutet Sakrament den in Leben und Sterben zu bewährenden Einstand der ganzen Person, die in ihrer leiblichen Existenz von dem Transzendenten berührt worden ist. Huxley meint aber mit sakramentaler Schau lediglich ein Eindringen und Aufgenommenwerden in die Tiefe der

Sinnenwelt. Da zerfalle das durch Begriffe zusammengehaltene Schattenreich, das wir die Wirklichkeit nennen, denn es werde als »das Universum eines verminderten Bewußtseins« entlarvt, und dieses verminderte Bewußtsein sei eben das in der Sprache zum Ausdruck gelangende. Durch »das Einnehmen eines geeigneten chemischen Präparats« werde jedermann befähigt, »von innen her zu wissen, wovon der Mystiker redet«: der sprachlose Urgrund des Seins öffne sich ihm in den Gegenständen. Da bestehe keine Scheidung mehr von Innen und Außen, von Subjekt und Objekt. Naturgemäß muß Huxley die Augen der im Zimmer anwesenden, ihm sonst besonders teuren Menschen meiden: sie gehören ja der »Welt der Selbstheit« an, die er verlassen hat.

Mit diesem Begriff bezeichnet er, ohne es auszusprechen, die gemeinschaftliche Welt. Wenn er den Meskalinrausch unter die verschiedenen Arten der »Flucht aus Selbstheit und Umwelt« einreiht, zu welcher Flucht der Drang »in fast jedem Menschen fast jederzeit vorhanden« sei, so meint er wieder die gemeinschaftliche Welt, der der Meskalingenießer für die Dauer seines Rausches entflieht. Huxley nennt ihn freilich den »Drang zur Selbstüberschreitung«, worunter er versteht, daß der Mensch hier dem Verfangensein in das Netz seiner Nutzzwecke entgehe. In Wahrheit aber gelangt der Meskalinkonsument aus diesem Netz nicht etwa in eine freie Teilnahme am gemeinschaftlichen Sein, sondern gerade in eine schlechthin private, ihm für etliche Stunden zu eigen gegebene Sondersphäre. Die »chemischen Ferien«, von denen Huxley redet, sind Ferien nicht bloß von dem ins Getriebe seiner Zwecke verwickelten kleinen Ich, sondern auch von der an der Gemeinschaftlichkeit von Logos und Kosmos partizipierenden Person, – Ferien von der häufig sehr unbequemen Mahnung, sich als eine solche zu bewähren.

Huxley spricht auch von Ferien von der, etwa abstoßenden, Umgebung. Aber der Mensch mag seine Situation, zu der seine Umgebung gehört, bewältigen, wie er will, er mag ihr standhalten, er mag sie ändern, er mag sie, wenn es not tut, mit einer andern vertauschen; nur die flüchtige Flucht aus dem Anspruch der Situation in die Situationslosigkeit ist keine rechtmäßige Sache des Menschen.

Der wahre Name all der Paradiese, die man sich mit chemischen oder anderen Mitteln für ein Weilchen beschafft, ist Situationslosigkeit. Situationslos sind sie wie der Traumzustand und wie die Schizophrenie, weil sie ihrem Wesen nach ungemeinschaftlich sind. Jede Situation aber, auch die Situation dessen, der in die Einsamkeit ging, ist der Gemeinschaftlichkeit von Logos und Kosmos verhaftet. *1956; Dem Gemeinschaftlichen folgen, S. 50-54*

Eine Bekehrung. In jüngeren Jahren war mir das »Religiöse« die Ausnahme. Es gab Stunden, die aus dem Gang der Dinge herausgenommen wurden. Die feste Schale des Alltags wurde irgendwoher durchlöchert. Da versagte die zuverlässige Stetigkeit der Erscheinungen; der Überfall, der geschah, sprengte ihr Gesetz. Die »religiöse Erfahrung« war die Erfahrung einer Anderheit, die in den Zusammenhang des Lebens nicht einstand. Das konnte mit etwas Geläufigem beginnen, mit der Betrachtung irgendeines vertrauten Gegenstandes, der dann aber unversehens heimlich und unheimlich wurde, zuletzt durchsichtig in die Finsternis des Geheimnisses selber mit ihren zuckenden Blitzen. Doch konnte auch ganz unvermittelt die Zeit zerreißen, – erst der feste Weltbau, danach die noch festere Selbstgewißheit versprühte, und man, das wesenlose Man, das man eben nur noch war, das man nicht mehr wußte, wurde der Fülle ausgeliefert. Das »Religiöse« hob einen heraus. Drüben war nun die gewohnte Existenz mit ihren Geschäften, hier aber waltete Entrückung, Erleuchtung, Verzückung, zeitlos, folgelos. Das eigene Dasein umschloß also ein Dies- und ein Jenseits, und es gab kein Band außer jeweils dem tatsächlichen Augenblick des Übergangs.

Die Unrechtmäßigkeit einer solchen Aufteilung des auf Tod und Ewigkeit zuströmenden Zeitlebens, das sich ihnen gegenüber nicht anders erfüllen kann, als wenn es eben seine Zeitlichkeit erfüllt, ist mir durch ein Ereignis des Alltags aufgegangen, ein richtendes Ereignis, richtend mit jenem Spruch geschlossener Lippen und unbewegten Blicks, wie ihn der gängige Gang der Dinge zu fällen liebt.

Es ereignete sich nichts weiter, als daß ich einmal, an einem Vormittag nach einem Morgen »religiöser« Begeisterung, den Besuch eines unbekannten jungen Menschen empfing, ohne mit der Seele dabei zu sein. Ich ließ es durchaus nicht an einem freundlichen Entgegenkommen fehlen, ich behandelte ihn nicht nachlässiger als alle seine Altersgenossen, die mich um diese Tageszeit wie ein Orakel, das mit sich reden läßt, aufzusuchen pflegten, ich unterhielt mich mit ihm aufmerksam und freimütig – und unterließ nur, die Fragen zu erraten, die er nicht stellte. Diese Fragen habe ich später, nicht lange darauf, von einem seiner Freunde – er selber lebte schon nicht mehr – ihrem wesentlichen Gehalt nach erfahren, habe erfahren, daß er nicht beiläufig, sondern schicksalhaft zu mir gekommen war, nicht um Plauderei, sondern um Entscheidung, gerade zu mir, gerade in dieser Stunde. Was erwarten wir, wenn wir verzweifeln und doch noch zu einem Menschen gehen? Wohl eine Gegenwärtigkeit, durch die uns gesagt wird, daß es ihn dennoch gibt, den Sinn.

Seither habe ich jenes »Religiöse«, das nichts als Ausnahme ist, Herausnahme, Heraustritt, Ekstasis, aufgegeben oder es hat mich aufgegeben. Ich besitze nichts mehr als den Alltag, aus dem ich nie genommen werde. Das Geheimnis tut sich nicht mehr auf, es hat sich entzogen oder es hat hier Wohnung genommen, wo sich alles begibt wie es sich begibt. Ich kenne keine Fülle mehr als die Fülle jeder sterblichen Stunde an Anspruch und Verantwortung. Weit entfernt, ihr gewachsen zu sein, weiß ich doch, daß ich im Anspruch angesprochen werde und in der Verantwortung antworten darf, und weiß, wer spricht und Antwort heischt.

Viel mehr weiß ich nicht. Wenn das Religion ist, so ist sie einfach *alles*, das schlichte gelebte Alles in seiner Möglichkeit der Zwiesprache.[34] *1930; Zwiesprache, S. 157-159*

»Seit ein Gespräch wir sind / Und hören können voneinander« (Schluß des Gedichts ›Versöhnender der du nimmer geglaubt‹ in der dritten Fassung).

Hölderlin sagt nicht »Seit im Gespräch wir sind«; er sagt und meint: Seit ein Gespräch wir sind.

Die Erklärung »Seit die Götter uns in das Gespräch bringen« (Heidegger) wird dem nicht gerecht, was gesagt ist. Wir selber sind das Gespräch: wir werden gesprochen (vgl. den Anfang der zweiten Fassung von ›Mnemosyne‹: »Ein Zeichen sind wir, deutungslos«).

Unser Gesprochenwerden ist unser Dasein. Eben damit ist auch es »göttliche Gabe« (›Versöhnender‹, erste und zweite Fassung), ja es ist die eigentliche Gabe. Aber die Sprache erfüllt sich erst, wenn sie durch uns selber »Eigentum« (zweite Fassung) geworden ist und wir nun »die menschlich göttliche« (ebenda) unser nennen dürfen.

In dem Maße, als wir erfüllend jeder den Spruch, der er ist, den Anderen offenbart, lassen wir das Kommende kommen, bis aus dem Hörenkönnen des Daseins in der Gegenseitigkeit dies geworden ist, daß »alle sich einander erfahren« und so in der wiedergekehrten »Stille« am »Abend der Zeit« wieder »eine Sprache unter Lebenden« ist und die reinen Stimmen zusammentönen, kein Gespräch mehr, sondern »ein Chor nun« (unausgeführter Schluß), mit den Lebenden die Toten, so denn »alle Sterblichen, die wir kennen bis hierher«, »Eines all(e) in dir« (ebenda), in »der Götter Gott« (erste Fassung), der sie in seinem Gespräch mit den Göttern, den Entsandten, denen er Gott ist, äußerte und vernahm.[35] *1957; »Seit ein Gespräch wir sind«, S. 65 f.*

---

[34] Der Abschnitt »Eine Bekehrung« wird hier nur wenig gekürzt wiedergegeben.
[35] Vollständiger Abdruck des Textes, mit Ausnahme einer »Nachbemerkung« Bubers.

Wenn Menschen in der Ich-Du-Beziehung stehen, befinden sich nicht mehr zwei in sich abgeschlossene Menschen einander gegenüber; Buber hat die Kategorie des »Zwischen« eingeführt als den Ort dessen, was beiden in dieser Begegnung gemeinsam ist.
Hans Trüb hat von seiner psychotherapeutischen Tätigkeit her geschrieben: »Oft sage ich Menschen: *ich* behandle doch nicht *Sie* in der Stunde – das ist ja nur ein äußerlicher Aspekt und Schein. Für die Psychotherapie ist ernsthaft festzuhalten, daß *wir*, du und ich, beide ein Drittes behandeln: nämlich die menschliche Erfahrung, voll Widerspruch mit sich selbst und der Welt. Das liegt *zwischen* uns, worum es geht.« Die Gemeinsamkeit einer Erkenntnis ist das Entscheidende: »Daß ich eine Erkenntnis *für mich* habe, kann doch nicht genügen – es ist wichtig, daß die Erkenntnis aufsteigt *zwischen* uns, wichtig ist das Teilhaben an dieser Erkenntnis von mir und von dir. Man kann dem Anderen die Wahrheit nicht bringen, man findet sie miteinander.«[36]

Die fundamentale Tatsache der menschlichen Existenz ist der Mensch mit dem Menschen. Was die Menschenwelt eigentümlich kennzeichnet, ist vor allem andern dies, daß sich hier zwischen Wesen und Wesen etwas begibt, dessengleichen nirgends in der Natur zu finden ist. Die Sprache ist ihm nur Zeichen und Medium, alles geistige Werk ist durch es erweckt worden. Es macht den Menschen zum Menschen; aber auf dessen Wegen entfaltet es sich nicht bloß, es verkommt und verkümmert auch. Es wurzelt darin, daß ein Wesen ein anderes als anderes, als dieses bestimmte andere Wesen meint, um mit ihm in einer beiden gemeinsamen, aber über die Eigenbereiche beider hinausgreifenden Sphäre zu kommunizieren. Diese Sphäre, mit der Existenz des Menschen als Menschen gesetzt, aber begrifflich noch unerfaßt, nenne ich die Sphäre des Zwischen. Sie ist eine Urkategorie der menschlichen Wirklichkeit, wenn sie sich auch in sehr verschiedenen Graden realisiert. [...]
Die den Begriff des Zwischen begründende Anschauung ist zu gewinnen, indem man eine Beziehung zwischen menschlichen Personen nicht mehr, wie man gewohnt ist, entweder in den Innerlichkeiten der Einzelnen oder in einer sie umfassenden und bestimmenden Allgemeinwelt lokalisiert, son-

[36] Hans Trüb, Heilung aus der Begegnung, S. 103. ›Erkenntnis‹ wird hier nicht im Sinne der Ich-Es-Erkenntnis, der Erkenntnis von einem Objekt gebraucht.

dern faktisch zwischen ihnen. Das Zwischen ist nicht eine Hilfskonstruktion, sondern wirklicher Ort und Träger zwischenmenschlichen Geschehens; es hat die spezifische Beachtung nicht gefunden, weil es zum Unterschied von Individualseele und Umwelt keine schlichte Kontinuität aufweist, sondern sich nach Maßgabe der menschlichen Begegnungen jeweils neu konstituiert; man hat daher naturgemäß, was ihm zukommt, an die kontinuierlichen Elemente, Seele und Welt, angeschlossen.
Ein wirkliches Gespräch (d.h. ein nicht vorher in seinen einzelnen Beiträgen verabredetes, sondern ein völlig spontanes, in dem jeder unmittelbar zu seinem Partner spricht und dessen unvorhersehbare Erwiderung hervorruft), eine wirkliche Lehrstunde (d.h. weder eine betriebsmäßig wiederholte noch aber eine, deren Ergebnisse der Lehrende schon vorweg weiß, sondern eine sich in gegenseitigen Überraschungen entwickelnde), eine wirkliche, nicht gewohnheitliche Umarmung, ein wirklicher, nicht gespielter Zweikampf – das Wesentliche davon vollzieht sich nicht in dem einen und dem andern Teilnehmer, noch in einer beide und alle anderen Dinge umfassenden neutralen Welt, sondern im genauesten Sinn zwischen beiden, gleichsam in einer nur ihnen beiden zugänglichen Dimension. Etwas widerfährt mir – das ist ein Sachverhalt, der exakt auf Welt und Seele, auf einen »äußeren« Vorgang und einen »inneren« Eindruck, verteilt werden kann; aber wenn ich und ein anderer (um einen gewaltsamen, aber kaum umschreibbaren Ausdruck zu gebrauchen) einander widerfahren, geht die Rechnung nicht auf, ein Rest bleibt, irgendwo, wo die Seelen aufhören und die Welt noch nicht begonnen hat, und dieser Rest ist das Wesentliche. Man kann diesen Tatbestand auch noch in kleinsten, momenthaften, kaum ins Bewußtsein tretenden Vorgängen ermitteln. Im tödlichen Gedränge des Luftschutzkellers treffen plötzlich die Blicke zweier Unbekannten sekundenlang aufeinander, in staunender, bezugloser Gegenseitigkeit; wenn die Entwarnungssirene ertönt, ist es schon vergessen, und doch wars geschehen, in einem Bereich, der nicht länger als jenen Augenblick bestand. Es kann sich begeben, daß im verdunkelten Opernsaal zwischen zwei einander fremden Hörern, die in der gleichen Reinheit und mit der gleichen Intensität einige Mozartsche Töne vernehmen, ein kaum spürbares und doch elementares dialogisches Verhältnis sich errichtet, das längst versunken ist, wenn die Lichter aufflammen. Man muß sich hüten, in das Verständnis solcher flüchtigen und doch konsistenten Ereignisse Gefühlsmotive hineinzutragen; was hier erscheint, ist psychologischen Begriffen nicht erreichbar, es ist etwas Ontisches. Von diesen geringsten, im Erscheinen schon entschwindenden Vorgängen bis zum Pathos der reinen, unaufhebbaren Tragik, wo zwei einander artmäßig entgegengesetzte Men-

schen, in eine gemeinsame Lebenssituation verstrickt, einander stumm und eindeutig einen unversöhnlichen Widerspruch des Daseins offenbaren, ist die dialogische Situation nur ontologisch zulänglich erfaßbar. Aber eben nicht von der Ontik der persönlichen Existenz aus, und auch nicht von der zweier persönlichen Existenzen aus, sondern von dem aus, was, beide transzendierend, zwischen ihnen west. An den gewaltigsten Momenten der Dialogik wird es unverkennbar deutlich, daß hier weder des Individuellen, noch des Sozialen, sondern eines Dritten Stab den Kreis um das Geschehen zieht. Jenseits des Subjektiven, diesseits des Objektiven, auf dem schmalen Grat, darauf Ich und Du sich begegnen, ist das Reich des Zwischen. *1942; Das Problem des Menschen, S. 164-167*

DIE VON MIR in einer späteren Phase meiner Arbeit eingeführte Kategorie des Zwischen ist verschiedentlich in Frage gestellt worden. Das habe ich vorausgesehen, aber ich konnte die Einführung nicht vermeiden. Sie steht ganz im Ungewohnten und wird wohl noch eine gute Weile im Ungewohnten verbleiben müssen; aber ich glaube nicht, daß der Menschengeist sie auf Dauer entbehren kann.
Ich gehe von einer einfachen realen Situation aus: zwei Menschen sind in einem echten Gespräch begriffen. Ich will den Tatbestand dieser Situation aufnehmen. Es erweist sich, daß die geläufigen Kategorien dafür nicht ausreichen. Ich verzeichne: erstens die »physischen« Phänomene der beiden redenden und sich gebärdenden Menschen, zweitens die »psychischen« Phänomene dessen, was dabei »in ihnen« vorgeht; aber das sinnhafte Gespräch selbst, das zwischen den beiden Menschen vor sich geht, in das sich die akustischen und optischen Vorgänge fügen, das aus den Seelen hervorgeht und sich in ihnen spiegelt, ist unverzeichnet geblieben. Was ist seine Art, was ist sein Ort? Meine Bestandsaufnahme kommt ohne die Kategorie, die ich das Zwischen nenne, nicht aus. *1963; Antwort, S. 604 f.*

ICH MEINE, die Wichtigkeit des gesprochenen Wortes gründet in der Tatsache, daß es nicht bei seinem Sprecher bleiben will. Es greift nach einem Hörer aus, es ergreift ihn, ja es macht diesen selber zu einem, wenn auch vielleicht nur lautlosen Sprecher. Das darf aber nicht so verstanden werden, als ob das Begebnis der Sprache seinen Ort einfach in der Summierung beider Gesprächspartner oder, in der Terminologie Jakob Grimms, beider »Redegesellen« hätte; als ob der Vorgang des Gesprächs durch die psychophysische Erfassung zweier individueller Einheiten in einem gegebenen Zeitablauf zulänglich zu erfassen wäre. Das Wort, das gesprochen wird, begibt sich vielmehr in der schwingenden Sphäre zwischen den Per-

sonen, der Sphäre, die ich das Zwischen nenne und die wir niemals in den beiden Teilnehmern aufgehen lassen können. Wenn wir ein Inventarium aller innerhalb eines dialogischen Vorgangs vorfindbaren physischen und psychischen Phänomene aufzunehmen vermöchten, dann bliebe ein Etwas sui generis uneinbeziehbar draußen, eben das, welches sich nicht als die Summe des Redens zweier oder mehrerer Redenden samt allen Nebenumständen, sondern eben als ihr Gespräch uns zu verstehen gab.
Wir sind freilich drauf und dran zu vergessen, daß sich nicht bloß »an« und »in« uns, sondern auch ganz real zwischen uns etwas begeben kann. Besinnen wir uns auf die allereinfachste Tatsache unseres Umgangs miteinander. Das Wort, das gesprochen wird, hier wird's geäußert und dort vernommen; aber sein Gesprochensein hat das Zwischen zum Ort. *1960; Das Wort, das gesprochen wird, S. 10 f.*

Die menschliche Sprache

Die menschliche Sprache ist die spezielle Sprachform, in welcher der Mensch die Sprache, in der er steht (weil das Weltgeschehen Sprache ist), verwirklichen kann. Der Bestand (die Sprache einer Zeit) und der potentiale Besitz (die Sprache in geschichtlicher Betrachtung) einer Sprache dienen ihrer »Gesprochenheit«: dem Sprechen der Menschen aus der Haltung heraus, sich einander dialogisch zuzuwenden.
Im Denken versucht der Mensch, etwas, was ihm präsent wird, in Worte zu fassen, um es mitzuteilen; es wird, so Buber, gerade deshalb in Worte gefaßt, *um* es mitzuteilen: auch hier bestätigt sich der dialogische Charakter der Sprache.
Das, was mitgeteilt wird, ist nicht nur und nicht wesentlich ein Begriff mit definierbarer Bedeutung; ein Wort, das geäußert wird, ist nie eindeutig: seine Bedeutung enthält immer etwas von dem, der es äußert. Die Mehrdeutigkeit des Wortes birgt die Chance fruchtbarer Verständigung der miteinander Sprechenden.

[…] ES IST EIN gebieterisch gültiges Sinnbild, wenn die biblische Erzählung Gott den Menschen die Namen der Tiere, die er ihm vorführt, ihnen frei zusprechen heißt; aber solches geschieht dem Menschen als einem bereits in der zulänglichen Kommunikation stehenden Wesen: dadurch, daß Gott den Menschen ansprach, hat er ihn […] in die Sprache gestellt. *1960; Das Wort, das gesprochen wird, S. 17 f.*

ICH HABE SCHON EINMAL darauf aufmerksam gemacht, daß die solitäre Kategorie »Mensch« aus einem Zusammenwirken von Distanz und Beziehung zu verstehen ist. Der Mensch steht, anders als alles andere lebende Wesen, der Welt distanzhaft gegenüber, und er kann je und je, anders als alles andere lebende Wesen, zu ihr in Beziehung treten. Nirgends manifestiert sich dieses gründende Doppelverhältnis so umfassend wie in der Sprache. Der Mensch, er allein, spricht, weil nur er das Andere, eben als das ihm distantiell gegenüberstehende Andere, ansprechen kann; indem er es aber anspricht, tritt er in die Beziehung ein. Das Werden der Sprache bedeutet jedoch auch eine neue Funktion der Distanz. Denn auch das früheste Sprechen hat nicht, wie ein Schrei oder ein Signal, sein Ende in sich: es setzt das Wort aus sich ins Sein, und das Wort besteht, es ist Bestand. Und der Bestand gewinnt sein Leben stets neu in der wahrhaften Beziehung, in der Gesprochenheit des Wortes. Das echte Gespräch bezeugt es, und das Gedicht bezeugt es. Denn das Gedicht ist Gesprochenheit, Gesprochenheit zum Du, wo immer ihm der Partner wese. *1960; Das Wort, das gesprochen wird, S. 22 f.*

GEHEN WIR von dem menschlichen Leben aus, das jeder von uns lebt, und der Bedeutung des Wortes für dieses Leben, dann sind drei Seinsweisen der Sprache unterscheidbar. Nennen wir sie präsenter Bestand, potentialer Besitz und aktuelles Begebnis. Es sind darunter naturgemäß jeweils Bestand, Besitz und Begebnis einer bestimmten Sprache zu verstehen.
Mit präsentem Bestand ist gemeint die Gesamtheit des in einem bestimmten Sprachbereich in einem bestimmten Zeitabschnitt Sagbaren [...]. Als Ort des Bestandes ist somit das Miteinander aller Sprecher dieses Sprachbereichs anzusehn, die über dessen Bestand je und je in ihrem sprachlichen Intendieren und Äußern verfügen, das heißt: das Miteinander der lebenden Menschen, in deren persönlichem Sprachgewirk der Bestand sich jeweils aktualisiert. [...]
Mit potentialem Besitz ist gemeint die Gesamtheit des in einem bestimmten Sprachbereich von je Geäußerten, insofern es sich im sprachlichen Intendieren und Äußern von Menschen dieses Bereichs noch als einbeziehbar erweist. [...] Als Ort des Besitzes ist die Summe des in einer Sprache bis zu einem bestimmten Zeitabschnitt zu Laut und Schrift Gewordenen in all seinen Bewahrungsformen anzusehn, mit der entscheidenden Einschränkung jedoch, daß nichts dazugehört, als was noch heute und hier von einem lebendigen Sprecher in die Sphäre des lebenden Wortes gehoben, in sie heimgebracht werden kann. [...]
Die dritte Seinsweise der Sprache ist sie, die Gesprochenheit, vielmehr das

Gesprochenwerden, das Wort, das gesprochen wird. Jene beiden, Bestand und Besitz, setzen ein geschichtlich Erworbenes voraus; hier aber ist nichts andres vorauszusetzen als der verwirklichungsfähige Wille von Menschen zur Kommunikation. Diese stiftet sich in einem Sich-einander-zuwenden von Menschen; sie wird in der wachsenden Fruchtbarkeit dieser Grundhaltung die Gebärde, die Lautgebärde, das Wort gewinnen. Die Elemente des Sprachbestandes und die Gestalten des Sprachbesitzes dienen ihr. *1960; Das Wort, das gesprochen wird, S. 7-9*

[...] NICHTS HILFT MIR so den Menschen und sein Dasein verstehen wie die Sprache, und auch über das Menschliche hinaus vermittelt mir gerade ihre sinnlichste Konkretheit täglich neue und überraschende Einsichten. Anderseits aber ist es für mich von höchster Wichtigkeit, daß der Dialog einen Gehalt habe; nur daß dieser Gehalt um so wichtiger ist, je konkreter, je konkretisierender er ist, je mehr er dem Einmaligen, dem sich Ereignenden, dem Gestalthaften gerecht wird und auch das Geistigste ihm einzuverleiben vermag, nicht metaphorisch sondern realiter, weil der Geist den Leib sucht und sich von der Sprache helfen läßt, ihn zu finden. Diese große Konkretheit ist aber nicht dem isolierten Wort im Wörterbuch eigen, wo die Sprache uns nur ihre generelle Seite, ihre Verwendbarkeit zeigt, sondern dem Wort in seinem lebendigen Kontext, im Kontext des echten Gesprächs, des echten Gedichts, des echten Gebets, der echten Philosophie; da erst erschließt es uns das Einmalige. *1963; Antwort, S. 595 f.*

DAS GROSSE MERK- UND DENKMAL des menschlichen Miteinanderseins, die Sprache, ist in doppeltem Belang ein Zeugnis für das Prinzip des Menschseins. Menschen äußern sich zu Menschen anders, nicht nach Art und Grad, sondern wesenhaft anders, als Tiere sich zu ihren Gefährten äußern. Das Anrufen hat der Mensch mit vielen Tieren gemein, das Anreden ist ihm wesenhaft eigentümlich, und das Anreden gründet sich auf die Setzung und Anerkennung der selbständigen Anderheit des Andern, mit dem man auf eben diesem Grunde anredend und Rede stehend Beziehung pflegt. Die älteste Wortform mag, neben der »holophrastischen« Bezeichnung von Situationen in einem Satzwort, die sie den zu Verständigenden signalisierte, ja vielleicht noch vor ihr, der Eigenname gewesen sein: als der den Gefährten und Helfer auf eine Entfernung hin in Kenntnis setzte, daß, von einer gegebenen Situation aus, seine, eben seine Gegenwart benötigt werde. Beides sind noch Signale und doch schon Worte; denn – dies ist das zweite Zeugnis der Sprache für das Prinzip des Menschseins – der Mensch distanziert und verselbständigt auch seine Rufe, er setzt sie, wie das hergerichtete Gerät, als fertiges und gebrauchsfähiges Objekt beiseit, er macht sie zu Worten, die für sich bestehn. Hier, in der Wortsprache, hebt die Anrede sich gleichsam auf, sie neutralisiert sich – aber um immer wieder, zwar nicht in den beliebten Diskussionen, die die Sprachwirklichkeit mißbrauchen, aber im echten Gespräch, sich lebendig wiederzugewinnen. *1950; Urdistanz und Beziehung, S. 28-30*

Gegen die Einsicht in den dialogischen Charakter der Sprache wird wohl darauf hingewiesen, daß Denken wesentlich ein Sprechen des Menschen mit sich selber sei. Damit wird zweifellos an eine Wirklichkeit gerührt; aber sie kann so nur berührt, nicht erfaßt werden. Das sogenannte Gespräch mit sich selber ist erst von der Grundtatsache des Miteinandersprechens von Menschen aus möglich, als dessen »Verinnerlichung«. Wer aber die schwere Arbeit nicht scheut, sich auf eine vergangene Stunde seines Denkens nicht ihren Ergebnissen nach, sondern ihren Begebnissen nach gründlich zu besinnen, und mit dem Anfang anfängt, mag auf eine Urschicht stoßen, die er nur durchwandern kann, ohne einem Wort zu begegnen. Man merkt jetzt: man hatte etwas in den Griff bekommen, ohne daß einem das Werdenwollen einer Begrifflichkeit spürbar geworden wäre. Deutlicher gibt sich uns in solcher Rückschau die zweite Schicht zu sehen, von eben diesem Werdenwollen durchwaltet; wie dürfen sie als die der Sprachstrebigkeit bezeichnen. Das Innesein strebt immer wieder danach, Sprache, Denksprache, begreifende Sprache zu werden. Und nun erst treten wir im Werk unseres Erinnerns in die eigentliche Sprachschicht ein. Ja, hier wird, wie lautlos auch noch, doch schon erkennbar gesprochen. Aber spricht der Denkende zu sich selbst, als Denkendem? Im Sprechen des inneren Wortes will er es nicht sich zu Gehör bringen, nicht diesem da, der es ja eben schon als der es Aussprechende kennt, sondern den Namenlosen, Unvorgestellten, Unvorstellbaren, von denen er in seinem Begriffenhaben begriffen werden will. Der Denker ist ursprunghaft einsamer als der Dichter, aber nicht zielhaft einsamer als er. Wie der Dichter ist er hingewandt, ohne sich hinzuwenden. Gewiß, es ist eine selbeigene Instanz, von der er die zuständige Prüfung seiner Begriffswelt vollziehen läßt; aber diese Welt ist nicht für jene Instanz bestimmt, nicht ihr zugedacht. Freilich sind manche modernen – und das heißt eben oft: entsokratisierten – Philosophen mit der Ganzheit ihrer Geistwelt einer monologisierenden Hybris verfallen, was einem Dichter kaum je widerfährt; aber dieser Monologismus, der zwar mit dem Existentialen, aber nicht auch mit dem Existentiellen vertraut ist, er in all seiner bannenden Kraft bedeutet eben die stärkste Androhung des Zerfalls.

Jeder Versuch, den Monolog als vollgültiges Gespräch zu verstehen, weswegen nicht auszumachen wäre, ob er oder der Dialog das Ursprünglichere sei, muß daran scheitern, daß ihm die ontologische Grundvoraussetzung des Gesprächs fehlt, die Anderheit, konkreter: das Moment der Überraschung. Die menschliche Person ist sich selbst nicht in dem Sinn unvorhersehbar wie irgendeiner ihrer Partner: darum kann sie sich selber kein echter Partner, kann sich kein realer Frager und kein realer Antworter sein; sie »weiß ja irgendwo schon« immer die Antwort zu der Frage, und zwar nicht in dem »Unbewußten« der modernen Psychologie, sondern in einem der Bezirke des bewußten Daseins, in einem Bezirk, der, obzwar im Augenblick der Frage ungegenwärtig, eben im nächsten schon aufblitzend gegenwärtig werden kann.

Man hat gelegentlich in der philosophischen Erörterung der Sprache das Sprechen als »durch und durch ›monadisch‹« bezeichnet. Auf Wilhelm von Humboldts Gegebenheit des Du im Ich darf sich diese Auffassung nicht berufen; denn Humboldt wußte genau, wodurch die Tatsache des Du im Ich bedingt ist: dadurch, daß das Ich anderem Ich zum Du wird. »Woher käme sonst auch«, fährt der sich irrtümlich auf Humboldt berufende Philosoph Hönigswald in diesem Zusammenhang fort, »die grundsätzliche Möglichkeit des Mißverstehens oder Mißverstandenwerdens?« Wie aber, wenn gerade diese Möglichkeit dem Sprechen wesenhaft eignet, weil die Sprache ihrem Wesen nach ein System möglicher Spannungen ist [...]? Es verhält sich ja keineswegs einfach so, daß ein Gespräch, das auf ein Sichverständigen der Partner über den Sinn eines Vorgangs abzielt, die von vornherein bestehende Verständigung über den Sinn der zu verwendenden Worte zur Voraussetzung hätte, wie John Locke meinte. Wenn zwei Freunde sich etwa über den Begriff des Gedankens unterreden, so mag der Begriff bei diesem und der bei jenem einander sehr sinnähnlich sein, als sinnidentisch dürfen wir sie nicht ansehn. Das ändert sich auch nicht, wenn die beiden damit beginnen, sich auf eine Definition des Begriffs zu einigen: das große Faktum der Personhaftigkeit wird auch noch in die Definition einzudringen wissen – es sei denn, daß die beiden »Redegesellen« gemeinsam den Logos an die Logistik verraten. Wird nun die Spannung zwischen den beiden Begriffsgehalten allzu groß, so entsteht ein Mißverständnis, das sich bis zur Zerstörung steigern kann; unterhalb des kritischen Punktes aber muß die Spannung keinesfalls unwirksam bleiben, sie kann fruchtbar werden, sie wird es immer da, wo aus dem Einander-Verstehen echtes Gespräch sich entfaltet.

Daraus ergibt sich, daß nicht die Eindeutigkeit des Wortes, sondern seine Mehrdeutigkeit die lebendige Sprache konstituiert. Die Mehrdeutigkeit er-

zeugt die Problematik des Redens, und sie erzeugt deren Bewältigung im Verstehen, das keine Angleichung, sondern eine Fruchtbarkeit ist. Die Mehrdeutigkeit des Wortes, die wir seine Aura nennen dürfen, muß in irgendeinem Maße schon bestanden haben, wann immer Menschen in ihrer Vielfältigkeit zueinandertraten, sie äußernd, um ihr nicht zu erliegen. Die Gemeinschaftlichkeit des Logos, als »Wort« und als »Sinn«, die den Menschen zum Menschen macht, bekundet sich von je in der je und je sich vollziehenden Vergemeinschaftung der gesprochenen Worte.
Ich entsinne mich, im Jahre 1917 von einem Internationalen Institut für Philosophie in Amsterdam, an dessen Spitze der Mathematiker Brouwer stand, den Plan einer Akademie erhalten zu haben, deren Aufgabe es sein sollte, »Wörter spirituellen Wertes für die Sprache abendländischer Völker zu schaffen«, und das heißt, von der Mehrdeutigkeit befreite Wörter. Ich antwortete, meines Erachtens sei der Mißbrauch der großen alten Worte zu bekämpfen, nicht der Gebrauch neu angefertigter zu lehren. Denn in der Sprache wie überall ertötet die *eingesetzte* Gemeinsamkeit die lebendige. Wohl hat die moderne Wissenschaft ein hohes Recht, sich ein für ihre Zwecke restlos verwendbares Verständigungsmedium zu schaffen, aber sie weiß, daß daraus nie Wort, das gesprochen wird, entstehen kann. *1960; Das Wort, das gesprochen wird, S. 11-17*

WORTSCHÖPFUNG, Erschaffung des Wortes ist für mich einer der geheimnisvollsten Vorgänge des geistigen Lebens, ja ich gestehe, daß für meine Einsicht zwischen dem, was ich hier Erschaffung des Wortes nenne, und dem, was man das Hervortreten des Logos genannt hat, kein *Wesens*unterschied besteht. Das Werden des Wortes ist ein Mysterium, das sich in der entbrannten, aufgetanen Seele des weltdichtenden, weltentdeckenden Menschen vollzieht. Nur solch ein im Geiste *gezeugtes* Wort kann in dem Menschen zeugen.[37] *1917; Aus einem Schreiben an das »Internationale Institut für Philosophie« (Amsterdam), S. 13*

[37] Der in »Nachlese« gedruckte Text umfaßt eine knappe Seite; die Passagen, die Buber in »Das Wort, das gesprochen wird« wiedergab, sind hier weggelassen.

Menschliche Wahrheit

Das menschliche Leben steht für Buber in einer unvermeidlichen Diskontinuität, in der Zwiefalt der Grundworte; die Welt des Es ist zuverlässig, man geht mit den analysierbaren, einzuordnenden Dingen oder auch Menschen um. Die Welt des Du ist unzuverlässig, sie erfordert es, sich der unvorhersehbaren Gegenwart zuzuwenden. Alles Du muß zum Es werden.

Hierfür steht das Beispiel der philosophischen Erkenntnis: was gegenwärtig wurde, was in Worte gefaßt wurde – etwa wie Buber es in den Texten zum Geist am Beispiel der Ideierung gezeigt hat – wird, sobald es gestaltet ist, geformt ist, zu begrifflicher Erkenntnis. Bubers eigene Philosophie ist ein Beispiel. Aber der Leser kann dieses Es auch wieder in den Dialog einstellen, wenn er es als Mitteilung, als Wort an ihn selbst aktualisiert und sich die damit gemeinte Wirklichkeit vergegenwärtigt.

Das menschliche Denken kann eine erklärte Welt schaffen: aus dem gedachten, logisch ermittelten, etwa mit naturwissenschaftlichen Experimenten erfahrenen Zusammenhang der Dinge, aus Gesetzmäßigkeiten. Diese Welt ist notwendig, aber sie ist zugleich die Welt, zu der kein Zugang als zu anderem, Eigenständigem möglich ist.

Die Es-Welt muß immer eine Welt sein, die unter Aspekten, unter einem Erkenntnisinteresse gesehen wird; hier kann es keine ›wahre‹, adäquate – der Wirklichkeit ebenbildlich entsprechende – Erkenntnis geben. Kant sprach vom Ding an sich,[38] das nicht erkennbar sei. Eine solche adäquate Erkenntnis ist auch im Ich-Du-Verhältnis nicht möglich. Möglich ist allerdings der echte »Kontakt mit dem Sein des Anderen«.

Eine Wahrheit zu *haben* ist dem Menschen nicht möglich. Wahrheit kann aber aus der dialogischen Zuwendung kommen. Was dem Menschen als Wahrheit möglich ist, das ist einmal, das als wahr Erfahrene möglichst getreu auszusprechen; dann, die Person, der man etwas mitteilt, wirklich zu meinen; und schließlich, selbst ›wahr‹ zu sein, d.h. zu sagen, was man meint.

In Texten des sechsten Kapitels wird Bubers Verhältnis zur Offenbarung an das Volk Israel deutlich. Der biblische Bericht zeugt für ihn von der Begegnung mit JHWH. Aber zugleich stellt Buber den menschlichen Anteil an diesem Zeugnis fest. Er glaubt nicht an die ungebrochene Weitergabe der Sinai-Erfahrung. Auch die Bibel *hat* die Wahrheit nicht.

[38] Vgl. die im Kapitel zu Bubers Ethik zitierte Stelle aus »Der Mensch und sein Gebild«, S. 30: »Von x wissen wir, was Kant uns vom Ding an sich wissen heißt, nämlich, daß es ist – Kant würde sagen: ›und nicht mehr‹ […]«.

Die Wahrheit ist dem Menschen erreichbar in der Unbedingtheit seiner Bemühung um sie; darin ist ihm im Sinne der Verwirklichung des Dialogischen, der unbedingten Übernahme der Verantwortung Wahrheit möglich.

Die Welt ist dem Menschen zwiefältig nach seiner zwiefältigen Haltung.
Er nimmt das Sein um sich herum wahr, Dinge schlechthin und Wesen als Dinge, er nimmt das Geschehen um sich herum wahr, Vorgänge schlechthin und Handlungen als Vorgänge, Dinge aus Eigenschaften, Vorgänge aus Momenten bestehend, Dinge ins Raumnetz, Vorgänge ins Zeitnetz eingetragen, Dinge und Vorgänge von andern Dingen und Vorgängen eingegrenzt, an ihnen meßbar, mit ihnen vergleichbar, geordnete Welt, abgetrennte Welt. Diese Welt ist einigermaßen zuverlässig, sie hat Dichte und Dauer, ihre Gliederung läßt sich überschauen, man kann sie immer wieder hervorholen, man repetiert sie mit geschlossenen Augen und prüft mit geöffneten nach; sie steht ja da, deiner Haut anliegend, wenn dus annimmst, in deiner Seele eingekauert, wenn dus so vorziehst, sie ist ja dein Gegenstand, sie bleibt es nach deinem Gefallen, und bleibt dir urfremd, außer und in dir. Du nimmst sie wahr, nimmst sie dir zur »Wahrheit«, sie läßt sich von dir nehmen, aber sie gibt sich dir nicht. Nur über sie kannst du dich mit andern »verständigen«, sie ist, ob sie auch sich jedem anders anbildet, bereit, euch gemeinsam Gegenstand zu sein, aber du kannst andern nicht in ihr begegnen. Du kannst ohne sie nicht im Leben beharren, ihre Zuverlässigkeit erhält dich, aber stürbest du in sie hinein, so wärst du im Nichts begraben.
Oder der Mensch begegnet dem Sein und Werden als seinem Gegenüber, immer nur *einer* Wesenheit und jedem Ding nur als Wesenheit; was da ist, erschließt sich ihm im Geschehen, und was da geschieht, widerfährt ihm als Sein; nichts andres ist gegenwärtig als dies eine, aber dies eine welthaft; Maß und Vergleich sind entwichen; es liegt an dir, wieviel des Unermeßlichen dir zur Wirklichkeit wird. Die Begegnungen ordnen sich nicht zur Welt, aber jede ist dir ein Zeichen der Weltordnung. Sie sind untereinander nicht verbunden, aber jede verbürgt dir deine Verbundenheit mit der Welt. Die Welt, die dir so erscheint, ist unzuverlässig, denn sie erscheint dir stets neu, und du darfst sie nicht beim Wort nehmen; sie ist undicht, denn alles durchdringt in ihr alles; dauerlos, denn sie kommt auch ungerufen und entschwindet auch festgehalten; sie ist unübersehbar: willst du sie übersehbar machen, verlierst du sie. Sie kommt, und kommt dich hervorlangen; erreicht sie dich nicht, begegnet sie dir nicht, so entschwindet sie; aber sie

kommt wieder, verwandelt. Sie steht nicht außer dir, sie rührt an deinen Grund, und sagst du »Seele meiner Seele«, hast du nicht zuviel gesagt; aber hüte dich, sie in deine Seele versetzen zu wollen – da vernichtest du sie. Sie ist deine Gegenwart: nur indem du sie hast, hast du Gegenwart; und du kannst sie dir zum Gegenstand machen, sie zu erfahren und zu gebrauchen, du mußt es immer wieder tun, und hast nun keine Gegenwart mehr. Zwischen dir und ihr ist Gegenseitigkeit des Gebens; du sagst Du zu ihr und gibst dich ihr, sie sagt Du zu dir und gibt sich dir. Über sie kannst du dich mit andern nicht verständigen, du bist einsam mit ihr; aber sie lehrt dich andern begegnen und ihrer Begegnung standhalten; und sie führt dich, durch die Huld ihrer Ankünfte und durch die Wehmut ihrer Abschiede, zu dem Du hin, in dem die Linien der Beziehungen, die parallelen, sich schneiden. Sie hilft dir nicht, dich im Leben zu erhalten, hilft dir nur, die Ewigkeit zu ahnen. *1923; Ich und Du, S. 35-37*

Erkenntnis: Im Schauen eines Gegenüber erschließt sich dem Erkennenden das Wesen. Er wird, was er gegenwärtiglich geschaut hat, wohl als Gegenstand fassen, mit Gegenständen vergleichen, in Gegenstandsreihen einordnen, gegenständlich beschreiben und zergliedern müssen; nur als Es kann es in den Bestand der Erkenntnis eingehen. Aber im Schauen war es kein Ding unter Dingen, kein Vorgang unter Vorgängen, sondern ausschließlich gegenwärtig. Nicht in dem Gesetz, das danach aus der Erscheinung abgeleitet wurde, sondern in ihr selber teilt sich das Wesen mit. Daß das Allgemeine gedacht wird, ist nur eine Abwicklung des knäuelhaften Ereignisses, da es im Besonderen, im Gegenüber geschaut wurde. Und nun ist dieses in der Esform der begrifflichen Erkenntnis eingeschlossen. Wer es daraus erschließt und wieder gegenwärtig schaut, erfüllt den Sinn jenes Erkenntnisaktes als eines zwischen den Menschen Wirklichen und Wirkenden. Aber man kann Erkenntnis auch so betreiben, daß man feststellt: »so also verhält es sich damit, so heißt das Ding, so ist es beschaffen, da gehört es hin«, daß man das zu Es Gewordene als Es beläßt, als Es erfährt und gebraucht, es mitverwendet für die Unternehmung, sich in der Welt »auszukennen«, und sodann für die, die Welt zu »erobern«. *1923; Ich und Du, S. 42 f.*

Das authentische Philosophieren stammt immer neu aus Fulgurationen des Du-Verhältnisses, die noch keinerlei »objektive« Erkenntnis gewähren. Nun vollzieht sich die Umsetzung in die gefügte Ordnung des Es, und am Ende mag, wenn ein rechter Werkmann am Werk war, der Quaderbau des Systems stehen. In der Tat, »Ich-Es findet seine Verdichtung und Verklärung in der philosophischen Erkenntnis«;[39] aber das bedeutet keineswegs, daß diese nichts anderes als Ich-Es enthalte, nichts anderes als Ich-Es sei. Die feurige Spur der ursprünglichen Fulgurationen ist unauslöschlich, mag auch das an ein objektiviertes Seinsbild gewöhnte Auge sie unbeachtet lassen; dem eindringenden Genesis-Blick manifestiert jede kühne metaphysische Setzung ihren Ursprung in einer Begegnung der erkennenden Person mit einem Seinselement, das sich ihr in der Gestalt von ihr lebensmäßig Begegnendem kundtut.

Deshalb ist es unrichtig danach zu fragen, ob die »Lehre vom Ich und Du« uneingeschränkt (without qualification) innerhalb der »Ich-Du-Erkenntnis« zu »klassifizieren« sei.[40] Eine festhaltbare, bewahrbare, sachlich zu übermittelnde Ich-Du-Erkenntnis gibt es überhaupt nicht. Das, was sich mir jeweils im Ich-Du-Verhältnis auftut, kann nur durch Transmission in die Es-Sphäre zu einer solchen Erkenntnis werden. So sorgsam wir in unserer Einsicht das Ich-Du-Verhältnis und das Ich-Es-Verhältnis voneinander abheben müssen, so irreführend wäre es, die Alternativik in die Betrachtung des philosophischen Denkens und seiner Ergebnisse vorzutreiben. Jede wesenhafte Erkenntnis ist in ihrem Ursprung Kontakt mit einem Seienden und in ihrer Vollendung Besitz eines Begriffsbestandes. *1963; Antwort, S. 591 f.*

WELT, WELT als objektiver und in sich geschlossener Zusammenhang alles Seienden, des naturhaften und des geistigen, bestünde für uns nicht, wenn nicht unser Denken, das sich im Philosophieren entfaltet, die Weltkonkreta, die uns dargereicht werden, einschmölze, sie untereinander und mit allem je von Menschen Erfahrenen und als erfahrbar Erfaßten verschmölze. Und erst recht bestünde für uns der Geist als objektiver Zusammenhang nicht, wenn der Gedanke ihn nicht, wenn er selber als Philosophie sich nicht objektivierte und zusammenschlösse. Nur dadurch, daß die Philosophie die Konkretheitsbindung radikal aufgab, ist jene ungeheure Herstellung eines objektiven Denkkontinuums möglich geworden, mit einem statischen System von Begriffen und einem dynamischen von Problemen – eines Kontinuums, in das jeder Mensch, der »denken« kann, durch bloße Ausübung dieser Fähigkeit, durch denkendes Verstehen des Gedachten einzutreten vermag. Nur von hier aus gibt es eine »objektive« Verständigung, das heißt eine, die nicht wie die religiöse dadurch herbeigeführt wird, daß zwei Men-

[39] Gottesfinsternis, S. 48 (im Kapitel »Religion und Philosophie«).

[40] Emil L. Fackenheim, Martin Bubers Offenbarungsbegriff, S. 258; in: Paul Arthur Schilpp/Maurice Friedman (Hrsg.), Martin Buber, S. 242-264.

schen einander an dem von beiden vollzogenen persönlichen Lebenseinsatz erkennen, sondern dadurch, daß beide eine keinen Lebenseinsatz erfordernde Denkfunktion vollziehen und die Spannung zwischen den beidseitigen Begriffsgehalten und Problemstadien in fruchtbarer Dialektik austragen. Die religiöse Mitteilung eines Seinsgehalts aber geschieht in der Paradoxie, das heißt nicht als erweisliche Behauptung (Theologie, die dies prätendiert, ist vielmehr eine fragwürdige Art der Philosophie), sondern als Hinzeigung auf den verhüllten Daseinsbereich des Hörenden und das darin und allein darin zu Erfahrende. Die künstlerische Mitteilung, die hier nicht unerwähnt bleiben darf, geschieht in der *Gestalt*, aus der ein mitgeteilter Gehalt nicht zu selbständigem Vorhandensein herausgelöst werden kann. Objektiv mitteilbar und tradierbar ist ein Seinsgehalt nur in der Philosophie und kraft ihrer, somit nur durch die objektive Bearbeitung der Situation und von da aus.
Ein skeptisches Urteil über den Wahrheitszugang und die Wahrheitshaltigkeit der Philosophie soll hier keineswegs ausgesprochen sein. Freilich darf unter der möglichen Denkwahrheit nicht ein erkennerischer Seinsbesitz, wohl aber ein erkennerisches Realverhältnis zum Sein verstanden werden. Die Denksysteme sind Bekundungen echter (und nur durch Absehen ermöglichter) Denkrelationen zum Sein; nicht bloße »Aspekte«, sondern gültige Dokumente dieser denkerischen Entdeckungszüge.
Eine Verwandtschaft und ein Unterschied im Persönlichen zwischen Religion und Philosophie sei noch erwähnt.
In der religiösen Wirklichkeit hat sich die Person zu einer Ganzheit zusammengeschlossen, als die allein sie religiös zu leben vermag. In dieser Ganzheit ist naturgemäß auch das Denken beschlossen, als eigengesetzlicher, aber nicht mehr zur Absolutierung seiner Eigengesetzlichkeit strebender Bereich. Auch im echten Philosophieren findet eine Totalisierung statt, jedoch kein Zusammenschluß; vielmehr überzieht und überwältigt hier das Denken alle Mächte und Reiche der Person, so daß im großen Akt des Philosophierens auch noch die Fingerspitzen denken – aber sie tasten nicht mehr. *1929; Religion und Philosophie (in: Gottesfinsternis), S. 46f.*

WER DU SPRICHT, hat kein Etwas zum Gegenstand. Denn wo Etwas ist, ist anderes Etwas, jedes Es grenzt an andere Es, Es ist nur dadurch, daß es an andere grenzt. Wo aber Du gesprochen wird, ist kein Etwas. Du grenzt nicht.
Wer Du spricht, hat kein Etwas, hat nichts. Aber er steht in der Beziehung. *1923; Ich und Du, S. 8*

[...] VON DEM ICH-DU-VERHÄLTNIS meine ich keineswegs, daß es adäquate Erkenntnis biete. Es kann uns zu einem echten Kontakt mit dem Sein des Anderen verhelfen, aber nicht zu einer objektiv gültigen Erkenntnis dieses Seins. Das Sein des Anderen können wir in der Begegnung erreichen, und dann kommunizieren wir nicht mit einer Erscheinung, sondern mit ihm selber. Sofern wir aber auch dann noch eine Kenntnis des Verhüllten suchen, versagt es sich. *1963; Antwort, S. 601*

NAH DEM VORURTEIL gegen den Geist ist das gegen die Wahrheit. Das hängt mit einer Lehre zusammen, die im letzten Vierteljahrhundert immer mehr um sich gegriffen hat, der Lehre von der Relativität der Wahrheit. In ihrer praktisch wirksam gewordenen Form besagt diese Lehre, daß es eine wirkliche Wahrheit für den Menschen nicht gebe, sondern für jeden ein Etwas, was er für wahr hält, was aber durch und durch von dem gesellschaftlichen Zusammenhang, in dem er aufwuchs, und von der seelischen Beschaffenheit, die ihm eigen ist, bestimmt sei. Der Mensch stehe eben in einer Vielfältigkeit äußerer und innerer Bedingtheiten, und diese vielfältige Bedingtheit stelle sich auch darin dar, was er für wahr halte und als wahr bezeichne. Diese Lehre ist richtig und falsch zugleich. Gewiß wäre es verkehrt, den Menschen als ein Gefäß anzusehen, das eine hineingeschüttete allgemeine Wahrheit aufzunehmen vermag. Gewiß kann jeder nur von seinem Sosein aus erkennen, denken und sich äußern, gewiß hängen wir darin von der sozialen Schicht, in der wir stecken, und von den psychischen Schichten, die in uns stecken, mannigfach ab. Aber das Merkwürdigste an uns Menschen ist doch dies, daß es in unserem Leben vulkanische Stunden gibt, in denen es drunter und drüber geht und ein Durchbruch geschieht: das Übermaß der Bedingtheit ist uns unerträglich geworden, wir brechen aus und greifen mit beiden Händen ins Dunkel, nach einer durch all dies nicht bedingten, nach einer unbedingten Wahrheit. Wir werben, wir ringen um sie. Gewiß bekommen wir auch dann die Wahrheit nicht zu fassen, gewiß werden wir die Bedingtheit, die unsere Schicksal ist, nicht los, und doch ist etwas anders geworden, doch dringt ein Unbedingtes in unsere Bedingtheit ein, durchdringt sie. Etwas uns vordem Undenkbares ist denkbar und sagbar geworden, und dieses Etwas gehört in die Reihe jener unvorhersehbaren Dinge, die die Welt erneuern. Dieses Ausbrechen der menschlichen Person in die Begegnung mit der Wahrheit ist das, was jeweils Entscheidung bringt und den Weg wendet. Es ist die Geburt der Seele im Menschen und im Menschentum, immer neu. Unsere Zeit und mit ihr auch ihre Jugend hat sich dieser Grundtatsache unseres Lebens entfremdet. Aus dem Zweifel an dem Berührenkönnen der Wahrheit gerät die

Zeit und ihre Jugend mit ihr immer mehr dahin, den relativierten Begriff der Wahrheit nun auch noch zu verzwecken, so nämlich, daß man nur noch darauf aus ist, etwas als »wahr« zur Geltung zu bringen, was der eigenen »Sache« dient, selber aber gar nicht mehr darauf sinnt, Wahrheit zu suchen, ja eine solche Suche wohl gar als unsinnig verwirft. Man begnügt sich schließlich damit, den alten Aberglauben der Menschen, daß es Wahrheit gebe, auszunützen.

Aber wie verhält es sich wirklich? Gibt es eine Wahrheit, können wir eine besitzen? [...] Gewiß gibt es keine, die man nehmen und in die Tasche stecken kann. Aber es gibt ein redliches, rückhaltloses Verhalten der menschlichen Person zur Wahrheit, es gibt ein rechtmäßiges Verhältnis zu ihr, das der Mensch mit seinem ganzen Leben bewahrt und bewährt. Es gibt dies, daß der Mensch um die Wahrheit dienen kann, sieben Jahre und noch einmal sieben Jahre, und er kriegt sie auch danach nicht; aber sein Verhältnis zu ihr ist immer echter, immer wahrer, immer mehr selber Wahrheit geworden. Dieses Verhältnis zur Wahrheit entsteht aber eben dadurch, daß der Mensch seine Bedingtheiten durchbricht, nicht um sie abzustreifen – das wird er nie vermögen –, aber um etwas von der Unbedingtheit zu spüren, etwas von ihr einzuatmen. Dieses Etwas ist es, das hinfort das Verhältnis dieses Menschen zur Wahrheit belebt. Menschliche Wahrheit wird, indem man mit seinem ganzen Leben sein Verhältnis zur Wahrheit zu verwirklichen sucht; und Mitteilung der menschlichen Wahrheit wird, wenn man sich in seiner Mitteilung selber einsetzt und mit seinem Selbst für sie einsteht. *1937; Die Vorurteile der Jugend, S. 108-110*

Die soziologische Doktrin des Zeitalters hat am Wahrheitsbegriff, indem sie die Seinsverbundenheit des Denkens an der Abhängigkeit der Denkprozesse von den Sozialprozessen nachwies, eine folgenreiche Relativierung geübt. Diese Relativierung war berechtigt, indem sie die »Wahrheit« eines Menschen an seine sie bedingende Wirklichkeit band; aber ihre Berechtigung schlug ins Gegenteil um, als ihre Urheber es unterließen, die grundsätzliche Grenzlinie zwischen dem aus solcher Bedingtheit zu Verstehenden und dem nicht daraus zu Verstehenden zu ziehen, das heißt die um Wahrheit werbende und ringende Person in ihrer *ganzen* Wirklichkeit zu fassen. Gehen wir von dem als ganzes Wesen, mit der Gesamtheit seines Wesens erkennen wollenden Einzelnen aus, so finden wir, daß die Kraft seines Verlangens nach der Wahrheit die »ideologischen« Bande seines sozialen Soseins an entscheidenden Punkten sprengen kann. Der »existentiell« denkende das heißt in seinem Denken sein Leben einsetzende Mensch bringt in sein Realverhältnis zur Wahrheit nicht bloß seine Bedingtheiten, sondern auch die sie transzendierende Unbedingtheit seiner Suche, seines Griffs, seines unbändigen, die ganze Bewährungsmacht der Person mitreißenden Wahrheitswillens ein. Gewiß werden wir an dem, was er jeweils ergebnismäßig als Wahrheit befindet, keine Scheidung zwischen dem sozial Ableitbaren und dem Unableitbaren vollziehen können; aber es ist unumgängliche Pflicht, das Unableitbare als Grenzbegriff zu bejahen und so auf das, was sich zwischen dem Unableitbaren an der erkennenden Person und dem Unableitbaren an dem Gegenstand ihrer Erkenntnis begibt, als auf den nie zu erreichenden Horizont der wissenssoziologischen Unterscheidung hinzuzeigen. Diese Pflicht ist versäumt worden. Die Folge war, daß die politische Theorie der modernen Kollektivismen sich leichter Hand des bereitliegenden Prinzips bemächtigen und das den (wirklichen oder vermeintlichen) Lebensinteressen einer Gruppe Entsprechende als deren rechtmäßige und inappellable Wahrheit proklamieren konnte, der gegenüber dem Einzelnen kein Anspruch mehr auf eine von ihm erkannte und von ihm zu bewährende Wahrheit zukam.

Damit hat die Zersetzung des menschlichen Glaubens an die nie zu besitzende und doch im existentiellen Realverhältnis zu umfangende Wahrheit, die Lähmung des menschlichen Werbens um die Wahrheit angehoben.

[...] Not tut der Glaube des Menschen an die Wahrheit als an ein von ihm Unabhängiges, das er nicht innehaben kann, zu dem er aber in ein lebensmäßiges Realverhältnis zu treten vermag, – der Glaube der menschlichen Person an die Wahrheit als an das sie alle gemeinsam Tragende, in sich Unzugängliche, aber dem real um die Wahrheit Werbenden sich im Faktum der bewährungsbereiten Verantwortung Erschließende.

Not tut, damit der Mensch nicht verloren gehe, die Wahrheitsverantwortung der Person in ihrer geschichtlichen Lage. *1936; Die Frage an den Einzelnen, S. 265-267*

Jedes echte, das heißt mit dem ganzen Menschenwesen vollzogene menschliche Lebensverhältnis zum göttlichen Sein ist menschliche Wahrheit, und eine andre eignet dem Menschen nicht. Das erfassen, bedeutet nicht die Wahrheit relativieren. Die Wahrheit des Seins ist eine; aber sie wird dem Menschen nur zuteil, indem ihr Licht gebrochen in die echten Lebensverhältnisse der menschlichen Person eingeht. Im bunten Abglanz haben wir sie, und haben sie nicht. [...] Menschliche Wahrheit ist keine Übereinstimmung eines Gedachten mit einem Seienden, sie ist Partizipation am Sein. Sie kann keine allgemeine Gültigkeit beanspruchen; aber sie wird gelebt, und sie kann beispielhaft, symbolhaft, vorbildlich gelebt werden. *1949; Das Reinmenschliche, S. 218 f.*

DIE *GEHABTE* WAHRHEIT ist nicht einmal eine Kreatur, sie ist ein Spuk, ein Sukkubus, mit dem der Mensch zu leben sich nur wirksam einbilden, mit dem er nicht leben kann. Du kannst die Wahrheit nicht in dich schlingen, sie kocht in keinem Topf der Welt, du kannst sie nicht einmal angaffen, denn sie ist kein Gegenstand. Und doch gibt es eine Teilnahme am Sein der unzugänglichen Wahrheit – für den, der sie bewährt. Es gibt ein Realverhältnis der ganzen menschlichen Person zur ungehabten, unhabbaren Wahrheit, und es vollendet sich erst in der Bewährung. Dieses Realverhältnis ist, wie immer es sich benennt, das zum Seienden. *1936; Die Frage an den Einzelnen, S. 209*

[...] ERKENNEN HEISST für uns Kreaturen, unsere, jeder die seine, Relation zum Seienden wahrhaft verantwortlich erfüllen, indem wir all seine Erscheinung getreulich, weltoffen, geistoffen mit unseren Kräften empfangen und unserem Sosein einverleiben; so entsteht und besteht lebendige Wahrheit. Ich bin inne geworden, daß es so mit dem andern ist, wie es mit mir ist; und daß diese beiden keine Erkenntniswahrheit, sondern allein die Seinswahrheit und das Wahrheitsein des Seienden überwaltet.[41] *1925; Rede über das Erzieherische, S. 42*

EIN TEXT etwa meines Schrifttums ist da; er ist unzählige Male und auf unzählige Weise interpretiert worden; ich weiß, daß keine Interpretation, und nun auch meine nicht, den Ursprungssinn des Textes deckt; ich weiß, daß mein Interpretieren, wie jedes, bedingt ist durch mein Sein; aber wenn ich auf das, was dasteht, auf Wort und Gefüge, auf Laut und rhythmischen Bau, auf offenbare und heimliche Zusammenhänge so treulich achte als ich vermag, ist es nicht umsonst getan, – ich finde etwas, ich habe etwas gefunden. Und wenn ich, was ich gefunden habe, aufzeige, führe ich – den, der sich führen läßt – zur Wirklichkeit des Textes hin; ich setze ihn, den ich lehre, den wirkenden Kräften des Textes aus, deren Wirken ich erfahren habe. *1935; Bildung und Weltanschauung, S. 55 f.*

EINE HEILIGE SCHRIFT der Inder, das Brahmana der hundert Pfeile, erzählt, die Götter und die Dämonen seien beide dem Selbstopfer der Urzeugers entsprungen und hätten dessen Erbschaft angetreten. Dann heißt es wörtlich: »Die Erbschaft, das war das Wort: Wahrheit und Falschheit, zugleich Wahrheit und Falschheit. Nun sprachen diese und jene die Wahr-

[41] Ich wiederhole hier ein kurzes Zitat aus einem umfangreicheren Ausschnitt, der im 2. Kapitel bereits wiedergegeben ist.

heit, diese und jene sprachen die Falschheit. Indem sie dasselbe sprachen, waren sie einander gleich. Die Götter verwarfen nun aber die Falschheit und nahmen die Wahrheit allein an; die Dämonen verwarfen nun aber die Wahrheit und nahmen die Falschheit allein an. Da erwog jene Wahrheit, die bei den Dämonen war: ›Da, die Götter haben die Falschheit verworfen und haben die Wahrheit allein angenommen. So will ich denn hingehn.‹ Und sie kam zu den Göttern. Jene Falschheit aber, die bei den Göttern war, erwog: ›Da, die Dämonen haben die Wahrheit verworfen und die Falschheit allein angenommen. So will ich denn hingehn.‹ Und sie kam zu den Dämonen. Jetzt sprachen die Götter die ganze Wahrheit, die Dämonen sprachen die ganze Falschheit. Da die Götter einzig die Wahrheit sprachen, wurden sie schwächer und ärmer; darum, wer einzig die Wahrheit spricht, wird immer schwächer und ärmer. Aber am Ende besteht er, und am Ende bestanden die Götter. Und die Dämonen, die einzig die Falschheit sprachen, gingen auf und gediehen; darum, wer einzig die Falschheit spricht, geht auf und gedeiht. Aber am Ende vermag er nicht zu bestehn, und die Dämonen vermochten nicht zu bestehn.«

Es ist unserer Beachtung wert, wie hier das Schicksal des Seins durch das Sprechen des Wortes bestimmt wird, und zwar durch das Sprechen des wahren und des falschen Wortes. Aber was kann uns, wenn wir die Mythe in unsre menschliche Wirklichkeit versetzen, »wahr« und »falsch« bedeuten? Offenbar doch nicht etwas, was erst durch das Beziehen auf ein außerhalb der Sprechenden Befindliches erfaßt werden kann. Die Mythe kennt nur die Gesamtheit der einen, noch ungeteilten Sphäre. Wir dürfen also, wenn wir von der Mythe in unsere Welt abspringen, uns keiner andern Sphäre zuwenden als der jener gemäßen. »Einer spricht die Wahrheit« mag daher wohl umschrieben werden durch: »Einer sagt, was er meint.« Aber was darf »meinen« heißen? In unserer Welt und in unserer Sprache bedeutet dies offenbar, daß der Sprecher, wie er als der, der er *ist*, meint, was er meint, so auch als der, der er *ist*, sagt, was er meint. Das Verhältnis zwischen Meinen und Sagen verweist uns auf das Verhältnis zwischen der intendierten Einheit von Meinen und Sagen einerseits und der zwischen Meinen und Sagen und dem personhaften Dasein selber anderseits.

Ein besonders starker Akzent liegt in der Mythe auf der Feststellung, daß – in unserer Sprache ausgedrückt – die gleichsam chemisch von ihrem Falschheitsgehalt gereinigte Wahrheit im geschichtlichen Verlauf erfolglos ist. Alles kommt hier darauf an, die Worte »aber am Ende besteht er« richtig auszulegen. Es ist dies keine Äußerung einer optimistischen Geschichtsauffassung und auch kein eschatologischer Spruch. »Am Ende« heißt uns: in der reinen Rechnung der persönlichen Existenz. In der religiösen Spra-

che wird gesagt: »Wenn die Bücher aufgeschlagen werden«; aber das ist nicht dort und dann, sondern hier und jetzt.
Die Wahrheit, um die es solcherweise geht, ist nicht die sublime, dem Sein selber eignende »Unverborgenheit«, die Aletheia der Griechen; es ist die schlichte Wahrheitskonzeption der hebräischen Bibel, deren Etymon »Treue« bedeutet, die Treue des Menschen oder die Treue Gottes. Die Wahrheit des Wortes, das wahrhaft gesprochen wird, ist in ihren höchsten Formen, so im Gedicht und ungleich mehr noch so in dem botschaftsartigen Spruch, der aus der Stille über eine zerfallende Menschenwelt niedergeht, unzerlegbare Einheit. Sie ist Erscheinung ohne mitgegebene Diversität der Aspekte. In allen andern ihrer Formen aber ist dreierlei an ihr zu unterscheiden. Sie ist zum ersten getreue Wahrheit im Verhältnis zu der einst vernommenen und nun ausgesprochenen Wirklichkeit, auf die zu sie das Fenster der Sprache weit auftut, damit sie dem Hörer unmittelbarer vernehmbar werde. Sie ist zum zweiten getreue Wahrheit im Verhältnis zu dem Angesprochenen, den der Sprecher als solchen meint, gleichviel, ob er namentragend oder anonym, vertraut oder fremd sei. Und einen Menschen meinen, heißt nicht weniger als mit dem aussendbaren Seelenelement, mit der »Außenseele«, bei ihm sein und seiner Einsicht beistehen, so fundamental man auch zugleich bei sich selbst bleibt und bleiben muß. Und zum dritten ist die Wahrheit des Wortes, das wahrhaft gesprochen wird, getreue Wahrheit im Verhältnis zu seinem Sprecher, das heißt: zu dessen faktischer Existenz in all ihrem verborgenen Bau. Die menschliche, dem Menschen gewährte Wahrheit, von der ich rede, ist kein Pneuma, das sich von oben auf die überpersonhaft gewordene Schar ergießt: sie tut sich einem eben in seiner Personhaftigkeit an. Diese konkrete Person steht mit ihrer Treue in dem ihr zugewiesenen Lebensraum für das Wort ein, das von ihr gesprochen wird. *1960; Das Wort, das gesprochen wird, S. 24-29*

5 Fragen menschlicher Existenz: Selbstsein und dialogisches Leben

In den Texten dieses Kapitels geht es um Grundfragen menschlichen Daseins. Themenbereiche sind die Selbstfindung bzw. das Selbstsein, das rechte oder unrechte Tun, die Schuld und eine mögliche Lebensänderung, der Bestand oder die Bestandslosigkeit der Existenz. Die Verwirklichung des Dialogischen ist für Buber die Chance des Selbst eines Menschen.

Ein wesentlicher Teil der Grunderfahrung, die Buber beschreibt, ist die Erkenntnis: was ein Mensch zu sein und zu tun vermag, verdankt er nicht sich selbst; er erfüllt etwas, und zwar seine mit seinem Leben gegebenen Möglichkeiten. Auch diese Erfahrung ist streng dialogisch; sie ist in ihren Ursprüngen eine reine ›Augenblickserfahrung‹, d.h. kommt aus den ›dauernden‹ Augenblicken der Begegnungen.

Wenn ein Mensch ›mit ganzem Wesen‹ handelt, ganz gegenwärtig ist, auf sein Gegenüber bezogen: dann spürt er, daß er damit seinen besten Möglichkeiten entspricht – er verspürt seine Möglichkeiten, aber indem er sich auf sein Gegenüber richtet und nicht auf sich selbst. Diese Art von »Selbsterfahrung« ist, so könnte man sagen, die *Begleit*erscheinung der ganzen Zuwendung zum andern. Zugleich ist (nur) dies der Weg, sich selbst wirklich (nämlich wirkend) zu erfahren.

Ein Beispiel zur Verdeutlichung: Gelingt etwas, was man tut, besonders gut, so kann dies das eigene Selbstwertgefühl immens steigern – man kann sich aber auch an dem freuen, was gelungen ist. Die Freude umfaßt dann die andere Seite (einen Menschen – einen Gegenstand, den man herstellt, was auch immer); zugleich freut man sich wahrscheinlich nie so intensiv wie in solchen Augenblicken. Dies ist die Erfahrung seiner selbst, die nicht auf sich abzielt. Man erlebt die eigenen Fähigkeiten, etwas zu bewirken – aber man hat darin daran mitgewirkt, daß die andere Seite, wenn man so will, »zu sich« kommen konnte, verwirklicht werden oder sich verwirklichen konnte. Man hat mitgewirkt, daß sich ein Sinn erfüllen konnte, der in der Sache selbst lag und der nicht von einem selbst gesetzt, ihr beigemessen wurde.

Auch hier unterscheiden sich ›Eigenwesen‹ und ›Person‹. Keiji Nishitani schreibt: »Wir dürfen also sagen, daß das *ego* dort entsteht, wo das Selbstbewußtsein ständig nur sich selbst reflektiert.«[1] Auf die obige Frage angewandt: bei einer bestimmten Art von Bewußtsein seiner selbst, kennzeichnend für das ›Eigenwesen‹, nährt alle Erfahrung mit der Welt das Ego. Wenn aber der ganze, tätige Mensch im Bezug zur Welt steht, dann ist nicht Selbstbestätigung, Eigenwesen die Wirkung des Tuns – sondern die Teilnahme an der eigenen Wirklichkeit des anderen. Es geht um reinsten Realismus: man kann seiner selbst innewerden – aber nur, wenn man nicht ›auf sich abzielt‹.

In der Psychotherapie wurde Bubers Denken dort rezipiert, wo das Sein mit dem anderen als Grundbestimmung menschlicher Existenz verstanden wurde.[2] Hier kann man Bubers Denken als Frage nach dem Heilsein des Menschen verstehen; dabei bezeichnet ›Heilsein‹ nicht das vorrangige Ziel, auf das ein Therapeut mit seinem Patienten hinarbeitet, wie Hans Trüb schreibt: »Es kommt zunächst nicht darauf an, alles psychologisch in Ordnung zu bringen. Vielmehr darauf, daß der Mensch mit dem Ausdrucksbereich seiner Seele, sei er nun so brauchbar oder so verquert wie er sei, tatsächlich sich im Leben einsetzt.«[3] Die Bereitschaft zur Antwort und zur Verantwortung der Situationen ist das Entscheidende, der Weg zu einem Heilsein, das irgendwann einmal möglich sein mag, führt nur über diese: »Gerade das personale Standhalten ist das Entscheidende: ›Ich könnte ja schließlich einmal versuchen, zu bleiben...‹«[4]

Nicht ›zu bleiben‹, d.h. Begegnungsabsage, bedeutet im Sinne Bubers ›Schuld‹. Auch, nicht standzuhalten, nicht zu bleiben, etwa ins eigene Innenleben auszuweichen, ist aus dieser Sicht ein Handeln am anderen Menschen. Wenn man mit dem anderen zu tun hat, tut man immer etwas am anderen: ob man aktiv etwas bewirkt, tut, oder ob man etwas versäumt. Die realistische Sicht des eigenen Tuns oder Unterlassens umfaßt die Seite des anderen. Der Mensch ist für Buber in jenes dialogische Geschehen eingestellt: antwortet und verantwortet er nicht, so verletzt er eine »Seinsordnung«, er entspricht nicht der Wahrheit und verweigert sich der Verwirklichung.

---

[1] Keiji Nishitani, Was ist Religion?, S. 56.

[2] Vgl. u.a.: Irving D. Yalom, Existentielle Psychotherapie; Maurice Friedman, Der heilende Dialog in der Psychotherapie; Hans Trüb, Heilung aus der Begegnung; den Dialog zwischen Buber und Carl R. Rogers; in: Martin Buber, The Knowledge of Man, S. 166-184 (Appendix. Dialogue between Martin Buber and Carl R. Rogers). Vgl. auch den Briefwechsel zwischen Buber und Ludwig Binswanger im II. und III. Band von Bubers »Briefwechsel aus sieben Jahrzehnten«.

[3] Hans Trüb, Heilung aus der Begegnung, S. 108.

[4] Hans Trüb, Heilung aus der Begegnung, S. 106.

Ungesicherte Existenz

Im Kapitel zur Ethik Bubers ist die Frage »Was soll ich tun?« mit dem Hinweis auf die menschliche Verantwortung beantwortet, auf die Antwort in Situationen, die sich nicht von allgemeinen Regeln des Verhaltens ableiten läßt.
Für den einzelnen Menschen bedeutet das, die Unsicherheit und Ungeborgenheit – durch den nötigen Verzicht auf solche Regeln – auf sich zu nehmen. Selbst Verfahren spiritueller Übung hält Buber für illusionär, d.h. eine falsche Geborgenheit gebend. Das Ziel kann nie die Vervollkommnung des Ich sein. Ichwerdung, oder besser: Personwerdung, ist die Begleiterscheinung der Zuwendung zum Du; Bubers Weg unterscheidet sich von allen Lehren, die eine Entwicklung, Reifung des menschlichen Ich, eine Selbstwerdung, etwa durch Verwirklichung seelischer Mächte oder Pole, des Göttlichen etc., anstreben.
Für Buber wird der Mensch er selbst, indem er zum anderen ›Du‹ sagt: nur im Eintreten in die Beziehung, auf diesem ›schmalen Grat‹ eines Wirkens, das auf die Sicherheit einer Orientierung verzichtet und nicht auf Selbstwerdung abzielt, nur in der tätigen Gegenwart der Verbundenheit mit einem Du kann ein Mensch er selbst sein. Der einzige Weg ist jener ethische Weg der Antwort.

Mascha Kaléko an Martin Buber. Sehr verehrter Herr Professor Buber, / Ich gehöre zu jenen jüdischen Menschen aus Deutschland, denen Ihre Schriften, und als allererste, Ihre Chassidischen Geschichten das Tor zur jüdischen Mystik öffneten; – als ich viel später Zen kennenlernte, war mir nicht alles darin neu wie den meisten meiner Zeitgenossen.
Ich habe Ihnen all diese Jahre hindurch schweigend, und in meinem engeren Kreise etwas weniger schweigend, Dank gezollt, denn der Chassidismus, dem ich elterlicher Abstammung nach zugehörte, dem ich aber durch Erziehung und Umgebung entrückt war, ist mir durch Sie wieder so nahe gerückt, wie er offenbar von Urbeginn in meinem Leben geplant war. Ich habe durch ihn Entscheidendes erlebt, und es ist mir gelungen, auch meinen nun 20jährigen Sohn dieser Welt nahezubringen, obgleich er, in Berlin geboren, in New York erzogen, diesen Dingen zunächst nicht allzu nahe war.
Wenn ich nun an Sie schreibe, so geschieht das, weil ich Rat brauche. So oft ich junge Menschen auf den Chassidismus verweise, erlebe ich, daß sie die Frage an mich richten: »Now we have read your Buber and even Scholem – where do we get from here...?« Ich pflege dann zu sagen, es gebe keine »Gebrauchsanweisungen«, sondern es müsse jeder seinen Weg finden. Aber

damit geben sich die jungen Menschen nicht zufrieden. Zen Buddhismus gibt ihnen etwas zu »tun«, (mit der Zazen-»Meditation«, die eigentlich die Kunst des Nichttuns darstellt). Im Yoga haben sie etwas zu »leisten«, und die Rastlosigkeit sucht nun einmal immerfort nach »Aufgaben«. Auch die »Kabbala maassit« wäre der Weg, den die meisten dieser jungen Menschen (und es sind wertvolle darunter) als einen Weg akzeptieren würden. Aber das gibt es doch kaum in unserer Zeit, Safed, Kastilien, – all das ist doch nicht mehr zugänglich. Oder doch? Ist es nicht so, daß das ernsthafte Studium der Kabbala nur über den traditionellen Weg möglich ist? Und den Frauen doppelt verwehrt?
Laotse, Buddha, Bodhidarma, ein Ziel aufs innigste zu wünschen, warum nicht, – aber führt wirklich kein »praktischer« Weg der Übung und Meditation zur Welt jüdischer Mystiker?
Verzeihen Sie diese Frage. Sie scheinen mir der einzige Mann in dieser Welt, der, wenn es sie gibt, die Antwort darauf geben kann. *New York, 23.10.1957; Briefwechsel, Bd. III, S. 440 f.*

MARTIN BUBER AN MASCHA KALÉKO. Verehrte Frau Kaleko – / Einen allgemeinen lehrbaren Weg gibt es gar nicht. Die jungen Leute, von denen Sie schreiben, kriegen es nicht billiger, als daß sie sich, jeder in den eigentümlichen Situationen seines persönlichen Lebens, bewähren und mit den Wesen und Dingen, denen sie begegnen, heiligen Umgang pflegen. Andere Lehren mögen »günstigere« Angebote machen, von der chassidischen haben sie dergleichen nicht zu erwarten. Was hier allein gilt, finden Sie in meinen Büchern aufs deutlichste ausgesprochen; vgl. z.B. in »Erzählungen der Chassidim« die kleinen Geschichten »Der Weg« (S. 473) und »Das Wichtigste« (S. 647). Jede andere Auskunft erweist sich früher oder später, zuweilen allzu spät, als illusionär. Alle »Anweisungen« führen in die falsche Sicherheit hinein, die schlimmer ist als die echte Verzweiflung.
Ich habe Ihnen das so hart und streng hingeschrieben, wie es eben ist: weil Sie Ihren zwanzigjährigen Sohn erwähnten. *Jerusalem, 5.11.1957; Briefwechsel, Bd. III, S. 442*

ALLES, WAS JE IN DEN ZEITEN des Menschengeistes ersonnen und erfunden worden ist an Vorschrift, an angebbarer Vorbereitung, Übung, Versenkung, hat mit dem ureinfachen Faktum der Begegnung nichts zu schaffen. Was immer für Vorteile an Erkenntnis oder Machtwirkung dieser oder jener Übung zu verdanken sein möchten, all das rührt nicht daran, wovon hier gesprochen wird. *1923; Ich und Du, S. 78 f.*

Der Weg. Rabbi Bär von Radoschitz bat einst den Lubliner, seinen Lehrer: »Weiset mir einen allgemeinen Weg zum Dienste Gottes!« Der Zaddik antwortete: »Es geht nicht an, den Menschen zu sagen, welchen Weg sie gehen sollen. Denn da ist ein Weg, Gott zu dienen durch die Lehre, und da, durch Gebet, da, durch Fasten, und da, durch Essen. Jedermann soll wohl achten, zu welchem Weg ihn sein Herz zieht, und dann soll er sich diesen mit ganzer Kraft erwählen.« *Die Erzählungen der Chassidim, S. 473*

Das Wichtigste. Bald nach dem Tode Rabbi Mosches von Kobryn wurde einer seiner Schüler von dem »alten Kozker«, Rabbi Mendel, gefragt: »Was war für Euern Lehrer das Wichtigste?«
Er besann sich, dann gab er die Antwort: »Womit er sich gerade abgab.« *Die Erzählungen der Chassidim, S. 647*

Selbstsein als Ganzsein

Wie kann man das Ich beschreiben, das die dialogische Situation nicht flieht, sondern besteht? Das erkennt, daß es sich nicht sich selbst verdankt?
Ein solches Ich ist eines, das »mit dem ganzen Wesen« tätig ist, im »Dusagen«. Indem es tätig ist, erfährt es, daß es die Wirklichkeit der Beziehung nicht als seine Leistung betrachten kann. Das Tätigsein ist kein Aktionismus, es *hört* zugleich auf das, was vom anderen, vom Gegenüber ausgeht: es ist ›Aktion und Passion in einem‹; als Parallele habe ich einen Textausschnitt aus Bubers Essay »Die Lehre vom Tao« von 1909 über das ›Tun des Nichttun‹ wiedergegeben, bei dem man aber bedenken muß, daß Buber hier von taoistischer Lehre spricht, die nicht seine eigene war.[5]
Seiner Einheit oder Ganzheit kann der Mensch als »Handlungs-Einheit«, d.h. im Tätigsein in der Begegnung, innewerden. Psychische Heilung des Menschen, so glaubt Buber, darf nicht bei seelischen Einzelphänomenen ansetzen, sondern muß den ganzen Menschen meinen.

---

[5] »Die Lehre vom Tao«, zunächst als eigenständiger Essay verfaßt, hat Buber 1910 seiner Auswahl aus den »Reden und Gleichnissen des Tschuang-tse« als Nachwort beigegeben; in der Vorbemerkung zur Neuauflage dieses Buchs von 1951 schreibt er, er glaube, den Essay nicht ändern zu dürfen, obwohl seine »Anschauung von manchem der darin behandelten Gegenstände sich wesentlich gewandelt« habe. Vgl. ebd., S. 6.

Ein Mensch, der ›ganz‹ ist, ist begegnungsfähig und steht in Beziehungen; seelische Krankheit ist für Buber eine Erkrankung in den Beziehungen zu anderen Menschen.

DAS GRUNDWORT ICH-DU kann nur mit dem ganzen Wesen gesprochen werden. Die Einsammlung und Verschmelzung zum ganzen Wesen kann nie durch mich, kann nie ohne mich geschehen. Ich werde am Du; Ich werdend spreche ich Du. *1923; Ich und Du, S. 15*

MAN FÜHRT MEINEN SATZ AN, das Ich werde am Du, und folgert: also verdanke ich meinen Platz meinem Partner. Nein; sondern der Beziehung zu ihm. [...] Der Person des Andern verdanke ich, daß ich dieses Du habe; aber mein Ich – worunter hier das Ich des Ich-Du-Verhältnisses zu verstehen ist – verdanke ich dem Dusagen, nicht der Person, zu der ich Du sage. *1963; Antwort, S. 596*

WER IN DER BEZIEHUNG steht, nimmt an einer Wirklichkeit teil, das heißt: an einem Sein, das nicht bloß an ihm und nicht bloß außer ihm ist. Alle Wirklichkeit ist ein Wirken, an dem ich teilnehme, ohne es mir eignen zu können. Wo keine Teilnahme ist, ist keine Wirklichkeit. Wo Selbstzueignung ist, ist keine Wirklichkeit. Die Teilnahme ist um so vollkommener, je unmittelbarer die Berührung des Du ist.
Das Ich ist wirklich durch seine Teilnahme an der Wirklichkeit. Es wird um so wirklicher, je vollkommener die Teilnahme ist. *1923; Ich und Du, S. 65 f.*

WENN WIR eines Wegs gehen und einem Menschen begegnen, der uns entgegenkam und auch eines Wegs ging, kennen wir nur unser Stück, nicht das seine, das seine nämlich erleben wir nur in der Begegnung.
Von dem vollkommnen Begegnungsvorgang wissen wir, in der Art des Gelebthabens, unser Ausgegangensein, unser Wegstück. Das andre widerfährt uns nur, wir wissen es nicht. Es widerfährt uns in der Begegnung. Aber wir verheben uns daran, wenn wir davon als von einem Etwas jenseits der Begegnung reden.
Womit wir uns zu befassen, worum wir uns zu bekümmern haben, ist nicht die andre, sondern unsre Seite; ist nicht die Gnade, sondern der Wille. Die Gnade geht uns insofern an, als wir zu ihr ausgehn und ihrer Gegenwart harren; unser Gegenstand ist sie nicht.
Das Du tritt mir gegenüber. Aber ich trete in die unmittelbare Beziehung

zu ihm. So ist die Beziehung Erwähltwerden und Erwählen, Passion und Aktion in einem. Wie denn eine Aktion des ganzen Wesens, als die Aufhebung aller Teilhandlungen und somit aller (nur in deren Grenzhaftigkeit gegründeter) Handlungsempfindungen, der Passion ähnlich werden muß. Das ist die Tätigkeit des ganz gewordenen Menschen, die man das Nichttun genannt hat, wo sich nichts Einzelnes mehr, nichts Teilhaftes mehr am Menschen regt, also auch nichts von ihm in die Welt eingreift; wo der ganze, in seiner Ganzheit ruhende Mensch wirkt; wo der Mensch eine wirkende Ganzheit geworden ist. In dieser Verfassung Stetigkeit gewonnen haben heißt zur höchsten Begegnung ausgehen können. *1923; Ich und Du, S. 77 f.*

Was von den Menschen Tun genannt wird, ist kein Tun.
Es ist nicht ein Wirken des ganzen Wesens, sondern ein Hineintappen einzelner Absichten in Taos Gewebe, das Eingreifen einzelner Handlungen in Art und Ordnung der Dinge. Es ist in den Zwecken verstrickt. [...]
Wie das wahre Erkennen von Lao-Tse, der es von der Menschensprache aus ansieht, »Nichterkennen« genannt wird (»Wer licht in Tao, ist wie voll Nacht«),[6] so wird das wahre Tun, das Tun des Vollendeten, von ihm »Nichttun« genannt. »Der Vollendete tut das Nichttun« (L.). »Die Ruhe des Weisen ist nicht, was die Welt Ruhe nennt: sie ist das Werk seiner inneren Tat.«[7]
Dieses Tun, das »Nichttun«, ist ein Wirken des ganzen Wesens. In das Leben der Dinge eingreifen heißt sie und sich schädigen. Ruhen aber heißt wirken, die eigne Seele reinigen heißt die Welt reinigen, sich in sich sammeln heißt hilfreich sein, sich Tao ergeben heißt die Schöpfung erneuern. Der sich auferlegt, hat die kleine, offenbare Macht; der sich nicht auferlegt, hat die große, heimliche Macht. Der nicht »tut«, wirkt. Der in vollkommener Eintracht ist, den umgibt die empfangende Liebe der Welt. [...]
Dieses Tun, das »Nichttun«, ist ein Wirken aus gesammelter Einheit. *1909; Die Lehre vom Tao, S. 75-77*

Die Annahme, das Unbewußte sei entweder Körper oder Seele, ist unbegründet. Das Unbewußte ist ein Zustand, aus dem diese zwei Phänomene noch nicht hervorgegangen sind und in dem beide noch nicht voneinander unterschieden werden können. Das Unbewußte ist unser Sein selbst,

---

6 Lao-Tse, Tao tê king, XLI, S. 112.

7 Lao-Tse, Tao tê king, II, S. 58: »Der heilige Mensch beharrt im Wirken des Nicht-Tun.«

aus dem die beiden (Phänomene) in jedem Augenblick wieder und wieder hervorgehen. Um in Erscheinung zu treten, muß sich das Unbewußte dissoziieren – eine der Methoden dieser Dissoziierung ist die analytische Psychologie.

[...] Wir können nichts über das Unbewußte an sich aussagen. Es ist uns niemals gegeben. Aber wir können aus bestimmten Bewußtseinszuständen schließen, daß es bestimmte Dinge geben muß.[8]

[...] Wenn das Unbewußte der Teil des Daseins einer Person ist, in dem die Bereiche von Leib und Seele nicht getrennt sind, dann bedeutet die Beziehung zwischen zwei Menschen die Beziehung zwischen zwei ungeteilten Existenzen. Da würde der höchste Augenblick der Beziehung das sein, was wir unbewußt nennen. Aber »das Unbewußte« sollte, mag und wird mehr Einfluß auf das Zwischenmenschliche haben als das Bewußte. Zum Beispiel beim Händeschütteln: wenn der wirkliche Wunsch besteht, in Berührung zu sein, dann ist der Kontakt weder körperlich noch seelisch, sondern eine Einheit aus beidem. [...][9]

Das Unbewußte ist keine Erscheinung, weder eine physische noch eine psychische, und wir erfahren es niemals unmittelbar, sondern wir kennen es nur durch seine Wirkungen, durch die Dissoziierung des Ungeformten in Erscheinungen des Leibes und der Seele. Dissoziation ist der Vorgang seiner Selbstkundgebung in inneren und äußeren Wahrnehmungen. Das bewußte Leben des Patienten ist so, wie er es kennt, ein dualistisches Leben; sein objektives Leben ist nicht dualistisch, aber das kennt er nicht.

[...][10] Zu sagen, daß der Mensch seine Einheit nicht als ein Objekt wahrnehmen kann, bedeutet nicht, daß er keine Vorstellung von seinem Selbst hat. In seltenen Augenblicken kann er die Vereinigung seiner Kräfte fühlen, jede Kraft in ihrer eigenen Sphäre, alle vereinigt, ohne ihr Eigenwesen zu verlieren. Dieses Einswerden ist die Vorbedingung wirklicher Entscheidungen. Eine Entscheidung, die nur von einem Teil des Menschen getroffen wird, ist keine echte Entscheidung. Der Mensch kann bis zu einem gewissen Grad das Bewußtsein und Gefühl von dieser Vereinigung seiner Kräfte haben, von seiner Handlungs-Einheit, aber als ein Objekt kann er

---

8 Das Unbewußte. Notizen von einem Seminar in der School of Psychiatry in Washington, S. 147 f.; in: Nachlese, S. 144-171. Es handelt sich hier um das Protokoll dreier Gespräche, mit Fragen an Buber und seinen Antworten. Die bis hier zitierte Passage stammt aus dem ersten (S. 144-148), die folgenden Auszüge (ab S. 165) sind dem dritten Gespräch (S. 160 ff.) entnommen.

9 Hier ist eine längere Passage mit Fragen an Buber und Antworten weggelassen, der vom Thema »Unbewußtes« her eine Abschweifung ist.

10 Zwei Antworten Bubers und drei Fragen sind hier ausgelassen.

seine Einheit nicht wahrnehmen. Solange der Mensch das Selbst als ein Objekt wahrnimmt, ist er keine Einheit. *1957; Das Unbewußte, S. 147-169*

Ein Chassid des »Sehers von Lublin« fastete einmal von Sabbat zu Sabbat. Am Freitagnachmittag überkam ihn ein so grausamer Durst, daß er meinte sterben zu müssen. Da erblickte er einen Brunnen, ging hin und wollte trinken. Aber sogleich besann er sich, um einer kleinen Stunde willen, die er noch zu ertragen hätte, würde er das ganze Werk dieser Woche vernichten. Er trank nicht und entfernte sich vom Brunnen. Stolz flog ihn an, daß er die schwere Probe bestanden habe. Wie er dessen inne ward, sprach er zu sich : »Besser, ich gehe hin und trinke, als daß mein Herz dem Hochmut verfällt.« Er kehrte um und trat an den Brunnen. Schon wollte er sich darüber neigen, um Wasser zu schöpfen, da merkte er, daß der Durst von ihm gewichen war. Nach Sabbatanbruch betrat er das Haus seines Lehrers. »Flickarbeit!« rief ihm der an der Schwelle zu.
Als ich diese Geschichte in meiner Jugend zum ersten Mal hörte, war ich davon betroffen, wie hart hier ein Meister seinen eifrig bemühten Schüler behandelt. Dieser strengt sich aufs äußerste an, um ein schweres Werk der Askese zustande zu bringen, er fühlt sich versucht es abzubrechen und überwindet die Versuchung, und nach alledem erntet er nichts anderes als ein absprechendes Urteil seines Lehrers. Wohl entstammte die erste Hemmung der Macht des Körpers über die Seele, einer Macht, die erst gebrochen werden mußte, aber die zweite entstammte dem edelsten Motiv: Lieber scheitern als um des Gelingens willen in Hochmut verfallen! Wie kann man um solch eines inneren Ringens willen gescholten werden? Wird hier vom Menschen nicht zu viel gefordert?
Viel später [...] verstand ich erst, daß es hier überhaupt nicht darum geht, vom Menschen etwas zu fordern. War doch der Zaddik von Lublin nicht eben als Freund der Askese bekannt, und was der Chassid unternahm, unternahm er gewiß nicht ihm zu Gefallen, sondern wohl weil er hoffte, auf diesem Wege auf eine höhere Stufe der Seele zu gelangen; und daß das Fasten im Anfangsstadium der persönlichen Entwicklung und später in kritischen Momenten dazu dienen kann, hatte er ja aus dem Munde des »Sehers« gehört. Was dieser nun, nachdem er offenbar mir wahrem Verständnis den Verlauf des Wagnisses beobachtet hatte, zum Schüler sagt, bedeutet zweifellos: »Auf diese Weise gelangt man nicht auf eine höhere Stufe.« Er warnt den Schüler vor etwas, was ihn mit Notwendigkeit hindert, seine Absicht zu erreichen. Was aber dieses Etwas ist, wird uns deutlich genug. Gerügt wird, daß man vordringt und wieder zurückweicht; das

Hin und Her, der Zickzack-Charakter des Tuns ist das Bedenkliche. Was der »Flickarbeit« gegenübersteht, ist die Arbeit aus Einem Guß. Wie aber vollbringt man eine Arbeit aus Einem Guß? Nicht anders als mit geeinter Seele.

Wieder jedoch überfällt uns die Frage, ob hier mit einem Menschen nicht zu hart umgegangen wird. Es ist ja in unserer Welt eben so bestellt, daß der eine – gleichviel wie man es ausdrücken will, »von Natur« oder »von Gnade« – eine einheitliche Seele, eine Seele aus Einem Guß hat und demgemäß einheitliche Werke, Werke aus Einem Guß vollbringt, weil eben eine so geartete Seele sie ihm eingibt und ihn dazu befähigt; der andere aber hat eine vielfältige, komplizierte, widerspruchsvolle Seele, und davon ist naturgemäß sein Tun bestimmt: dessen Hemmungen und Störungen kommen aus den Hemmungen und Störungen der Seele, ihre Unruhe prägt sich in seiner Unruhe aus. Was kann denn ein so beschaffener Mensch anders als sich anstrengen, die Versuchungen, die ihn auf dem Weg zum jeweiligen Ziel antreten, zu überwinden? Was kann er anders tun als eben jeweils, mitten im Tun, sich, wie man zu sagen pflegt, »zusammenzunehmen«, das heißt, seine hin und her gerissene Seele einzusammeln und immer wieder gesammelt auf das Ziel zu richten, und dazu noch bereit zu sein, wie es der Chassid in unserer Erzählung tut, als der Hochmut ihn anwandelt, sogar das Ziel zu opfern, um die Seele zu retten?

Wenn wir von diesen Fragen aus noch einmal unsre Erzählung prüfen, sehen wir erst, welche Lehre sich in der Kritik des »Sehers« birgt. Es ist die Lehre, daß der Mensch seine Seele zu einen vermag. Der Mensch mit der vielfältigen, komplizierten, widerspruchsvollen Seele ist nicht ausgeliefert: das Innerste dieser Seele, die Gotteskraft in ihrer Tiefe, vermag auf sie einzuwirken, sie zu ändern, die einander befehdenden Kräfte aneinander zu binden, die auseinanderstrebenden Elemente ineinander zu schmelzen, es vermag sie zu einen. Solch eine Einung muß sich vollziehen, *ehe* der Mensch an ein ungewöhnliches Werk herangeht. Nur mit geeinter Seele wird er es so zu tun imstande sein, daß es nicht Flickarbeit, sondern Arbeit aus Einem Guß wird. Das ist es also, was der »Seher« dem Chassid vorwirft: daß er sein Wagnis mit ungeeinter Seele unternommen hat; mitten im Werk gelingt die Einung nicht. Man soll aber auch nicht etwa meinen, die Askese könne die Einung herbeiführen; sie kann reinigen, kann konzentrieren, aber sie kann nicht bewirken, daß das Ergebnis davon bis zur Erreichung des Ziels bewahrt bleibe, – sie kann die Seele vor deren eigenem Widerspruch nicht schützen.

Nun muß man freilich eines im Auge behalten: daß keine Einung der Seele eine endgültige ist. Wie auch die von Geburt einheitlichste Seele doch zu-

weilen von inneren Schwierigkeiten überfallen wird, so kann auch die am gewaltigsten um die Einheit ringende sie nie vollkommen erreichen. Aber jedes Werk, das ich aus geeinter Seele tue, wirkt auf meine Seele zurück, wirkt in die Richtung auf neue und höhere Einheit hin, jedes führt mich, wenn auch auf mancherlei Umwegen, zu einer *stetigeren* Einheit hin, als die ihm vorausgehende war. So gelangt man endlich dahin, wo man sich seiner Seele überlassen kann, weil ihr Maß an Einheit so groß ist, daß sie den Widerspruch wie im Spiel überwindet. Wachsam muß man freilich auch dann sein, aber es ist eine gelassene Wachsamkeit. [...]
Aber man würde, was mit Einung der Seele gemeint ist, von Grund aus mißverstehen, wenn man unter »Seele« hier etwas anderes verstünde als: der ganze Mensch, Leib und Geist miteinander. Die Seele ist nicht wirklich geeint, wenn es nicht alle leiblichen Kräfte, alle Glieder des Leibes sind. Den Schriftvers ›Alles, was deine Hand zu tun findet, tue in deiner Kraft!‹ deutete der Baalschem, man solle die Tat, die man tut, mit allen Gliedern tun, d.h. es solle auch das ganze leibliche Wesen des Menschen daran beteiligt sein, nichts von ihm dürfe draußen bleiben. Der Mensch, der so eine Einheit aus Leib und Geist wird, dessen Werk ist Werk aus Einem Guß.[11] *1947; Der Weg des Menschen nach der chassidischen Lehre, S. 25-32*

DER KRUG. Der Baalschem sprach einmal zu seinen Schülern: »Wie im Blatt die Kraft der Wurzel, so ist in jedem Gerät die Kraft des Menschen, der es gemacht hat, und dessen Beschaffenheit und Gebaren sind daraus zu erkennen.« Da fiel sein Blick auf einen schönen Bierkrug, der vor ihm stand; er deutete darauf und sprach weiter: »Ist es diesem Krug nicht anzusehn, daß ihn ein Mann ohne Füße gemacht hat?«
Als der Baalschem geendet hatte, nahm einer der Schüler von ungefähr den Krug, um ihn auf die Bank zu stellen. Aber sowie er darauf stand, zerfiel er in kleine Brocken. *Die Erzählungen der Chassidim, S. 161*

MAN PFLEGT ERSCHEINUNGEN des Konflikts zunächst aus den Motiven zu erklären, deren sich die miteinander im Streit Liegenden als des Anlasses zum Streit bewußt sind, und aus den diesen Motiven zugrundeliegenden objektiven Situationen und Vorgängen, in die beide Teile verwickelt sind; oder man geht analytisch vor und sucht die unbewußten Komplexe zu erforschen, zu denen sich jene Motive nur wie Symptome einer Krankheit zu den organischen Schäden selber verhalten. Die chassidische Lehre

[11] Der Abschnitt »Entschlossenheit« ist hier nur wenig gekürzt wiedergegeben.

hat mit dieser Auffassung das gemeinsam, daß auch sie von der Problematik des äußeren Lebens auf die des inneren verweist. Aber sie unterscheidet sich von jener in zwei wesentlichen Punkten, einem grundsätzlichen und einem praktischen, der aber noch wichtiger ist.

Der grundsätzliche Unterschied besteht darin, daß die chassidische Lehre nicht auf die Untersuchung einzelner seelischer Komplikationen ausgeht, sondern den ganzen Menschen meint. Damit ist aber keineswegs ein quantitativer Unterschied ausgesprochen. Vielmehr handelt es sich hier um die Erkenntnis, daß Herauslösen von Teilelementen und Teilprozessen aus dem Ganzen stets der Erfassung der Ganzheit hinderlich ist und daß zu wirklicher Wandlung, zu wirklicher Heilung zunächst des Einzelnen und sodann des Verhältnisses zwischen ihm und seinem Mitmenschen, nur die Erfassung der Ganzheit als Ganzheit führen kann. (Paradox ausgedrückt: die Suche nach dem Schwerpunkt verschiebt ihn und vereitelt damit den ganzen Versuch, die Problematik zu überwinden.) Das heißt nicht, daß nicht alle Phänomene der Seele zu betrachten sind; aber keines von ihnen ist so in den Mittelpunkt der Betrachtung zu rücken, als ob alles andre daraus abzuleiten wäre; vielmehr muß an allen Punkten angesetzt werden, und zwar nicht einzeln, sondern gerade in ihrem vitalen Zusammenhang.

Der praktische Unterschied aber besteht darin, daß der Mensch hier gar nicht als Objekt der Untersuchung behandelt wird, sondern aufgerufen wird, sich »zurechtzuschaffen«. Der Mensch soll zuerst selbst erkennen, daß die Konfliktsituationen zwischen ihm und den andern nur Auswirkungen der Konfliktsituationen in seiner eigenen Seele sind, und dann soll er diesen inneren Konflikt zu überwinden suchen, um nunmehr als ein Gewandelter, Befriedeter zu seinen Mitmenschen auszugehen und neue, gewandelte Beziehungen zu ihnen einzugehen.[12] *1947; Der Weg des Menschen nach der chassidischen Lehre, S. 34-36*

WENN DER ERZIEHER über echte Autorität verfügt, kann er sogar auf das Elternhaus Einfluß nehmen, sofern der elterliche Einfluß dem erwünschten zuwiderläuft. Ebenso wie der Seelenarzt nicht den Kranken allein, sondern auch dessen Frau und Kinder behandelt. Denn nicht nur der Mensch ist krank, die Beziehungen sind krank. Ein echter Arzt behandelt nicht nur die Krankheit, das betroffene Glied, sondern den Kranken als Menschen, als Ganzheit. *1961; Kibbuzleben zwischen Nähe und Beziehung, S. 307 f.*

---

[12] Aus dem Abschnitt »Bei sich beginnen«.

Absichtsloses Tun

Ein Mensch handelt absichtslos, wenn er mit seinem Tun keine Nebenzwecke verbindet: wenn sein Tun am Gegenüber das Gegenüber meint und nicht – und sei es unbewußt – sein Ich. Ein Handeln muß genau dieses Handeln sein und nichts anderes. Buber unterscheidet die dialogische Grundbewegung der »Hinwendung« und die monologische der »Rückbiegung«, in welcher der andere als das eigene Erlebnis gemeint ist. Der andere Mensch ist nicht mehr der andere, den es in seiner Eigenart zu vergegenwärtigen gilt, sondern er dient nun der Bestätigung des Ich.
Ein Abzielen auf sich selbst ist auch die Bemühung ums eigene Seelenheil in der Religion oder kann auch das Haften an der eigenen Schuld sein, das die Zuwendung zur Welt verhindert.
Eine Art positiven Gegenentwurf zeigt Buber am Beispiel der chassidischen Zaddikim, die in ihrem ganzen Sein und Verhalten ›eine Thora waren‹, d.h. jene Beständigkeit ausdrückten, von der im Ethik-Kapitel in dem Abschnitt »Die Haltung des verantwortlichen Menschen« die Rede ist. Am Kommen des Messias mitwirken kann nur ein Handeln, das in sich steht, das das Rechte will, und keines, das sich als Heraufbeschwören des Messias *heraus*stellt, hervorhebt.
Letztlich geht es hier im Bereich der Existenz um die Wahrheitsfrage, die im ersten und vierten Kapitel bereits angesprochen ist: Ist ein so beschriebenes absichtsloses Tun möglich, ohne unbewußte Nebenmotive, ist also eine innere Übereinstimmung des menschlichen Daseins mit sich möglich – oder ist das Mißtrauen dem anderen gegenüber, und in der Konsequenz sich selbst gegenüber, die einzig realistische Position.

Die Hauptaufgabe im Umgang mit meinem Mitmenschen wird mehr und mehr, ihn, sei es individualpsychologisch oder soziologisch, zu durchschauen und zu entlarven – wobei im klassischen Fall gar nicht mehr eine Larve gemeint ist, die er sich aufgesetzt habe, um mich zu täuschen, sondern eine, die sich ihm ohne sein Wissen aufgesetzt, ja geradezu aufgeprägt habe, so daß der eigentlich Getäuschte sein eigenes Bewußtsein ist; dazwischen gibt es natürlich unzählige Übergangsformen. Mit dieser veränderten Grundhaltung [...] ist das Mißtrauen zwischen Mensch und Mensch existentiell geworden. Und zwar im doppelten Sinn: es stellt nicht mehr bloß die Aufrichtigkeit, die Redlichkeit des andern in Frage, sondern die innere Übereinstimmung seines Daseins selber, und es hebt nicht mehr bloß das zuverlässige Gespräch zwischen offenen oder geheimen Gegnern auf, sondern die Unmittelbarkeit des Miteinanderseins von Mensch und Mensch überhaupt. Die Durchschauung und Entlarvung wird jetzt der große zwischenmenschliche Sport, von dem die ihn treiben freilich nicht ahnen, wohin er sie verlockt. Nietzsche wußte, was er tat, als er die »Kunst des Mißtrauens« pries, und wußte es doch nicht – denn das Spiel wird naturgemäß in dem Maße vollständig, als es gegenseitig wird, das heißt in dem Maße, in dem der Entlarvende selber zum Gegenstand des Entlarvens wird. Es ist somit zukünftig ein Grad der vollständigen und vollkommenen Gegenseitigkeit im existentiellen Mißtrauen abzusehen, wo die Rede in Stummheit und der Sinn in Wahnsinn umschlägt. Noch neigt der Mensch dazu, den andern zu schonen, um selber geschont zu werden; denn wenn er auch zuweilen sich anschickt, sich selber in Frage zu stellen, er wird im allgemeinen noch rechtzeitig innehalten mögen; aber die Dämonie läßt nicht mit sich spaßen. Im Grunde ist ja das existentielle Mißtrauen nicht mehr, wie das alte, ein Mißtrauen zu meinem Mitmenschen, sondern es ist die Vernichtung des Vertrauens zum Dasein überhaupt.[13] *1952; Hoffnung für diese Stunde, S. 318 f.*

Um die Wahrheit. Als Rabbi Pinchas einmal das Abendgebet vor dem Pult sprach und an die Worte kam »Der sein Volk Israel hütet«, schrie er aus dem innersten Grund der Seele auf. Die Gräfin, der die Umgebung von Korez gehörte, ging eben an dem Bethaus vorüber. Sie beugte sich über eins der niederen Fenster und lauschte. Dann sagte sie zu den Umstehenden: »Wie wahr ist doch dieser Schrei, ohne jede Beimischung von Lüge!« Als man es Rabbi Pinchas erzählte, sprach er lächelnd: »Auch die Völker der Welt wissen, was Wahrheit ist.«[14] *Die Erzählungen der Chassidim, S. 236*

Die Beziehung zum Du ist unmittelbar. Zwischen Ich und Du steht keine Begrifflichkeit, kein Vorwissen und keine Phantasie; und das Gedächtnis selber verwandelt sich, da es aus der Einzelung in die Ganzheit stürzt. Zwischen Ich und Du steht kein Zweck, keine Gier und keine Vorwegnahme; und die Sehnsucht selber verwandelt sich, da sie aus dem Traum in die Erscheinung stürzt. Alles Mittel ist Hindernis. Nur wo alles Mittel zerfallen ist, geschieht die Begegnung. *1923; Ich und Du, S. 15 f.*

[13] Um in Bubers Sicht die Situation des Menschen in seiner Zeit zu beschreiben, wurde diese Passage im Rahmen eines ausführlicheren Zitats bereits im ersten Kapitel wiedergegeben.

[14] Unter der Überschrift »Um die Wahrheit« hat Buber (S. 235 f.) drei Erzählungen von Rabbi Pinchas zusammengestellt; hier wird nur die mittlere (S. 236) wiedergegeben.

Solang sich einer nur in seinem Selbst erlöst, kann er der Welt weder Liebes noch Leides tun, er geht sie nicht an. *1923; Ich und Du, S. 96*

Die chassidische Bewegung mußte [...] Männer hinstellen, die jeden, der getragen werden wollte, auf ihre starken Schultern nahmen, aber ihn doch auch wieder zu Boden setzten, sobald man ihm zutrauen konnte, selber weiterzugehen. In vollkommenem Gegensatz zu den pseudomessianischen Typen übten diese Männer selber Verantwortung für die ihnen anvertrauten Seelen und ließen auch in diesen den Funken der Verantwortung nicht erlöschen. Wollte Frank wie Sabbatai als eine Erfüllung und Aufhebung der Thora verstanden werden, so war es das höchste Lob, das einem Zaddik gespendet wurde, er sei eine Thora, das heißt: in seiner Beschaffenheit, in seinem alltäglichen Gebaren, in seinen unbetonten, absichtslosen Handlungen und Haltungen, darin »wie er die Sandalen schnüre und löse«, stelle sich das an der Thora dar, was unaussprechlich ist, aber durch menschliche Existenz tradiert werden kann. *1944; Die Anfänge (in: Die chassidische Botschaft), S. 49f.*

Was die chassidische Botschaft von der Erlösung sagt, erhebt sich gegen die messianistische Selbstunterscheidung eines Menschen von den andern Menschen, einer Zeit von den andern Zeiten, einer Handlung von den andern Handlungen. Allem Menschentum ist die mitwirkende Kraft zugeteilt, alle Zeit ist erlösungsunmittelbar, alles Handeln um Gottes willen darf messianisches Handeln heißen. Aber nur absichtsloses Handeln kann ein Handeln um Gottes willen sein. Die Selbstunterscheidung, die Rückbiegung des Menschen auf einen messianistischen Vorzug dieser Person, dieser Stunde, dieser Handlung zersetzt die Absichtslosigkeit. Die Ganzheit seines Weltlebens Gott zuwenden und es dann in all seinen Augenblicken bis auf den letzten sich auftun und abfolgen lassen, das ist Wirken des Menschen an der Erlösung. *1927; Spinoza, Sabbatai Zwi und der Baalschem (in: Die chassidische Botschaft), S. 30 f.*

Grundbewegung nenne ich eine Wesenshandlung des Menschen (man mag sie als eine »innere« verstehen, aber sie ist nicht da, wenn sie nicht bis in die Spannung der Augenmuskeln und bis in den Auftritt der Fußsohle da ist), um die sich eine Wesenshaltung aufbaut. Das ist nicht zeitlich gemeint, als ginge die einmalige Handlung der dauernden Haltung voraus; diese hat vielmehr ihre Wahrheit darin, daß die Grundbewegung immer wieder, ohne Vorsatz, aber auch ohne Gewöhnung, vollzogen wird. [...] Die dialogische Grundbewegung ist die Hinwendung. Das ist ja scheinbar

etwas Allstündliches und Belangloses: wenn man jemand ansieht, anredet, wendet man sich ihm eben zu, naturgemäß körperlich, aber auch in dem erforderlichen Maße mit der Seele, indem man die Aufmerksamkeit auf ihn richtet. Aber was von alledem ist eine Wesenshandlung, mit dem Wesen getan? So also, daß aus der Unumfaßlichkeit des Vorhandenen diese eine Person hervortritt und zur Gegenwart wird, und nun ist in unserer Wahrnahme die Welt nicht mehr eine indifferente Vielfältigkeit von Punkten, von denen einem wir etwa momenthafte Beachtung schenken, sondern ein schrankenloses Wogen um einen schmalen, hellumrissenen, tragstarken Damm, – schrankenlos, aber eben durch ihn eingeschränkt, somit wenn auch nicht umzirkt, so doch mitteninne endlich geworden, bildhaft geworden, von der eignen Indifferenz erlöst! Und doch ist keine der allstündlichen Berührungen unwert, von unserm Wesen aufzunehmen soviel sie eben vermag, – da ja kein Mensch ohne Kraft zur Äußerung ist und unsre Hinwendung eine noch so unmerkliche, noch so schnell erstickte Entgegnung in einem vielleicht in bloßer Innerlichkeit verlaufenden und doch eben existenten Aufschauen, Auflauten der Seele bewirkt. Die Vorstellung des modernen Menschen, Hinwendung sei sentimental und entspreche nicht der Dichtigkeit heutigen Lebens, ist ein grotesker Irrtum, wie seine Versicherung, Hinwendung sei im Getriebe dieses heutigen Lebens unpraktizierbar, nur das maskierte Eingeständnis seiner Initiativschwäche der Zeitlage gegenüber ist; er läßt sich von ihr diktieren, was möglich oder zulässig sei, statt als gelassener Partner mit ihr zu vereinbaren, was mit *jeder* Zeitlage zu vereinbaren ist, welcher Raum nämlich und welche Gestalt sie dem kreatürlichen Dasein zuzugestehen gehalten sei.
Die monologische Grundbewegung ist nicht etwa die Abwendung als Gegensatz zur Hinwendung, sondern die Rückbiegung.
[...] Rückbiegung ist etwas andres als Egoismus und sogar als »Egotismus«. Es ist nicht dies, daß einer sich mit sich befaßt, sich betrachtet, sich befingert, sich genießt, sich verehrt, sich beweint; das kann alles hinzukommen – wie zur Hinwendung, sie vollendend, hinzukommen kann, daß man den Andern in dessen eigentümlichem Dasein vergegenwärtigt, ja ihn umfaßt, so daß man die ihm und einem selber gemeinsamen Situationen auch von seinem, des Andern, Ende aus erfährt –, aber es gehört nicht dazu. Rückbiegung nenne ich es, wenn einer sich der wesensmäßigen Annahme einer andern Person in ihrer seinem Selbstkreis schlechthin nicht einschreibbaren, seine Seele wohl substantiell berührenden und bewegenden, aber nirgends ihr immanenten Sonderheit entzieht und den Andern nur als das eigne Erlebnis, nur als eine Meinheit bestehen läßt. Da wird denn Zwiesprache zum Schein, der geheimnishafte Verkehr

zwischen menschlicher Welt und menschlicher Welt wird nur noch gespielt, und in der Ablehnung des gegenüberlebenden Wirklichen beginnt sich die Essenz aller Wirklichkeit zu zersetzen. *1930; Zwiesprache, S. 170-173*

Die Gottesbegegnung widerfährt dem Menschen nicht, auf daß er sich mit Gott befasse, sondern auf daß er den Sinn an der Welt bewähre. Alle Offenbarung ist Berufung und Sendung. Aber wieder und wieder vollzieht der Mensch statt der Verwirklichung eine Rückbiegung auf den Offenbarenden; er will sich statt mit der Welt mit Gott befassen. Nur steht ihm nun, dem Rückgebogenen, kein Du mehr gegenüber, er kann nichts anderes als ein Gottes-Es in die Dinglichkeit einstellen, von Gott als von einem Es zu wissen glauben und von ihm reden. Wie der ichsüchtige Mensch, statt irgend etwas, eine Wahrnehmung, eine Zuneigung, unmittelbar zu leben, auf sein wahrnehmendes oder zugeneigtes Ich reflektiert und damit die Wahrheit des Vorgangs verfehlt, so reflektiert der gottsüchtige Mensch (der sich übrigens mit jenem recht gut in einer Seele verträgt), statt die Gabe sich auswirken zu lassen, auf das Gebende, und verfehlt beides.
Im Ausgesandtsein bleibt Gott dir Gegenwart; der in der Sendung Wandelnde hat Gott stets vor sich: je treuer die Erfüllung, um so stärker und stetiger die Nähe; befassen kann er sich freilich mit Gott nicht, aber unterreden kann er sich mit ihm. Die Rückbiegung dagegen macht Gott zum Gegenstand. Ihre scheinbare Hinwendung zum Urgrund gehört in Wahrheit zur Weltbewegung der Abwendung, wie die scheinbare Abwendung des die Sendung Erfüllenden in Wahrheit zur Weltbewegung der Hinwendung gehört.
Denn die beiden metakosmischen Grundbewegungen der Welt: die Ausbreitung in das Eigensein und die Umkehr zur Verbundenheit finden ihre höchste menschliche Gestalt, die eigentliche Geistesform ihres Kampfs und Ausgleichs, ihrer Mischung und Entmischung in der Geschichte des menschlichen Verhältnisses zu Gott. In der Umkehr wird das Wort auf Erden geboren, in der Ausbreitung verpuppt es sich zur Religion, in neuer Umkehr gebiert es sich neu beflügelt wieder. *1923; Ich und Du, S. 117 f.*

Nicht um Lohn. Man fragte den Zloczower Maggid: »Es steht geschrieben: ›Werdet ihr in meinen Satzungen gehn, meine Gebote wahren und sie tun, gebe ich eure Regengüsse zu ihrer Zeit, geben soll die Erde ihr Gewächs, der Baum des Feldes gibt seine Frucht.‹ Wie ist dies, daß uns Gott Lohn verheißt, wenn wir ihm dienen wollten? Ist uns doch von unsern

Weisen gesagt, wir sollten nicht wie Knechte sein, die ihrem Herrn dienen unter der Bedingung, daß sie Lohn empfangen!«
Der Zaddik gab diese Antwort: »Wohl, wer ein Gebot um irgendeines Gewinns willen erfüllt, sei es auch der der kommenden Welt, dem wird nichts zuteil; denn er hat nur sich selber dienen wollen. Wer es aber in echter Furcht und Liebe erfüllt, dessen Tun strahlt in die Welt und zieht die Fülle des Segens herbei. So ist die Gunst des Himmels und der Erde ein Zeichen der rechten Erfüllung, die nicht um des Lohns, sondern um Gottes selber willen geschah. Darum auch steht geschrieben: ›Das Leben und den Tod habe ich vor dich hingegeben, die Segnung und die Verwünschung, wähle das Leben, damit du selber lebest und dein Same!‹ Wähle die Tat des Lebens, die die Fülle des Lebens über die Welt bringt!« *Die Erzählungen der Chassidim, S. 256 f.*

Das Eigentümliche. Rabbi Pinchas sprach: »Wenn ein Mensch etwas Großes in Wahrheit zu tun beginnt, braucht er nicht zu fürchten, daß ein andrer es ihm nachtun könnte. Wenn er es aber nicht in Wahrheit tut, sondern darauf sinnt, es so zu tun, daß keiner es ihm nachtun könnte, dann bringt er das Große auf die niederste Stufe herab, und alle können dasselbe tun.« *Die Erzählungen der Chassidim, S. 240*

Was man nicht nachmachen kann. Der Kozker Rabbi sprach: »Alles in der Welt kann man nachmachen, nur die Wahrheit nicht. Denn eine nachgemachte Wahrheit ist keine Wahrheit mehr. *Die Erzählungen der Chassidim, S. 794*

Als Rabbi Chajim von Zans seinen Sohn der Tochter des Rabbi Elieser vermählt hatte,[15] trat er am Tag nach der Hochzeit beim Brautvater ein und sagte: »Schwäher, Ihr seid mir nahe gekommen, und ich darf Euch sagen, was mein Herz peinigt. Seht, Haupt- und Barthaar sind mir weiß geworden, und noch habe ich nicht Buße getan!« »Ach, Schwäher«, erwiderte ihm Rabbi Elieser, »Ihr habt nur Euch im Sinn. Vergeßt Euch und habt die Welt im Sinn!«
[...] Wir haben gehört, jeder solle sich auf sich selbst besinnen, er solle seinen besonderen Weg erwählen, er solle bei sich selbst beginnen; nun aber wird uns gesagt, man solle sich selber vergessen. Aber man muß nur genauer hinhorchen, dann stimmt dies nicht bloß mit dem andern überein, sondern es fügt sich als notwendiges Glied, als notwendiges Stadium an

[15] Rabbi Chajims Sohn Jecheskel von Sieniawa und Elieser von Dzikow.

seiner Stelle ins Ganze. Man braucht nur eine Frage zu fragen: »Wozu?« Wozu soll ich mich auf mich selbst besinnen, wozu meinen besonderen Weg erwählen, wozu mein Wesen zur Einheit bringen? Die Antwort lautet: Nicht um meinetwillen. Darum hieß es auch [...]: bei sich selbst beginnen. Bei sich beginnen, aber nicht bei sich enden; von sich ausgehen, aber nicht auf sich abzielen; sich erfassen, aber sich nicht mit sich befassen.
Wir sehen einen Zaddik, einen weisen, frommen, hilfreichen Mann, in den Tagen des Alters sich Vorwürfe machen, daß er noch nicht die wahre Umkehr vollzogen habe. Hinter der Antwort steht offenbar die Ansicht, daß er seine Sünden weit überschätze und die bisher schon getane Buße weit unterschätze. Aber was gesagt wird, geht darüber hinaus. Es sagt ganz allgemein: »Du sollst dich nicht immerzu mit dem quälen, was du falsch gemacht hast, sondern die Seelenkraft, die du auf solche Selbstvorwürfe verwendest, sollst du der Tätigkeit an der Welt zuwenden, für die du bestimmt bist. Nicht mit dir sollst du dich befassen, sondern mit der Welt.«
Man muß zunächst recht verstehen, was hier in bezug auf die Umkehr gesagt wird. Die Umkehr steht bekanntlich im Mittelpunkt der jüdischen Auffassung vom Weg des Menschen. Sie vermag den Menschen von innen zu erneuern und seinen Ort in der Welt Gottes zu wandeln, so daß der Umkehrende über den vollkommenen Zaddik, der den Abgrund der Sünde nicht kennt, erhöht wird. Aber Umkehr bedeutet hier etwas weit Größeres als Reue und Bußehandlungen; sie bedeutet, daß der Mensch, der sich im Wirrsal der Selbstsucht verlaufen hat, wo er immer sich selber sich zum Ziel setzte, durch eine Wendung seines ganzen Wesens einen Weg zu Gott finde; und das heißt: den Weg zur Erfüllung der besonderen Aufgabe, für die Gott ihn, diesen besonderen Menschen, bestimmt hat. Die Reue kann nur der Antrieb zu dieser tätigen Wendung sein; wer sich aber weiter und weiter mit Reue plagt, wer sich damit peinigt, daß die Werke seiner Buße nicht hinlänglich seien, der entzieht der Wendung die beste Kraft. Mit kühnen starken Worten hat der Gerer Rabbi in einer Predigt am Versöhnungstag vor der Selbstpeinigung gewarnt. »Wer ein Übel, das er getan hat«, sagte er, »immerzu beredet und besinnt, hört nicht auf, das Gemeine, das er getan hat, zu denken, und was man denkt, darin liegt man, mit der Seele liegt man ganz und gar darin, was man denkt – so liegt er doch in der Gemeinheit: der wird gewiß nicht umkehren können, denn sein Geist wird grob und sein Herz stockig werden, und es mag auch noch die Schwermut über ihn kommen. Was willst du? Rühr' her den Kot, rühr' hin den Kot, bleibt's doch immer Kot. Ja gesündigt, nicht gesündigt, was hat man im Himmel davon? In der Zeit, wo ich darüber grüble, kann ich doch Perlen reihen, dem Himmel zur Freude. Darum heißt es: ›Weiche vom Bösen und

tue das Gute‹ – wende dich von dem Bösen ganz weg, sinne ihm nicht nach und tue das Gute. Unrechtes hast du getan? Tue Rechtes ihm entgegen.« Aber die Lehre unserer Erzählung geht darüber hinaus. Wer sich unablässig damit peinigt, daß er noch nicht hinreichend Buße getan habe, dem ist es wesentlich um das Heil seiner Seele, also um sein persönliches Los in der Ewigkeit zu tun. Der Chassidismus zieht nur eine Folgerung aus der Lehre des Judentums überhaupt, wenn er diese Zielsetzung ablehnt. Dies ist ja einer der Hauptpunkte, an denen sich das Christentum vom Judentum geschieden hat: daß es für jeden Menschen sein eignes Seelenheil zum höchsten Ziele machte. Für das Judentum ist jede menschliche Seele ein dienendes Glied in der Schöpfung Gottes, die durch das Werk des Menschen zum Reiche Gottes werden soll; so ist denn keiner Seele ein Ziel in ihr selbst, in ihrem eigenen Heil gesetzt. Wohl soll jede sich erkennen, sich läutern, sich vollenden, aber nicht um ihrer selbst willen, wie nicht um ihres irdischen Glücks, so auch nicht um ihrer himmlischen Seligkeit willen, sondern um des Werks willen, das sie an der Welt Gottes vollbringen soll. Man soll sich vergessen und die Welt im Sinn haben.
Das Abzielen auf das eigene Seelenheil gilt hier nur als die sublimste Gestalt des Abzielens auf sich selbst. Dies ist es, was der Chassidismus aufs intensivste ablehnt, und ganz besonders für den Menschen, der sein Selbst gefunden und ausgebildet hat.[16] *1947; Der Weg des Menschen nach der chassidischen Lehre, S. 41-46*

Schuld

Die realistische Sicht des eigenen Tuns oder Unterlassens umfaßt die Seite des anderen. Jede eigene Handlung und auch Unterlassung tritt unwiderruflich ins Sein, da sie einen anderen Menschen mitbetrifft, sie bleibt kein unverbindliches Geschehnis im Innern des Ich. Zusätzlich zu einer neurotischen Schuld, die etwa von eingebildeten oder in ihrer Bedeutung überschätzten Tabuüberschreitungen, Regelverletzungen herkommt und bei der unberechtigte oder unverhältnismäßige Schuldgefühle entstehen, gibt es eine reale Schuld am andern. Ansätze existentieller Psychotherapie haben dies in ihre Perspektive einbezogen.[17]

---

[16] Aus dem Abschnitt: »Sich mit sich nicht befassen«.
[17] Vgl. das Kapitel »Verantwortung und existentielle Schuld« in Irving D. Yaloms Buch »Existentielle Psychotherapie«, S. 328-339.

»Das ursprüngliche Schuldigsein ist das Bei-sich-Bleiben«, d.h. die Weigerung oder Unterlassung, einem Gegenüber in einer Situation zu antworten, die Absage an die Verantwortung. Eine Schuld ist irreversibel; die Einsicht in eine einst verdrängte Schuld, die »Selbstschau des Schuldigen«, erweist die Identität des heutigen, veränderten mit dem damaligen Menschen, der schuldig geworden war. Schuld bedeutet für Buber die Verletzung der ›menschlichen Seinsordnung‹, d.h. des mit der Tatsache menschlichen Dasein gesetzten Auftrags der Verantwortung.

AUF DER LONDONER INTERNATIONALEN KONFERENZ für medizinische Psychotherapie von 1948[18] war als das Thema der ersten Plenarsitzung »The Genesis of Guilt« bestimmt. Der erste Vortragende, ein Holländer, begann mit der Mitteilung, man habe in einer Sondergruppe die Frage erörtert, ob damit die Entstehung von Schuld oder die Entstehung von Schuldgefühl gemeint sei. Die Frage blieb ungeklärt. Aber im Fortgang der Diskussion blieb es den Theologen überlassen, von der Schuld selber zu reden (womit sie freilich nicht eigentlich die persönliche Schuld, sondern die Urschuld des Menschengeschlechts meinten); die Psychologen befaßten sich lediglich mit den Schuldgefühlen.
Die Themenverteilung, bei der die aktualen schuldhaften Begebenheiten im Leben des »Patienten«, des leidenden Menschen, kaum in die Erscheinung traten, ist charakteristisch für das meiste von dem, was man die therapeutische Disziplin nennt. Erst in der letzten Zeit beginnt man bedenklich zu finden, daß sowohl deren Theorie wie deren Praxis sich nur mit den psychischen Schuldgebilden, nicht aber mit den ihnen zugrunde liegenden Schuldgeschehnissen befaßt hat. Diese Unterlassung aber war nicht als solche dargelegt und methodologisch begründet worden; man hat sie als eine sich mit Selbstverständlichkeit aus dem Wesen der Psychologie ergebende Einschränkung behandelt.
Nichts Derartiges jedoch ist selbstverständlich; ja nichts Derartiges besteht zu Recht. […]
Der gültige Wissenschaftsbereich der Psychotherapie sind die »inneren« Reaktionen des Individuums auf sein – passives und aktives – Erleben, die jeweilige Verarbeitung des biographischen Geschehens, sei es in bewußten, sei es in unbewußten Prozessen. Das Verhältnis des Patienten zu einem Menschen, mit dem er in einem sein eigenes Leben stark bestimmen-

[18] International Congress on Mental Health, London 1948, Vol. III. Proceedings of the International Conference on Medical Psychotherapy.

den Kontakt steht, ist für den Psychologen als solchen nur insofern von Wichtigkeit, als seine Auswirkungen in der Psychik des Patienten zum Verständnis von dessen Erkrankung dienen können; das Verhältnis selber in seiner Gegenseitigkeitsrealität, die sinnvolle Tatsächlichkeit des zwischen den beiden Menschen Geschehenen und Geschehenden, transzendiert seine Aufgabe, wie es seine Methode transzendiert. Er hält sich daran, was seine erschließende Arbeit am Patienten ihm von dessen inneren Zusammenhängen zugänglich macht. Und doch darf, ja muß er, wenn er nicht bloß seiner Pflicht den Gesetzen seines Faches und ihrer Anwendung gegenüber, sondern auch der dem Dasein und der Not des Menschen gegenüber Genüge tun will, den Blick immer wieder dahin wenden, wo nicht mehr bloß ein Seiendes sich zu sich selber, sondern Seiendes sich zu Seiendem verhält, dieses Seiende hier, der »Patient«, zu einem andern, dem Arzt nicht »gegebenen« Seienden, und vice versa. Diese andere Person, diese anderen Personen kann der Psychotherapeut nicht in seine Arbeit einbeziehen, es ist nicht an ihm, sich mit ihnen zu befassen, und doch darf er sie in ihrer Wirklichkeit nicht vernachlässigen, er muß diese ihre Wirklichkeit so zureichend als möglich zu fassen bekommen, insofern sie in das Verhältnis zwischen ihnen und dem Patienten eingegangen ist.
Mit der größten Intensität zeigt sich dieser Sachverhalt an dem Problem, das uns hier beschäftigt. Der Psychotherapeut hat es innerhalb seiner Methodik nur mit Schuldgefühlen, bewußten und »unbewußten«, zu tun (schon Freud hat um den Widerspruch gewußt, der in dem Begriff unbewußter Gefühle liegt). Aber innerhalb eines umfassenden Dienstes um Erkenntnis und Hilfe muß er der Schuld selber gegenübertreten, als einem ontisch charakterisierten Etwas, dessen Ort nicht die Seele, sondern das Sein ist. Er wird das freilich auf die Gefahr hin tun, daß durch die neue Erkenntnis auch die ihm obliegende Hilfe modifiziert werden könnte, so daß er seiner Methode Ungewohntes abfordern, ja sogar aus den gesicherten Regeln seiner Schule treten müßte. Aber ein »Seelenarzt«, der es wirklich ist, d.h. der das Werk der Heilung nicht betreibt, sondern in es jeweils als Partner eintritt, ist eben ein Wagender. *1957; Schuld und Schuldgefühle, S. 7-11*

Das Leben vollzieht sich [...] darin, daß ich vor die Gegenwärtigkeit eines Seins gestellt bin, mit dem ich keine Spielregeln vereinbart habe und mit dem sich keine vereinbaren lassen. Die Gegenwärtigkeit des Seins, vor die ich gestellt bin, wechselt ihre Gestalt, ihre Erscheinung, ihre Offenbarung, sie ist anders als ich, oft erschreckend anders, und anders als ich sie erwartet habe, oft erschreckend anders. Halte ich ihnen stand, gehe ich auf sie ein, begegne ich ihnen wirklich, d.h. mit der Wahrheit meines ganzen Wesens, dann, und nur dann, bin ich »eigentlich« da: ich bin da, wenn ich *da* bin, und wo dieses »Da« ist, das wird jeweils weniger von mir, als von der ihre Gestalt und Erscheinung wandelnden Gegenwärtigkeit des Seins bestimmt. Wenn ich nicht wirklich da bin, bin ich schuldig. Wenn ich auf den Ruf des gegenwärtigen Seins »Wo bist du?« antworte: »Da bin ich«, aber ich bin nicht wirklich da, d.h. nicht mit der Wahrheit meines ganzen Wesens, dann bin ich schuldig. Das ursprüngliche Schuldigsein ist das Bei-sich-Bleiben. Zieht aber eine Gestalt und Erscheinung des gegenwärtigen Seins an mir vorüber, und ich war nicht wirklich da, dann kommt aus der Ferne ihres Verschwindens ein zweiter Ruf, so leise und heimlich, als käme er aus mir selbst: »Wo bist du gewesen?« *Das* ist der Ruf des Gewissens. Nicht mein Dasein ruft mich, sondern das Sein, das nicht ich ist, ruft mich. Antworten aber kann ich nun erst der *nächsten* Gestalt; die gesprochen hat, ist nicht mehr zu erreichen. *1942; Das Problem des Menschen, S. 99 f.*

EIN MENSCH steht vor uns, der handelnd oder Handlung unterlassend eine Schuld auf sich geladen oder auch nur an einer Gemeinschaftsschuld teilgenommen hat und nun nach Jahren oder Jahrzehnten Mal um Mal von dem Revenant seines Schuldigseins heimgesucht wird. Ihm ist von der Genese seines Übels nichts verhohlen, sowie er nur willens ist, sich den Schuldcharakter jener aktiven oder passiven Vorgänge nicht länger zu verhehlen. [...] Hier waltet die eine durchdringende oder zu durchdringen befähigte Einsicht in die Unwiederbringlichkeit der Ausgangsposition und die Irreparabilität des Bewirkten, und das heißt, die reale Einsicht in die Irreversibilität der gelebten Zeit, einen Sachverhalt, der sich in der stärksten aller menschlichen Perspektiven, der auf den eigenen Tod, eindeutig dokumentiert. Von keinem Punkt aus ist die Zeit so als Sturz zu verspüren wie von der Selbstschau des Schuldigen aus. In diesem Sturz mitstürzend, wird der Träger der Schuld von dem Schauder des Identischseins mit sich selbst heimgesucht. Ich, bekommt er zu wissen, der ich ein anderer geworden bin, bin derselbe.

[...] Existentialschuld, d.h. Schuld, die eine Person als solche und in einer persönlichen Situation auf sich geladen hat, kann nicht durch Kategorien der analytischen Wissenschaft, wie Verdrängung und Bewußtmachung, erfaßt werden. Der Träger der Schuld, von dem ich spreche, erinnert sich ihrer je und je von selber und in hinreichendem Maße; er versucht wohl nicht selten auszuweichen, aber nicht dem erinnerten Faktum, sondern dessen Tiefe als Existentialschuld, bis die Wahrheit dieser Tiefe ihn überkommt und die Zeit nunmehr ihm als Sturz wahrnehmbar wird.

[...] Der Arzt, der den Rückwirkungen einer Existentialschuld gegenübersteht, muß ja in allem Ernste von der Situation ausgehen, in der die Schuldtat sich ereignet hat. Existentialschuld geschieht, wenn jemand eine Ordnung der Menschenwelt verletzt, deren Grundlagen er wesensmäßig als die des ihm und allen gemeinsamen menschlichen Daseins kennt und anerkennt. *1957; Schuld und Schuldgefühle, S. 16-20*

Eine Frau – nennen wir sie Melanie – von mehr intellektuellen als eigentlich geistigen Gaben, wissenschaftlich gebildet, aber ohne die Fähigkeit zu selbständiger Verarbeitung ihrer Kenntnisse, von einem bemerkenswerten Talent zu guter Kameradschaft, hatte nach einigen, zumindest von ihrer Seite mehr oder weniger erotisch betonten Freundschaftsbeziehungen, die ihr eher heftiges als leidenschaftliches Liebesbedürfnis unbefriedigt ließen, einen Mann kennengelernt, der vor der Ehe mit einer anderen, auffallend häßlichen, aber bedeutenden Frau stand. Melanies eigene Erscheinung wies manche Vorzüge auf. Es gelang ihr unschwer, die Verbindung zu sprengen und den Mann zu heiraten. Ihre Rivalin versuchte sich zu töten; Melanie hat sie bald danach des fingierten Selbstmords bezichtigt, sicherlich zu Unrecht. Nach einigen Jahren wurde sie selber von einer anderen verdrängt. Bald darauf erkrankte sie an einer mit Sehstörungen verknüpften Neurose. Freunden, die sie damals bei sich aufnahmen, gestand sie ihre Schuld, ohne zu beschönigen, daß diese nicht aus einer Leidenschaft, sondern aus einem festen Willensvorsatz aufgestiegen war. Später begab sie sich in die Behandlung eines sehr bekannten Psychoanalytikers. Dieser vermochte sie in kurzer Zeit von ihren Gefühlen der Enttäuschung und der Schuld zugleich zu befreien und sie zur Überzeugung zu bringen, sie sei »ein Genie der Freundschaft« und werde auf diesem Gebiet die ihr gebührende Kompensation finden. Die Umstellung glückte, und Melanie ergab sich einer ausgiebigen Geselligkeit, die sie als eine Freundschaftswelt empfand, wogegen sie mit den Menschen, mit denen sie sich in ihrer Berufsarbeit, der »Sozialfürsorge«, zu beschäftigen hatte, im allgemeinen nicht als ihres Verständnisses und sogar ihres Trostes bedürftigen Personen, sondern als Objekten ihres Durchschauens und Dirigierens umging. Das Schuldgefühl meldete sich nicht mehr; der Apparat, der an Stelle des schmerzenden und mahnenden Herzens eingesetzt worden war, funktionierte mustergültig.
Das ist ja nun gewiß kein außergewöhnliches Schicksal; wir erkennen die altgewohnte Trübsal menschlichen Handelns und Leidens wieder, und von Existentialschuld im großen Sinn kann hier wohl nicht die Rede sein. Und doch, das Schuldgefühl, das damals, in der Krankheit, erwachsen war, so

mit der Krankheit verschmolzen, daß man nicht sagen konnte, welches von beiden die Ursache und welches die Wirkung war, dieses Schuldgefühl hatte durchaus den Charakter des Authentischen. Mit dem Verstummen des Schuldgefühls entschwand für Melanie die Möglichkeit der Sühne durch ein neu gewonnenes echtes Verhältnis zur Umwelt, in dem sich zugleich ihre besten Eigenschaften entfalten konnten. Für die Vernichtung des Stachels wurde als Preis die endgültige Vernichtung der Chance gezahlt, das Wesen zu werden, zu dem dieses Geschöpf seinen höchsten Anlagen nach bestimmt war. *1957; Schuld und Schuldgefühle, S. 23-26*

Es gibt wirkliche Schuld, grundverschieden von all den angsteinflößenden Popanzen, die in der Höhle des Unbewußten hergestellt werden. Die personhafte Schuld, deren Wirklichkeit etwelche psychoanalytische Schulen bestreiten und etwelche anderen ignorieren, läßt sich nicht auf Vergehen gegen ein mächtiges Tabu reduzieren.
Wir dürfen uns aber nicht damit begnügen, diese Erkenntnis, die lange in Bann getan war, uns nunmehr von dieser oder jener uns heiligen Überlieferung wieder zuführen zu lassen; neu muß sie der geschichtlichen und biographischen Selbsterfahrung der heute lebenden Generationen entspringen. Wir heute Lebenden wissen, in welchem Ausmaß wir geschichtlich und biographisch schuldig geworden sind. Das ist kein Gefühl und keine Summe von Gefühlen; es ist, wie vielfältig auch es verhohlen und verleugnet wird, ein wirkliches Wissen um eine Wirklichkeit. Unter der immer unwiderstehlicher werdenden Zucht dieses Wissens lernen wir neu, daß Schuld ist.
Um dies recht zu verstehen, müssen wir uns noch eine Tatsache vergegenwärtigen, keine akzessorische, sondern eine Grundtatsache. Jeder Mensch steht in einem objektiven Verhältnis zu anderen, die Gesamtheit dieser Verhältnisse konstituiert sein Leben als ein am Sein der Welt faktisch teilnehmendes, ja sie ist es, die ihm überhaupt erst ermöglicht, seine Umwelt zur Welt zu erweitern; sie ist sein Anteil an der menschlichen Seinsordnung, der Anteil, für den er die Verantwortung trägt. Ein objektives Verhältnis, in dem zwei Menschen zueinander stehen, kann sich, vermöge einer existentiellen Beteiligung beider, zu einer personhaften Beziehung erheben; es kann lediglich hingenommen, kann vernachlässigt werden; es kann verletzt werden. Die Verletzung eines Verhältnisses bedeutet, daß an dieser Stelle die menschliche Seinsordnung verletzt worden ist. Kein anderer, als der die Wunde schlug, kann sie heilen. Dazu, daß er es versuche, kann ihm helfen, wer um die Tatsache der Schuld weiß und ein Helfer ist. *1957; Schuld und Schuldgefühle, S. 30-32*

Der Mensch vor der Wahl: Gut oder Böse, Wahrsein oder Falschsein, Richtung oder Richtungslosigkeit

Während die Frage nach der Schuld den Blick auf das Ich *und* den anderen Menschen lenkt, steht bei der nach Gut und Böse, Wahrsein und Falschsein das Ich, das sich entscheidet und handelt, im Vordergrund. Dies ist nur eine Frage des Blickpunkts in der Darstellung: die Entscheidungen und Handlungen, um die es hier geht, werden in der Realität andere Menschen betreffen und sich dann als verwirklichte Verantwortung oder als Schuld erweisen.

Der Mensch ist in seinem Tun nicht festgelegt, aus einem Chaos von Möglichkeiten kann er wählen. Seinen ›bösen‹ und seinen ›guten Trieb‹ soll der Mensch einen: die Energie, Kraft der Möglichkeiten mit der ›Richtung‹. Der böse Trieb mit seiner Kraft und Leidenschaft soll in die Richtung eingehen. Wirkliche Entscheidungen – d.h. solche, die aus der dialogischen Zuwendung kommen – kann der Mensch nur mit ganzem Wesen treffen. Entscheidungen, die nicht so getroffen werden, sind willkürlich, zufällig, verfehlen das Gute, sind somit böse: »Das Böse kann nicht mit der ganzen Seele getan werden; das Gute kann nur mit der ganzen Seele getan werden.«

Buber unterscheidet zwei Stufen des Bösen: Auf der ersten ist das Böse jenes Verfehlen des Guten, da dem Tun die Richtung fehlt, die Richtung auf Gott zu oder auf das ›mit einem Menschen Gemeinte‹. Die Richtung auf Gott zu: denn im Tun ›mit ganzem Wesen‹ wird für Buber dem ewigen Du in den Begegnungen mit Wesen, Dingen geantwortet; die Richtung auf das mit einem Menschen Gemeinte: denn in der Richtung auf ein Gegenüber und das ewige Du verwirklicht ein Mensch seine besten Möglichkeiten.

Auf der zweiten Stufe bejaht sich der Mensch, der die Richtung verfehlt hat, so wie er eben ist, und handelt aus diesem selbstgesetzten Ich. Er begeht eine Daseinslüge am Sein, da er sein wahres, gemeintes Sein verneint, das Gute als das von ihm selbst als solches Bestimmte definiert und die Wahrheit so als von ihm abhängig erklärt.

Irving D. Yalom gibt in seiner »Existentiellen Psychotherapie« die Geschichte von Rabbi Sussja wieder, der sagt, man werde ihn in der kommenden Welt nicht fragen, warum er nicht Mose, sondern warum er nicht Sussja gewesen sei;[19] Yalom versteht die Geschichte als Beispiel dafür, daß man »nicht nur schuldig aufgrund der Verletzungen eines anderen«, sondern auch *»schuldig der Verletzung seiner*

---

[19] Vgl. Die Erzählungen der Chassidim, S. 394 (»Die Frage der Fragen«).

selbst sein« könne:[20] »Jedes menschliche Wesen hat einen angeborenen Vorrat an Fähigkeiten und Potentialen und hat außerdem ein ursprüngliches Wissen dieser Potentiale. Jemand, der es versäumt, so erfüllt wie möglich zu leben, erfährt ein tiefes, mächtiges Gefühl, das ich hier als ›existentielle Schuld‹ bezeichne.«[21]
Aus Bubers Sicht könnte man dem weitgehend zustimmen, wenn man beachtet, daß die Potentiale an das Dialogische gebunden sind. Solche Fähigkeiten können geistige, seelische Fähigkeiten sein; sie können sich als besondere handwerkliche, künstlerische etc. Fähigkeiten erweisen. Sie werden, in Bubers Sinn, verwirklicht, egal in welchem Bereich, indem ein Mensch das Grundwort Ich-Du spricht. Von hier aus wird nochmals deutlich, daß sich eine dialogische Zuwendung auf Menschen, aber auch auf alle anderen Wesen und Gegenstände richten kann; in allem Tun kann ein Mensch ein Stück davon verwirklichen, was ›mit ihm gemeint ist‹. Die Schuld würde Buber, anders als Yalom, immer auf das Versäumnis am anderen beziehen.

Das menschliche Leben in seinem eigentlichen, aus der Natur tretenden Sondersinn beginnt mit der Erfahrung des Chaos als eines in der Seele wahrgenommenen Zustands.
[...] In einer Werdezeit, die zumeist mit der Pubertät koinzidiert, ohne an sie gebunden zu sein, wird die menschliche Person unausweichlich der Seinskategorie der Möglichkeit inne, die sich ja unter allen Lebewesen eben im Menschen darstellt, dem offenbar einzigen unter den uns bekannten, für den das Wirkliche dauernd vom Möglichen umrandet ist.
Die werdende menschliche Person, von der ich rede, wird von der Möglichkeit als einer Unendlichkeit überstürzt. Die Fülle der Möglichkeiten flutet über ihre schmale Wirklichkeit hin und überwältigt sie. Die Phantasie, mit den Potentialitäten spielend, die Möglichkeitsbilderei, die jener alttestamentliche Gottesspruch als böse bezeichnet,[22] weil sie von der von Gott gegebenen Wirklichkeit ablenkt, erlegt die Daseinsform ihrer Unbe-

---

[20] Irving D. Yalom, Existentielle Psychotherapie, S. 329; zur Interpretation der Sussja-Geschichte vgl. S. 331.
[21] Irving D. Yalom, Existentielle Psychotherapie, S. 332.
[22] Vgl. Bilder von Gut und Böse, S. 30: »Die biblische Erzählung von der Sintflut ist von zwei Sätzen gleicher Sprache, aber verschiedenen Gehalts umrahmt, die in der Bezogenheit aufeinander verstanden werden wollen. Der eine [Genesis 6, 5] läßt Gott sehen, ›daß der Bosheit des Menschen viel ist auf Erden und alles Gebild der Entwürfe seines Herzens nur böse all den Tag‹, und es ist ihm leid, daß er den Menschen gemacht hat. Im zweiten [8, 21] redet Gott selber: er wolle nicht wieder die Erde des Menschen wegen verwünschen, ›denn das Gebild des Menschenherzen ist böse von Jugend an‹.«

stimmbarkeit der Bestimmtheit des Augenblicks auf. Die Substanz droht in der Potenz unterzugehn. Das wirbelnde Chaos, ›Irrsal und Wirrsal‹ [Genesis 1, 2], ist eingedrungen.[23]

Wie aber in dem Stadium, von dem ich rede, für den Menschen alles, was ihm erscheint oder widerfährt, sich ins Motorische, in ein Tunkönnen und Tunwollen wandelt, so wird auch das eingedrungene Chaos der Seinsmöglichkeiten zu einem Chaos der Tunsmöglichkeiten. Nicht die Dinge kreisen im Wirbel, sondern die möglichen Weisen, sich ihnen zuzutun und anzutun.

[…] Die im schwindligen Taumel umgetriebene Seele kann in ihm nicht beharren; sie entstrebt ihm. Wenn nicht die in die geläufige Normalität zurückführende Ebbe eintritt, bestehen für sie zweierlei Ausgänge. Der eine bietet sich ihr immer wieder dar: sie kann nach irgendeinem Gegenstand, an den der Wirbel sie eben heranführt, greifen und ihre Leidenschaft darauf werfen; oder sie kann, in einer ihr selber noch unverständlichen Eingebung, das verwegene Werk der Selbsteinung beginnen. Im ersten Fall tauscht sie die richtungslose Möglichkeit gegen eine richtungslose Wirklichkeit ein, in der sie tut, was sie nicht tun will, das ihr Widersinnige, das Fremde, das ›Böse‹; im zweiten hat sie, wenn das Werk gerät, die richtungslose Fülle für die eine gespannte Sehne, den einen gestreckten Balken der Richtung hergegeben. Wenn aber das Werk nicht gerät, was ja bei einer so abgründigen Unternehmung nicht wunder nehmen darf, hat sie doch zu ahnen bekommen, was Richtung, vielmehr *die* Richtung ist – denn es gibt in diesem strengen Sinne nur eine. In dem Maße nämlich, in dem die Seele sich eint, erfährt sie die Richtung, erfährt sie sich als auf die Suche nach ihr geschickt. Sie kommt in den Dienst des Guten oder in den Dienst um das Gute.

Endgültigkeit waltet hier nicht. Immer wieder taucht mit dem Wogen ihrer Lockungen die Allversuchung auf und reißt die Kraft der Menschenseele hin; und immer wieder manifestiert sich ihr die eingeborene Gnade und verheißt das schier Unglaubliche: du kannst ganz und eins werden. […]

Aber die gleiche Grundstruktur des Vorgangs, nur knapper und härter geworden, finden wir in zahllosen Situationen unseres späteren Lebens wieder. Es sind die Situationen, in denen wir uns angefordert fühlen, die Ent-

---

[23] Das Buch Im Anfang (Genesis) 1, 2: »Die Erde aber war Irrsal und Wirrsal. / Finsternis über Urwirbels Antlitz. / Braus Gottes schwingend über dem Antlitz der Wasser.« Die fünf Bücher der Weisung. Verdeutscht von Martin Buber gemeinsam mit Franz Rosenzweig, S. 9.

scheidung zu treffen, die von unserer Person aus, und zwar von unserer Person aus, wie wir sie als mit uns ›gemeint‹ empfinden, dieser uns antretenden Situation antwortet. Eine solche Entscheidung kann nur mit der ganzen, einsgewordenen Seele getroffen werden, die ganze Kraft der Seele, wohin immer sie gewandt oder geneigt war, als die Situation uns antrat, muß in sie eingehen, sonst werden wir nichts als ein Stottern, eine Scheinantwort, einen Antwortersatz hervorbringen. [...] Es ist ein grausames Wagnis, dieses Ganzwerden, Gestaltwerden, Kristallwerden der Seele. Es muß ja alles überwunden werden, was an Neigungen, an Bequemlichkeiten, an Gewohnheiten, an Betriebsamkeiten, an Liebhaberei der Möglichkeiten sich in uns breitgemacht hat, und überwunden werden muß es nicht durch Ausschaltung, durch Niederwerfung, denn nie ist so die echte Ganzheit zu erreichen, wo keine niedergetretenen Lüste mehr in den Ecken lauern. Es müssen all diese bewegten oder festgelegten Kräfte, vom Schwung der Seele ergriffen, sich gleichsam aus freien Stücken in die Mächtigkeit der Entscheidung stürzen und in ihr aufgehen. Bis die Seele als Gestalt so Großes über die Seele als Materie vermag, bis das Chaos zum Kosmos gebändigt und geformt wird, welch ungeheurer Widerstand! So ist es verständlich genug, daß der Vorgang – der zuweilen, wie wir es von ein ganzes Drama umfassenden Träumen wissen, nicht länger als eine Minute dauert – so oft in einer beharrenden Entscheidungslosigkeit mündet. Der anthropologische Rückblick der Person [...] sagt uns alle diese und all unsre andern Entscheidungslosigkeiten, alle die Momente, wo wir nichts anderes taten, als daß wir das als das Rechte Erkannte nicht taten, als böse an. Aber ist denn das Böse nicht wesensmäßig ein Handeln? Durchaus nicht: das Handeln ist nur die Art des bösen Geschehens, die das Böse kundbar macht. Aber entstammt das böse Handeln nicht eben doch einer Entscheidung zum Bösen? Es ist der letzte Sinn unsrer Darlegung, daß auch es primär der Entscheidungslosigkeit entstammt, vorausgesetzt, daß wir unter Entscheidung nicht eine partielle, eine Scheinentscheidung, sondern die der ganzen Seele meinen. [...] Das Böse kann nicht mit der ganzen Seele getan werden; das Gute kann nur mit der ganzen Seele getan werden. *1952; Bilder von Gut und Böse, S. 59-64*

DER »WEG« DES BÖSEN. Zum Schriftwort »Der Böse verlasse seinen Weg«[24] sprach der Kozker: »Hat denn der Böse einen Weg? Einen Schlamm

---

[24] Vgl. Das Buch Jeschajahu (Jesaja) 55, 7: »Der Frevler verlasse seinen Weg, / der Mann des Args seine Planungen, / er kehre um zu IHM / und er wird sich sein erbarmen, / zu unserem Gott, / denn groß ist er im Verzeihn.« Bücher der Kündung. Verdeutscht von Martin Buber gemeinsam mit Franz Rosenzweig, S. 173 f.

hat er und keinen Weg. Aber so ist es zu verstehn: Der Böse verlasse seinen ›Weg‹, sein Wähnen nämlich, er habe einen Weg.« *Die Erzählungen der Chassidim, S. 790*

Zwei Triebe sind in der Schöpfung des Menschen gegeneinander gesetzt.[25] Der Schöpfer hat sie dem Menschen als dessen zwei Diener mitgegeben, die ihren Dienst aber nur im echten Zusammenwirken vollziehen können. Der ›böse Trieb‹ ist nicht weniger notwendig als sein Geselle, ja notwendiger noch als er, denn ohne ihn würde der Mensch kein Weib freien und keine Kinder zeugen, kein Haus bauen und keinen Wirtschaftsverkehr pflegen, ist doch auch »alle Arbeitsmüh und alle Werktüchtigkeit das Wetteifern eines Menschen mit seinem Gefährten« [Prediger 4, 4].[26] Darum wird dieser Trieb ›die Hefe im Teig‹ genannt, als der von Gott in die Seele gelegte Gärstoff, ohne den der Menschenteig nicht aufgeht. So hängt der Rang eines Menschen notwendigerweise mit der Menge der ›Hefe‹ in ihm zusammen; »wer größer als ein anderer ist, dessen Trieb ist größer als der des andern.« Seinen stärksten Ausdruck findet der Hochwert des ›bösen Triebs‹ in einer Deutung jenes Schriftverses [Genesis 1, 31], der Gott am Abend des Tags, an dem er den Menschen erschaffen hatte, alles von ihm Gemachte ansehn und es ›sehr gut‹ finden läßt;[27] dieses ›sehr gut‹ gehe auf den bösen Trieb, wogegen dem guten nur das Prädikat ›gut‹ zukomme; unter beiden ist eben der böse der grundlegende. Daß er aber der böse heißt, kommt daher, daß der Mensch ihn böse gemacht hat. So dürfte Kain zwar [wie im Midrasch gesagt wird] dem ihn zur Rechenschaft ziehenden Gott entgegnen, er, Gott, selber sei es, der ihm den bösen Trieb eingepflanzt habe; aber die Antwort wäre doch unwahr, denn erst durch ihn, den Menschen, ist er böse geworden. Er ist es geworden und wird es je und je, weil der Mensch ihn von dem Gesellen trennt und in solcher Verselbständigung eben den, der ihm zu dienen bestimmt war, zu seinem Götzen macht. Die Aufgabe des Menschen ist daher nicht, den bösen Trieb in sich zu vertilgen, sondern ihn wieder mit dem guten zu vereinen. David, der ihm nicht standzuhalten wagte und ihn daher in sich ›erschlug‹ – wie es in ei-

---

[25] Buber beschreibt hier die talmudische Lehre von den beiden Trieben.

[26] Das Buch Versammler (Der Prediger Salomo) 4, 4: »Ich, gesehn habe ich – / alle Mühe und alles Geschick im Tun, / daß das ein Eifern des Manns ist, seinem Genossen vorweg zu sein, – / auch dies ist Dunst und ein Trachten nach Wind.« Die Schriftwerke. Verdeutscht von Martin Buber, S. 395.

[27] Das Buch Im Anfang (Genesis) 1, 31: »Gott sah alles, was er gemacht hatte, / und da, es war sehr gut. / Abend ward und Morgen ward: der sechste Tag.« Die fünf Bücher der Weisung. Verdeutscht von Martin Buber gemeinsam mit Franz Rosenzweig, S. 11.

nem seiner Psalmen [109, 22] heißt: »Durchbohrt ist mein Herz mir im Innern«[28] –, hat sie nicht erfüllt, wohl aber Abraham, dessen *ganzes* Herz vor Gott treu befunden wurde, der nun den Bund mit ihm schloß [Nehemia 9, 8].[29] Es ist dem Menschen geboten [Deuteronomium 6, 5]:[30] »Liebe JHWH deinen Gott mit deinem ganzen Herzen« und das bedeutet: mit deinen beiden geeinten Trieben. Man muß den bösen Trieb mit hereinnehmen in die Liebe zu Gott, so und nur so wird sie vollkommen, und so und nur so wird er wieder, wie er geschaffen war: ›sehr gut‹. Damit man aber zu diesem Ziel gelange, muß man damit beginnen, beide Triebe im Dienste Gottes zusammenzuspannen. Wie wenn ein Bauer zwei Rinder besitzt, eins, das schon gepflügt hat, und eins, das noch nicht gepflügt hat, und nun soll ein neues Feld urbar gemacht werden: da bringt er die beiden gemeinsam unters Joch. Wie aber ist der böse Trieb zu bewältigen, daß er solches mit sich geschehen lasse? Nun denn, er ist ja nichts andres als ein rohes Erz, das man ins Feuer tun muß, um es formen zu können; so tauche man ihn ganz und gar in das große Feuer der Thora. Und auch das vermag der Mensch nicht aus eigener Kraft; wir müssen beten, daß Gott uns helfe, seinen Willen mit dem ganzen Herzen zu tun. Darum bittet der Psalmist [86, 11]: »Eine mein Herz, deinen Namen zu fürchten«;[31] ist doch die Furcht das Tor zur Liebe.

Diese bedeutsame Lehre kann nicht verstanden werden, solange man Gut und Böse, wie üblich, als zwei einander polar entgegengesetzte Mächte oder Richtungen auffaßt. Ihr Sinn erschließt sich uns erst, wenn wir sie als wesensungleich erkennen, den ›bösen Trieb‹ als die Leidenschaft, als die

---

[28] Das Buch der Preisungen (Psalmen) 109, 21 f.: »Du aber, DU, mein Herr, / tue an mir um deines Namens willen! / da gütig ist deine Huld, rette mich! / Denn gebeugt und bedürftig bin ich, / und durchbohrt ist mein Herz mir im Innern.« Die Schriftwerke. Verdeutscht von Martin Buber, S. 164.

[29] Bubers Fußnote in »Bilder von Gut und Böse«: »Daß in dem Schriftvers die reduplizierte Form des Wortes für ›Herz‹ (*lebāb statt lēb*) steht, wird auf die durch die Einung der Triebe wiederhergestellte Einheit des Herzens gedeutet.« Vgl. Nechemja (Nehemia) 9, 7 f.: »Du bists, DU, Gott, / der du Abram erwähltest / und führtest ihn heraus vom chaldäischen Ur / und setztest seinen Namen zu Abraham um / und befandest sein Herz getreu dir vorm Antlitz / und schlossest mit ihm den Bund […].« Die Schriftwerke. Verdeutscht von Martin Buber, S. 524.

[30] Vgl. Das Buch Reden (Deuteronomium) 6, 4 f.: »Höre Jiſsrael: / ER unser Gott, ER Einer! / Liebe denn / IHN deinen Gott / mit all deinem Herzen, mit all deiner Seele, mit all deiner Macht.« Die fünf Bücher der Weisung. Verdeutscht von Martin Buber gemeinsam mit Franz Rosenzweig, S. 494.

[31] Das Buch der Preisungen (Psalmen) 86, 11: »Weise mir, DU, deinen Weg. / gehen will ich in deiner Treue. / Einige mein Herz, / deinen Namen zu fürchten!« Die Schriftwerke. Verdeutscht von Martin Buber, S. 130.

dem Menschen eigentümliche Kraft also, ohne die er weder erzeugen noch hervorbringen kann, die aber, sich selber überlassen, richtungslos bleibt und in die Irre führt, und den ›guten Trieb‹ als die reine Richtung, das heißt als die eine unbedingte Richtung, die auf Gott zu. Die beiden Triebe einen, das will sagen: die richtungslose Potenz der Leidenschaft mit der einen Richtung versehen, die sie zur großen Liebe und zum großen Dienst tauglich macht. So und nicht anders kann der Mensch ganz werden. *1952; Bilder von Gut und Böse, S. 33-36*

Man kann die Lehre[32] am besten als die von der Verleihung der Richtung an das Menschenherz bezeichnen. Das Menschenherz – diese unformulierte Einsicht liegt der Lehre zugrunde – ist von Natur richtungslos, seine Antriebe wirbeln es gleichsam um und um, auch keine Richtung, die der Mensch seiner Welt entnimmt, hält stand, jede vermag den Wirbel seines Herzens letztlich nur zu verstärken; nur in der Emuna ist Beharren: es gibt keine wahre Richtung als auf Gott. Diese Richtung aber kann das Herz nicht etwa vom Menschengeist aus, sondern nur von einem im Willen Gottes gelebten Leben empfangen. Daher hat die Thora dem Menschen gottgefällige Handlungen angewiesen, bei deren Tun er sein Herz auf Gott richten lernt. Dieser Absicht der Thora gemäß kommt nicht der Masse der Handlungen, sondern dem Gerichtetsein des Herzens in und an ihnen der allein entscheidende Sinn und Wert zu. »Der eine tut viel, der andre wenig«, war der Wahlspruch der Gelehrtenschule von Jabne (b. Berachot 17 a), »– wenn einer nur sein Herz auf den Himmel richtet!« (Himmel ist hier, wie in allen verwandten Zusammenhängen, von Gott, als vom Menschen aus betrachtet, zu verstehen.) Der Schriftvers (Deuteronomium 6, 6) »Es soll dies, was ich dir heute gebiete, auf deinem Herzen sein«,[33] wird (b. Megilla 20 a) dahin erklärt, es gehe nach der Richtung des Herzens. Darum ist der Tempel nach David und nicht nach Salomo genannt worden, denn »der Erbarmer verlangt das Herz« (b. Sanhedrin 106 b): nicht auf den Vollbringer kommt es an, sondern auf den, der sein Herz zu diesem Werk auf Gott gerichtet und das Werk ihm zugeweiht hatte. Sinngemäß gilt die Lehre nicht für die anbefohlenen Handlungen allein, sondern für alle: »Alle deine Werke seien um des Himmels (= Gottes) willen«, heißt es in den Vätersprüchen (II 12). Die Sünde ist daran zu erkennen,

---

[32] Die pharisäische Lehre um die Zeit Jesu.

[33] Das Buch Reden (Deuteronomium) 6, 6 bei Buber /Rosenzweig: »Es seien diese Reden, die ich heuttags dir gebiete, auf deinem Herzen«. Die fünf Bücher der Weisung. Verdeutscht von Martin Buber gemeinsam mit Franz Rosenzweig, S. 494.

daß man in ihr das Herz nicht auf Gott richten kann; wer sie tut, verweigert Gott, das Herz auf ihn zu richten. So ist denn nicht ihre Ausführung, sondern ihr Entwurf und dessen Besinnen die eigentliche Schuld. Das Einbildungsspiel der Sünde wird sogar (b. Joma 29 a) für bedenklicher als die Sünde selber erklärt, denn jenes ist es, was die Seele Gott entfremdet. Das im Sinne der Vorschriftsausführung tugendhafteste Verhalten kann mit einem richtungslos gebliebenen oder gewordenen, mit einem wüsten oder verwüsteten Herzen zusammen bestehn. Anderseits kann es sogar geschehn, daß einer in seiner Gottesbegeisterung ein Gebot übertritt, ohne dessen innezuwerden, und dann ist nicht die sündhafte Materie seiner Handlung, sondern seine Intention das Entscheidende: »Größer ist die Sünde, die um der Sache Gottes willen geschieht, als die Gebotserfüllung, die nicht um der Sache Gottes willen geschieht« (b. Nasir 23 b). Hinwieder vermag, wer ein wüstes Herz hat, andere nicht wahrhaft die Thora zu lehren; er vermag nicht zu lehren, die Richtung zu gewinnen, und ohne sie ist der Mensch unfähig dazu, wofür alles Lernen von Menschenmund nur die Bereitung ist: sein Herz der lebendigen Stimme des göttlichen Lehrers zu öffnen. Daher ließ der Patriarch Gamaliel II. ausrufen (b. Berachot 28 a), kein Gelehrter, dessen Inwendigkeit seiner Auswendigkeit nicht gleiche, dürfe das Lehrhaus betreten. Zwei Jahrhunderte später ist daraus der Grundsatz geprägt worden (b. Joma 72 b): »Ein Gelehrter, dessen Inwendigkeit seiner Auswendigkeit nicht gleicht, ist kein Gelehrter.« *1950; Zwei Glaubensweisen, S. 67-69*

Mit jedem Menschen ist etwas Neues in die Welt gesetzt, was es noch nicht gegeben hat, etwas Ernstes und Einziges. »Pflicht ist es jedermanns in Israel zu wissen und zu bedenken, daß er in der Welt einzig in seiner Beschaffenheit ist, und es ist noch kein ihm Gleicher auf der Welt gewesen, denn wäre schon ein ihm Gleicher auf der Welt gewesen, er brauchte nicht auf der Welt zu sein. Jeder Einzelne ist ein neues Ding in der Welt, und er soll seine Eigenschaft in dieser Welt vollkommen machen. Denn wahrlich: daß dies nicht geschieht, das ist's, was das Kommen des Messias verzögert.« Dieses Einzige und Einmalige ist es, was jedem vor allem auszubilden und ins Werk zu setzen aufgetragen ist, nicht aber, noch einmal zu tun, was ein anderer, und sei es der größte, schon verwirklicht hat. Der weise Rabbi Bunam sagte einmal im Alter, als er schon erblindet war: »Ich möchte nicht mit Vater Abraham tauschen. Was hätte Gott davon, wenn der Erzvater Abraham wie der blinde Bunam würde und der blinde Bunam wie Abraham?« Und mit noch größerer Eindringlichkeit ist dasselbe von Rabbi Sussja ausgesprochen worden, als er kurz vor dem Tode sagte: »In der kommenden Welt wird man mich nicht fragen: ›Warum bist du nicht Mose gewesen?‹ Man wird mich fragen: ›Warum bist du nicht Sussja gewesen?‹« Wir haben hier eine Lehre vor uns, die auf der Tatsache aufgebaut ist, daß die Menschen in ihrem Wesen ungleich sind, und die demgemäß sie nicht gleichmachen will. *1947; Der Weg des Menschen nach der chassidischen Lehre, S. 16-18*

WESEN, DAMIT MEINE ICH das in einer Person eigentümlich Angelegte, das, was zu werden sie bestimmt ist. Das Bewußtsein mit seinem Planen und Wägen befaßt sich damit nur gelegentlich, das Unbewußte mit seinen Wünschen und Widersprüchen wohl kaum je. Es sind große Momente des Daseins, wann ein Mensch sein Wesen entdeckt und auf jeweils höherer Stufe wiederentdeckt; wann er sich entschließt und neu entschließt, zu werden, was er ist, und als so Werdender sich ein echtes Verhältnis zur Welt zu stiften; wann er Entdeckung und Entschluß heldisch gegen sein Alltagsbewußtsein und gegen sein Unbewußtes verteidigt. *1957; Schuld und Schuldgefühle, S. 26 f.*

DAS BÖSE IST die Richtungslosigkeit und was in ihr und aus ihr, als Ergreifen, Packen, Schlingen, Verführen, Nötigen, Ausnützen, Niederbeugen, Peinigen, Vernichten dessen, was sich bietet, getan wird. Das Gute ist die Richtung und was in ihr getan wird; was in ihr getan wird, wird mit der ganzen Seele getan, so daß all die Kraft und Leidenschaft, mit der das Böse hätte getan werden können, in die Tat mit eingeht. [...]
Mit dem Gesagten soll und kann nichts andres gegeben sein als eine anthropologische Bestimmung von Gut und Böse, wie sie sich in letzter Instanz dem Rückblick der menschlichen Person, ihrem Erkennen ihrer selbst im Ablauf ihres gelebten Lebens ergibt. [...] Nicht aber soll und kann darüber hinaus ein Kriterium gegeben sein, weder zum Gebrauch der theoretischen Meditation über die Wesenheiten ›Gut und Böse‹, noch gar zum Gebrauch des antwortenden Menschen, dem das Fragen und Forschen, was im Sinn des Entwurfs gut, was böse sei, das Tasten und Tappen im Dunkel der Problematik, ja auch die Zweifel an der Gültigkeit der Begriffe selber nicht erspart bleiben. Jener und dieser werden sich ihr Kriterium oder ihre Kriterien anderswo holen, anders erringen müssen; der Meditierende will anderes erfahren, als wie es zugeht, der Entwerfende kann seine Wahl nicht danach treffen, ob seine Seele daran ganz werden wird. Zwischen ihrem Bedürfen und unsrer anthropologischen Einsicht gibt es nur *eine* Verknüpfung, die freilich eine gewichtige ist. Es ist die jedem, ja: jedem Menschen eingepflanzte, aber ungebührlich vernachlässigte Ahnung

des Wesens, das mit ihm, und mit ihm allein – gleichviel, schöpfungsmäßig oder ›individuationsmäßig‹ – gemeint, intendiert, vorgebildet und das zu vollenden, das zu werden ihm zugemutet und zugetraut ist, und die dadurch ermöglichte jeweilige Vergleichung. Auch hier ist ein Kriterium, und es ist ein anthropologisches; freilich kann es seinem Wesen nach nie über den Bereich des einzelnen hinausgelangen. Es kann so viele Gestalten annehmen, wie es menschliche Individuen gibt – und wird doch nie relativiert. *1952; Bilder von Gut und Böse, S. 64 f.*

IN SEHR VERSCHIEDENEN SCHICHTEN des iranischen Schrifttums, von den ältesten Texten des Awesta bis zur Dichtung Firdusis, finden wir Elemente der Sage[34] von dem Urkönig Yima oder Yama, einer aus indo-arischer Überlieferung in indische und iranische Mythologie eingewanderten Gestalt. Er, der ›sonnengleich Blickende‹, der ›große Hirt‹ [...] ist als unsterblich geboren, aber durch seine Schuld sterblich geworden. Der höchste Gott, Ahura Mazdāh, fordert ihn auf, die Religion, seine, Ahura Mazdāh's Religion, zu pflegen und zu hüten, und sodann, als Yima erklärt hat, dazu untauglich zu sein, gebietet er ihm, die Welt, seine, Ahura Mazdāh's Welt zu fördern, zu mehren und zu schützen. Hierzu ist Yima bereit; er nimmt die Herrschaft der Welt auf sich, und es soll eine Welt sein, in der keine der vernichtenden Mächte Bestand haben wird, weder kalter noch heißer Wind, nicht Krankheit, nicht Tod. Schon vorher hatte er den Göttern opfernd sie gebeten, ihn zu begnaden, daß in seinem Reich Mensch und Vieh vom Tode, Wasser und Bäume von der Dürre befreit seien. Er bat sie, ihn Herrscher aller Länder werden zu lassen, vor allem aber Herr der Dämonen, der sie niederzwingend alle Übel von den Geschöpfen Ahura Mazdāh's hinweghebt. Das wird ihm nun zuteil. Dreihundert Jahre vergehen, und da keins der Wesen stirbt, wird die Erde übervoll ›an Kleinvieh und Großvieh und Hunden und Vögeln und rot flammenden Feuern‹. Von Ahura Mazdāh berufen, geht Yima ›zum Licht vor, am Mittag, dem Pfad der Sonne entgegen‹ und treibt mit dem vom Gott empfangenen goldgeschmückten Stachel und freundlichem Spruch die Erde an, sich auseinanderzustrecken, bis sie um ein Drittel größer geworden ist. Das wiederholt sich zu zwei Malen: die Erde ist nun zu ihrer doppelten Größe erwachsen, und alle Geschöpfe leben auf ihr, wie es ihnen beliebt. Nun aber versammelt Ahura Mazdāh die Götter und die besten Menschen, Yima an deren Spitze. Ihm sagt er an, es werde über die der Stofflichkeit überantwortete Welt [hier

[34] Fußnote Bubers in den »Bildern von Gut und Böse«: »Die Texte bei Christensen, Les types du premier homme et du premier roi II [1934].«

klingt an, daß sie infolge jener Weigerung Yimas der Geistigkeit entbehrte] der große Winter kommen, der sie erst mit Schnee deckt und dann in der Schmelze überflutet, daß kein Geschöpf mehr auf ihr Fuß fassen kann. Dann wird Yima angewiesen, eine gewaltige burgartige Hürde zu errichten und darin den Samen des Besten und Schönsten von allem Lebenden und Wachsenden zu bergen. Es geschieht. Da jedoch gewährt Yima der Dämonie, die er bisher bezwungen hielt, den Zutritt und nimmt die Lüge in seinen Sinn auf, indem er sich selber preist und segnet. Sogleich verläßt die königliche Glorie, der Glücksglanz, der bisher seine Stirn umstrahlte, ihn in der Gestalt eines Raben, und er wird sterblich. Friedlos muß er über die Erde irren und sich Mal um Mal verstecken. [...] Er ist [so auch schon in frühindischen Liedern, wo er als König der Toten erscheint] der erste der Gestorbenen; ihm erst sterben die andern nach.

[...] Daß der Urkönig sich selber zu preisen und zu segnen beginnt, ist nicht bloß zu Recht als Lüge bezeichnet: es weist in der Tat auf die Urlüge des über Menschheit Gesetzten, ja auf die des Menschen überhaupt hin, der die Überwindung der Naturmächte seiner eignen Übermacht zuschreibt. Es ist nicht eine Wortlüge, die einer Wortwahrheit gegenüberstände; es ist eine Daseinslüge am Sein. Yima hatte von der Gottheit erfleht, unsterblich zu werden und alles Lebende unsterblich zu machen; er hatte gebetet, daß er zum Bezwinger der Dämonen werde, und er ist es geworden. Nun aber wähnt er, das, was nur seine Begnadung ist, selber gemacht zu haben; er versteht sich als Selbstschöpfer, durch sich unsterblich und verunsterblichend, versteht es als selbstgestiftete Selbstherrlichkeit, daß er der Dämonen waltet; er lebt und handelt nun von da aus; so begeht er, wie man es ausgedrückt hat,[35] »die innere Unwahrheit gegen Gott und sich selbst«, genauer: Er begeht mit seinem Dasein die Lüge am Sein.

Um der existentiellen Tiefe des hier berichteten Übergangs eines Urwesens von der Wahrheit zur Lüge zulänglich inne zu werden, müssen wir sie innerhalb des Weltkampfes zwischen den beiden Prinzipien betrachten. Denn Wahrheit und Lüge sind die beiden Grundhaltungen oder vielmehr Grundbeschaffenheiten, in deren Gegeneinander das Gegeneinander der Prinzipien, Gut und Böse, sich darstellt. Nur muß man darauf achten, daß mit Wahrheit hier etwas anderes als bewußte Übereinstimmung, mit Lüge etwas anderes als bewußte Nichtübereinstimmung zwischen einem Geäußerten und einem Wirklichen gemeint ist. Mit ebendem Begriff der Lüge

---

[35] Fußnote Bubers in den »Bildern von Gut und Böse«: »Lommel, Die Religion Zarathustras [1930] 46.«

wird in den Veden zuweilen das unheimliche Versteckspiel im Dunkel der Seele bezeichnet, darin sie, die einzelne Menschenseele, sich selber ausweicht, sich selber umgeht, sich vor sich selber verstellt. Diese Lüge am eigenen Sein bricht nun in der Beziehung zur anderen Seele, in der zur Weltwirklichkeit, in der zum Göttlichen aus. Im Awesta ist sie zunächst der Treubruch [...], sodann die Verfälschung einer Situation durch die Haltung, ja die Beschaffenheit der in sie gestellten Person. Die Haltung weist auf die Beschaffenheit zurück, diese aber ist keineswegs eine letzte, nicht weiter zurückführbare Tatsache, sondern entstammt der je und je, zeitlich und zeitlos, im Wegbeginn und in den entscheidenden Stunden, durch die personhafte Wesenheit vollzogenen und zu vollziehenden Wahl zwischen Wahrheit und Lüge, existentiell ausgedrückt: zwischen Wahrsein und Falschsein. Wahrsein aber bedeutet letztlich: das Sein im Punkte des eigenen Daseins stärken, ja decken und bestätigen, und Falschsein bedeutet letztlich: das Sein im Punkte des eigenen Daseins schwächen, ja schänden und entrechten. Wer die Lüge der Wahrheit vorzieht, sie statt der Wahrheit wählt, greift unmittelbar mit seiner Entscheidung in die Entscheidungen des Weltkampfes ein. Das wirkt sich aber zu allererst an eben seinem Punkte des Seins aus: da er sich der Seinslüge, also dem Nichtsein ergab, das sich für das Sein ausgibt, verfällt er ihm. So verfällt Yima, der Herr der Dämonen, ihrer Macht, der er von dem Wahrsein zum Falschsein übergeht; er wird erst ihr Gefährte, dann ihr Opfer. Er bewirkt wirklich einen Sturz des Seins: an eben diesem Punkte, der Yima heißt.
Nach Augustin, dem ein später Anhauch des zarathustrischen Glutwinds das Herz versengt hat, geht es bei Wahrheit und Lüge nicht um Wahrheit und Falschheit der Dinge selber, sondern um einen Spruch der Seele. Die Seele spricht sich selber der Wahrheit oder der Lüge zu. Die menschliche Wahrheit ist eine Bewährung durch Wahrsein. *1952; Bilder von Gut und Böse, S. 44-49*

Es gibt eine dämonische Frage, eine Scheinfrage, die die Frage Gottes, die Frage der Wahrheit äfft. Sie ist daran zu erkennen, daß sie nicht bei dem »Wo bist du?« innehält, sondern fortfährt: »Von da heraus, wo du hineingeraten bist, führt kein Weg mehr.« Es gibt eine verkehrte Selbstbesinnung, die den Menschen nicht zur Umkehr bewegt und auf den Weg bringt, sondern ihm die Umkehr als hoffnungslos darstellt und ihn damit dorthin treibt, wo sie anscheinend vollends unmöglich geworden ist und der Mensch nur noch kraft des dämonischen Hochmuts, des Hochmuts der Verkehrtheit, weiterzuleben vermag. *1947; Der Weg des Menschen nach der chassidischen Lehre, S. 14*

Es hat sich gezeigt, daß der Mensch immer wieder die Dimension des Bösen als Entscheidungslosigkeit erfährt. Die Vorgänge, in denen er sie erfährt, bleiben aber in seinem Selbstwissen nicht eine Reihe isolierter Momente des Sich-nicht-Entscheidens, des vom Spiel der Phantasie mit den Potentialitäten Besessenwerdens, des sich in eben dieser Besessenheit auf das sich Darbietende Werfens: sie schließen im Selbstwissen sich zu einer Folge der Entscheidungslosigkeit, gleichsam zu einer Beharrung in ihr zusammen. Diese Negativierung des Selbstwissens wird natürlich immer wieder ›verdrängt‹ werden, solange der Wille zur puren Selbsterhaltung den zum Sich-selbst-bejahen-Können überwältigt. In dem Maße hingegen, als dieser sich behauptet, wird der Zustand in eine akute Auto-Problematik übergehen: der Mensch stellt sich selbst in Frage, weil sein Selbstwissen ihm nicht mehr ermöglicht, sich zu bejahen und zu bestätigen. Diese Lage nimmt nun entweder eine pathologische Form an, das heißt, das Verhältnis der Person zu sich selbst wird brüchig und verworren; oder die Person findet den Ausgang, wo sie ihn kaum noch erwartet, nämlich durch eine äußerste, an Gewalt und Wirksamkeit sie selbst überraschende Anstrengung des Einswerdens, einen entscheidenden Akt der Entscheidung, eben das also, was in der erstaunlich treffenden Sprache der Religion ›die Umkehr‹ heißt: oder es geschieht ein Drittes, etwas, dem unter den Seltsamkeiten des Menschen ein Sonderrang zukommt und dessen Betrachtung wir uns nun zuwenden müssen.
[…] Der Mensch ist als Mensch ein Wagnis des Lebens, undeterminiert und ungefestigt; er bedarf daher der Bestätigung, und diese kann er naturgemäß nur als der einzelne Mensch empfangen, indem die andern und er selbst ihn in seinem Dieser-Mensch-Sein bestätigen. […] Zur Not kann man auf die Bestätigung durch die andern verzichten, wenn die eigne sich so steigert, daß sie die Ergänzung durch jene entbehrlich macht. Nicht aber umgekehrt: der Zuspruch der Mitmenschen reicht nicht hin, wenn das Selbstwissen die innere Ablehnung gebietet, denn das Selbstwissen ist ja unbestreitbar das zuständigere. So muß denn der Mensch, wenn er das Selbstwissen nicht dadurch zu berichtigen vermag, daß er umkehrt, ihm die Macht über das Ja und Nein nehmen; er muß die Bejahung unabhängig von allem Befund werden lassen und sie statt auf ein ›Über-sich-selber-Urteilen‹ auf ein souveränes Sich-selber-Wollen gründen; er muß sich selber wählen, und zwar nicht, ›wie er gemeint ist‹ – dieses Bild muß vielmehr völlig ausgelöscht werden –, sondern wie er eben ist, wie er selber sich entschlossen hat, sich zu meinen. […] Diese Haltung ist jenes seltsamste Dritte, das aus der Auto-Problematik ›ins Freie‹ führt: man braucht nicht mehr nach dem Sein hinauszuschauen, es ist hier, man ist was man

will, und man will was man ist. Das ist es auch, wovon der Mythus redet, wenn er erzählt, Yima habe sich zum Schöpfer seiner selbst proklamiert. Eben dies weiß noch Prudentius vom Satan zu berichten, und das große Sagenmotiv des Pakts mit ihm geht offenbar darauf zurück: der sich das Selbstschöpfertum errang, ist bereit, dem Menschen zu ihm zu verhelfen. Von hier aus erschließt sich auch der Sinn jenes paradoxen Mythus von den zwei Geistern, von denen der eine das Böse wählte, nicht unwissend, daß es das Böse sei, sondern als das Böse. Der ›arge Geist‹ – in dem also das Böse bereits, sei es auch nur in statu nascendi, besteht – hat zwischen zwei Bejahungen zu wählen: der Bejahung seiner selbst und der Bejahung der Ordnung, die Gut und Böse, das erste als das Bejahte, das zweite als das Verneinte, gesetzt hat und ewig setzt. Bejaht er die Ordnung, so muß er selbst ›gut‹ werden, das heißt, er muß seinen gegenwärtigen Wesensstand verneinen und überwinden; bejaht er sich selber, so muß er die Ordnung verneinen und verkehren, er muß an die Ja-Stelle, die das ›Gute‹ einnahm, das Prinzip seiner eigenen Selbstbejahung bringen, es darf kein Bejahenswertes mehr geben als eben das von ihm Bejahte, sein Ja zu sich selber bestimmt Grund und Recht der Bejahung. Wenn er dem Begriff ›gut‹ noch einen Sinn zugesteht, so ist es dieser: das, was ich eben bin. Er hat sich gewählt, und nichts, keine Beschaffenheit und kein Schicksal, kann mehr mit einem Nein signiert sein, wenn es das Seine ist.

So erklärt sich denn auch vollends, daß Yimas Abfall als Lüge bezeichnet wird. Indem er sich als Schöpfer seiner selbst preist und segnet, begeht er die Lüge am Sein, ja er will sie, die Lüge, zur Herrschaft über das Sein erheben, denn Wahrheit soll nicht mehr sein, was er als solche erfährt, sondern was er als solche bestimmt. *1952; Bilder von Gut und Böse, S. 67-71*

ICH HABE SCHON darauf hingewiesen, daß es für die wahre, für die mit der geeinten Seele vollzogene menschliche Entscheidung nur Eine Richtung gibt. Das bedeutet, daß, wofür immer die jeweilige Entscheidung getroffen wird, in der Seinswirklichkeit all die so verschiedenen Entscheidungen nur Variationen einer einzigen, in einer einzigen Richtung immer neu vollzogenen sind. Diese Richtung kann auf zweierlei Weise verstanden werden. Entweder man versteht sie als die Richtung auf die Person, die mit mir gemeint ist und die ich eben nur in solcher Selbstbesinnung, die scheidet und entscheidet, keine Kraft zurückdrängend, aber die richtungslosen Kräfte durch Richtungsverleihung an sie verwandelnd, erfasse: ich erkenne das mit mir Gemeinte je und je und immer klarer, eben indem ich die Richtung darauf verleihe, die Richtung darauf nehme – die Erfahrung der wesentlichen Stunden erschließt uns diese Paradoxie, ihre Tatsächlichkeit und ihren Sinn. Oder aber man versteht die einzige Richtung als die Richtung zu Gott. Diese Doppelheit des Verständnisses ist aber nichts anderes als eine Doppelheit der Aspekte, wofern ich nur mit dem Namen ›Gott‹ nicht eine Projektion meines Selbst oder dergleichen, sondern meinen Schöpfer nenne, das heißt den Urheber meiner Einzigkeit, die innerweltlich unableitbar ist. Meine Einzigkeit, diese unwiederholbare Wesensform hier, in keine Elemente zerlegbar und aus keinen zusammensetzbar, erfahre ich als eine entworfene oder vorgebildete, mir zur Ausführung anvertraut, wiewohl alles, was auf mich einwirkt, an ihr mitwirkt und mitwirken muß. Daß ein einmaliges Menschenwesen erschaffen ist, bedeutet, daß es nicht zu einem bloßen Dasein, sondern zur Erfüllung einer Seinsintention ins Sein gesetzt ist, einer Seinsintention, die personal ist, aber nicht im Sinn einer freien Entfaltung unendlicher Sonderheiten, sondern einer Verwirklichung des Rechten in unendlichen Persongestalten. Denn Schöpfung ist zielhaft, und das menschlich Rechte ist der in der Einen Richtung gerichtete Dienst an dem nur eben so weit, als dazu not tut, zu ahnen gegebenen Ziel der Schöpfung; das menschlich Rechte ist ja der Dienst des Einzelnen, der die mit ihm schöpferisch gemeinte rechte Einzigkeit verwirklicht. In der Entscheidung die Richtung annehmen bedeutet somit: die Richtung auf den Punkt des Seins nehmen, an dem ich, den Entwurf, der ich bin, an meinem Teil ausführend, dem meiner harrenden Gottesgeheimnis meiner erschaffenen Einzigkeit begegne.

Das so begriffene Gute ist in kein ethisches Koordinatensystem einzuordnen, denn alle, die wir kennen, entstanden um seinetwillen und bestanden oder bestehen kraft seiner. Alles Ethos hat seinen Ursprung in einer Offenbarung, ob es nun noch um sie weiß und ihr botmäßig ist oder nicht, alle Offenbarung aber ist Offenbarung des menschlichen Dienstes am Ziel der Schöpfung, in welchem Dienst der Mensch sich bewährt. Ohne die Bewährung, und das heißt ohne das Einschlagen und Einhalten der Einen Richtung, soviel er vermag, quantum satis, gibt es für den Menschen wohl, was er das Leben nennt, auch das Leben der Seele, auch das Leben des Geistes, in allen Freiheiten und Fruchtbarkeiten, allen Graden und Rängen – Existenz gibt es für ihn ohne sie nicht. *1952; Bilder von Gut und Böse, S. 73-75*

Selbsterhellung und Umkehr

Die Begriffe ›Selbsterhellung‹ und ›Umkehr‹ markieren den Weg, auf dem ein Mensch die eigene Schuld einsehen und von da ein gewandeltes Verhältnis zur Welt gewinnen kann.
Eine Schuld kann nicht rückgängig gemacht werden, aber man kann die Konsequenzen aus ihr ziehen. Unwiderruflich ist die Wirkung für den andern, an dem man schuldig wurde, wie für den schuldig gewordenen Menschen selbst: er bleibt immer mit der (einst) schuldig gewordenen Person identisch.
Das Schuldigwerden am anderen Menschen bedeutet zugleich ein Verfehlen des rechten Tuns: des verantwortlichen Verhaltens. So gilt es, die Folgen der Schuld für den davon betroffenen anderen Menschen wiedergutzumachen, soweit dies noch möglich ist. Damit einhergehen muß der Wandel im Verhältnis zu allem, dem man begegnet: der Eintritt in die dialogische Verantwortung gegenüber der Welt.
Diesen Wandel drückt der religiöse Begriff der ›Sühne‹, die Teil der ›Umkehr‹ ist, aus. Im Judentum eröffnet sich hier für den Menschen die Perspektive, am Schaffen des ›Königtums Gottes‹ mitzuwirken, d.h. den Sinn der Welt am Ort, an dem man in der Welt steht, zu erfüllen.

Wenn dem Therapeuten eine Existentialschuld seines Patienten erkennbar wird, kann er [...] diesem nicht den Weg zur Welt weisen, den jener vielmehr als seinen eigenen persönlichen Weg suchen und finden muß; der Arzt kann ihn nur bis zu dem Punkt hin leiten, von dem aus er den persönlichen Weg oder doch seinen Anfang zu erblicken vermag. Damit der Arzt dies aber könne, muß er auch um die allgemeine, allem großen Handeln des Gewissens gemeinsame Art des Wegs wissen und um den Zusammenhang, der zwischen der Natur der Existentialschuld und der Natur dieses Wegs besteht.
Um hier aber keinem Irrtum zu verfallen, müssen wir darauf achten, daß es drei verschiedene Sphären gibt, in denen Schuldsühnungen sich vollziehen können [...]; nur eine dieser Sphären, die wir als die mittlere bezeichnen wollen, geht den Therapeuten, den ich meine, direkt an.
Die erste Sphäre ist die des Rechtes. Die Handlung beginnt hier mit der – ins Werk gesetzten oder latenten – Forderung, die die Gesellschaft ihren Gesetzen gemäß an den Schuldigen stellt; die Vorgänge des Vollzugs heißen Geständnis, Strafverbüßung und Schadloshaltung. [...]
Aber auch die dritte und höchste Sphäre, die des Glaubens, kann nicht seine Sache sein. Hier beginnt die Handlung im Raum zwischen dem Schul-

digen und seinem Gott und verbleibt darin. Sie vollzieht sich ebenfalls in drei Vorgängen, die jenen drei entsprechen, aber ganz anders als jene untereinander zusammenhängen; es sind das Sündenbekenntnis, die Reue und das Bußopfer in seinen verschiedenen Gestalten. [...]

Die mittlere Sphäre, in deren Sicht – bis zu ihr, wie gesagt, und nicht weiter – der Therapeut führen darf, die Sphäre also, um die er zu diesem Behuf *wissen* muß, mögen wir die des Gewissens nennen, mit einer Einschränkung, von der ich sogleich reden werde. Auch die vom Gewissen geforderte Handlung vollzieht sich in drei Vorgängen, die ich die Selbsterhellung, die Beharrung und die Sühnung nenne [...].

Gewissen heiße uns die Fähigkeit und Tendenz des Menschen, innerhalb seines vergangenen und künftigen Verhaltens radikal zu unterscheiden zwischen zu Billigendem und zu Mißbilligendem, wobei die Mißbilligung im allgemeinen weit stärker gefühlsbetont ist, wogegen die Billigung von Vergangenem zuweilen erschreckend leicht in eine recht fragwürdige Selbstzufriedenheit übergeht. (Es können natürlich, besonders wo es sich um Geschehenes handelt, nicht bloß Taten, sondern auch Unterlassungen, nicht bloß Entscheidungen, sondern auch Entscheidungslosigkeiten, ja auch eben erst aufgestiegene oder erinnerte Vorstellungen und Wünsche solchermaßen unterschieden und notfalls verworfen werden.) Um diese Fähigkeit und Tendenz genauer zu verstehen, muß man sich vergegenwärtigen, daß unter allen uns bekannten Lebewesen der Mensch allein zu distanzieren vermag, und zwar nicht bloß seine Umwelt, sondern auch sich selber, so daß er für sich zum abgelösten Gegenstand wird, über den er nicht nur »reflektieren«, sondern den er jeweils sowohl bestätigen als verwerfen kann. Das Gewissen ist dabei zwar inhaltlich sehr vielfach von den Geboten und Verboten der Gesellschaft bestimmt, der sein Träger angehört, oder denen der Tradition, der er glaubensmäßig verhaftet ist; aber es selber kann weder als eine Introjektion der einen noch als eine der anderen Autorität begriffen werden, und zwar weder ontogenetisch noch phylogenetisch. Die Tafeln des Sollens und Nichtsollens, unter denen dieser Mensch aufgewachsen ist und lebt, determinieren nur Konzeptionen, die im Bereich des Gewissens walten, nicht aber dessen Bestand selber, der eben in jener Distanzierung und jener Scheidung, Urqualitäten der Menschengattung, begründet ist. Die mehr oder minder verborgenen Kriterien, die das Gewissen bei seinen Akzeptationen und Ablehnungen anwendet, decken sich nur selten völlig mit einem von der Gesellschaft oder Gemeinschaft überkommenen Standard. Damit hängt es zusammen, daß das Schuldgefühl kaum je gänzlich von Vergehen gegen ein Tabu des Hauses oder der Sozietät abzuleiten ist. Die Gesamtheit der Ordnung, die ein Mensch als von ihm verletzt oder verletzbar empfindet, transzendiert in irgendeinem Maße die Gesamtheit der ihn bindenden elterlichen und gesellschaftlichen Tabus. Nicht selten hängt die Tiefe des Schuldgefühls gerade mit diesem nicht dem Tabufrevel zuzurechnenden Teil des Schuldigseins, also mit der Existentialschuld zusammen.

Die Einschränkung, von der ich sprach, will somit sagen, daß unser Gegenstand die Beziehung des Gewissens zur Existentialschuld ist. Seine Beziehung zu den Tabuvergehen geht uns hier nur insofern an, als ein Schuldiger diese stärker oder schwächer als wirkliche Existentialschuld versteht, für die er die Verantwortung nicht üben kann, ohne sein Verhältnis zu seinem eigenen Wesen zu verantworten.

Das Vulgärgewissen, das sich zwar auf das Zwicken und Zwacken trefflich versteht, aber unfähig ist, der Schuld auf ihren Grund und Abgrund zu kommen, wird freilich zu solcher Verantwortung nicht aufzurufen vermögen. Dazu bedarf es eines größeren, eines ganz personhaft gewordenen Gewissens, das den Blick in die Tiefe nicht scheut und schon im Mahnen den Weg intendiert, der hinüberführt. Aber man meine ja nicht, dieses Persongewissen sei etwelchen »höheren« Menschen vorbehalten. Die schlichte Kreatur, die sich in sich sammelt, um den Durchbruch aus der Schuldverstrickung zu wagen, hat dieses Gewissen. Und es ist eine große, noch nicht zureichend erkannte Aufgabe der Erziehung, das Gewissen von seinen niederen Gemeinformen zur Gewissensschau und zum Gewissensmut zu erheben. Denn es ist dem Gewissen des Menschen eingeboren, sich erheben zu können.

Aus dem Gesagten geht wohl schon zur Genüge hervor, daß der uralte Begriff des Gewissens, wofern er nur als ein dynamischer und nicht als ein instanzhaft statischer verstanden wird, realistischer ist als der moderne Strukturbegriff des Über-Ich, dem nur eine orientative Bedeutung zukommt, und dazu noch eine, die den Neuling leicht falsch orientiert.

Wenn wir nun vom Handeln in der Sphäre des Gewissens in diesem hohen und strengen Sinn sprechen wollen, so meinen wir damit eben nicht die wohlbekannte Zusammensetzung aus Verinnerlichungen von Rüge, Folter und Strafe, die man als die eigentliche Tätigkeit des Gewissens anzusehen pflegt, jene drängende und bedrängende Einwirkung einer übergeordneten inneren Instanz auf ein ihr mehr oder minder unterworfenes »Ich«. Vielmehr hat diese Peinigung für unsere Betrachtung nur den Charakter eines angelisch-dämonischen Zwischenspiels, auf das der hochdramatische oder tragikomische Akt der Neurose folgen mag, und das Ganze kann mit einer als erfolgreich geltenden Therapie enden. Was uns hier beschäftigt, ist eine andere Möglichkeit, sei es als der wahre Heilungs-

prozeß nach der Neurose, sei es, ohne daß diese vorausging. Es ist der mögliche Moment, wo die ganz wach und unerschrocken gewordene Person von den qualvollen Niederungen des Gewissens zu dessen Höhen aufsteigt und sich der von ihm gelieferten Materie selbständig bemächtigt.
Von hier aus kann der Mensch die dreifache Handlung unternehmen, auf die ich hingewiesen habe: fürs erste das Dunkel erhellen, das trotz aller bisherigen Aktion des Gewissens noch rings um die Schuld webt, es nicht mit Scheinwerfern erhellen, sondern mit einer breiten und dauernden Lichtwelle; fürs zweite – und wäre er in der Wirklichkeit seines gegenwärtigen Lebens noch so hoch über jenen Stand der Schuld gestiegen – in dem neu erworbenen demütigen Wissen um die Identität der jetzigen mit der damaligen Person beharren; und fürs dritte, die einst durch ihn verletzte Seinsordnung an seinem Orte und nach seinem Vermögen in den ihm geschichtlich und biographisch gegebenen Situationen durch das Verhältnis einer aktiven Hingabe zur Welt wiederherstellen. Denn die Wunden der Seinsordnung können an unbestimmbar vielen anderen Orten geheilt werden, als an denen sie geschlagen wurden.
Damit das in dem Maße gelinge, das diesem Menschen überhaupt erreichbar ist, muß er die Kräfte und Elemente seines Wesens sammeln und die so gewonnene Einheit immer wieder vor dem drohenden Zwiespalt und Widerspruch hüten. Denn, um mich selbst zu zitieren, man kann das Böse nicht mit ganzer Seele tun, man kann das Gute nur mit ganzer Seele tun. Was einer sich erst abringen muß, ist noch nicht das Gute; erst wenn er sich selbst errungen hat, gerät das Gute durch ihn. *1957; Schuld und Schuldgefühle, S. 33-42*

WAHRHEIT. Den Lubliner fragte ein Schüler: »Ihr habt uns, Rabbi, gelehrt, wenn ein Mensch seinen Gehalt kenne und mit seiner Seele ehrlich abrechne, dann gelte, was das Volk sagt: ›Abgerechnet ist halb bezahlt.‹ Wie ist das zu verstehn?« »Wird auf eine Ware«, sprach der Zaddik, »die über die Landesgrenze kommt, das königliche Siegel gelegt, so ist die Ware beglaubigt. So wenn einer seinen Gehalt kennt und mit seiner Seele ehrlich abrechnet: Wahrheit, das Siegel Gottes, prägt sich ihm auf, und er ist beglaubigt.« *Die Erzählungen der Chassidim, S. 473*

DAS »AUFSPRINGENDE TOR« der Selbsterhellung führt uns in kein Jenseits vom Gesetz, sondern ins Innere des Gesetzes.[36] Es ist das Gesetz des

[36] Buber entwickelt seine Gedanken zuvor an Kafkas Roman »Der Prozeß«, u.a. an der Gesetzesparabel; deshalb die Rede vom ›aufspringenden Tor‹ und vom »Gesetz«.

Menschen, in dem wir dann stehen: das Gesetz der Identität der menschlichen Person als solcher mit sich selber, der schulderkennenden mit der schuldtragenden, der im Licht mit der im Dunkel. Auf die harte Probe der Selbsterhellung folgt die noch härtere, weil nie aufhörende Probe der Beharrung in der Selbstidentifikation. Damit ist aber nicht etwa ein stets erneutes Sichgeißeln der Seele mit dem Wissen um ihren Abgrund als einen ihr unabwendbar zugeteilten gemeint, sondern ein aufrechtes und unbeirrtes Verharren in der Klarheit des großen Lichts.

Wenn ein Mensch nur an sich selber schuldig wäre, brauchte er, um dem fordernden Ruf genugzutun, der ihn auf der Höhe des Gewissens traf, vom Tor der Selbsterhellung aus nur noch diesen einen Weg, den der Beharrung, einzuschlagen. Aber ein Mensch ist immer auch an den andern Wesen, an der Welt, an dem ihm gegenüber wesenden Sein schuldig. Von der Selbsterhellung aus muß er, um dem Ruf gerecht zu werden, nicht einen Weg, sondern zwei Wege einschlagen, von denen der zweite der der Sühne ist. Unter Sühne ist hier jene Handlung von der Höhe des Gewissens aus zu verstehen, die der auf der Ebene des Rechts üblichen Leistung von »Wiedergutmachung« entspricht. Im Bereiche der Existentialschuld kann man freilich im strengen Sinn nichts »wiedergutmachen« – als ob die Schuld mit ihren Folgen dadurch gleichsam zurückgenommen werden könnte. Sühne meint hier zunächst, daß ich dem Menschen, an dem ich schuldig wurde, im Licht meiner Selbsterhellung gegenübertrete – wofern ich ihn noch auf Erden erreichen kann –, mich ihm gegenüber zu meiner Existentialschuld bekenne und ihm nach Vermögen helfe, die Folgen meiner Schuldhandlung zu überwinden; als Sühne kann solches Tun aber hier nur dann gelten, wenn es nicht aus gefaßtem Vorsatz, sondern im willkürlosen Wirken meiner errungenen Existenz getan wird. Und dies kann naturgemäß nur aus dem Kern eines gewandelten Verhältnisses zur Welt, eines neuen Dienstes an der Welt mit den erneuten Kräften des erneuten Menschen geschehen.

Es ist hier nicht von den Vorgängen in der Sphäre des Glaubens zu sprechen, die denen in der Sphäre des hohen Gewissens entsprechen. Für den redlich Glaubenden sind in der Praxis seines Lebens, besonders, wenn er durch die Existentialschuld gegangen ist, die zwei Sphären so aufeinander angewiesen, daß er sich nie einer von ihnen ausschließlich anvertrauen kann. Beide, der menschliche Glaube nicht minder als das menschliche Gewissen, können irren und irren immer wieder; und beide, das Gewissen nicht minder als der Glaube, müssen sich, um dieses ihr Irren wissend, der Gnade anheimgeben. Wer es aber von sich weist, an ein transzendentes Sein zu glauben, mit dem er kommunizieren darf, von dessen innerer Wirklichkeit generell zu reden steht mir nicht zu. Nur das habe ich zu berichten, daß mir auf dem Gang meines Lebens manche Menschen begegnet sind, die mir erzählten, wie sie, als Schuldiggewordene von dem hohen Gewissen aus handelnd, sich als Umkehrende und von einem Höheren Ergriffene erfuhren und in einen Wesensstand hineinwuchsen, dem der Name der Wiedergeburt zukommt. *1958; Schuld und Schuldgefühle, S. 66-68*

SÜNDE IST der jüdischen Lehre nach die Verstörung des Grundverhältnisses zwischen Gott und Mensch durch den Menschen, indem dieser durch sie zu einem mit dem Geschöpf Gottes nicht mehr identischen Wesen wird. Vergebung ist die Wiederherstellung des Grundverhältnisses durch Gott, nachdem der Mensch durch die Umkehr wieder in den Stand seiner Geschöpflichkeit eingetreten ist. Die Umkehr ist, wenn der Mensch die Ganzheit seiner Seele einsetzt, sie zu vollziehen, durch nichts behindert, auch nicht durch die Sünde der ersten Menschen. [...] Daß er sündigt, gehört zu seiner Situation, daß er umkehrt, zum Standhalten in ihr. *1950; Zwei Glaubensweisen, S. 166 f.*

DAS ZEICHEN DER VERGEBUNG. »Woran erkennen wir wohl«, fragte Rabbi Bunam seine Schüler, »in diesem Zeitalter ohne Propheten, wann uns eine Sünde vergeben ist?« Die Schüler gaben mancherlei Antwort, aber keine gefiel dem Rabbi. »Wir erkennen es«, sagte er, »daran, daß wir die Sünde nicht mehr tun.« *Die Erzählungen der Chassidim, S. 751*

DIE UMKEHR ist so wenig ein »seelisches« Ereignis, wie Geburt und Tod des Menschen; sie geschieht an der ganzen Person, und sie geschieht nicht im Verkehr des Menschen mit sich selbst, sondern in der schlichten Realität der Ur-Gegenseitigkeit.
Die Umkehr ist eine menschliche Tatsache, aber sie ist auch eine weltumgreifende Macht. Als Gott, so wird erzählt, seine Schöpfung vorbedachte und sie vor sich auf einen Stein hinritzte, wie ein Baumeister sich den Grundriß zeichnet, sah er, daß die Welt keinen Bestand haben würde. Da schuf er die Umkehr: nun hatte die Welt Bestand, denn nun war ihr, wenn sie sich von Gott weg, in die Abgründe der Selbstheit verlief, die Rettung erschlossen, der in eigner Bewegung zu vollziehende Rückschwung gnadenhaft gewährt.
Die Umkehr ist die größte Gestalt des »Anfangens«. Wenn Gott zum Menschen spricht: »Öffne mir die Pforte der Umkehr so schmal wie eine Nadelspitze, und ich will sie so weit öffnen, daß Wagen einziehen können«, oder wenn Gott zu Israel spricht: »Kehret um, und ich werde euch zu

einer neuen Schöpfung umschaffen«, zeigt sich uns in großer Klarheit der Sinn des menschlichen Anfangens. In der Umkehr ersteht der Mensch neu als Gottes Kind.

Da die Umkehr so Gewaltiges bedeutet, versteht man die Sage, daß Adam von Kain die Kraft der Umkehr lernte, versteht jenen an ein neutestamentliches Wort anklingenden, aber von ihm ganz unabhängigen Spruch: »An dem Ort, wo die Umkehrenden stehen, vermögen die vollkommen Gerechten nicht zu stehen.«

Wir sehen wieder, daß es im Judentum keine Sonderethik gibt. Dieses höchste »ethische« Moment ist völlig in das dialogische Leben zwischen Gott und Mensch aufgenommen. Die Umkehr ist nicht Rückkehr zu einem früheren, »sündenfreien« Zustand, sondern sie ist Wesensumschwung – das im Umschwung Hingetragenwerden auf den Weg Gottes. Dieser aber [...] bedeutet nicht etwa bloß einen Weg, den Gott dem Menschen anbefiehlt, sondern er, Gott selber, geht in seiner Schechina, in seiner »Einwohnung«, einen Weg durch die Geschichte der Welt; er nimmt Weg, nimmt Weltschicksal auf sich. Wer umkehrt, gerät in die Wegspur des lebendigen Gottes.

Von da aus ist auch jenes Wort, mit dem im Neuen Testament erst der Täufer, dann Jesus, dann die Sendlinge ihre Predigt beginnen, in seiner vollen Prägnanz zu verstehen, jenes durch das griechische μετανοεῖτε,[37] das auf einen *geistigen* Prozeß hindeutet, falsch wiedergegebene Wort, das im hebräischen oder aramäischen Original kein anderes gewesen sein kann als der alte Prophetenruf »Kehret um«. Und von da aus auch, wie mit jenem Predigtanfang der folgende Satz verknüpft ist: »denn nah herbeigekommen ist ἡ βασιλεία τῶν οὐρανῶν«,[38] was nach dem hebräischen oder aramäischen Sprachgebrauch der Zeit nicht bedeutet haben kann »Himmelreich« im Sinne einer »anderen Welt«: Schamajim, Himmel, ist damals eine der Umschreibungen des Gottesnamens; Malchut Schamajim, ἡ βασιλεία τῶν οὐρανῶν, bedeutet nicht Himmelreich, sondern das Königtum Gottes, das sich an der ganzen Schöpfung erfüllen und sie so vollenden will. Das Reich Gottes kommt dem Menschen nah, es will von ihm ergriffen und verwirklicht werden, nicht durch theurgische »Gewalttat«, sondern durch den Umschwung des ganzen Wesens; und nicht, als ob er durch den etwas auszurichten vermöchte, sondern weil die Welt um seines Anfangens willen erschaffen worden ist. *1929; Der Glaube des Judentums, S. 189 f.*

---

[37] »Tut Buße«, »Kehret um«.

[38] Mt 4, 17.

INNERE WANDLUNG kann nichts anderes bedeuten, als daß einer seine derzeitige Tatsächlichkeit überholt; als daß die Person, die mit einem gemeint ist, die bisher erschienene durchdringt; daß die Gewohnheitsseele sich zur Überraschungsseele weitet und wandelt. Dies ist es, was die Propheten Israels in ihrer Glaubenssprache unter Umkehr verstanden; nicht Rückkehr zu einem früheren, schuldlosen Stadium des Lebens, sondern ein Umschwingen dahin, wo das verzettelte Hin und Her zum Schreiten auf einem Weg wird und die Schuld sich sühnt in der erstandenen Echtheit der Existenz. *1954; Prophetie und Apokalyptik, S. 73*

Bestand und Bestandslosigkeit menschlicher Existenz

Es liegt in der Konsequenz von Bubers Denken, daß es bei ihm eine Wertung, ein Urteil von außen über das Dasein des einzelnen Menschen nicht gibt. Wenn man von einem Urteil sprechen will, dann nur in dem Sinne, daß das Dasein des Menschen jeweils sein Urteil enthält: »[...] weil der böse Mensch seine Existenz negativiert hat, geht er im Nichts auf, sein Weg ist sein Gericht.« Umgekehrt besteht der »Lohn« derjenigen, die das Gute tun, darin, daß sie an der Wahrheit teilhaben, mit religiösem Begriff: »Gott nahen«. Die Seite der Verwirklichung und die der persönlichen Lebenserfüllung erweisen sich hier als eins. Die eigene Ganzheit »erleben« heißt antworten, ohne auf sie abzuzielen; in der Lebensperspektive, also über die einzelnen Situationen hinaus, bedeutet dies, ›an der Existenz teilzuhaben‹.
Die Frage des Bestands des eigenen Daseins stellt sich am intensivsten in der Perspektive auf den Tod. Hier kann man Bubers Worte nur unkommentiert stehen lassen.

ES IST NICHT ZU VERKENNEN, daß es dem Menschen unseres Zeitalters schwerer als irgendeinem früheren geworden ist, wachen und unerschrokkenen Gemüts die Selbsterhellung zu wagen, wiewohl er mehr als irgendein früherer vermeint, um sich selber Bescheid zu wissen. Der innere Widerstand, der sich hier zeigt, ein tieferer als aller der genetischen Forschung des Analytikers sich erschließende, hat in zwei für das epische Schrifttum des 19. und das des 20. Jahrhunderts charakteristischen Gestalten eine so gültige Darstellung gefunden, daß wir am besten tun, uns ihnen zuzuwenden, um unser Verständnis des Problems zu ergänzen. Ich meine Nikolaj

Stawrogin in Dostojewskijs Roman »Die Dämonen« und Josef K. in Kafkas Erzählung »Der Prozeß«.[39] [...]
Für unsere Fragestellung ist von der vollständigen Fassung des Romans [der »Dämonen« –T.R.] auszugehen, jener also, die noch das später, anscheinend aus äußeren Gründen, gestrichene Kapitel von Stawrogins Beichte und einiges Zugehörige enthielt.
In dem gestrichenen Kapitel wird erzählt, wie Stawrogin – von Dostojewskij als der vom Hochmut des Nichts besessene Mensch am äußersten Rande des Zeitalters gedacht, der den Sinn des Daseins auflöst, indem er ihn leugnet, und durch die Zerstörung von allem, über das er Gewalt bekommt, zur Selbstzerstörung gelangt – einen heiligen Mann aufsucht und ihm die Niederschrift eines Geständnisses bringt, das er veröffentlichen zu wollen erklärt. Darin berichtet er, wie er einst ein kleines Mädchen vergewaltigt hat. Später widerruft er das Geständnis, und zwar ersichtlich deshalb, weil er aus der Reaktion des Priesters erkannt hat, daß es, so wie es abgelegt worden ist, das nicht zu leisten vermag, was er ihm zugetraut hatte. Der Inhalt des Geständnisses ist wahr, aber seine Ablegung ist fiktiv, denn es ist Stawrogin gar nicht um Selbsterhellung, um beharrende Selbstidentifizierung, um sühnende Wiederverbindung mit der Welt zu tun, und so ist sogar sein (wie Dostojewskij erklärend sagt) »ungeheucheltes Bedürfnis nach einer öffentlichen Hinrichtung« von der Fiktivität durchsetzt. Was Stawrogin begehrt, ist der »Sprung«. Ein fragmentarischer Entwurf des Dichters belehrt uns unzweideutig darüber. Es heißt hier, offenbar im Zusammenhang damit, daß der Priester der Absicht Stawrogins, das Geständnis zu veröffentlichen, widerspricht: »Der Erzpriester beweist, daß ein Sprung nicht nötig sei, daß der Mensch vielmehr in seinem Innern sich wiederaufrichten müßte – durch lange Arbeit, dann erst vollbringe er den Sprung.« Stawrogin fragt: »Und plötzlich sollte es unmöglich sein?« »Unmöglich?« entgegnet der Priester. »Aus einem Engelswerk wird es ein Werk des Teufels.« »Ach«, ruft Stawrogin, »das habe ich ja selbst gewußt.«
Stawrogin »begeht« das Geständnis, wie er seine Verbrechen begeht: als Versuch, die echte Existenz zu erraffen, die er nicht besitzt, die er aber – Nihilist in der Praxis, aber der Ahnung nach Existentialist – als das eigentliche Gut erkannt hat. Er ist voller »Ideen« (Dostojewskij leiht ihm sogar seine eigenen!), voller »Geist«, aber er existiert nicht. Den grundsätzlichen Nihilismus in existentialistischer Form wird dieser Menschentypus erst nach Dostojewskijs Zeitalter, erst in dem unsern entdecken, nachdem er

[39] Für den Gesichtspunkt der Nichtigkeit menschlicher Existenz ist Bubers Interpretation des Dostojewskij-Romans wichtiger, weshalb nur diese zitiert wird.

erfahren hat, daß er auf den ihm wesensmäßig entsprechenden Wegen nicht zur Existenz gelangen kann, und ihm nur dies übrigbleibt: das gedankenvolle Nihil als die Existenz und sich als den neuen Menschen zu proklamieren. Stawrogin ist noch nicht so weit, er vermag sich nur umzubringen, nachdem all das »dämonische« Spiel mit Ideen, Verbrechen und Geständnissen, dieses Spiel, das ein Ziel hat, sich als ohnmächtig erwiesen hat. Der entscheidende Moment – in der jetzigen, vom Verfasser verstümmelten Fassung des Romans ausgelöscht – ist eben das Fehlgehen des Geständnisses: Stawrogin wollte, daß der heilige Mann an dessen existentiellen Charakter glaube und dadurch ihm, Stawrogin, zur Existenz verhelfe. Existentielles Geständnis ist jedoch nur möglich als Aufbruch zu der großen Handlung des Hochgewissens in Selbsterhellung, beharrender Selbstidentifizierung und einem sühnenden Verhältnis zur Welt. Diese Möglichkeit aber ist in Stawrogins Augen eins von beiden: entweder ihm wesensmäßig nicht gegeben oder von ihm durch sein Lebensspiel vernichtet. In Dostojewskijs eigenen Augen hingegen ist der Mensch erlösbar: wenn er die Erlösung *als solche* will und damit auch seinen Anteil an ihr, die große Handlung des Hochgewissens. *1957; Schuld und Schuldgefühle, S. 45-49*

I
O Glück des Mannes,
der nicht ging im Rat der Frevler,
den Weg der Sünder nicht beschritt,
am Sitz der Dreisten nicht saß,
sondern Lust hat an SEINER Weisung,
über seiner Weisung murmelt tages und nachts!
Der wird sein
wie ein Baum, an Wassergräben verpflanzt,
der zu seiner Zeit gibt seine Frucht,
und sein Laub welkt nicht:
was alles er tut, es gelingt.
Nicht so sind die Frevler,
sondern wie Spreu, die ein Wind verweht.
Darum bestehen Frevler nicht im Gericht,
Sünder in der Gemeinde der Bewährten.
Denn ER kennt den Weg der Bewährten,
aber der Weg der Frevler verliert sich.

Wie soll die Tatsache, daß Gott diesen Weg [den der Bewährten – T.R.] kennt, jener entsprechen, daß der Weg der Frevler sich verliert? [...] Wir können hier nur dann Klarheit gewinnen, wenn wir uns vergegenwärtigen, daß das hebräische Verb ›erkennen, kennen‹ in seiner sinnlichen Urbedeutung zum Unterschied von den abendländischen Sprachen nicht der Sphäre der Betrachtung, sondern der des *Kontakts* angehört. Der entscheidende Vorgang für das Erkennen ist beim biblischen Hebräisch nicht, daß man einen Gegenstand betrachtet, sondern daß man mit ihm in Berührung kommt. Diese Grundverschiedenheit entfaltet sich im Bereich des seelischen Verhältnisses zu anderen Wesen, wo die Tatsache der *Gegenseitigkeit* alles verwandelt: im Mittelpunkt steht hier nicht das Einander-Wahrnehmen, sondern der Wesenskontakt, der ›Umgang‹. Dieses Thema des ›kennenden‹ Umgangs steigert sich nun aber zu einer eigentümlichen, nichts anderm vergleichbaren Höhe, wo von der Beziehung Gottes zu den von ihm Erwählten die Rede ist [...]. Durch seinen Kontakt mit ihnen holt Gott sie aus der Fülle der Lebewesen heraus, um mit ihnen zu kommunizieren; dieses sein anrührendes, anfassendes ›Erkennen‹ meint ein Herausholen, und als Herausgeholte stehen sie nun im Umgang mit ihm. In dem Psalmvers, von dem ich spreche, aber kommt noch etwas Besonderes, nur hier Gesagtes, hinzu: es heißt hier nicht, daß Gott die Bewährten, die Frommen kenne, sondern daß er ihren Weg kennt. Der Weg, der Lebensweg dieser Menschen ist so beschaffen, daß sie in jedem seiner Stadien den göttlichen Kontakt neu erfahren. Und zwar erfahren sie ihn, wie es eben dem Charakter eines wirklichen Weges entspricht, in jedem Stadium in der diesem spezifisch gemäßen Art und Weise. Ihre Erfahrung des göttlichen ›Kennens‹ ist keiner Naturerfahrung ähnlich: es ist eine echt biographische Erfahrung, das heißt, das, was man so erfährt, erfährt man durch den Gang des eigenen, persönlichen Lebens, durch das jeweils erlebte Schicksal. Möchte dieses Schicksal, außerhalb des Umgangs mit Gott betrachtet, noch so grausam und widrig erscheinen, von seinem ›Kennen‹ durchstrahlt ist es ›Gelingen‹, wie alles Tun dieses Menschen, auch sein Fehlschlagen, auch sein Scheitern Gelingen ist. Oh Glück des Mannes, der den von Gott gewiesenen und von Gott ›gekannten‹ Weg geht!

Der Weg ist von Gott gewiesen, in seiner »Weisung«, der Thora. Dieser Gott ist ein weisender, das heißt, ein Gott, der zwischen dem wahren Weg und den falschen unterscheiden lehrt. Seine Weisung, die Unterscheidungslehre, ist uns gegeben. Es genügt aber nicht, sie anzunehmen: wir müssen an ihr ›Lust haben‹, wir müssen an ihr mit einer Leidenschaft hangen, die an Mächtigkeit allen Leidenschaften der »Frevler« überlegen ist. Und es genügt nicht, sie passiv zu lernen: wir müssen immer wieder ›über ihr murmeln‹, müssen ihr lebendiges Wort ihr nachsprechen, müssen mit unserem Sprechen in sein Gesprochensein eintreten, so daß es von uns heute in un-

serer heutigen biographischen Situation neu gesprochen ist und so fort und fort in ewiger Aktualität. Wer so mit eigner Tätigkeit dem offenbarenden Gott dienstbar wird, der ist – mag er auch von Natur kargem Erdreich entsprossen sein – an die Wassergräben der Weisung verpflanzt: nun erst kann sein eignes Wesen gedeihen, reifen und Frucht tragen, und das Gesetz, wonach im Leben der Lebewesen Gezeiten des Grünens und Gezeiten des Welkens einander ablösen, gilt für ihn nicht mehr – sein Saft kreist beständig in unverminderter Frische fort.
Diesen im Wege Gottes Beständigen stehen jene beiden andern Menschenklassen gegenüber, die Sünder, ein Wort, das dem ursprünglichen hebräischen Wortsinn nach die das Ziel oder den Weg Verfehlenden bedeutet, und die Frevler. Es kommt wesentlich darauf an, diese beiden Klassen voneinander zu unterscheiden; die parallelistische Form zielt ja hier wie so oft nicht auf bloße Entsprechung, sondern auf Ergänzung ab. ›Frevler‹ ist hier wirklich die Bezeichnung einer Menschenart, einer dauernden Beschaffenheit, ›Sünder‹ hingegen bezeichnet eher einen Zustand, eine Anwandlung, die den Menschen jeweils überkommt, ohne zur Anhaftung zu werden. Die Sünder verfehlen jeweils den Weg Gottes, die Frevler widerstreben ihm ihrer konstitutiven Grundhaltung nach.
Der Sünder tut Böses, der Frevler ist böse. Darum wird nur von ihnen, nicht auch von den Sündern, gesagt, ihr Weg verliere sich und sie seien wie Spreu, die ein Wind verweht. Und wenn es von diesen wie von jenen heißt, sie ›bestünden nicht‹, so doch mit einem fundamentalen Unterschied: die Frevler bestehen nicht »im Gericht«, die Sünder aber nur nicht »in der Gemeinde der Bewährten«. In dem »Gericht« geht es um die Existenz schlechthin: weil der böse Mensch seine Existenz negativiert hat, geht er im Nichts auf, sein Weg ist sein Gericht. Anders die Sünder: mit ihrem Nichtbestehen ist nicht die Entscheidung einer höchsten Instanz gemeint, es ist nur eine menschliche Gemeinschaft, die ihnen keinen Bestand gewähren kann, um nicht den eignen Bestand in Frage zu stellen. Aber der Eingang in diese Gemeinschaft ist ihnen nicht verschlossen. Sie brauchen nur die Umkehr zum Gottesweg zu vollziehen, von der der Psalm uns zu ahnen erlaubt, daß sie ihnen nicht bloß offen steht, sondern daß sie auch im Herzensgrund nach ihr verlangen, sich nur eben nicht stark genug dazu fühlen oder vielmehr wähnen. Ist sie denn aber den Frevlern verschlossen? Sie ist es nicht – so dürfen wir wohl die Betrachtung des Psalms fortsetzen – von Gott aus, aber sie ist es von ihnen selber aus, denn zum Unterschied von den Sündern wollen sie nicht umkehren können. Darum aber verliert sich ihr Weg. *Psalm 1 (in: Recht und Unrecht, S. 53) / 1950; Recht und Unrecht, S. 57-62*

LXXIII
Ein Harfenlied Aſsafs.
[...]
Und doch bleibe ich stets bei dir,
meine rechte Hand hast du erfaßt.
Mit deinem Rate leitest du mich,
und danach nimmst du mich in Ehren hinweg.
Wen habe ich im Himmel!
aber bei dir
habe ich nicht Lust nach der Erde.
Verendet mein Fleisch und mein Herz,
der Fels meines Herzens, mein Teil, Gott bleibt in die Zeit.
Denn, da, die dir fern sind, verlieren sich,
Du schweigst alljeden, der abhurt von dir, –
ich aber, Gott nahn ist mir das Gute,
in meinen Herrn, DICH, habe ich meine Bergung gesetzt:
all deine Arbeiten zu erzählen. [40]

Der leitende Rat Gottes scheint mir nichts andres als die sich dem lauteren Herzen unmittelbar mitteilende göttliche Gegenwart zu sein. Wer dieser Gegenwart inne ist, handelt in den wechselnden Situationen seines Lebens anders, als wem sie unmerklich bleibt. Sie, die Gegenwart, wirkt als Rat: Gott rät, indem er zu wissen tut, daß er da ist. Er hat den Sohn aus dem Dunkel ans Licht geführt, nun kann der im Lichte wandeln. Des eignen Ausschreitens und Schrittrichtens ist er nicht enthoben.

Der offenbare Einblick hat mit dem Sinn der Lebenserfahrung das Leben selber gewandelt. Er wandelt aber auch die Perspektive des Todes. Für den ›Geplagten‹ war der Tod nur die Mündung, zu der hin der träge Strom des Leids und der Pein verfließt. Jetzt aber ist er der Vorgang geworden, in dem Gott, der stets Gegenwärtige, der an der Hand Fassende, der »Gute«, einen ›nimmt‹.

Als ein Genommenwerden, durch Gott selber Hinweggenommenwerden hatten die Legendenerzähler die Entrückung des lebenden Henoch, des lebenden Elias in den Himmel bezeichnet. Die Psalmisten haben die Bezeichnung aus dem Bereich der Wundergeschichte in den der persönlichen

[40] Vgl. Die Schriftwerke. Verdeutscht von Martin Buber, S. 110 f. In »Recht und Unrecht. Deutung einiger Psalmen« wird im Kapitel »Das Herz entscheidet« der ganze Psalm wiedergegeben und anschließend interpretiert; hier geht es nur um einen Auszug aus der Interpretation, demgemäß wird nur der diesem entsprechende Teil des Psalms abgedruckt.

Frömmigkeit und ihres persönlichsten Ausdrucks verpflanzt. In einem dem unsern sowohl sprachlich und stilistisch als auch in Inhalt und Grundgefühl verwandten Psalm, dem neunundvierzigsten, heißt es: »Meine Seele jedoch wird abgelten Gott aus der Hand der Scheol, des Gruftreichs, wenn er mich nimmt«.[41] Von der mythischen Vorstellung der Entrückung ist hier nichts mehr übrig geblieben. Aber nicht das allein: auch vom Himmel ist nichts mehr übrig geblieben. Es steht hier nichts davon, daß man nach dem Tode in den Himmel kommen könne. Und, soweit ich sehe, steht auch sonst nirgends im »Alten Testament« etwas davon.
Dem scheint freilich eben der in unserem Psalm auf die Worte »Mit deinem Rat leitest du mich« folgende Satz zu widersprechen. [...] Uns in der Vorstellungswelt einer späten Unsterblichkeitslehre Aufgewachsenen ist es fast selbstverständlich, ›Du wirst mich nehmen‹ zu verstehen: Du wirst mich aufnehmen. Der zeitgenössische Hörer oder Leser verstand wohl nichts anderes als: Du wirst mich hinwegnehmen. [...]
Wenn ich mein Leben abgelebt habe, sagt der Sprecher unseres Psalms zu Gott, werde ich in Kabod, in der Erfüllung meines Daseins, sterben. Aber im Sterben werden mich nicht die Schlingen der Scheol empfangen, sondern deine nehmende Hand. ›Denn‹, so heißt es in einem andern, wieder artverwandten Psalm (16), ›du wirst meine Seele der Scheol nicht überlassen‹.[42]
Der Scheol, dem Reich der Ödnis, in dem, wie ein später Text (Prediger 9, 10) erläutert, es weder eine Tätigkeit noch ein Bewußtsein gibt,[43] steht kein Reich der himmlischen Seligkeit gegenüber, sondern dem entwesten Sein steht Gott gegenüber. Die »Frevler« erfahren im Ende unmittelbar ihr Nichtsein, die »am Herzen Lautern« erfahren im Ende unmittelbar das Sein Gottes.
Diesen Sinn des Genommenwerdens äußert der Psalmist nun sogleich in dem unüberbietbar deutlichen Ruf: »Wen habe ich im Himmel!« Er strebt nicht danach, nach dem Tode in den Himmel einzugehen, denn Gott haust nicht im Himmel, und so ist der Himmel ihm leer. Aber er weiß, daß er im

---

[41] Das Buch der Preisungen 49, 16; vgl. Die Schriftwerke. Verdeutscht von Martin Buber, S. 77.

[42] Vgl. Das Buch der Preisungen 16, 9 f.: »Darum freut sich mein Herz, / jauchzt meine Ehre, / ja, mein Fleisch wird sicher wohnen. / Denn du überlässest nicht / meine Seele dem Gruftreich, / du gibst nicht zu, / daß dein Holder die Schluft besehe.« Vgl. Die Schriftwerke. Verdeutscht von Martin Buber, S. 25.

[43] Das Buch Versammler (Der Prediger Salomo) 9, 10: »Alles, was deine Hand zu tun findet, / tu es mit deiner Kraft, / Denn kein Tun ist, noch Berechnung, noch Erkenntnis, noch Weisheit / im Gruftreich, wohin du gehn mußt.« Vgl. Die Schriftwerke. Verdeutscht von Martin Buber, S. 404 f.

Tode auch kein Verlangen hegen wird, auf Erden zu bleiben, denn nun ist er bald vollends »bei dir« […], bei ihm, der ihn ›genommen hat‹. Damit aber meint er nicht das, was wir persönliche Unsterblichkeit nennen, das heißt, eine Fortsetzung der uns in diesem unserem sterblichen Leben so vertrauten Dimension der Zeit. Denn nun bedeutet das Bei-ihm-sein nicht mehr, wie im Leben, ein Von-ihm-geschieden-sein. Mit der strengsten Klarheit sagt jetzt der Psalmist, was jetzt zu sagen ist: nicht bloß sein Fleisch schwindet im Tode, sondern auch sein Herz, jenes innerste, persönliche Seelenorgan, das einst in der Rebellion gegen das Menschenlos »aufgor« und das er dann ›reinigte‹, bis er ein am Herzen Lautrer wurde, – auch diese persönliche Seele schwindet. Aber Er, der dieser Person wahres Teil und wahres Los gewesen ist, der »Fels« dieses Herzens, Gott, ist ewig. In seine Ewigkeit stirbt der am Herzen Lautere hinein, und diese Ewigkeit ist von jeder Art von Zeit urverschieden.
Noch einmal blickt der Psalmist auf die »Frevler« zurück, deren Betrachtung ihn einst so aufgerührt hatte. Jetzt nennt er sie nicht mehr Frevler, sondern ›die dir Fernen‹. In der schlichtesten Form spricht er seine Erkenntnis aus: da sie Gott, dem Sein, fern sind, gehen sie verloren. […] Ihm, der Gott nahen darf, ist das Gute gegeben. Einem am Herzen lauteren Israel ist das Gute gegeben, weil es Gott nahen darf. Gewiß, gut ist Gott zu Israel.
[…] Das Gute, sagt der Psalmist, ist: Gott nahen. Er sagt nicht, daß die Gott Nahen gut seien. Wohl aber nennt er die Schlechten: die Gott Fernen. In der Sprache des modernen Denkens heißt das, daß es Menschen gibt, die an der Existenz nicht teilhaben, aber keine Menschen, die die Existenz besitzen. Besitzen kann man sie nicht, man kann an ihr nur teilhaben. Man ruht nicht im Schoße der Existenz, man nähert sich ihr nur. Die ›Nähe‹ ist nichts andres als solch ein Sich-Nähern und Nahekommen, immerdar solang die menschliche Person lebt.
Der Tod zerbricht mit dem Leben der Person die Dynamik von Ferne und Nähe. Mit ihm schwindet das Herz, jene Innerlichkeit des Menschen, aus der die »Malereien« der Einbildung aufsteigen und die gärend aufbegehrt, die aber auch sich reinigen und lauter werden kann. Die Sonderseelen schwinden, die Sonderung schwindet. Die von der Seele gelebte Zeit schwindet mit ihr, wir wissen von keiner Fortdauer in der Zeit. Nur der »Fels«, an dem das Herz sich barg, nur der Fels der Menschenherzen schwindet nicht, denn er steht nicht in der Zeit. Die Zeit der Welt vergeht vor der Ewigkeit, aber der existente Mensch stirbt in die Ewigkeit, als in die vollkommene Existenz, hinein. *Psalm 73, 23-28 (in: Recht und Unrecht, S. 34 f.) / 1950; Recht und Unrecht, S. 45-51*

Wir wissen nichts vom Tod, nichts als die eine Tatsache, daß wir »sterben« werden – aber was ist das, sterben? Wir wissen es nicht. So geziemt uns anzunehmen, daß es das Ende alles uns Vorstellbaren ist. Unsere Vorstellung ins Jenseits des Sterbens verlängern wollen, in der Seele vorwegnehmen wollen, was der Tod allein uns in der Existenz zu offenbaren vermag, scheint mir eine als Glaube verkleidete Ungläubigkeit zu sein. Der echte Glaube spricht: Ich weiß nichts vom Tod, aber ich weiß, daß Gott die Ewigkeit ist, und ich weiß dies noch, daß er mein Gott ist. Ob das, was wir Zeit nennen, uns jenseits unseres Todes verbleibt, wird uns recht unwichtig neben diesem Wissen, daß wir Gottes sind – der nicht »unsterblich«, sondern ewig ist. Statt unser Selbst uns lebend wiewohl tot vorzustellen, wollen wir uns auf einen wirklichen Tod bereiten, der vielleicht die Endschranke der Zeit, der aber, wenn es sich so verhält, gewiß die Schwelle der Ewigkeit ist. *1927; Nach dem Tod, S. 236*

6 Was ist Religion?

Glaubenssätze, Dogmen haben in Bubers dialogischem Denken keinen Platz; die Existenz eines Gottes anzunehmen, ist hier keine Voraussetzung: eine solche Voraussetzung würde vielmehr die Dialogik zerstören.

In seinem Aufsatz »Der Mensch von heute und die jüdische Bibel« betont Buber, daß dem heutigen Menschen die Glaubenssicherheit versagt sei, und fragt von hier aus, ob denn noch ein Zugang – und wenn: welcher – zur Bibel möglich sei. Buber stellt diese Frage am Beispiel der Offenbarung am Sinai: »Was kann uns damit gemeint sein, daß Gott im Feuer auf den wie ein Schmelzofen rauchenden Berg unter Donner- und Posaunenschall niederfährt und zum Volke redet?« Er lehnt ein Verständnis der biblischen Erzählung ab, das diese als den »Bericht eines ›übernatürlichen‹ Vorgangs« sieht, »der also den faßbaren Zusammenhang des Geschehens, den wir den natürlichen nennen, durch den Einbruch eines Unfaßlichen zerreißt«. Denn dann »müßte der heutige Mensch, der die Bibel anzunehmen sich entschlösse, will er nicht in die träge Geläufigkeit eines nicht wirklich Geglaubten verfallen, ein Sakrifizium vollziehen, das sein Leben unheilbar mitten entzweischnitte«.

Dies ist der entscheidende Punkt: für den einzelnen Menschen gültig ist nur das natürlich Erfahrbare – das, was ihm als menschlicher Person, aus der Ganzheit seiner Person, seines Menschseins, natürlich zugänglich, wahrnehmbar ist. Jedes Sakrifizium, d.h. die Unterordnung der eigenen Einsicht unter eine »höhere«, der und die zu glauben sei, wird ausgeschlossen: sie würde das Leben des Menschen ›entzweischneiden‹, die Ganzheit seines Menschseins verletzen.

Das Sakrifizium bedeutete – vom Menschen aus, der sich unter es beugen soll, d.h. der etwas glauben soll, ohne es selbst wahrnehmen zu können –, sich selbst, seiner Wahrnehmungsfähigkeit, mißtrauen zu müssen. Von einem Menschen das Sakrifizium zu fordern, ist damit zutiefst inhuman. Sich in seinem Leben auf die eigene Wahrnehmung stellen zu können, ist eine Grundvoraussetzung in Bubers Denken.

Es wird von hier aus nochmals deutlich, wie verschiedene Charakteristika von

Bubers Denken zusammengehören. So ist Bubers Appell an die Selbstbesinnung diejenige »Methode«, dem anderen eine Einsicht zu vermitteln, welche auf dem Vertrauen in die Wahrheitsfähigkeit, in die natürliche Wahrnehmungsfähigkeit des Menschen beruht; sie ist damit zutiefst human. Entsprechend will sie sich den anderen nicht unterwerfen oder angleichen – sie erkennt seine Eigenständigkeit, sein personales Verhältnis zur Wahrheit an. Sie erkennt die Unverletzlichkeit menschlicher Freiheit an. Der Appell an die Selbstbesinnung achtet nicht nur den anderen Menschen, er kann im günstigen Fall – als Art der Verwirklichung des Grundworts Ich-Du – sogar dessen Weg zu dem, was ›mit ihm gemeint ist‹, anregen, anstoßen, »initiieren«.
Geht man von der Wahrheitsfähigkeit des Menschen, der Achtung seiner Freiheit und Eigenständigkeit aus, so kann von Gott nur insofern gesprochen werden, als in der rein menschlichen Erfahrung – d.h. dem Tätigsein des ganzen Menschen ohne akzeptierte religiöse Prämissen – wirklich die Anrede des ewigen Du vernommen wird, und genau das will Buber bezeugen.
Was ist Religion?
Bubers Denken als religiöses Denken gibt keine Lehre von einem Göttlichen oder von einer wahren Wirklichkeit, welche die menschliche Wirklichkeit transzendierte. Die Frage nach der Religion ist hier die ethische Frage nach dem Lebenssinn, der nicht eine Sinngebung oder Setzung des Subjekts ist; nach dem rechten Leben, das dem Sein – dem fremden wie dem eigenen, und nicht nur dem der Lebewesen, sondern auch dem der Dinge – entspricht und es verwirklicht.

Religiöses Dasein und religiöses Denken

Was Buber in seinem Denken zur Sprache bringen will, ist das »vollständige Dasein des Menschen«: zu dem gehört, auf die Situationen des Alltags zu antworten, wenn er das Grundwort Ich-Du spricht, und – in allem notwendigen Rückgang ins Grundwort Ich-Es mit seiner Funktion der Weltorientierung – offen zu bleiben für erneute Antwort.
Ein solches Dasein, das die Diskontinuität von Du- und Es-sagen akzeptiert, das aber vorherrschend in der Richtung zu seinem ewigen Du steht, nennt Buber ›religiöses Dasein‹. Ein Denken – sein Denken –, das dieses Dasein in Begriffen zur Sprache bringt, ist ›religiöses Denken‹. Die Seins- oder Glaubenserfahrung, in der dieses Denken gründet, versteht Buber als ein Gewahrwerden der Wirklichkeit, des Geschehens von Sprache und Antwort, durch den ganzen Menschen Martin Buber, ohne religiöse Prämissen, ohne Sakrifizium.

So konnte Buber sagen, er denke »nicht von einer Religion aus«: und konnte doch bewußt Jude sein, da das Judentum – besonders im Chassidismus und im Glauben der Propheten – für den Primat des Dialogischen zeugt.
In »Antwort« schrieb Buber, er wolle ›Wirklichkeit‹ zeigen, er appelliere an Erfahrung und zeuge für Erfahrung.[1] Das Judentum zeigte ihm selbst dialogische Wirklichkeit, und diese war für Buber, der dem Judentum zeitweise entfremdet war, Zugangsweg zum Judentum. Die »Gottesebenbildlichkeit des Menschen als Tat [...], als Aufgabe«, die »Idee des vollkommenen Menschen«, von der er in »Mein Weg zum Chassidismus« etwas pathetisch spricht, meint nichts anderes als den Menschen, der in seinem Leben dem ›ewigen Du‹ antwortet und damit – in biblischer Sprache – den ›Weg Gottes‹, den in der Thora gewiesenen Weg, geht.[2]

Mit mir stand es so, daß all die in den Jahren 1912-1919 von mir gemachten Seinserfahrungen mir in wachsendem Maße als *eine* große Glaubenserfahrung gegenwärtig wurden. Damit ist eine Erfahrung gemeint, die den Menschen in all seinem Bestande, sein Denkvermögen durchaus eingeschlossen, hinnimmt, so daß durch alle Gemächer, alle Türen aufsprengend, der Sturm weht.
Da die Ratio in diese Art von Erfahrung mit eingetan ist [...], kann sie, wenn es nun die Mitteilung gilt, als zuverlässiger Bearbeiter fungieren. Die Bearbeitung ist mit Notwendigkeit eine philosophische, und das heißt: eine logisierende, es kommt nur darauf, daß das unentbehrliche Denkvermögen sein Amt nicht verkenne und sich nicht als der zuständige Empfänger gebärde. Es liegt ihm ob, das Überlogische, für das der Satz vom Widerspruch nicht gilt, zu logisieren, es liegt ihm ob, den inneren Widerspruch fernzuhalten; aber es darf der Konsistenz nichts von jener Wirklichkeit selber opfern, auf die hinzuzeigen die geschehene Erfahrung befahl. Ein System wird daraus, wenn der Gedanke seiner Aufgabe treu bleibt, nicht werden, wohl aber ein in sich schlüssiger Denkzusammenhang.
Man möchte nun etwa einwenden: wenn jener Zusammenhang von Erfahrungen als Glaubenserfahrung zu verstehen sei, dann sei deren Mitteilung doch wohl eher eine theologische zu nennen. Aber das trifft nicht zu. Denn unter Theologie läßt sich doch wohl nur eine Lehre von Gott verstehen, sei sie auch nur eine »negative«, die dann etwa, statt als Lehre vom Wesen

[1] Vgl. im 2. Kapitel den Abschnitt »Anerkennung des anderen und dialogisches Denken«.
[2] Vgl. die Auszüge aus »Recht und Unrecht« im Abschnitt »Bestand und Bestandslosigkeit menschlicher Existenz« im 5. Kapitel.

Gottes, als Lehre vom Worte Gottes, dem Logos, auftritt. Ich aber bin durchaus nicht befähigt noch auch befugt, so oder so von Gott zu lehren. Gewiß, wenn ich das Faktum Mensch zu erklären versuche, kann ich nie außer acht lassen, daß er, der Mensch, Gott gegenüber lebt; aber ich kann Gott selber an keinem Punkte in meine Erklärung einbeziehen, ebensowenig, wie ich das mir unanzweifelbare Wirken Gottes in der Geschichte aus ihr herauslösen und zum Gegenstand meiner Betrachtung machen könnte. Wie keine theologische Weltgeschichte, so kenne ich keine theologische Anthropologie in diesem Sinn –, ich kenne nur eine philosophische.

Das theologische Element, das ja einen großen Teil meines Forschens und Berichtens bestimmt hat, ist in meinem Denken das Fundament, aber nicht als Derivat eines Überkommenen, wie grundwichtig mir dieses auch ist, und somit nicht als »Theologie«, sondern eben als die Glaubenserfahrung, der ich die Selbständigkeit meines Denkens verdanke. Ich bin nicht bloß an die philosophische Sprache, ich bin an die philosophische Methodik gebunden. Aber ich weiß auch nichts von einer »doppelten Wahrheit«.[3] Meine Philosophie dient, ja, sie dient, aber nicht einer Folge offenbarter Sätze, sondern einem erfahrenen, einem wahrgenommenen Verhalt, den mitteilbar zu machen sie eingesetzt worden ist.

Ein Theologumenon freilich hat sich dieser Philosophie einverleibt, wofern es nicht vielmehr als ein Religiosum anzusehen ist: der Name Gott wird hier im allgemeinen (bis auf unausweichliche Verknüpfungen) nicht durch einen Begriff ersetzt. Ich widerspreche zwar Heraklit nicht, der es, offenbar vom Gegenstand selber aus, für unzulässig hält, *nur* »Zeus« zu sagen; aber ich habe ja keine Lehre vom Urgrund zu bieten, ich habe nur für jene Begegnung zu zeugen, in der alle Begegnungen mit anderm gründen, und begegnen kannst du dem Absoluten nicht. *1963; Antwort, S. 589-591*

UNTER DEN BEITRÄGEN dieses Buches ist einer – der von Walter Kaufmann[4] –, in dem mit aller Deutlichkeit gesagt wird, daß alle Werke meiner Reife,[5] welchem Gebiete immer diese oder jene zugerechnet werden, letzt-

---

[3] Die mittelalterlicher Philosophie zugeschriebene Theorie einer doppelten Wahrheit – d.h. einer einmal philosophischen und zum andern einer Glaubenswahrheit –, die den Widerspruch von Glaubenssätzen und Vernunft- oder Verstandeserkenntnis vereinbar machen sollte.

[4] Walter Kaufmann, Bubers religiöse Bedeutung; in: Paul Arthur Schilpp/Maurice Friedman (Hrsg.), Martin Buber, S. 571-588.

[5] Bubers Werke, die entstanden, seitdem sich für ihn die Bedeutung und der Primat des Dialogischen geklärt hatte, also etwa seit »Ich und Du«.

lich einem einzigen Bereich angehören, weil ihr Thema in letzter Instanz ein einziges ist.
Walter Kaufmann umschreibt diese Einheit mit dem Begriff des religiösen Denkens. Dem kann ich wohl zustimmen; nur darf es nicht dahin mißverstanden werden, als ob ein Denken von einer Religion aus gemeint sei. Ich bin in frühen Stadien meines Wegs einigen großen Denkern begegnet, die von einer Religion aus dachten, Pascal, Hamann, Kierkegaard, und ich habe von ihnen gelernt, Lehre, die ich nie vergessen kann; aber mein Weg war von dem ihren grundverschieden und ist es geblieben: er konnte ihm nicht parallel werden. Um dies deutlicher zu machen, will ich hier einige Sätze anführen, die ich 1923 geschrieben habe [...]. Es heißt da: »Sooft es in der Geschichte erst einmal wieder Religion gegeben hat, war in ihr auch eine Kraft da, die die Menschen – nicht in anfechtbarer Weise wie die profanen Gewalten, sondern mit höchst legitimem Aussehen – von Gott ablenkte. Daß ihr dabei ein großer Erfolg beschieden war, liegt zumeist daran, daß es weit gemächlicher ist, mit der Religion als mit Gott zu tun zu haben, der einen aus Heimat und Vaterhaus auf die ruhelose Wanderschaft verschickt. Dazu kommt, daß Religion ihren kultivierten Anhängern allerlei ästhetische Erquickungen zu bieten hat, wogegen Gott dem Menschen auch noch Bilden und Schauen in ein Opfer verwandelt, das zwar freudigen, aber nicht eben genießerischen Herzens dargebracht wird. Deshalb sind zu allen Zeiten die wachen Geister wachsam gewesen und haben vor der in der Religion versteckten ablenkenden Kraft gewarnt, – welche ja nur die höchste Sublimierung der Kraft ist, die sich auf allen Lebensgebieten in deren krasser Verselbständigung äußert... Aber entweder ist das Religiöse eine Wirklichkeit, vielmehr *die* Wirklichkeit, nämlich das *vollständige*, alles Teilhafte übereinende Dasein des wirklichen Menschen in der wirklichen Gotteswelt; oder es ist eine Ausgeburt der süchtigen Menschenseele, und sein Brauch ist rechtmäßig durch die Kunst, sein Gebot durch die Ethik, sein Bericht durch die Wissenschaft schleunig und restlos zu ersetzen.«[6] In jener Bedeutung möchte ich selber wagen, mein Denken ein religiöses zu nennen: es intendiert das vollständige Dasein des Menschen. Eben deshalb aber muß es jede Konzeption einer vollständigen Erkenntnis (»Gnosis« im umfassendsten Sinn) verwerfen. [...]
Das »vollständige«, das rechtmäßig religiöse Dasein des Menschen steht

[6] Religion und Gottesherrschaft (Besprechung des gleichnamigen Buches von Leonhard Ragaz); in: Frankfurter Zeitung vom 27.4.1923. Heute in: Pfade in Utopia/ Über Gemeinschaft und deren Verwirklichung, S. 367-371; zitierter Abschnitt S. 368-370, hier aber nach »Antwort« zitiert.

nicht in einer Kontinuität, sondern in der wahrhaften Annahme und Bewältigung einer Diskontinuität. Es ist die Diskontinuität von Eigentlichkeit und Uneigentlichkeit, die ich als die von Ich-Du-Verhältnis und Ich-Es-Verhältnis zu allem Seienden verstehe. Diese Diskontinuität leugnen heißt den entscheidenden Charakter des Als-Mensch-Daseins leugnen, welches unumstößlich bedeutet: im Angesicht des Seienden stehen, ohne in seinem Angesicht bestehen – und das heißt: verharren – zu können. Aufzuheben ist diese Diskontinuität nicht. Aber dieses »Nicht« ist ein zwiefältiges. Daß eine Kontinuität des Ich-Du-Verhältnisses in diesem unserem Leben unerreichbar, ja daß es sogar unmöglich ist *zu versuchen* sie zu erreichen, das weiß jeder, der aus eigener Erfahrung weiß, um was es geht. Dagegen läßt es sich je und je unternehmen, eine Kontinuität des Ich-Es-Verhältnisses herzustellen: indem man auf dem Grunde dieses Verhältnisses einen Erkenntniszusammenhang, einen vermeintlich zulänglichen Zusammenhang von Aussagbarkeiten erbaut, und diesen nun gewissermaßen zu dem Sein transmutiert, innerhalb dessen und mit dem man zu leben hat. [...]

[...] Das Ich-Du-Verhältnis, die je und je im irdischen Stoff erscheinende Gnade, gewährt nicht einmal den Anschein einer Sicherheit, und Vorschriften, an die man sich bloß zu erinnern braucht, sind ihm nicht zu entnehmen. Und doch, führen kann es: wenn wir uns nur jeweils, nachdem das Ich-Es-Verhältnis es abgelöst hat, seinem Einfluß nicht entziehen: wenn wir ihm offenbleiben. Dieses Offenbleiben ist die Grundvoraussetzung des im rechtmäßigen Sinn »religiösen« Lebens, d.h. des vollständig gewordenen Daseins des Menschen. Die Diskontinuität wird auch hier nicht überwunden; wir nehmen sie auf uns und bewältigen sie durch den verwirklichten Primat des Dialogischen.

Dies ist in der Tat das Thema, dem, seit ich es erfaßt habe, vielmehr seit es mich erfaßt hat, meine Arbeit auf allen Gebieten geweiht war. [...]

So verstanden, wird dieses Denken, wie gesagt, zu Recht ein religiöses genannt. Aber es darf – auch das sei hier wiederholt – nicht als Denken von einer Religion aus behandelt werden.

[...] Was die Tradition des Judentums anbelangt: einige ihrer großen Äußerungen, mit biblischen beginnend und mit chassidischen endend, bilden miteinander das stärkste mir bekannte Zeugnis für den Primat des Dialogischen. Gewiß ist dieses Zeugnis die Wünschelrute gewesen, die mich zur Quelle führte; aber Quelle selbst konnte nichts anderes sein als die Glaubenserfahrung, die mir zuteil geworden ist. Darum habe ich weder die Bibel noch den Chassidismus als Ganzes annehmen können; hier und hier mußte und muß ich scheiden zwischen dem, was mir von meiner Erfahrung aus[7] als Wahrheit einsichtig geworden ist, und dem, was mir nicht solcherweise als Wahrheit einsichtig geworden ist. Viele meiner Leser, von »rechts« und von »links«, werden gegen solch einen »Subjektivismus« protestieren; diejenigen, mit denen ich ein Gespräch führe und deren Erfahrung die meine bestätigt, wissen es anders. *1963; Antwort, S. 636-638*

Ich hatte mein Hebräisch, das dem Knaben ans Herz gewachsen war, in der Welt des Wirrsals vernachlässigt.[8] Nun erwarb ich es mir neu. Ich begann, es in seinem Wesen zu erfassen, das in keine andere, zumindest in keine abendländische Sprache adäquat übertragen werden kann. Und ich las – las, erst immer wieder von spröder, ungelenker, ungestalter Materie abgestoßen, allmählich die Fremdheit überwindend, das Eigne entdeckend, das Selbst anschauend, mit wachsender Andacht. Bis ich eines Tages ein Büchlein aufschlug, das »Zewaat Ribesch« – das ist das Vermächtnis des Rabbi Israel Baal-Schem – betitelt war, und die Worte mir entgegenblitzten: »Er ergreife die Eigenschaft des Eifers gar sehr. Er erhebe sich im Eifer von seinem Schlaf, denn er ist geheiligt und ein andrer Mensch worden und ist würdig zu zeugen und ist worden nach der Eigenschaft des Heiligen, gesegnet sei Er, als er seine Welt erzeugte.«[9] Da war es, daß ich, im Nu überwältigt, die chassidische Seele erfuhr. Urjüdisches ging mir auf, im Dunkel des Exils zu neubewußter Äußerung aufgeblüht: die Gottesebenbildlichkeit des Menschen als Tat, als Werden, als Aufgabe gefaßt. Und dieses Urjüdische war ein Urmenschliches, der Gehalt menschlichster Religiosität. Das Judentum als Religiosität, als »Frömmigkeit«, als Chassidut ging mir da auf. Das Bild aus meiner Kindheit, die Erinnerung an den Zaddik und seine Gemeinde stieg empor und leuchtete mir: ich erkannte die Idee des vollkommenen Menschen. *1917; Mein Weg zum Chassidismus, S. 188 f.*

---

7 Im Original steht »auch«.

8 Vgl. Mein Weg zum Chassidismus, S. 186 f. in: Hinweise, S. 179 – 196: »[…] es war wahrhaftig der ›Olam ha-Tohu‹, die ›Welt des Wirrsals‹, die mythische Wohnstätte der schweifenden Seelen, worin ich lebte – in beweglicher Fülle des Geistes, aber wie ohne Judentum, so auch ohne Menschlichkeit und ohne die Gegenwart des Göttlichen.« Zu »Wirrsal« (Gen 1, 2) vgl. Fußnote 23 im vorigen Kapitel.

9 Vgl. Des Baal-Schem-Tow Unterweisung im Umgang mit Gott, S. 22 (dort in leicht verändertem Wortlaut). Vgl. Anmerkungen und Kommentar von Lothar Stiehm, ebd. S. 138-140.

Was ist Religion?

Wenn denn ›Religion‹ einen Sinn und eine Bedeutung haben soll, bei Absehen von allen Glaubenssätzen, aller Theologie, allem Glauben *an* einen Gott, bei Absehen von all dem, was man üblicherweise als Religion bezeichnet: was bleibt?
Die religiöse Beziehung ist die »Entfaltung des uns verliehenen Daseins«: unseres Selbst, *wie es gemeint ist* – sonst nichts.
Religion meint »ihre eigene Überwindung« und strebt »zum reinen Alltag« hin, sie »will das Leben werden«. Der Kern der Religion – oder Religiosität –, wie Buber sie versteht, ist ein nicht reglementierbares Richtungnehmen, die Antwort auf die Situationen des Alltags. Das »Religiöse« an Bubers ethischer Anschauung ist seine Sicht – er sagt: Erfahrung –, daß das Handeln an den Dingen und Wesen der Welt über sie hinausweist: »Die verlängerten Linien der Beziehungen schneiden sich im ewigen Du.«
Die Religion kann sogar eine Gefahr sein: indem die Regel, das Dogma das Einmalige der dialogischen Situation verstellt und indem sich die Formen der Religionsausübung oder die seelischen Begleitumstände, das religiöse Erlebnis, verselbständigen und in den Mittelpunkt rücken. Wer sich dagegen »um Gott nicht kümmert« – um die in der Religion vermittelte Lehre von einem Gott und von dem, was zu tun ist –, wer Religion negiert, der vermeidet die Ablenkung hin auf Kult und Dogma und kann gerade nun das ›ewige Du‹ ansprechen.
Der Sprecher der Lebenssituationen wird dem Menschen in der Begegnung nicht bekannt, er erlangt kein (Es-) Wissen von ihm; der Sprecher bleibt ›unbedingtes Geheimnis‹. Es gilt demnach, dem Unbekannten gegenüberzutreten, das nicht in den Bildern der Religion einzufangen ist. Es gilt, dessen Unbegreiflichkeit auszuhalten und nicht durch ein scheinbares Wissen abzuschwächen. Mit dem Geheimnis zu leben, leben zu müssen, ist die Basis von Bubers Religiosität.

An aller grossen Religiosität zeigt sich uns, daß Glaubenswirklichkeit bedeutet: der »geglaubten«, das heißt bedingungslos bejahten, unbedingten Wesenheit zugewandt leben. An aller großen Philosophie zeigt sich uns, daß Denkwahrheit bedeutet: das Unbedingte zu seinem Gegenstand machen, von dem sich aller andere Gegenstand herleiten muß. Mag es auch das Schrankenlose, Namenlose, in keinerlei Personhaftigkeit Erfaßliche sein, was der Glaubende meint: wenn er es lebensmäßig als sein Gegenüber meint, ist sein Glaube existent. Und wieder, mag das Absolute noch so personhaft eingeschränkt besonnen werden: wenn ich es als meinen Gegenstand besinne, philosophiere ich. Die Religion gründet, auch wenn das »Ungewordene« gar nicht mit Mund oder Seele angesprochen wird, in der Zweiheit von Ich und Du, die Philosophie, auch wenn der philosophische Akt in eine Schau der Einheit mündet, in der Zweiheit von Subjekt und Objekt. Die Zweiheit von Ich und Du findet in der religiösen Beziehung ihre Vollendung; von der Zweiheit von Subjekt und Objekt ist die Philosophie getragen, solange philosophiert wird. [...]

Die religiöse Beziehung ist, wie verschieden sie sich auch ausformt und konstelliert, im Grunde nichts anderes als die Entfaltung des uns verliehenen Daseins [...]

Die Philosophie neigt irrtümlich dazu, die Religion als noëtisch begründet anzusehen, nur eben als eine unzulängliche Noësis, ihr Wesen also im Erkennen eines Objekts zu erblicken, das sich zu diesem Erkenntnisakt gleichgültig verhält; den Glauben versteht die Philosophie dann als ein zwischen klarem Wissen und trübem Meinen liegendes Fürwahrhalten. Wogegen die Religion, insofern sie überhaupt vom Erkennen spricht, darunter kein noëtisches Verhalten eines Denksubjekts zu einem neutralen Denkobjekt versteht, sondern die reale Gegenseitigkeit eines in der Fülle des Lebens gegenwärtigen Kontakts von wirkender Existenz zu wirkender Existenz; und den Glauben versteht sie als das Eintreten in diese Gegenseitigkeit, das Sich-Verbinden mit einem nicht aufzeigbaren, nicht feststellbaren, nicht beweisbaren, aber eben so, im Verbundenwerden, erfahrbaren Sein, von dem aller Sinn kommt. *1929; Religion und Philosophie (in: Gottesfinsternis), S. 33-35*

PHILOSOPHIE MEINT WIRKLICH das Philosophieren, Religion meint, je realer sie ist, um so mehr ihre eigene Überwindung: sie will aufhören, die Spezialität »Religion« zu sein, und will das Leben werden; es ist ihr letztlich nicht um die spezifischen religiösen Akte, sondern um die Erlösung von allem Spezifischen zu tun; historisch und biographisch strebt sie zum reinen Alltag hin. Religion ist in der religiösen Anschauung das Exil des Menschen; seine Heimat ist das unwillkürliche Leben »im Angesicht Gottes«. Es geht gegen den realsten Willen der Religion, sie von dem Ausbau ihrer Spezifikationen aus zu umschreiben statt von ihrer Lebensmäßigkeit aus – dies freilich muß so geschehen, daß sich ihre Spezifikation nicht in einer Universalität verflüchtige, sondern in einer Fundamentalität verfestige. *1929; Religion und Philosophie (in: Gottesfinsternis), S. 36 f.*

INNERHALB DER RELIGIÖSEN BEZIEHUNG und in ihrer Sprache ist es legitim, von der Person Gottes zu sprechen; aber damit ist nicht eine Wesensaussage über das Absolute getan, die es auf die Personhaftigkeit reduzierte, sondern es ist gesagt, daß es in die Beziehung als die absolute Person eintrete, die wir Gott nennen – man darf die Personhaftigkeit Gottes als seine Tat verstehen, ja, dem Gläubigen wäre das Bekenntnis gestattet, Gott sei ihm zuliebe Person geworden, weil es unserer menschlichen Wesensart nach eine gegenseitige Beziehung mit uns nur als eine personhafte gibt. *1951; Religion und Ethik (in: Gottesfinsternis), S. 100-102*

Es gilt [...] hier nicht: Handle, als ob es einen Gott gäbe, sondern ich möchte fast sagen, ich glaube, ich kann es Ihnen auf keine andere Weise so nahe bringen, als wenn ich sage: Handle so, als ob es keinen Gott gäbe. Und gerade dadurch, daß die religiöse Sanktion gar nicht in die Elemente der Entscheidung hineingenommen wird, gerade dadurch, daß der religiös erschlossene Mensch und gerade auch er in seiner Entscheidung das Sanktionierende in der Religion, das Fordernde, das Gesetzgeberische nicht einbezieht in das Element seiner Entscheidung, daß er sie gerade ganz auf die Freiheit stellen kann, gerade das, daß er ihr selbst, scheinbar heraustretend aus der religiösen Sphäre, in Wahrheit zutiefst in ihr bleibend, gerade dadurch berührt er mit ihr selbst die Sphäre des religiösen Seins. Gerade durch die Freiheit, die nicht ein Element absoluter Abhängigkeit, absoluter Bestimmtheit zu ihren Voraussetzungen macht, sondern sich gleichsam auf das Nichts stellt, gerade mit dieser Freiheit berührt der sich entscheidende Mensch die göttliche Freiheit.
Wahrlich, so möchte man es ausdrücken: indem der handelnde Mensch sich um Gott nicht kümmert, rührt er an das Göttliche. *1922; Religion als Gegenwart, S. 65*

Religion als Wagnis, die sich selber aufzugeben bereite, ist der nährende Arterienstrom; als System, besitzend, gesichert und sichernd, Religion, die an Religion glaubt, ist sie Venenblut, das ins Stocken geriet. Und wenn es nichts gibt, das uns so das Antlitz des Mitmenschen verstellen kann wie die Moral, kann die Religion uns wie nichts andres das Antlitz Gottes verstellen. Prinzip dort, Dogma hier, ich weiß die »objektive« Dichtigkeit des Dogmas zu schätzen, aber hinter beiden lauert der – profane oder heilige – Krieg gegen die dialogische Gewalt der Situation, lauert das Ein-für-alle-mal, das dem unvorhersehbaren Augenblick widersteht. Das Dogma ist, auch wo sein Herkunftsanspruch unbestritten bleibt, die erhabenste Form des Gefeitseins gegen die Offenbarung geworden. Die will kein Perfektum dulden, aber der Mensch mit den Künsten seines Sicherungswahns steift sie zur Perfektion ab. *1930; Zwiesprache, S. 164 f.*

Der wirkliche Umgang des Menschen mit Gott hat an der Welt nicht bloß seinen Ort, sondern auch seinen Gegenstand. Gott redet zum Menschen in den Dingen und Wesen, die er ihm ins Leben schickt; der Mensch antwortet durch seine Handlung an eben diesen Dingen und Wesen. Aller spezifische Gottesdienst ist seinem Sinn nach nur die immer erneute Bereitung und Heiligung zu diesem Umgang mit Gott an der Welt. Aber es ist eine Urgefahr, wohl die äußerste Gefahr und Versuchung des Menschen, daß sich von der menschlichen Seite des Umgangs etwas ablöst und verselbständigt, sich rundet, sich scheinhaft zur Gegenseitigkeit ergänzt, sich an die Stelle des wirklichen Umgangs setzt. Die Urgefahr des Menschen ist die »Religion«. Das sich so Verselbständigende können die Formen sein, in denen der Mensch die Welt Gott zuheiligte, das »Kultisch-Sakramentale«; nun sind sie nicht mehr Weihung des gelebten All-Tags, sondern seine Ablösung; Weltleben und Gottesdienst laufen unverbindlich nebeneinander her; aber der »Gott« dieses Dienstes ist nicht mehr Gott, es ist der bildsame Schein – der wirkliche Partner des Umgangs ist nicht mehr da, die Gebärden des Verkehrs schlagen in die leere Luft. Oder das sich Verselbständigende können die seelischen Begleitumstände des Umgangs sein, die Andacht, die Ausrichtung, die Versenkung, die Verzückung; was in die Bewährung an der Fülle des Lebens zu münden bestimmt und angewiesen war, wird von ihr abgeschnitten; die Seele will nur noch mit Gott zu tun haben, als wollte er, daß man die Liebe zu ihm an ihm und nicht an seiner Welt ausübe; nun meint die Seele, die Welt sei zwischen ihr und Gott entschwunden, aber mir der Welt ist Gott selber entschwunden, nur sie allein, die Seele, ist da, was sie Gott nennt, ist nur ein Gebild in ihr, was sie als Dialog führt ist ein Monolog mit verteilten Rollen, der wirkliche Partner des Umgangs ist nicht mehr da. *1927; Spinoza, Sabbatai Zwi und der Baalschem (in: Die chassidische Botschaft), S. 14 f.*

Im Grunde kommt es ja überhaupt nicht auf das »Erleben«, also auf die abgelöste Subjektivität, sondern auf das Leben an; nicht auf das religiöse Erleben, das eine Abteilung der Psychik betrifft, sondern auf das religiöse Leben, das heißt auf das *vollständige* Leben des Menschen, des Volkes, im wirklichen Umgang mit Gott und der Welt. *1923; Vorrede (zu: Reden über das Judentum), S. 7*

Oben und unten sind aneinander gebunden. Wer mit den Menschen reden will, ohne mit Gott zu reden, dessen Wort vollendet sich nicht; aber wer mit Gott reden will, ohne mit den Menschen zu reden, dessen Wort geht in die Irre.

Es wird erzählt, ein gottbegeisterter Mann sei einst aus den Bereichen der Geschöpflichkeit in die große Leere gegangen. Da wanderte er, bis er an die Pforte des Geheimnisses kam. Er pochte. Von drinnen rief es ihn an: »Was willst du hier?« »Ich habe«, sagte er, »den Ohren der Sterblichen dein Lob verkündet, aber sie waren mir taub. So komme ich zu dir, daß du selber mich vernehmest und mir erwiderst.« »Kehr um«, rief es von drinnen, »hier ist dir kein Ohr. In die Taubheit der Sterblichen habe ich mein Hören versenkt.«
Die wahre Anrede Gottes weist den Menschen in den Raum der gelebten Sprache, wo die Stimmen der Geschöpfe aneinander vorübertasten und eben im Verfehlen den ewigen Partner erreichen. *1930; Zwiesprache, S. 160 f.*

WAS HAT JUGEND mit Religion zu schaffen? [...] Die Jugend ist die Zeit der Alloffenheit. Mit allwärts offenen Sinnen empfängt sie die Fülle und Vielfältigkeit der Welt, mit allwärts offenem Willen schenkt sie sich dem unendlichen Leben hin. Noch ist sie nicht auf eine Wahrheit eingeschworen, um derentwillen sie vor allen andersartigen Perspektiven die Augen zu schließen hätte; noch hat sie sich nicht auf eine Norm verpflichtet, vor der alle andersartigen Wünsche zu schweigen hätten. [...] Wer der Jugend Religion auferlegt, verschließt ihr von den tausend Fenstern ihres Rundbaus alle bis auf eines, von tausend Wegen ins Weite alle bis auf einen.
Diese Mahnung möchte zu Recht bestehen, wenn Religion in der Tat ihrem Wesen nach orientierend und normierend, eine Summe von Glaubenssätzen und eine Summe von Vorschriften wäre. Sie ist aber ihrem Wesen nach keins von beiden. Glaubenssätze und Vorschriften sind nur das wechselnde Ergebnis der Versuche des Menschengeistes, das Wirken des Unbedingten, das sich an ihm ereignet, in einer sinnbildlichen Ordnung des Wißbaren und Tubaren zu fassen. Die primäre Wirklichkeit ist das Wirken des Unbedingten am Menschengeist. *1919; Cheruth. Eine Rede über Jugend und Religion, S. 119 f.*[10]

IN ALLEN ZEITEN des Menschengeschlechts gab es Göttertode zu melden. Aber erst in unserer Zeit hat ein Philosoph melden zu sollen vermeint, Gott sei tot. Wenn man von einem Gott sagt, daß er tot sei, meint man, ob

[10] Buber stellt seiner Rede den Satz aus dem Talmud-Traktat »Vätersprüche« (Awot) voran: »›Gottes Schrift eingegraben auf den Tafeln‹ – lies nicht charuth: eingegraben, sondern cheruth: Freiheit.« Vgl. Cheruth, S. 119; in: Der Jude und sein Judentum, S. 119-140.

man es weiß oder nicht, die Wahrheit, daß die Gottesbilder vergehen, daß also eben jetzt ein Bild, das bislang als Gottesbild gesehen und angebetet wurde, nicht mehr so gesehen, nicht mehr angebetet werden kann. Was man Götter nennt, das ist ja nichts anderes als Gottesbilder und muß das Schicksal der Gottesbilder erleiden. Aber Nietzsche wollte offenbar etwas anderes sagen, und dieses andere ist in einer unsere Zeit kennzeichnenden Weise furchtbar falsch. Denn es heißt, ein Bild, eines jener entstehenden und vergehenden Gottesbilder, mit dem wirklichen Gott verwechseln, an dessen Wirklichkeit die Menschen mit keinem dieser Bilder, so redlich sie sich auch jeweils bemühen, ihre besondere Anbetung einzugestalten, rühren können. Der Bildersturm der Stürmer und Stürzer der Gottesbilder muß je und je geschehen. Es ist die Seele des Menschen, die sich dagegen auflehnt, daß ein Bild, welches als Bild, als Bildnis nicht mehr geglaubt werden kann, erhöht und Anbetung heischend über den Häuptern stehe. Immer wieder unternehmen es die Menschen, aus ihrer Sehnsucht nach der Gottheit ein größeres, wahreres, gerechteres Bild aufzurichten, zu immer neuer Herrlichkeit und zu immer neuem Ungenügen. Jenes Gebot »Du sollst dir kein Bildnis machen«[11] bedeutet ja zugleich: »Du kannst dir keins machen«, und das bezieht sich selbstverständlich nicht bloß auf gemeißelte und gemalte Bilder, sondern auf all unsere Einbildung, auf all unser Vorstellungsvermögen. Der Mensch muß aber immer wieder Bilder machen, und er muß sie, wenn er erkennt, daß er keins machen kann, immer wieder zerstören.

Die Bilder stürzen, aber die Stimme verstummt nicht. »Stimme in Reden hört ihr, aber Gestalt seht ihr nicht – Stimme allein« (V. Mose 4, 12).[12] Die Stimme spricht in den Zeichen all dessen, was geschieht, in allem Weltgeschehen zu den Menschen aller Geschlechter, fordert sie an, ruft sie zu ihrer Verantwortung auf. Ich habe [...] darauf hingewiesen, daß es für den Menschen vor allem darauf ankommt, daß er seine Aufgeschlossenheit nicht verliere. Aufgeschlossen sein aber heißt eben dies: sich gegen die Stimme

---

[11] Die Formulierung in Bubers und Rosenzweigs Übersetzung lautet, Das Buch Namen (Exodus) 20, 4 f.: »Nicht mache dir Schnitzgebild, – / und alle Gestalt, / die im Himmel oben, die auf Erden unten, die im Wasser unter der Erde ist, / neige dich ihnen nicht, / diene ihnen nicht«. Die fünf Bücher der Weisung, Verdeutscht von Martin Buber gemeinsam mit Franz Rosenzweig, S. 205.

[12] Das Buch Reden (Deuteronomium) 4, 12: »ER redete zu euch mitten aus dem Feuer – / ihr hört Erschallen von Rede, / doch ihr seht keine Gestalt, / Schall allein.« Vgl. Die fünf Bücher der Weisung, Verdeutscht von Martin Buber gemeinsam mit Franz Rosenzweig, S. 487.

nicht verschließen, man nenne sie, wie man will. Es geht nicht darum, wie man sie nennt, es geht darum, daß man sie höre. *1937; Die Vorurteile der Jugend, S. 114-117*

ICH KENNE KEINE FÜLLE mehr als die Fülle jeder sterblichen Stunde an Anspruch und Verantwortung. Weit entfernt, ihr gewachsen zu sein, weiß ich doch, daß ich im Anspruch angesprochen werde und in der Verantwortung antworten darf, und weiß, wer spricht und Antwort heischt.
Viel mehr weiß ich nicht. Wenn das Religion ist, so ist sie einfach *alles*, das schlichte gelebte Alles in seiner Möglichkeit der Zwiesprache.[13] *1930; Zwiesprache, S. 159*

DER WIRKLICHE GLAUBE meint nicht, daß man in fertigen Formeln bekenne, was man für wahr halte. Er meint vielmehr, daß man dem unbedingten Geheimnis, das uns in unserem Leben überall antritt und sich in keine Formel fassen läßt, aufgeschlossen bleibe, und daß man von den Wurzeln des Lebens aus allzeit bereit sei, mit diesem Geheimnis wirklich wie ein Wesen mit einem anderen Wesen zu leben. Der wirkliche Glaube bedeutet eigentlich, daß man das Leben mit dem Geheimnis aushält. *1937; Die Vorurteile der Jugend, S. 114*

ICH HABE, seit meine eigenen Gedanken über die höchsten Dinge im ersten Weltkrieg eine entscheidende Wendung nahmen, Freunden gegenüber meinen Standort zuweilen als den »schmalen Grat« bezeichnet. Damit wollte ich zum Ausdruck bringen, daß ich nicht auf der breiten Hochebene eines Systems weile, das eine Reihe sicherer Aussagen über das Absolute umfaßt, sondern auf einem engen Felskamm zwischen den Abgründen stehe, wo es keinerlei Sicherheit eines aussagbaren Wissens gibt, aber die Gewißheit der Begegnung mit dem verhüllt Bleibenden. *1942; Das Problem des Menschen, S. 131 f.*

ALLE RELIGIÖSE WIRKLICHKEIT beginnt mit dem, was die biblische Religion »Gottesfurcht« nennt, das heißt mit dem Unbegreiflich- und Unheimlichwerden des Daseins zwischen Geburt und Tod, mit der Erschütterung aller Sicherheiten durch das Geheimnis – nicht das relative, nur der menschlichen Erkenntnisbeschaffenheit unzugängliche, also prinzipiell erschließbare, das noch Unerkannte, sondern das wesenhafte Ge-

[13] Das Zitat ist im Kapitel zu Bubers Sprachdenken im Rahmen eines umfangreicheren Textausschnitts schon einmal wiedergegeben.

heimnis, zu dessen Wesen seine Unerforschlichkeit gehört: das Unerkennbare. Durch dieses dunkle Tor (das eben ein Tor und nicht, wie manche Theologen meinen, ein Wohnhaus ist) tritt der Glaubende in den nunmehr geheiligten Alltag als in den Raum, in dem er mit dem Geheimnis zu leben hat, auf den konkreten Situationszusammenhang seines Daseins hingewiesen und angewiesen. Daß er fortan die Situation als ihm von dem Geber gegeben entgegennimmt, ist, was die biblische Religion »Gottesfurcht« nennt. *1929; Religion und Philosophie (in: Gottesfinsternis), S. 39*

»Furcht Gottes« bedeutet [...] dem Juden nicht sich vor Gott fürchten, sondern: erschauernd seiner Unbegreiflichkeit innewerden. Furcht Gottes ist das kreatürliche Wissen um das von keiner unsrer Geistesmächte zu berührende Dunkel, von dem aus Gott sich offenbart. Darum wird sie zu Recht (Prov 1, 7) »der *Anfang* der Erkenntnis« genannt.[14] Sie ist das dunkle Tor, durch das der Mensch gehen muß, um in die Liebe Gottes zu kommen. Wer den Gang durch dieses Tor meiden will, wer also damit beginnt, sich einen erfaßlichen Gott zu besorgen, der so und nicht anders beschaffen sei, läuft Gefahr, in der Tatsächlichkeit des Geschichts- und Lebenslaufs an ihm verzweifeln zu müssen oder der inneren Lüge zu verfallen. Nur durch die Furcht Gottes tritt der Mensch so in die Liebe Gottes, daß er aus ihr nicht mehr geworfen werden kann. Aber Furcht Gottes ist eben ein Tor, sie ist nicht ein Haus, in dem man sich wohnlich einrichten kann; wer darin verweilen wollte, würde in der Anbetung die Erfüllung jenes eigentlichen Gebots versäumen. Gott ist unbegreiflich, aber er ist erkennbar in der Verbundenheit mit ihm. Gott ist nicht wißbar, aber er ist nachahmbar. Das Leben des gottungleichen Menschen kann doch in der imitatio Dei gelebt werden. Ihm, dem Ungleichen, ist doch das »Gleichnis« nicht verschlossen. Es ist letzter Ernst, wenn die Schrift den Menschen anweist, auf Gottes Weg, in seine Fußstapfen zu treten. Der Mensch kann aus eigner Kraft keinen Weg, kein Wegstück vollbringen, aber er kann den Weg betreten, er kann diesen ersten, immer wieder diesen ersten Schritt tun. Der Mensch kann nicht »wie Gott sein«, aber in aller Unzulänglichkeit einer jeden seiner Stunden kann er in jeder, mit dem Vermögen dieser Stunde, Gott nachfolgen – und wenn er dem Vermögen dieser Stunde genugtut, hat er genug getan. *1930; Die Brennpunkte der jüdischen Seele, S. 199*

---

[14] Vgl. Das Buch Gleichsprüche (Die Sprüche Salomos) 1, 7: »Seine Furcht, Anfang ists der Erkenntnis, / der Weisheit und Zucht, die die Narren verachten.« Die Schriftwerke. Verdeutscht von Martin Buber, S. 213.

Grundzüge der Religion: die biblische Wirklichkeit

Wie sich im Judentum eine Wahrheit ausdrückt, deren Gültigkeit nicht auf dieses beschränkt ist, so ist auch die Bibel für Buber mehr als nur die grundlegende Schrift der Religion ›Judentum‹. Beispiele für die ›urmenschliche‹ Bedeutung, welche die biblische Wirklichkeit hat, geben die Textausschnitte dieses Abschnitts. Zu ihr kann Zugang finden, wer unbefangen aufs Wort der hebräischen Bibel hört, ohne sich von angelerntem Vorverständnis die eigene Sicht nehmen zu lassen, und ohne die biblischen Texte von vornherein entweder für wahr oder für bedeutungslos zu halten.

Das menschliche Leben wird in der Bibel mit dem Geist (oder Heiligem) verbunden, und zwar in zweifacher Hinsicht:

In geschichtlicher Perspektive ist hier dem biblischen Volk Israel aufgetragen, eine gerechte Gemeinschaft zu verwirklichen: in seiner Gemeinschaft eine vorbildhafte Gerechtigkeit zu verwirklichen.

In der Beziehung zur gegenwärtig gegebenen Welt wird das natürliche Leben des Menschen nicht verneint, sondern ›vollendet‹: wie in der talmudischen Lehre von den beiden Trieben der böse Trieb nicht aufgehoben, sondern mit dem guten vereint werden soll.[15]

Das Judentum achtet die Freiheit des Menschen: Es ist bestrebt, »zwischen dem Menschen und der Heiligkeit Gottes eine Beziehung herzustellen und den Menschen in dieser Beziehung festzuhalten«, wie Emmanuel Lévinas es ausdrückt;[16] es widersetzt sich einem Verständnis des Göttlichen oder Heiligen, das »über seine Kräfte und seinen Willen hinaus« den Menschen »umhüllt und entrückt«. Es widersetzt sich einer Macht des Göttlichen, das »die Beziehungen zwischen den Personen« aufhebt, »indem es die Menschen, und sei es in der Ekstase, an einem Drama teilhaben läßt, das diese Menschen nicht gewollt haben, an einer Ordnung, in der sie zugrunde gehen«: »Nicht, daß die Freiheit ein Ziel an sich ist. Aber sie bleibt das Wertvollste, was der Mensch erreichen kann. Das Heilige, das mich einhüllt und entrückt, ist Gewalt.«[17]

Eine solche Auffassung des Judentums ist auch bei Buber mitzubedenken. In seiner Darstellung biblischer Wirklichkeit zeigt er die Entfaltung oder Vollendung des Menschlichen als das Ziel, und um dasselbe geht es ihm in seiner Philosophie.

---

[15] Vgl. im vorigen Kapitel den Abschnitt »Der Mensch vor der Wahl...«

[16] Emmanuel Lévinas, Eine Religion für Erwachsene, S. 24; in: Ders., Schwierige Freiheit, S. 21-37.

[17] Emmanuel Lévinas, Eine Religion für Erwachsene, S. 25; in: Ders., Schwierige Freiheit, S. 21-37.

In der »Schrift« wird das Volk Israel von Gott angesprochen. Hier, in der Gegenwart, der »Offenbarung«, geschieht ihm »Weisung«, »Thora«. In geschichtlicher Perspektive erweist sich die Offenbarung zum einen als Auftrag zur Verwirklichung des Rechten in die Zukunft hinein: als Auftrag, an der »Erlösung« mitzuwirken. Und zum andern erfährt das Volk Israel von der Offenbarung aus, daß es in dem, der ihm Weisung gibt, seinen Ursprung hat. Die Offenbarung zeigt, daß das Ziel die Vollendung der »Schöpfung« ist; die Weisung zu verstehen, bedeutet zu sehen, daß die Schöpfung auf Verwirklichung angelegt ist. So soll das Menschliche und Natürliche nicht überwunden, sondern verwirklicht werden; dies gilt für die Gemeinschaft des Volks Israel wie für den einzelnen in dieser Gemeinschaft.

Der Gliederung der biblischen Zeit entsprechen Grunderfahrungen des Menschen, die helfen, ihre Dreiteilung zu verstehen. Texte zu Offenbarung und Erlösung (Messianismus) folgen in den weiteren Abschnitten dieses Kapitels. Dem biblischen Anfang der Schöpfung entspricht im Leben des Menschen, im Tun des Rechten zu erfahren, was ›mit einem gemeint‹ ist: daß die Verwirklichung des Rechten Verwirklichung des eigenen Ursprungs ist.

Die Bibel »anzunehmen« kann für Buber nicht heißen, wörtlich zu glauben, was dort steht: das Übernatürliche akzeptieren zu müssen, das menschlich nicht nachzuvollziehen ist, hieße, das Menschliche zu verletzen. Ebensowenig gilt es, die biblischen Berichte zu entmythologisieren: den »geistigen« Gehalt aus einer Bilderwelt herauszufiltern. Sie sind vielmehr die »Wortspur« eines konkreten, von den Menschen so erfahrenen Ereignisses. Die biblischen Berichte sind die Weise, wie die Menschen das, was ihnen geschah, in Sprache fassen und weitergeben konnten. Und so, als Zeugnis eines realen Geschehens zwischen JHWH und Israel, Gott und Mensch, kann die Sinai-Offenbarung auch dem heutigen Menschen etwas sagen.

DEM »HEUTIGEN MENSCHEN« ist die Glaubenssicherheit nicht zugänglich und kann ihm nicht zugänglich gemacht werden. Wenn er Ernst macht, weiß er das und darf sich nichts vortäuschen. Aber die Glaubensaufgeschlossenheit ist ihm nicht versagt. Auch er kann sich, eben wenn er Ernst macht, diesem Buch [der »Schrift« – T.R.] auftun und sich von dessen Strahlen treffen lassen, wo sie ihn eben treffen; er kann sich, ohne Vorwegnahme und ohne Vorbehalt, hergeben und sich erproben lassen; er kann aufnehmen, mit allen Kräften aufnehmen, und warten, was an ihm geschieht, warten, ob nicht zu dem und jenem in dem Buch eine neue Unbefangenheit in ihm aufkeimt. Dazu muß er freilich die Schrift vornehmen, als kennte er sie noch nicht; als hätte er sie nicht in der Schule und seither im Schein

»religiöser« und »wissenschaftlicher« Sicherheiten vorgesetzt bekommen; als hätte er nicht zeitlebens allerlei auf sie sich berufende Scheinbegriffe und Scheinsätze erfahren; neu muß er sich dem neugewordnen Buch stellen, nichts von sich vorenthalten, alles zwischen jenem und ihm geschehen lassen, was geschehen mag. Er weiß nicht, welcher Spruch, welches Bild ihn von dort aus angreifen und umschmelzen, woher der Geist brausen und in ihn fahren wird, um sich in seinem Leben neu zu verleiben; aber er ist aufgetan. Er glaubt nichts von vornherein, er glaubt nichts von vornherein nicht. Er liest laut, was dasteht, er hört das Wort, das er spricht, und es kommt zu ihm, nichts ist präjudiziert, der Strom der Zeiten strömt, und dieses Menschen Heutigkeit wird selber zum auffangenden Gefäß. *1926; Der Mensch von heute und die jüdische Bibel, S. 18 f.*

WAS KANN UNS damit gemeint sein, daß Gott im Feuer auf den wie ein Schmelzofen rauchenden Berg unter Donner- und Posaunenschall niederfährt und zum Volke redet? Dreierlei, wie mir scheint. Entweder ist es ein metaphorischer Ausdruck für einen »geistigen« Vorgang; aber wenn die biblische Geschichte nicht Erinnerung von Ereignis, sondern Metapher und Allegorie ist, dann ist sie nicht biblisch mehr und verdient kein besseres Schicksal, als der kulturgeschichtlichen, ästhetischen oder sonst einer Betrachtungsweise des modernen Menschen ausgeliefert zu werden. Oder es ist der Bericht eines »übernatürlichen« Vorgangs, der also den faßbaren Zusammenhang des Geschehens, den wir den natürlichen nennen, durch den Einbruch eines Unfaßlichen zerreißt; aber dann müßte der heutige Mensch, der die Bibel anzunehmen sich entschlösse, will er nicht in die träge Geläufigkeit eines nicht wirklich Geglaubten verfallen, ein Sakrifizium vollziehen, das sein Leben unheilbar mitten entzweischnitte; er würde also eben doch nicht die lebenumschließende biblische Ganzheit, sondern die abgelöste Religion angenommen haben. Oder endlich, es ist die Wortspur eines natürlichen, d.h. eines in der den Menschen gemeinsamen Sinnenwelt geschehenen und ihren Zusammenhängen eingefügten Ereignisses, das die Schar, die es erfuhr, als Gottes Offenbarung an sie erfuhr und so in einem begeisterten, willkürfrei gestaltenden Gedächtnis der Geschlechter bewahrte; dieses So-erfahren aber ist nicht eine Selbsttäuschung der Schar, sondern ihre Schau, ihre Erkenntnis und ihre vernehmende Vernunft, denn die natürlichen Ereignisse sind die Träger der Offenbarung, und Offenbarung ist geschehn, wo der Zeuge des Ereignisses, ihm standhaltend, diesen Offenbarungsgehalt erfuhr, sich also sagen ließ, was in diesem Ereignis die darin redende Stimme ihm, dem Zeugen, in seine Beschaffenheit, in sein Leben, in seine Pflicht hinein sagen wollte. Nur wenn es sich so verhält, kann auch der heutige Mensch, wohl Umkehr übend, aber keine Wirklichkeit verleugnend, den Zugang zur biblischen Offenbarung finden. Und ich jedenfalls glaube, daß es sich so verhält. *1926; Der Mensch von heute und die jüdische Bibel, S. 24-26*

DIE REDEN[18] handeln vom Judentum als einem Phänomen der religiösen Wirklichkeit. Das bedeutet, daß es eine religiöse Wirklichkeit gibt, die sich im Judentum und durch es kundgetan hat und um deren willen, aus deren Kraft und in deren Sinn das Judentum besteht. Es ist also nicht zu fragen, was hier unter Judentum verstanden sei, Kultur oder Lehre, geschichtliches oder seelisches Wesen; denn diese und andre Teilbegriffe mögen in ihm umfaßt sein; aber eben nur aus der religiösen Wirklichkeit, die sich in ihm kundtut, kann es bestimmt werden, und jede Definition, die sie nicht einbezöge, verfehlte das Gemeinte. Eines freilich ergibt sich daraus: daß unter Judentum nicht eine Abstraktion verstanden sein kann.
Ein Phänomen der religiösen Wirklichkeit – genügte es nicht zu sagen: ein religiöses Phänomen? Das wäre wieder ungenau. Denn mit »religiös« wird heutzutage wesentlich etwas bezeichnet, was sich in der »Innerlichkeit« begibt, sowie dessen Äußerungen, insofern sie eben auf die Innerlichkeit zurückwirken. Ich aber meine etwas, was sich zwischen dem Menschen und Gott, in der Wirklichkeit des Verhältnisses, der gegenseitigen Wirklichkeit von Gott und Mensch begibt. *1923; Vorrede (zu: Reden über das Judentum), S. 3 f.*

DIE UNVERBINDLICHKEIT DES GEISTES ist die Signatur unserer Zeit; man proklamiert die Rechte des Geistes, man formuliert seine Gesetze, aber in das Leben gehen sie nicht ein, nur in Bücher und Diskussionen; sie schweben in der Luft über unsern Häuptern, sie treten nicht mitten unter uns auf die Erde; alles ist des Geistes, nur der gelebte Alltag nicht. Gleichviel ob ein falscher Idealismus waltet, der das Leben von einer Azurglocke überwölben läßt, in deren unverbindlich erhebendem Anblick man sich von der spröden Erde erholt, oder ein falscher Realismus, der den Geist nur als Funktion des Lebens versteht und seine Unbedingtheit in lauter Bedingtheiten, psychologische, soziologische und dergleichen, auflöst, – immer wird ein falsches Verhältnis zwischen den beiden an die Stelle der Verbindung, Vermählung gesetzt. Diese Trennung der Aufeinanderangewiesenen ist freilich von Menschen dieser Zeit in ihren zersetzenden Wirkungen er-

[18] Die hier gemeinten Reden werden im Literaturverzeichnis unter »Reden über das Judentum« genannt.

kannt worden – eine Zersetzung, die immer tiefere Schichten ergreifen muß, bis der völlig entmächtigte Geist zum willigen und selbstgefälligen Knecht der jeweiligen Weltmächte erniedrigt wird. Die Menschen, von denen ich rede, haben sich darüber Gedanken gemacht, wie dem Zerfall abzuhelfen sei, und sie haben an die Religion als an die Gewalt appelliert, die allein noch befähigt sei, einen neuen Bund von Geist und Welt heraufzuführen. Aber was man heute Religion nennt wird das nie vermögen. »Religion« ist selber heute eine Sache des abgelösten Geistes, eine seiner Abteilungen, eine gewiß bevorzugte Abteilung des Überbaus des Lebens, eine besonders stimmungsvolle Kammer in den oberen Räumen; das lebenumfangende Ganze ist sie nicht und kann es von diesem ihrem Status aus auch nicht werden; sie kann den Menschen zur Einheit nicht führen, denn sie ist selber in die Entzweiung gefallen, selber hat sie sich dieser Zwiefältigkeit der Existenz angepaßt. Sie selber müßte zur Wirklichkeit umkehren, ehe sie auf den heutigen Menschen zu wirken vermöchte. Wirklichkeit war die Religion immer nur, wenn sie ohne Scheu war, wenn sie die ganze Konkretheit auf sich nahm, nichts als andern Rechtes abstrich, den Geist verleibte und den Alltag weihte. Die größte Urkunde solcher Wirklichkeit aber ist die Schrift, das sogenannte Alte Testament. Ein Doppeltes – das aber untereinander zusammenhängt – hebt es von den großen Büchern der Weltreligionen ab. Das eine ist, daß Ereignis und Wort hier durchaus im Volk, in der Geschichte, in der Welt stehn. Was sich begibt, begibt sich nicht in einem ausgesparten Raum zwischen Gott und dem Einzelnen, über diesen hin geht das Wort an das Volk, das hören und verwirklichen soll. Was sich begibt, erhebt sich nicht über die Volksgeschichte, es ist nichts andres als das offenbare Geheimnis der Volksgeschichte selber. Aber eben damit ist das Volk gegen die nationale Selbstzwecksetzung, die Gruppeneigensucht, den »Atem der Weltgeschichte« gestellt; es soll die Gemeinschaft der Seinen als Modell einer Gemeinschaft der so vielen und so verschiedenen Völker errichten; der geschichtliche Bestand in »Stamm« und »Erde« ist an den »Segen« gebunden (Gen 12, 7 ff.) und der Segen an den Auftrag.[19] Das Heilige dringt in die Geschichte ein, ohne sie zu entrechten. Und das andere ist, daß hier ein Gesetz spricht, das dem natürlichen

[19] Vgl. Das Buch Im Anfang (Genesis) 12, 1-3 (nicht 7 ff.): »Er sprach zu Abram: / Geh vor dich hin aus deinem Land, aus deiner Verwandtschaft, aus dem Haus deines Vaters / in das Land, das ich dich sehn lassen werde. / Ich will dich zu einem großen Stamme machen / und will dich segnen / und will deinen Namen großwachsen lassen. / Werde ein Segen. / Segnen will ich, die dich segnen, / die dich lästern, verfluche ich. / Mit dir werden sich segnen alle Sippen des Boden.« Die fünf Bücher der Weisung. Verdeutscht von Martin Buber gemeinsam mit Franz Rosenzweig, S. 36.

Leben des Menschen gilt. Fleischessen und Tieropfer sind aneinander gebunden, die eheliche Reinheit wird monatlich im Heiligtum geweiht; der triebhafte, der leidenschaftliche Mensch wird angenommen wie er ist und eingeheiligt, daß er nicht süchtig werde. Das Verlangen nach Bodenbesitz wird nicht verpönt, Verzicht wird nicht geboten; aber Eigner des Bodens ist Gott, der Mensch nur »Beisaß« bei ihm, und der Eigner setzt den Rhythmus des Besitzesausgleichs ein, damit die überwachsende Ungleichheit nicht die Gemeinschaft zwischen den Genossen sprenge. Das Heilige dringt in die Natur ein, ohne sie zu vergewaltigen. Der lebendige Geist will begeisten und beleben; will, daß Geist und Leben einander finden, daß Geist sich ins Leben gestalte, Leben aus Geist sich kläre; er will, daß die Schöpfung sich aus sich vollende. Dieses Willens und des gebotenen Dienstes am lebenverbundenen Geist Zeugnis will das »Alte Testament« sein. Faßt man es als »religiöses Schrifttum«, einer Abteilung des abgelösten Geistes zugehörig, dann versagt es und dann muß man sich ihm versagen. Faßt man es als Abdruck einer lebenumschließenden Wirklichkeit, dann faßt man es und dann faßt es einen. Der heutige Mensch aber vermag dies kaum noch. Wenn er an der Schrift überhaupt noch »Interesse nimmt«, dann eben ein »religiöses«, – zumeist nicht einmal das, sondern ein »religionsgeschichtliches« oder ein »ästhetisches« und dergleichen mehr, jedenfalls ein Interesse des abgelösten, in autonome »Bereiche« aufgeteilten Geistes. Er stellt sich dem biblischen Wort nicht mehr, wie die frühern Geschlechter, um auf es zu hören oder daran Ärgernis zu nehmen, er konfrontiert sein Leben nicht mehr mit dem Wort; er bringt das Wort in einer der vielen unheiligen Laden unter und hat seine Ruh davor. So lähmt er die Gewalt, die unter allem Bestehenden am ehesten ihn zu retten vermöchte. *1926; Der Mensch von heute und die jüdische Bibel, S. 14-18*

Die biblische Glaubenswelt ist nicht eine höhere Region, in der man sich vom schlecht gelebten Alltag erholen kann. Sie heißt dem Himmel auf Erden gerecht werden und nirgendwo anders. Man vermag sich nicht Gott zuzuwenden, wenn man sich nicht der Verantwortung des eignen Alltags zugewandt hat. *1926; Der Mensch von heute und die jüdische Bibel, S. 44*

Der Anspruch der Schrift, mit dem sie an die Geschlechter herantrat und herantritt, ist, als Urkunde der wahren Geschichte der Welt anerkannt zu werden, als jener nämlich, in der die Welt einen Ursprung und ein Ziel hat; sie fordert von der menschlichen Person, in diese wahre Geschichte das eigne Leben einzubetten, so daß ich im Ursprung der Welt meinen

Ursprung und in ihrem Ziel mein Ziel finde; als die Mitte aber zwischen Ursprung und Ziel setzt die Schrift nicht etwas an, was sich einmal ereignet hat, sondern – eine bewegliche, kreisende, unfestlegbare Mitte – den Augenblick, in dem ich, ich der Leser, der Hörer, der Mensch, durch sie die Stimme vernehme, die vom Ursprung her auf das Ziel hin redet: diesen meinen sterblichen, ewigen Augenblick. Die Schöpfung ist der Ursprung, die Erlösung ist das Ziel, aber die Offenbarung ist nicht ein zwischen beiden ruhender, verfestigter, datierbarer Punkt; nicht die Sinai-Offenbarung ist die Mitte, sondern ihr immer wieder geschehen könnendes Vernommenwerden. *Darum* ist ein Psalm oder eine Prophetie nicht weniger »Tora«, Weisung, als die Erzählung vom Auszug von Ägypten. Die Volksgeschichte – Annehmen und Versagen in einem – weist auf die Menschheitsgeschichte, aber was in Psalm und Prophetie an heimlicher Zwiesprache laut wird, weist auf mein Geheimnis hin.

Die Schrift Urkunde der Geschichte einer Welt, die zwischen Schöpfung und Erlösung schwingt, einer Welt, der in ihrer Geschichte Offenbarung widerfährt, – eine Offenbarung, die *mir* widerfährt, *wenn ich da bin:* von hier aus verstehen wir den Widerstand des heutigen Menschen, als einen Widerstand seines Wesens.

[...] Der heutige Mensch kennt keinen Anfang – die Geschichte plätschert ihn von der kosmisch geschichtslosen Zeit her an; er kennt kein Ende – die Geschichte verbrandet ihm in kosmisch geschichtslose Zeit; und dies hier dazwischen, zu welch einer gewaltsamen und läppischen Episode ist es geworden! Der Mensch kennt Ursprung und Ziel nicht mehr, weil er die Mitte nicht mehr kennen will: zu der er selber sich hergeben müßte, um sie zu erkennen. Nur von der Gegenwärtigkeit der Offenbarung aus ist Schöpfung und Erlösung wahr. Der heutige Mensch widersteht der Schrift, weil er der Offenbarung nicht standhält. Der Offenbarung standhalten heißt die Entscheidungsfülle des Augenblicks aushalten; heißt für den Augenblick antworten: ihn verantworten. Der heutige Mensch widersteht der Schrift, weil er nicht mehr verantwortet. Er wähnt viel zu wagen, aber dem einzigen echten Wagnis, dem der Verantwortung, weicht er geschäftig aus. *1926; Der Mensch von heute und die jüdische Bibel, S. 20-22*

Offenbarung als Grunderfahrung menschlicher Existenz

Die Offenbarung, die im vorigen Abschnitt als »Mitte« der biblischen Wirklichkeit gezeigt wurde, ist für Buber eine Grunderfahrung menschlicher Existenz, der auf ein Du gerichteten Existenz.

Die Texte des vierten Kapitels stellen die Beziehung zwischen dem Menschen und seinem ›ewigen Du‹ dar. Der Begriff der Offenbarung beschreibt die Beziehung in der Richtung vom ›ewigen Du‹ zum Menschen: Was wird einem Menschen in der Offenbarung zuteil, was wird ihm gesagt?

Der Mensch empfängt etwas in der Begegnung mit seinem ewigen Du; er empfängt »eine Gegenwart als Kraft«, aber keinen »Inhalt«: er empfängt etwas, was er mit seinem ganzen Sein, seiner ganzen Existenz wahrnimmt, aufnimmt, was sich dieser antut – ihm wird kein Inhalt, d.h. kein Wissen, werden keine fertigen, *so* zu glaubenden Sätze zuteil. Die Frage nach einem Lebenssinn, in der ein Ziel außerhalb der Gegenwart gesetzt und formuliert wird, dem das Leben zu folgen habe, »ist nicht mehr da«. Der Sinn hat seinen Ort im Hören und Antworten des wirkenden Menschen genommen. ›Sinn‹ bedeutet, an der Verwirklichung der Wesen und Dinge der Welt mitzuwirken, und damit – absichtslos – an der eigenen: dies wird offenbart.

Was ein Mensch in der Offenbarung erfährt,[20] ist situationsgebunden und nicht in ein allgemeines Gesetz, Gebot, in eine fixierbare Anweisung zu überführen. Was er empfängt, hat seine Dauer im Wirken an diesem Menschen und in dem Wandel, den er erfährt. Wenn er die Lebensweisung, die ihm in der Begegnung zuteil wird, in Worte, in eine Anweisung für sein Tun fassen will, so hat er keine Sicherheit, ob und inwieweit er das Gegebene wirklich zu erfassen vermag. Das ›göttliche Licht‹ bricht sich in der menschlichen Person, die keine originäre Weisung Gottes daraus gewinnen kann; dies gilt für die Offenbarung in den Begegnungen menschlichen Lebens in der Jetztzeit wie in der biblischen Vergangenheit, also auch für die Offenbarung am Sinai, die Buber nicht als Gesetzgebung verstehen kann. Seine Position war und ist in dieser Frage im Judentum zumindest umstritten, und mit seinem Freund Franz Rosenzweig hat er sich darüber auseinandergesetzt.

Es gibt in der Offenbarung, in der biblischen wie in der alltäglichen, keine Selbstenthüllung, Selbstbenennung Gottes vor den Menschen, kein Lüften des Geheimnisses: ein Mensch begegnet seinem ewigen Du, er erfährt, daß er angesprochen

[20] Das Wort ›erfahren‹, ›Erfahrung‹ hier im Sinne von ›Seinserfahrung‹, dem Grundwort Ich-Du zugehörig; so hat Buber es meist gebraucht, nachdem es für ihn in »Ich und Du« für ›Ich-Es‹ gestanden hatte.

ist. Auch hier bleibt Bubers Denken anthropologisches Denken: es verkündet kein Wissen von Gott und seiner Weisung, sondern spricht vom begegnenden Menschen und dem, was diesem zuteil wird.

Wenn keine Inhalte, Gebote, Gesetze dem Menschen mitgeteilt werden, keine Richtlinien, nichts, was er handhaben kann: worin liegt dann die »Weisung« oder »Anweisung«, von welcher Art ist das Wort, das vernommen wird und sich »auf die ganze Dimension der menschlichen Existenz« erstreckt?

Es bleibt der beschriebene Wandel des Menschen, der zur Welt anders steht als zuvor; der spürt, was er am anderen tut. Das Wort, das er vernimmt, ist die Erfahrung, daß er am anderen teilnehmen kann und daß er sein Leben und die Wirklichkeit verfehlt, wenn er dies nicht tut.[21]

Das tatsächliche Offenbarungsereignis in der Geschichte ebenso wie im Leben des einzelnen Menschen bedeutet nicht, daß sich ein göttlicher Inhalt in ein leeres menschliches Gefäß gieße oder daß eine göttliche Substanz sich in menschlicher Gestalt darstelle. Die tatsächliche Offenbarung bedeutet die Brechung des einigen göttlichen Lichtes in der menschlichen Vielfältigkeit, daß heißt, die Brechung der Einheit im Widerspruch. Wir kennen keine andere Offenbarung als die der *Begegnung* von Göttlichem und Menschlichem, an der das Menschliche faktisch beteiligt ist. Das Göttliche ist ein Feuer, das das menschliche Erz umschmilzt, aber was sich ergibt, ist nicht von der Art des Feuers. Wir können daher nichts, was direkt oder indirekt (sei es durch schriftliche oder mündliche Tradition) aus der tatsächlichen Offenbarung hervorgeht, ob Wort oder Brauch oder Institution, so wie wir es besitzen, als von Gott gesprochen oder von Gott eingesetzt verstehen. Es ist uns aber auch nicht gegeben, innerhalb davon schlechthin und ein für allemal zwischen Göttlichem und Menschlichem zu scheiden. Mit anderen Worten: es gibt keine Sicherung gegen die Notwendigkeit, in Furcht und Zittern zu leben; es gibt nichts als die Gewißheit, daß wir an der Offenbarung teilhaben. Nichts kann uns der Aufgabe entheben, uns selber, so wie wir sind, als Ganzheit und Einheit, der ewigen Offenbarung aufzuschließen, die alles, alle Dinge und alle Vorgänge, in der Geschichte und in unserem Leben, zu ihren Zeichen machen kann. Nur so gewinnen wir die Grundlage zu einem zugleich gläubigen und kritischen Verhalten. Wir gewinnen die Grundlage, auf eigene Verantwortung, also

[21] Vgl. z.B., was im 2. Kapitel zu ›Umfassung‹ und ›Vergegenwärtigung‹, im 5. Kapitel zum Guten und zum Bösen, das nicht mit ganzer Seele getan werden könne, gesagt ist.

mit Furcht und Zittern, innerhalb jeder echten Autorität, d.h. einer, deren Ursprung aus wirklicher Begegnung von Göttlichem und Menschlichem uns glaubensmäßig gewiß ist, zwischen beiden für diese eine bestimmte Stunde zu scheiden, und zwar auch dies nicht schlechthin, sondern nur im Bereich unserer eigenen Entscheidungen – also nur, indem wir in uns selber scheiden. *1964; Fragmente über Offenbarung, S. 100 f.*

OFFENBARUNG IST EWIG, und alles ist geeignet, Zeichen der Offenbarung zu werden. Was uns in der Offenbarung eröffnet wird, ist nicht Gottes Wesen, wie es unabhängig von unserer Existenz ist, sondern seine Beziehung zu uns und unsere Beziehung zu ihm. Wir können Offenbarung nur empfangen, wenn und solang wir ein Ganzes sind. In dieser meiner Ganzheit, in der alle meine Kräfte und Fähigkeiten eingeschlossen sind, darf selbstverständlich die Vernunft nicht fehlen; auch sie muß in die Einheit eingehen, als die allein ich Offenbarung empfangen kann. *1964; Fragmente über Offenbarung, S. 99*

WAS IST DAS EWIGE: das im Jetzt und Hier gegenwärtige Urphänomen dessen, was wir Offenbarung nennen? Es ist dies, daß der Mensch aus dem Moment der höchsten Begegnung nicht als der gleiche hervorgeht, als der er in ihn eingetreten ist. Der Moment der Begegnung ist nicht ein »Erlebnis«, das sich in der empfänglichen Seele erregt und selig rundet: es geschieht da etwas am Menschen. Das ist zuweilen wie ein Anhauch, zuweilen wie ein Ringkampf, gleichviel: es geschieht. Der Mensch, der aus dem Wesensakt der reinen Beziehung tritt, hat in seinem Wesen ein Mehr, ein Hinzugewachsenes, von dem er zuvor nicht wußte und dessen Ursprung er nicht rechtmäßig zu bezeichnen vermag. Wie immer die wissenschaftliche Weltorientierung in ihrem befugten Streben nach einer lückenlosen Ursächlichkeit die Herkunft des Neuen einreiht: uns, denen es um die wirkliche Betrachtung des Wirklichen geht, kann kein Unterbewußtsein und kein andrer Seelenapparat taugen. Die Wirklichkeit ist, daß wir empfangen, was wir zuvor nicht hatten, und es so empfangen, daß wir wissen: es ist uns gegeben worden. In der Sprache der Bibel: »Die auf Gott harren, werden Kraft eintauschen.« In der Sprache Nietzsches, der der Wirklichkeit in seinem Bereich noch treu ist: »Man nimmt, man fragt nicht, wer da gibt.«

Der Mensch empfängt, und er empfängt nicht einen »Inhalt«, sondern eine Gegenwart, eine Gegenwart als Kraft. Diese Gegenwart und Kraft schließt dreierlei ein, ungeschieden, und doch so, daß wir es als drei gesondert betrachten dürfen. Zum ersten die ganze Fülle der wirklichen Gegenseitigkeit, des Aufgenommenwerdens, des Verbundenseins; ohne daß man irgend anzugeben vermöchte, wie das beschaffen sei, womit man verbunden ist, und ohne daß das Verbundensein einem das Leben irgend erleichterte, – es macht das Leben schwerer, aber es macht es sinnschwer. Und das ist das zweite: die unaussprechliche Bestätigung des Sinns. Er ist verbürgt. Nichts, nichts kann mehr sinnlos sein. Die Frage nach dem Sinn des Lebens ist nicht mehr da. Aber wenn sie da wäre, wäre sie nicht zu beantworten. Du weißt den Sinn nicht aufzuzeigen und weißt ihn nicht zu bestimmen, du hast keine Formel und hast kein Bild für ihn, und doch ist er dir gewisser als die Empfindungen deiner Sinne. Was meint er mit uns, was begehrt er von uns, der offenbarte und verhohlene? Nicht gedeutet – das vermögen wir nicht –, nur getan will er von uns werden. Dies ist das dritte: es ist nicht der Sinn eines »andern Lebens«, sondern dieses unseres Lebens, nicht der eines »Drüben«, sondern dieser unserer Welt, und er will in diesem Leben, an dieser Welt von uns bewährt werden. Der Sinn kann empfangen werden, aber er kann nicht erfahren werden; er kann nicht erfahren werden, aber er kann getan werden; und dies meint er mit uns. Die Bürgschaft will nicht in mir verschlossen, sondern durch mich in die Welt geboren werden. Aber wie der Sinn selber sich nicht übertragen, nicht zu einem allgemein gültigen und allgemein annehmbaren Wissen ausprägen läßt, so kann seine Bewährung nicht als ein geltendes Sollen tradiert werden, sie ist nicht vorgeschrieben, sie steht auf keiner Tafel verzeichnet, die über aller Köpfen aufzurichten wäre. Zu bewähren vermag den empfangenen Sinn jeder nur mit der Einzigkeit seines Wesens und in der Einzigkeit seines Lebens. Wie uns zur Begegnung keine Vorschrift führen kann, so führt auch aus ihr keine. Wie es zum Zu-ihr-kommen nur der Akzeptation der Gegenwart bedarf, so in einem neuen Sinn zum Aus-ihr-gehen. Wie man mit dem bloßen Du auf den Lippen in die Begegnung gelangt, so wird man mit ihm auf den Lippen aus ihr zur Welt entlassen.

Das wovor wir leben, das worin wir leben, woraus und worein wir leben, das Geheimnis: es ist geblieben, was es war. Es ist uns gegenwärtig geworden und hat sich mit seiner Gegenwart uns kundgetan als das Heil, wir haben es »erkannt«, aber wir haben keine Erkenntnis von ihm, die uns seine Geheimnishaftigkeit minderte – milderte. Wir sind Gott nahe gekommen, aber einer Enträtselung, Entschleierung des Seins nicht näher. Erlösung haben wir verspürt, aber keine »Lösung«. Was wir empfangen haben, damit können wir nicht zu den andern gehen und sagen: Dieses ist zu wissen, dieses ist zu tun. Wir können nur gehen und bewähren. Und auch dies »sollen« wir nicht – wir können – wir müssen.

Das ist die ewige, die im Jetzt und Hier gegenwärtige Offenbarung. Ich weiß von keiner, die nicht im Urphänomen die gleiche wäre, ich glaube an keine. Ich glaube nicht an eine Selbstbenennung Gottes, nicht an eine Selbstbestimmung Gottes vor den Menschen. Das Wort der Offenbarung ist: Ich bin da als der ich da bin. Das Offenbarende ist das Offenbarende. Das Seiende ist da, nichts weiter. Der ewige Kraftquell strömt, die ewige Berührung harrt, die ewige Stimme tönt, nichts weiter. *1923; Ich und Du, S. 110-113*

VON ZWEI RELIGIÖS GEWANDETEN Geistesmächten vor allem ist die Einsicht in die religiöse Wirklichkeit, in die dialogische Situation des Menschen, bedroht: von Gnosis und Magie. Sie greifen nicht von außen an, sie dringen in die Religion selber ein und geben sich dann als deren Wesen aus. Indem das Judentum sich immer wieder ihrer erwehrte und gegen sie abgrenzte, hatte es zumeist einen inneren Kampf auszutragen. [...]
Gnosis und Magie traten Israel zuerst in den zwei großen nachbarlichen Kulturen gegenüber; Gnosis, die Kunde vom wißbaren Geheimnis, als die babylonische Lehre von der Sternenmacht, der das irdische Schicksal verhaftet ist – sie baute sich später zu der iranischen Lehre von der Gefangenschaft der Weltseele im Kosmos aus; Magie, die Kunde von dem zu bezwingenden Geheimnis, als die ägyptische Lehre von der Überwindung des Todes und Erringung unsterblichen Heils durch vorgeschriebene Formeln und Gebärden. Die Jakobstämme konnten zu Israel nur werden, indem sie sich von beiden losmachten: wer das Geheimnis zu wissen und innezuhaben wähnt, kann ihm nicht mehr als seinem Du gegenübertreten, und wer es beschwören und benützen zu können meint, ist unfähig zum Wagnis der echten Gegenseitigkeit. Der gnostischen Versuchung erwidert die »Weisung«, die Thora, mit dem wahrhaft grundlegenden Ruf (Dt 29, 28): »Das Geheime ist bei IHM, unserem Gott, / das Offenbare ist bei uns und unseren Söhnen / auf immer: / alle Worte dieser Weisung zu tun.«[22] Die Offenbarung handelt nicht vom Geheimnis Gottes, sondern vom Leben des Menschen, aber von ihm eben als von einem, das dem Geheimnis Gottes gegenüber und auf es zu gelebt werden kann und soll, vielmehr: gelebt wird, wenn es das wirkliche Leben des Menschen ist. Und der magischen Versuchung tritt das Gotteswort im brennenden Dornbusch entgegen: auf das Bedenken Mose, er wisse nicht, was er dem Volke sagen solle, wenn es ihn fragen würde, was es um den Namen des Gottes sei, als dessen

[22] Das Buch Reden (Deuteronomium) 29, 28: in der letzten Überarbeitung seiner Übersetzung heißt es »für Weltzeit« statt »auf immer«. Die fünf Bücher der Weisung. Verdeutscht von Martin Buber gemeinsam mit Franz Rosenzweig, S. 554.

Bote er zu ihnen spreche (nicht, welches der Name des »Gottes der Väter« sei!), das heißt, wie es in seiner Not sich des Geheimnisses dieses Namens nach allgemeinem, primitivem Völkerbrauch bemächtigen, den Gott beschwören und zwingen könne, ihnen zu erscheinen und sie zu retten, antwortet Gott mit der Erschließung eben des Namens, indem er das, was dieser in der Form der dritten Person birgt, in der ersten Person ausspricht. Nicht jenes angebliche »Ich bin der ich bin« der Metaphysiker – Gott macht keine theologischen Aussagen –, sondern den Spruch, dessen seine Kreatur bedarf und der ihr frommt: »Ich werde dasein als der ich dasein werde«;[23] das heißt: Ihr braucht mich nicht zu beschwören, denn ich bin da, bin bei euch, aber ihr könnt mich auch nicht beschwören, denn ich bin jeweils so bei euch, wie ich jeweils sein will, ich selber nehme keine meiner Erscheinungen vorweg, ihr könnt mir nicht begegnen lernen, ihr begegnet mir, wenn *ihr* mir begegnet (Dt 30, 12 ff.): »Nicht im Himmel ist es, daß du sprächest: / Wer steigt für uns zum Himmel und holt's uns / und gibt's uns zu hören, daß wir's tun? / ... Nein, sehr nah ist dir das Wort, / in deinem Mund und in deinem Herzen, / es zu tun.«[24] *1929; Der Glaube des Judentums, S. 190-192*

ICH SAGE HIER: »Thora« und nicht »Gesetz«, denn es geht an diesem Punkte nicht mehr an, die griechische Fehlübersetzung zu bewahren [...]. Thora heißt in der hebräischen Bibel nicht Gesetz, sondern Weisung, Hinweisung, Unterweisung, Anweisung, Belehrung. *More* heißt nicht Gesetzgeber, sondern Lehrer. So wird Gott in alttestamentlichen Texten wiederholt genannt. »Wer ist ein Lehrer wie er!« wird Hiob apostrophiert (36, 22),[25] und der Prophet verheißt dem künftigen Zionsvolk: »Deine Augen werden deinen Lehrer sehen« (Jesaja 30, 20);[26] aber immer ist man gewärtig, daß der verbergende Gott Israel »den guten Weg« lehre (insbesondere I Könige 8, 36), und wie um etwas zuinnerst Gewisses bittet der Psalmist (25, 4; 27, 11): »Lehre mich deine Pfade.«[27] Die Thora Gottes wird als seine

---

[23] Das Buch Namen (Exodus) 3, 14. Die fünf Bücher der Weisung. Verdeutscht von Martin Buber gemeinsam mit Franz Rosenzweig, S. 158.

[24] Die fünf Bücher der Weisung. Verdeutscht von Martin Buber gemeinsam mit Franz Rosenzweig, S. 555.

[25] Vgl. Das Buch Ijob (Hiob): »wer ist ein Unterweiser ihm gleich?« Die Schriftwerke. Verdeutscht von Martin Buber, S. 329.

[26] Vgl. Das Buch Jeschajahu (Jesaja) 30, 20: »deine Augen dürfen deinen Unterweiser sehn«. Bücher der Kündung. Verdeutscht von Martin Buber gemeinsam mit Franz Rosenzweig, S. 96.

[27] Das Buch der Preisungen (Psalmen) 25, 4: »Laß mich, DU, deine Wege erkennen, / lehre mich deine Pfade!« – 27, 11: »Weise mir, DU, deinen Weg, / leite mich auf ebe-

Unterweisung in seinen Wegen verstanden, und somit nicht als ein abgeschlossenes Objektivum außerhalb seiner. Sie umfaßt Gesetze, und Gesetze sind ja wohl die stärksten Objektivationen, die es gibt, aber sie selber ist wesenhaft nicht Gesetz, immer haftet am gebietenden Wort die Gegenwartsspur des Sprechens, immer ist die weisende Stimme dabei oder klingt doch noch mit an. Die Wiedergabe durch »Gesetz« entzieht dem Begriff Thora diesen seinen inneren dynamischen und vitalen Charakter. [...]
Es darf freilich nicht übersehen werden, daß in Israel, selbst von Anbeginn, schon mit dem Vorhandensein von Tafeln, erst recht mit dem einer »Urkunde des Bundes« (gewöhnlich mit »Bundesbuch« übersetzt) und gar einer »heiligen Schrift« die Tendenz zur Objektivierung der Thora zunehmend an Boden gewann. [...]
Für die Glaubenswirklichkeit des biblischen und nachbiblischen Judentums, und auch für den Jesus der Bergpredigt, bedeutet Erfüllung der Thora: das Vernehmen des Wortes auf die ganze Dimension der menschlichen Existenz zu erstrecken. Damit war man aber dort wie hier auf den Kampf gegen eine Verschrumpfung oder Verkrustung hingewiesen, die von keiner anderen Erfüllung als von der Ausführung von Vorschriften wußte, die Thora somit in der Tat zum »Gesetz« machte, das man als solches eben nur zu befolgen, nicht auch mit allem Aufgebot der Seele in seiner Wahrheit zu erfassen und von da aus zu verwirklichen hatte. Dies ja ist die stete Gefahr der zur Realisierung eines offenbarten göttlichen Willens tendierenden Glaubensform, daß die gebotene Haltung ohne die gemeinte Hingabe an den göttlichen Willen fortbestehen und sogar entstehen kann, die allein der Haltung ihren Sinn und damit ihr Recht zu verleihen vermag. *1950; Zwei Glaubensweisen, S. 59-61*

Die Frage der Verbindlichkeit der Thora – die Diskussion zwischen Buber und Rosenzweig

Kennzeichnend für Bubers Art der Religiosität ist seine Haltung dem jüdischen Gesetz gegenüber. Die Auseinandersetzung mit Franz Rosenzweig über die Verbindlichkeit des Gesetzes war bei beiden von gegenseitiger Achtung vor der Position des anderen bestimmt.

(Fortsetzung Fußnote 27)
nem Pfad / um meiner Verleumder willen!« Die Schriftwerke. Verdeutscht von Martin Buber, S. 39 f. und S. 43.

Sowohl Rosenzweig als auch Buber waren dem Judentum zeitweise entfremdet. Rosenzweig hatte sogar 1913 zum Christentum konvertieren wollen, bevor er sich – unter dem Eindruck eines Synagogenbesuchs einen Tag vor der geplanten Taufe – dem Judentum zuwandte. Nach seiner Heirat 1920 führten er und seine Frau ein ›jüdisches Haus‹, »in dem die Speisegesetze den täglichen Tisch, der Sabbat die Woche, die Feste das Jahr beherrschen und gestalten«.[28]
Buber und Rosenzweig ging es um die Frage, wie für assimilierte Juden der Wiederanschluß ans Judentum möglich werden konnte. Aus einer selbstverständlichen Tradition herausgefallen zu sein, war dabei ihre eigene Situation. 1923 veröffentlichte Buber den Sammelband »Reden über das Judentum«.[29] Rosenzweig schrieb, ebenfalls 1923, an Martin Buber gerichtet, seinen Aufsatz »Die Bauleute. Über das Gesetz«.[30] Er schloß darin insbesondere an Bubers Reden »Der heilige Weg. Ein Wort an die Juden und an die Völker« und »Cheruth. Eine Rede über Jugend und Religion« an; in Briefen haben beide das Gespräch über die Verbindlichkeit des Gesetzes fortgesetzt.[31]

Seit der talmudischen Zeit hat man im Judentum in der Thora 613 »Mizwot« gezählt, 365 Verbote und 248 Gebote. Buber hat es aus einem persönlichen und aus einem den Sinn von Offenbarung betreffenden Grund abgelehnt, die biblische Offenbarung mit den 613 am Sinai gegebenen Mitzwot als Gesetzgebung zu akzeptieren.
Buber schreibt, er glaube nicht an ungebrochene, unveränderte Aufnahme und Weitergabe göttlicher Wahrheit durch den Menschen. Bei solchem Zweifel aber ist es nötig, in jedem einzelnen Fall zu prüfen, »was er als ihm von Gott geboten und verboten anzuerkennen vermag und was nicht«. Die Mitzwot aus Gehorsam zu übernehmen und zu befolgen, ist nicht möglich: ein solches Sakrifizium würde ein »Jasagen der ganzen Menschenseele« unmöglich machen. Wer in der Gewißheit lebt, die Mitzwot seien *so* gegebenes Wort Gottes, der *kann* das Gesetz erfüllen, und dies akzeptiert Buber. Er selbst, der in der Gewißheit der Offenbarung lebt, aber nicht in der einer kodifizierbaren, kann es nicht: er weiß von Gottes Willen »nur erst das Ewige« und muß sich »das Zeitliche [...] selbst befehlen«.

---

[28] Ernst Simon, Martin Buber und das deutsche Judentum, S. 73; in: Deutsches Judentum. Aufstieg und Krise, S. 27-84.

[29] Der Band enthielt Reden aus den Jahren 1909-1919 und eine neue Vorrede, die auf Änderungen in Bubers Auffassung verwies; Nennung und Datierung der einzelnen Reden im Literaturverzeichnis.

[30] Erstdruck in der von Buber begründeten und redigierten Monatsschrift »Der Jude«, August 1924. Eine Antwort, die zwischen Rosenzweig und Buber erwogen wurde, hat Buber nie geschrieben.

[31] Die briefliche Auseinandersetzung hatte bereits vor den »Bauleuten« begonnen.

Bubers zweites Argument betrifft den Charakter von Offenbarung: Offenbarung ist wesentlich Weisung an die jetzt lebenden Menschen; wer sie als abgeschlossenes Gesetz betrachtet, verweist sie in die Vergangenheit und verbannt sie aus der Gegenwart. Wo Menschen (Juden) den Anspruch an ihr Leben vernehmen, im Dialog miteinander stehen und darin die Wahrheit verwirklichen, dort ist (noch immer und wieder) der Sinai.

Franz Rosenzweig stimmt Buber in der Unterscheidung zwischen Können und Nicht-Können zu. Es gilt nicht, das Gesetz aus Pflicht zu befolgen, weil man *muß*, sondern weil man *kann*, weil man es akzeptieren kann. Dann wird das überlieferte Gesetz dem Juden zum persönlichen Gebot. Aus dem leblosen, kodifizierten Inhalt wird das Gebot, das für den Juden *jetzt* Bedeutung hat.

Rosenzweig lehnt es ab, das Gesetz deshalb zu befolgen, weil es eben »von Gott Israel unterm Sinai auferlegt sei«; aber es verbindet den Juden mit seinen Vor- und Nachfahren und mit universeller Wahrheit, die gerade Israel empfangen hat. Er widerspricht – in den Worten Ernst Simons – der Befolgung des Gesetzes, die es »ausschließlich auf den formalen Rechtsgrund des wörtlichen Glaubens an die Sinai-Offenbarung stellte«; aber er nimmt die Treue dem Gesetz gegenüber an »als die geheiligte Lebensform des *einen* Volkes, Israel, als währendes Zeichen seiner Erwählung durch Gott, möge deren Geheimnis wie auch immer genetisch zu erklären sein. Rosenzweig geht es um den gegenwärtigen religiösen Sinn der Bräuche und Formen, während Buber über die Fraglichkeit der ursprünglichen Legitimität des Gebotscharakters sich nicht hinwegsetzen kann.«[32]

Franz Rosenzweig will eine Durchdringung des ganzen Lebens der Juden von Jüdischem: Bisher war das Leben getrennt in einen Bereich des Handelns, der vom Gesetz betroffen und bestimmt war, und in einen anderen, der nicht religiös geregelt war. Hier war das, was ein Jude tun konnte, (nur) erlaubt. Dieser – außerjüdische – Bereich des Lebens, über den das Gesetz nichts sagt, soll nun vom Brauch ausgefüllt werden; der Brauch soll die gleiche Verbindlichkeit erhalten, die das Gesetz hat. Indem das ganze Handeln des Juden von Jüdischem durchdrungen wird, wird ihm auch das Gesetz wieder lebendig, zum – an seine Person ergehenden – Gebot.

Der Wiederanschluß ans Judentum sollte für die entfremdeten Juden, »das Geschlecht der Heimkehrer«,[33] zum einen in der Aneignung des gesamten »Reichs« des für Juden »Tubaren« erfolgen – des Gesetzes, des Brauchs, wie er sich in der Geschichte Israels mit seinem Gott herausgebildet hat. Und zum anderen sollte

[32] Ernst Simon, Martin Buber und das deutsche Judentum, S. 74; in: Deutsches Judentum. Aufstieg und Krise, S. 27-84.

[33] Ernst Simon, Martin Buber und das deutsche Judentum, S. 74; in: Deutsches Judentum. Aufstieg und Krise, S. 27-84.

er – darin stimmten Buber und Rosenzweig überein – in der Aneignung der »Lehre«, des theoretischen Teils der Thora erfolgen, der Inhalte des Judentums. Auch zur Lehre sollten nicht nur die im religiösen Schrifttum niedergeschriebenen Sätze gehören; ›Lehre‹ sollte alles sein, was sich im Leben der Juden, in der Geschichte mit ihrem Gott ereignet hatte: das Wort der Thora gehörte dazu, das des Talmud, der Midraschim, aber auch der Baal-Schem und das künftige Geschehen zwischen Gott und den Juden.
Die »Fraglichkeit der ursprünglichen Legitimität des Gebotscharakters« war für Buber eine existentielle Frage, wie die Ausschnitte aus den Briefen, die hier ausgewählt sind, unterstreichen. Für manche Juden wie für den Philosophen Jeshajahu Leibowitz verließ Bubers Sicht den Rahmen des Judentums; Leibowitz meinte, Bubers Ansichten ständen »in keinem Bezug zu dem historischen Judentum – das ein Judentum der Tora und der Mitzwot« sei.[34]
Wie sehr sich Buber mit dem Judentum verbunden und in die Geschichte Israels mit Gott eingebunden empfand, drückt ein Text über einen Besuch des jüdischen Friedhofs in Worms aus, mit dem dieser Abschnitt schließt.

OFFENBARUNG, GESCHICHTLICHE OFFENBARUNG, kann uns binden, weil das Göttliche an ihr Anteil hat. Was jedoch bedeutet diese Bindung? Ein uneingeschränkt offenbarungsgläubiger Mensch mag getrost einem überlieferten Kodex, der sich auf Gottes Wort beruft, restlos folgen, weil die Anteile des Himmels und der Erde nicht objektiv abzumessen sind. Und ein anderer offenbarungsgläubiger Mensch, der von der Allzumenschlichkeit des menschlichen Anteils gepeinigt wird, und dem es widerstrebt, menschliche Vorschriften als göttliche Gebote zu befolgen, mag keinen anderen Ausweg finden, als die eigene Seele offen dem ganzen überlieferten Sollen und Nichtsollen hinzuhalten, um in Ermanglung objektiver Kriterien an der eigenen Subjektivität redlich zu erproben, was er als ihm von Gott geboten und verboten anzuerkennen vermag und was nicht. Das ist das Los des »Bettlers«. *1963; Antwort, S. 598*

NUN ABER NEHMEN die Gesetzesdogmatiker das Wort: »Ihr redet recht. Aber welches ist der Geist, den ihr bekennt, und welches sein Gebot, das

---

[34] Jeshajahu Leibowitz mit Michael Shashar, Gespräche über Gott und die Welt, S. 56. Leibowitz' Aussagen zu Buber beziehen sich hier auf Bubers Deutung des Judentums und des Chassidismus. Für Leibowitz stellt »Bubers Lehre keine jüdische Theologie« dar. Er habe, nicht bewußt, versucht, »ein Judentum zu bilden, das in den Augen der Nicht-Juden Wohlwollen finden konnte, bei dem es sich jedoch nicht um das historische Judentum handelte«.

ihr verkündet? Dieser Geist bleibt ein Schatten und dieses Gebot ein leerer Schall, wenn ihr ihnen nicht Leben und Bewußtsein leiht aus dem einzigen Ort, an dem ihr sie schöpfen könnt, aus dem Quellbrunnen der jüdischen Überlieferung. Sonst gebt ihr die Richtung nach Willkür an und nicht nach Notwendigkeit. Die wahre Gemeinschaft wollt ihr – aber wo anders wollt ihr ihr Gesetz vernehmen als aus Gottes Wort, das er zu seinem Volke sprach? Und wie könnt ihr in Gottes Wort scheiden zwischen dem, was euch noch frisch und verwendbar, und dem, was euch alt und verbraucht erscheint? Es ist nicht anders: wollt ihr Juden sein und Judentum verwirklichen, so müßt ihr zurückkehren zu der gläubigen Ergebenheit an Gott und sein Gesetz. Nur in diesem, in der einzigen volksgemeinsamen jüdischen Form, könnt ihr mit dem Volk wieder zusammenwachsen und festen Boden unter eure Füße bekommen.«

Darauf antworten wir: O ihr Sicheren und Gesicherten, die ihr euch hinter der Brückenwehr des Gesetzes berget, um nicht in Gottes Abgrund blikken zu müssen! Ja, ihr habt festen ausgetretenen Boden unter den Füßen, wir aber hängen ausschauend über der unendlichen Tiefe. O ihr Erben und Erbeserben, die ihr die uralten Goldmünzen nur in blanke neue Scheine umzutauschen braucht – wir aber sitzen, einsame Bettler, an der Straßenecke und harren, daß unser Helfer komme. Aber wir wollen unsre schwindlige Unsicherheit und unsre losgelöste Armut nicht hingeben für eure Zuversicht und eure Fülle. Denn euch ist Gott einer, der einstmals schuf und nicht weiter; uns aber ist er der, von dem das Volk bekennt, daß er »an jedem Tage das Werk der Schöpfung erneut«, und wahrlich, er erneut es an uns und durch uns und will durch uns zu neuer Wirklichkeit eingehen; wie er zur Welt sich beschränkte und begrenzte, so beschränkt und begrenzt er sich in uns zum Werk des Menschentums. Euch ist Gott einer, der einmal offenbarte und nicht wieder; zu uns aber redet er aus dem brennenden Dornbusch der Gegenwart und aus den Urim und Thumim unsres innersten Herzens. [...]

Freilich, ihr könnt von Gott aussagen: »Dies und dies hat er befohlen, wir wissen Bescheid um alles, was er von uns begehrt«; wir Ausschauenden, wir Bettler aber wissen von seinem Willen nur erst das Ewige, das Zeitliche müssen wir uns selbst befehlen, selbst sein ewiges Geheiß immer neu im Stoff der Wirklichkeit ausprägen. Ihr habt die Formen und meint, den rechten Gehalt nicht mehr im Unendlichen suchen zu müssen, dieweil er in den Formen beschlossen liege; wir spannen unsere Seele ins Unendliche, den Gehalt neu zu empfangen, dem die neue Form geschaffen werden soll. Euch ist der Weg in den Büchern vorgezeichnet, und ihr kennt euch aus; wir aber müssen ihn im nebelnden Chaos der Gegenwart mit unseren

Händen ertasten. Aber nicht Willkür leitet uns, sondern urtiefe Notwendigkeit; denn uns leitet die Stimme. Das Urjüdische gebietet sie uns, das jüdischer ist als alle Formen und Normen: Verwirklichung, Aufbau der Gottesgemeinschaft, Neubeginn. »Erackert euch einen Acker«, so spricht sie (Jeremia 4, 3), »säet nimmer unter die Dornen.«[35] Wir wollen ihr gehorchen. Wir wollen den Weg nach Zion, das ist den Weg nach der gelebten Wahrheit gehen. Nicht indem wir ein Gesetz, wie ihr es empfehlt, statt aus den Händen Gottes aus denen des Volkes empfangen, sondern in gemeinsamer Verwirklichung, in gemeinsamem Aufbau, in gemeinsamem Neubeginn werden wir mit dem Volk zusammenwachsen. Dann wird auch die Stunde kommen, da das Wortlose sich zu Worten, zum neuen Wort begrenzen wird. Im wahrhaften Leben zwischen den Menschen wird das neue Wort sich uns offenbaren. Erst werden wir tun, dann erst es vernehmen: aus unserer eigenen Tat. Die wahre Gemeinschaft ist der Sinai der Zukunft. *1919; Der heilige Weg, S. 109-111*

ZWEIERLEI ANSCHLUSS an die jüdische Religion wird dem werdenden Geschlecht anempfohlen, je nachdem ihr Wesen in der Lehre oder im Gesetz erblickt wird: Anschluß an die jüdische Lehre, Anschluß an das jüdische Gesetz. [...][36]
Die andere der beiden Richtungen, von denen ich gesprochen habe, übersetzt Thora nicht mit Lehre, sondern mit Gesetz; den Anschluß an das jüdische Gesetz fordert sie von der jüdischen Jugend. Unter Gesetz versteht sie die Summe dessen, was nach der Überlieferung Gott dem Mose auf dem Berge Sinai vor den Ohren des versammelten Volkes Israel an alsbald schriftgebundenem und an vorerst schriftlos dauerndem Geheiß übergab. Die Tradition dieser Übergabe, verfestigt durch das Leben und Sterben einer großen Geschlechterkette, ist so machtvoll und ehrwürdig, daß etwas von ihrer Macht und Würde auf jeden übergeht, der wahrhaft in ihr steht, das ist, der mit seinem ganzen Leben ihren Geboten und Verboten nachfolgt, nicht weil er in ihnen von Eltern und Lehrern unterwiesen und eingewöhnt worden ist, sondern weil er in seiner ganzen Seele die Gewißheit trägt, daß diese sechshundertdreizehn Gebote und Verbote der zentrale Inhalt des Gotteswortes an Israel sind. Mit vollkommnem Recht stellt Samson Raphael Hirsch eben dieses Prinzip [...] in den Mittelpunkt

---

35 Bücher der Kündung. Verdeutscht von Martin Buber gemeinsam mit Franz Rosenzweig, S. 227.

36 Die Kürzung betrifft Bubers Überlegungen, wie »Lehre« zu verstehen sei – in »Der Jude und sein Judentum« S. 128-131.

seiner Gesetzesbetrachtung, indem er auf den Hinweis, ganz Israel habe unmittelbar die Stimme des Herrn gehört, die Worte folgen läßt: »Diese Tatsache, die jede Täuschung ausschloß, ist's, die alle Geschlechter hinab für alle Zeit unwandelbar die Thauróh verbürgt.«[37] Von dieser Gewißheit der Offenbarung und ihres in den 613 Mitzwoth und ihrem Rahmen getreu erhaltenen Inhalts ist die wahrhafte Bejahung des Gesetzes unablösbar; nur insofern sie von dieser Gewißheit getragen ist, hat sie religiösen Wert. Wer auf ihrem Grunde das Gesetz erfüllt, ist in der Rechtmäßigkeit seines Lebens unantastbar, in der Rechtmäßigkeit seiner Wahrheit unwiderlegbar; ihm gebührt, zumal wenn er, um es erfüllen zu können, die tausendfachen Schwierigkeiten und Versuchungen der gegenwärtigen Gesellschaft opferfreudig überwindet, Achtung und Anerkennung. Geht ihm aber die Gewißheit ab, so hat seine Opferfreudigkeit, gleichviel ob sie ein Erzeugnis der Pietät oder der Gewohnheit ist, ihren religiösen Sinn und damit ihre entscheidende Weihe verloren. Die Gebote erfüllen, weil man nur so auf Erden im Namen Gottes leben zu können weiß oder fühlt, besitzt eine Legitimität, die ihrem Wesen nach aller Kritik von außen unzugänglich bleibt, weil sie deren Kriterien ablehnen darf; die Gebote ohne dieses Grundgefühl erfüllen, heißt sich und sie der Prüfung an den Kriterien eines autonomen Ethos preisgeben. Das Verhältnis zum Unbedingten ist ein Verhältnis des ganzen, in Geist und Seele ungeteilten Menschen; die Handlungen, die diesem Verhältnis zum Ausdruck bestimmt sind, von dem Jasagen der ganzen Menschenseele ablösen, sie von der Übereinstimmung mit dem ganzen Menschengeist unabhängig machen, heißt sie entheiligen. Dies aber tun jene Epigonen, die heischen, daß das Gesetz nicht aus Gewißheit seines göttlichen Ursprungs, sondern aus Gehorsam gegen die Autorität des jüdischen Nationalwillens angenommen werde; die erklären, es wolle zunächst und vor allem befolgt sein, alles andere werde sich finden, das Gesetz binde den Willen, lasse aber die Persönlichkeit frei. Diese Dialektik verwerfen wir von Grund aus. Dem Menschenbild, dem wir zustreben, sind Überzeugung und Wille, die Persönlichkeit und ihre Tat eins und unteilbar, und mag sich diese Einheit auf allen anderen Gebieten nur in langen, unsäglich schweren Kämpfen gegen die ungeheuren Widerstände von Umwelt und Innenwelt durchsetzen, auf *einem* Gebiet darf sie nicht länger säumen, Wirklichkeit zu werden: auf dem der Religiosität. Denn diese ist eben der wahre Ort der Einheit, der Ort, wo der überall sonst noch geteilte, gespaltene, vom Widerspruch zerrissene Mensch in jedem Augen-

[37] »Thauróh«: aschkenasisch (Aschkenasim: aus Mittel- und Osteuropa stammende Juden) für »Thora«.

blick ganz und einig werden kann, in jedem Augenblick so, daß er als ein Ganzes der Ganzheit, als ein Eines der Einheit gegenüberzutreten vermag. Mit dieser obersten Einsicht ist jedem, dem jene Gewißheit, von der ich gesprochen habe, *nicht* zuteil geworden ist, ein Weg vorgezeichnet, der mit der Annahme des überlieferten Gesetzes nicht vereinbar ist.

Niemand aber, der das neue religiöse Gefühl einer neuen Jugend kennt, diesen noch glühend unverdichteten Wandelstern, der nur erst das Kreisen um die eigene Achse weiß, den Lauf um die unbekannte Sonne kaum erst ahnt, – niemand, der dem Geheimnis dieses Werdenden genaht ist, wird meinen, es könne darin das Element des Glaubens an eine einmalige, restlos überlieferte, für immer verbindliche Offenbarung enthalten sein. *1919; Cheruth. Eine Rede über Jugend und Religion, S. 128-133*

FRANZ ROSENZWEIG [AN MARTIN BUBER]. Ist das, wovon Sie sprechen – und sage ichs gleich: wahr sprechen –, nicht vielmehr nur das Gesetz der westlichen Orthodoxie des verflossenen Jahrhunderts?

Denn zwar auch hier sind die formelhaften Verengerungen nicht erst im neunzehnten Jahrhundert geschaffen; wie die Formeln, in die der Liberalismus der Reformer den jüdischen Geist zu bannen suchte, so können sich auch die Gründe, aus denen Hirschs[38] »Jißroel-Mensch« das Gesetz halten soll, auf eine lange Ahnenreihe berufen; aber erst Hirsch und die ihm folgen haben auf die schmale Basis dieser Gründe ernstlich das jüdische Leben aufzubauen gesucht. Hat wohl je ein Jude früher, wenn er nicht gefragt wurde, gemeint, er hielte das Gesetz – und das Gesetz ihn – nur deswegen, weil es von Gott Israel unterm Sinai auferlegt sei? [...] Gewiß war die Tora, schriftliche wie mündliche, dem Mose am Sinai gegeben, aber war sie nicht vor der Welt geschaffen? mit Buchstaben finstern Feuers auf einen Grund von lichtem Feuer geschrieben? und war nicht um ihretwillen die Welt geschaffen? und hat nicht schon Adams Sohn Set das erste Lehrhaus gegründet, worin sie gelernt wurde? und haben die Väter ein halbes Jahrtausend vor dem Sinai sie nicht schon gehalten? und ward sie, als sie schließlich am Sinai gegeben wurde, nicht in allen Siebzig Sprachen der Welt gegeben? und umschloß sie nicht in ihren »613 Geboten« [...] alles was der Scharfsinn der Späteren, unsern Lehrer Mose selbst beschämend, in ihren Krönlein und Häklein noch entdeckte? ja auch was in der Zukunft je und je ein eifriger Schüler in ihr finden wird? sie, die Gott selber täglich lernt? Und dieses Gesetz, diese Tora sollte Israel gehalten ha-

[38] Samson Raphael Hirsch; vgl. Personen- und Namenverzeichnis.

ben nur wegen der einen »Tatsache, die jede Täuschung ausschloß«, daß die Sechshunderttausend am Sinai die Stimme Gottes gehört hätten?! Gewiß: auch ihretwegen, aber nicht minder auch wegen all der zuvor genannten und wegen der andern, die den Alten aus jedem »Heute« der Tora spricht: daß auch die Seelen der Nachkommen mit jenen Sechshunderttausend am Sinai standen und vernahmen, was diese vernahmen. Dem ungefragten und fraglosen jüdischen Bewußtsein ist dies alles gleich sehr Tatsache wie jenes eine, und jenes eine um kein bißchen mehr als dies.

So wenig wie in der Lehre von vornherein Unwesentliches, so wenig darf es für sie im Gesetz von vornherein »Erlaubtes« geben. Grade das, was die Orthodoxie grundsätzlich freigegeben hatte, grade das muß jüdisch geformt werden. In den Raum, der außerhalb jener Grenzlinie lag, tritt der Minhag, der Brauch, und der Taam, der Sinn, also ein Positives an Stelle des negativen »Erlaubt«. [...] Es darf grundsätzlich kein Bezirk des Lebens mehr preisgegeben werden. [...] wo jüdisch gegessen werden soll, da müssen die zahllosen nur mündlich von Mutter zu Tochter überlieferten Bräuche des Speisezettels ebenso unverletzlich sein wie die Trennung von milch- und fleischdingen; und wer am Sabbat einen Geschäftsbrief selber nicht aufmacht, darf ihn auch dann nicht lesen, wenn ein andrer ihn ihm öffnet. Überall muß dem Brauch und dem Sinn der gleiche Rang und die gleiche Unverbrüchlichkeit werden wie dem Gesetz.

Und dieses selbst [...], – auch es bleibt nicht unberührt davon, daß es nicht mehr gegen ein nur Erlaubtes sich abzugrenzen hat. Dem Erlaubten gegenüber war es ganz wesentlich Verbotenes gewesen; auch dem Gebot war irgendwie der negative Charakter aufgeprägt worden [...]. Wie aber in der Lehre, wenn das »Unwesentliche« uns wesentlich wird, das Wesentliche selber etwas von der Farbigkeit des Unwesentlichen annimmt, so wird hier, nachdem der Brauch die Würde des Gesetzes angenommen hat, das Gesetz teilhaftig der Positivität des Brauchs. Nicht mehr das Verbot, sondern das Gebot bestimmt seinen Charakter. Selbst das Verbotene wird, indem man es unterläßt, nun positiv. Man hält die Arbeitsverbote des Sabbats um des Ruhegebots willen, man empfindet in der Enthaltung von den verbotenen Speisen die Freude, mit dem Alltäglichen und Allmenschlichen des leiblichen Lebens noch Jude sein zu dürfen, das Unterlassene selber wird Tun.

Damit aber ist jene Grenzlinie durchbrochen; die beiden Welten, die des jüdischen Verbotenen und die des erlaubten Unjüdischen fließen ineinander. Es gilt nun kein Nebeneinander von jüdischem und unjüdischem Tun mehr; hier wie dort umzäunt uns überlieferte Form, dort wie hier umblüht uns gewachsene Freiheit. Das Reich des Tubaren ist ein eines geworden. [...]

Aber wieder haben wir einzusehn, daß mit dieser vereinheitlichenden Ausweitung des jüdisch Tubaren noch nichts – wirklich getan ist. Alles Tubare und zu Tuende ist noch nicht Tat, alles Gebietbare und zu Gebietende noch nicht Gebot. Gebot aber, Gebot das sich unmittelbar, im Augenblick wo es vernommen wird, in Tat umsetzt, muß das Gesetz wieder werden. [...] Denn mag einer »alles« Tubare tuen wollen, so wird er mit diesem gewollten Tun das Gesetz mitnichten erfüllen, es nicht so erfüllen, daß es ihm zum Gebot wird; zum Gebot, das er erfüllen muß, weil er es nicht unerfüllt lassen kann [...]. Es kommt also letzthin nicht auf unsern Willen dabei an, sondern, auch hier, auf unser Können. Auch hier geschieht das Entscheidende erst in der Auswahl, die aus der Fülle des Tubaren willenlos das Können vornimmt. Diese Wahl kann, eben weil sie nicht dem Willen auferlegt ist, sondern dem Können, nicht anders als ganz individuell sein [...]. Ob also viel oder wenig getan wird, ja ob überhaupt etwas getan wird, ist unerheblich gegenüber der einen unumgehbaren Forderung, daß nur aus der Kraft getan wird. [...] Die Tat entspringt [...] erst an der Grenze des bloß Tubaren, da wo die Stimme des Gebots augenblickshaft den Funken von »Ich muß« zu »Ich kann« überspringen läßt. Aus solchen Geboten und nur aus solchen erbaut sich das Gesetz.

Wieder also wird uns selber das Werden des Gesetzes auf die Seele, in die Hände gelegt. So wenig wie bei der Lehre darf einer uns kommen und uns im voraus sagen wollen, was alles dazu gehöre und was nicht. Wir dürfen es nicht vorherwissen wollen, selbst wenn wir es könnten. [...] Was wir vorher wissen dürfen, ist das Reich des Tubaren; was wir vorher wünschen dürfen, ist: daß unsre Tat in diesem Reich ihren Platz finde; ob sie ihn hier finde, steht schon nicht mehr bei uns, wenigstens soweit wir Wissen und Willen sind. Da wir es sind, soweit wir es sind, geben wir unserm Wissen, unserm Willen diese Richtung, diese Sphäre. Wir haben keine andre Gewähr, daß die wirkliche Tat, wenn sie entspringt, jüdisch sein wird, jüdisch, einerlei ob sie dann in jenem Reich des schon Tubaren Platz finden wird oder nur jenseits der Grenzen dieses Reichs. Ist dies letzte der Fall, so werden sich die Grenzen durch sie hinausrücken. Aber einerlei ob innerhalb oder außerhalb der alten Grenze, in jedem Fall ist es ein neues, ist es unser heutiges Gesetz, was so gesetzt wird, und doch gerade dadurch wieder – *das* Gesetz. Denn eben dies war es ja, was wir an dem Gesetz, wie seine neuen Hüter es uns entgegenhielten, vermißten und vermissen durften: daß das alte nicht auch zugleich ein neues war. Eben dieser Mangel an Heutigkeit war anerkannt, wenn durch jene Grenzlinie, von der ich spreche, das Leben von heute zum »Erlaubten« geworden war. Damit war dem Gesetz selber die Heutigkeit abgesprochen.

Im höchsten Ernst hat der Midrasch Israels freies Annehmen des Gotteswortes »unterm« Sinai in ein gezwungenes, *gott*gezwungenes umgedeutet: Er stülpte den Berg über sie wie ein Faß, bis sie annahmen. Wir mögen das unsre tun, um Hindernisse, die fortzurücken in unsrer Macht steht, zu beseitigen; wir dürfen unser Können freimachen und sollen es. Aber die letzte Wahl ist unserm Willen entzogen und unserm Können vertraut. Freilich, sowie das Können kann, kann es nicht mehr anders; es wird Nichtanderskönnen, Müssen. [...] Die Entscheidung, die aus dem Können geschieht, kann nicht irren, weil sie ja gar nicht zu wählen, nur zu gehorchen hat. Eben darum kann auch keiner den andern zur Rede stellen, obwohl jeder den andern lehren kann und muß; denn was einer kann, weiß er nur selber; die Stimme des eignen Seins, der er zu gehorchen hat, wird nur von seinem eignen Ohr vernommen. Auch weiß keiner, ob nicht im Nichtkönnen des andern mehr Bauarbeit an der Lehre und am Gesetz geschieht als im eignen Können. Nur daß uns allen die Möglichkeit, zu können, gegeben ist, das wissen wir. Denn [...] jene Rückwendung im vorwärtsdrängenden Strom des Lebens [...] ist uns das Grundgefühl des gemeinsamen – und auch des einsamen – Lebens: das Gefühl, Kinder der Väter zu sein und Ahnen der Enkel. Darum dürfen wir erwarten, uns irgendwie und irgendwann in jedem Wort und in jeder Tat der Väter wiederzufinden, und hoffen, daß unser Wort und unsre Tat für die Enkel nicht ungesprochen und nicht ungetan sein wird. Denn wir sind, die Schrift schreibt es, »Kinder« und sind, die Überlieferung liest es, »Bauleute«.[39] *1923; Die Bauleute. Über das Gesetz. An Martin Buber, S. 110 f., 114-117 und 120 f.*

Martin Buber an Franz Rosenzweig. Lieber Freund – / [...] Ich glaube nicht, daß Offenbarung je Gesetzgebung ist; und in der Tatsache, daß aus ihr immer Gesetzgebung wird, sehe ich die Tatsache des menschlichen Widerspruchs, die Tatsache des Menschen. Ich kann nicht zugleich diese Tatsache in meinen *Willen* aufnehmen und aber des Spruchs und sei-

[39] Rosenzweig hatte seinem Aufsatz »An Martin Buber« das Motto vorangestellt: »›Und alle deine Kinder gelehrt vom Herrn und großer Friede deinen Kindern!‹ (Jes 54, 13) – lies nicht banajich: deine Kinder, sondern bonajich: deine Bauleute.« Vgl. Das Buch Jeschajahu (Jesaja) 54, 13 f. in der späteren Übersetzung von Buber und Rosenzweig (Bücher der Kündung. Verdeutscht von Martin Buber gemeinsam mit Franz Rosenzweig, S. 171): »All deine Söhne sind Lehrlinge Ihm, / groß ist der Friede deiner Söhne, / durch Bewährung wirst du aufgerichtet.«

ner Stunde gewärtig sein. Ich vermag den Gedanken nicht zu denken, daß sich dies für mich ändern könnte; denn in diesem Nichtzugleich habe ich mein Sein. Ich weiß wohl, daß es sich damit bei andern Menschen anders verhält; das ist mir etwas Unbegreifliches, das ich respektiere. Aber ich darf an das Faktum Gesetz nicht rühren, und nicht einmal an den Begriff, in solcher Weise, als ob ich mich mit ihm anders zulänglich abgeben könnte als von meinem Glauben aus. […] *Heppenheim, 24.6.1924; Briefwechsel, Bd. II, S. 196*

FRANZ ROSENZWEIG AN MARTIN BUBER. […] Offenbarung ist doch auch für den, der das Gesetz hält, nicht das, was Sie Gesetzgebung nennen. […] Daß aus dem neuen Gebot das alte Gesetz werden kann, wird von ihm so gut als ein Unglück empfunden wie von Ihnen. Nicht die Tatsache, daß jedes Gebot zum Gesetz werden kann, wird in den Willen aufgenommen, sondern die – gerade Ihnen bekannte –, daß das Gesetz sich immer wieder ins Gebot rückverwandeln kann. […] *[Frankfurt a. M.] 4.7.1924; Briefwechsel, Bd. II, S. 197*

MARTIN BUBER AN FRANZ ROSENZWEIG. Lieber Freund – / […] die Sache selbst ist schwerer als Sie meinen: denn mir geht, was Sie nicht berücksichtigen, eben zwischen Offenbarung und *Gebot* die entscheidende Linie der Verwandlung durch die Tatsache des Menschen. Erlauben Sie mir, dies so dürr auszusprechen und nichts hinzuzufügen. […] *Heppenheim, 1.7.1924; Briefwechsel, Bd. II, S. 198*

MARTIN BUBER AN FRANZ ROSENZWEIG. Lieber Freund – / […] da Gott mir kein Gesetzgeber, sondern nur der Mensch ein Gesetznehmer ist, gilt mir das Gesetz nicht universal, sondern personal, nämlich nur das von ihm, was ich als zu mir gesagt anerkennen muß (z.B. je älter ich werde und je tiefer ich die Un-Ruhe meines Wesens erkenne, um so mehr der Ruhetag). Die »Bauleute« aber wollen mich veranlassen, das Gesetz universal zu nehmen, weil ich die Lehre so nehme, als etwas grundsätzlich ganz zu Lernendes. Aber die Analogie, die Sie behaupten, besteht nicht. Daß sie nicht besteht, werden Sie sich indirekt vergegenwärtigen, wenn Sie bedenken, daß man wohl für etwas, das man getan hat, aber nicht für etwas, das man erfahren hat, Buße tun kann; das erweist, daß das Tun nicht bloß ein größeres, sondern ein *anderes* Gewicht hat als das Erfahren. […] Ich bin für das was ich tue und unterlasse in einer *andern* Weise verantwortlich als für das was ich lerne und ungelernt lasse. Darum ist die Scheidung von Offenbarung und Lehre (Menschenlehre) für mich kein Stachel und keine Probe, aber die von Offenbarung und Gesetz (Menschengesetz) ist beides. […] *Heppenheim, 13.7.1924; Briefwechsel, Bd. II, S. 200 f.*

FRANZ ROSENZWEIG AN MARTIN BUBER. Verehrter Freund, / […] Universalität behaupte ich doch für das Gesetz wie für die Lehre nur für das Hören, nicht für das Tun bzw. Denken. Nur wenn Sie es für unnötig für Ihr Judesein empfänden, ja oder nein zu sagen – in jedem einzelnen Fall –, nur dann schieden Sie sich hier von mir. Ob Sie ja oder nein sagen, ist unwichtig. […]
Zwischen Lernen und Tun besteht freilich keine Analogie. Aber zwischen Denken und Tun. Für Gedanken kann man wirklich »Buße tun«. […]
Gesetzgeber ist mir ja Gott auch nicht. Er gebietet. Erst der Mensch in seiner Trägheit macht aus den Geboten durch die Art, wie er sie hält Gesetz, systematisiertes […] »tubares«. […] *[Frankfurt a. M.] 16.7.1924; Briefwechsel, Bd. II, S. 201 f.*

MARTIN BUBER AN FRANZ ROSENZWEIG. Lieber Freund – / […] Für mich ist und bleibt die eine Frage, die in meiner Seele wahrlich von abyssus zu abyssus[40] gerufen wird: ob das »Gesetz« Gottes Gesetz ist. Auf diese Frage antwortet der andre abyssus wahrlich nicht mit Schweigen. Wenn er aber mit Ja antwortete, würde ich keine Betrachtungen darüber anstellen, ob das Gesetz eine die Ganzheit des Lebens schaffende Kraft sei – das wäre dann unerheblich. Und hinwiederum könnte mir keine noch so gewisse Bejahung dieser oder einer ihr ähnlichen Frage jenes fehlende, nicht stumm sondern donnernd fehlende Ja ersetzen.
Offenbarung ist nicht Gesetzgebung. Für diesen Satz würde ich in einer jüdischen Weltkirche mit Inquisitionsgewalt hoffentlich zu sterben bereit sein. *Heppenheim, 3.6.1925; Briefwechsel, Bd. II, S. 222*

FRANZ ROSENZWEIG AN MARTIN BUBER. […] Ob das Gesetz Gottes Gesetz »ist«, das weiß ich auch nicht, so wenig, nein viel weniger, als ich weiß, daß Gott »ist«. Wissen oder Unwissen gilt da nichts vor der gemachten Erfahrung. Soweit Sie die Erfahrung gemacht haben, daß das Gesetz nicht Gottes Gesetz ist, – und diese Erfahrung liegt auf dem Grunde Ihres Satzes –, das

[40] Von Abgrund zu Abgrund; Anspielung auf Psalm 42, 8 (Lutherbibel): »Deine Fluten rauschen daher, und eine Tiefe ruft die andere; / all deine Wasserwogen und Wellen gehen über mich.« Im Buch der Preisungen in Bubers Übertragung: »Wirbel ruft dem Wirbel / beim Hall deiner Rinnen, / all deine Brandungen, / deine Wogen, / über mich sind sie gefahren«. Vgl. Die Schriftwerke. Verdeutscht von Martin Buber, S. 68.

gilt, wie nur der Atheismus ehrwürdig ist, der erfahren hat, daß Gott nicht ist, während der, der nur nicht weiß, daß oder ob er ist, uns nicht bestürzen darf. […] *[Frankfurt a. M.] 5.6.1925; Briefwechsel, Bd. II, S. 222 f.*

Ich lebe nicht fern von der Stadt Worms,[41] an die mich auch eine Tradition meiner Ahnen bindet; und ich fahre von Zeit zu Zeit hinüber. Wenn ich hinüberfahre, gehe ich immer zuerst zum Dom. Das ist eine sichtbar gewordene Harmonie der Glieder, eine Ganzheit, in der kein Teil aus der Vollkommenheit wankt. Ich umwandle schauend den Dom mit einer vollkommenen Freude. Dann gehe ich zum jüdischen Friedhof hinüber. Der besteht aus schiefen, zerspellten, formlosen, richtungslosen Steinen. Ich stelle mich darein, blicke von diesem Friedhofsgewirr zu der herrlichen Harmonie empor, und mir ist, als sähe ich von Israel zur Kirche auf. Da unten hat man nicht ein Quentchen Gestalt; man hat nur die Steine und die Asche unter den Steinen. Man hat die Asche, wenn sie sich auch noch so verflüchtigt hat. Man hat die Leiblichkeit der Menschen, die dazu geworden sind. Man hat sie. Ich habe sie. Ich habe sie nicht als Leiblichkeit im Raum dieses Planeten, aber als Leiblichkeit meiner eigenen Erinnerung bis in die Tiefe der Geschichte, bis an den Sinai hin.
Ich habe da gestanden, war verbunden mit der Asche und quer durch sie mit den Urvätern. Das ist Erinnerung an das Geschehen mit Gott, die allen Juden gegeben ist. Davon kann mich die Vollkommenheit des christlichen Gottesraums nicht abbringen, nichts kann mich abbringen von der Gotteszeit Israels.
Ich habe da gestanden und habe alles selber erfahren, mir ist all der Tod widerfahren: all die Asche, all die Zerspelltheit, all der lautlose Jammer ist mein; aber der Bund ist mir nicht aufgekündigt worden. Ich liege am Boden, hingestürzt wie diese Steine. Aber aufgekündigt ist mir nicht.
Der Dom ist, wie er ist. Der Friedhof ist, wie er ist. Aber aufgekündigt ist uns nicht worden. *1933; Kirche, Staat, Volk, Judentum, S. 555*

[41] In Heppenheim.

Was Martin Buber als die Botschaft des Judentums und des Chassidismus an die Welt verstand, hat er auch in dessen Gegenüberstellung mit dem Zen-Buddhismus herausgearbeitet. Die Frage, ob Bubers Zen-Verständnis im letzten zutrifft, kann hier offen bleiben; entscheidend sind die Charakteristika von Religiosität, die beschrieben werden: die Art der Haltung eines Menschen, seiner Zuwendung zu allem, was existiert, und darin zum Absoluten, zur wahren Wirklichkeit.

Bei Buber wie im Zen-Buddhismus wird die übliche Art der Zuwendung zur Welt in Frage gestellt: man versucht das, was ist, im Denken zu verstehen, es in Begriffe zu fassen. Das Denken, oder die begriffliche Erkenntnis, läßt den Zugang zu den realen, anderen Wesen und Dingen der Welt aber gerade nicht zu. Es weist ihnen eine bestimmte Rolle im Leben des erkennenden, verstehenden Menschen zu. In dieser Art von Beziehung zwischen Ich und anderem wird die Wirklichkeit des anderen verfehlt, und das Ich verfehlt zugleich die Wahrheit des eigenen Lebens. Auf einen solchen Zusammenhang weisen sowohl der Zen-Buddhismus als auch Buber hin und wollen eine Lösung – nicht im Denken, sondern in der Praxis des Lebens – zeigen.

Die Grenzen der begrifflichen Erkenntnis hat Emmanuel Lévinas deutlich formuliert: »Sie ist von ihrem Wesen her eine Beziehung zu dem, dem man gleicht und das man umschließt, dessen Andersheit man aufhebt, das immanent wird, weil es meinem Maß und meinem Maßstab entspricht. [...] Die Erkenntnis ist immer eine Entsprechung zwischen Denken und Gedachtem. Letztlich liegt im Bereich der Erkenntnis eine Unmöglichkeit, aus sich selbst herauszutreten [...].«[42]

Erkenntnis bedeutet Einsamkeit: »Die Erkenntnis wurde immer schon als Assimilation interpretiert. Auch die überraschendsten Entdeckungen werden schließlich absorbiert, aufgenommen, mit allem, was an ›Nehmen‹ im ›Aufnehmen‹ liegt. Die kühnste und entfernteste Erkenntnis bringt uns nicht mit dem wirklich Anderen in Verbindung [...].«[43]

In der Erkenntnis wird das andere (werden die Wesen und Dinge der Welt) als ›Objekt‹ oder, nach Buber, als ›Es‹ in den eigenen Verstehenszusammenhang eingeordnet. So kann eine innere, geistige Welt geschaffen werden: von der Wirklichkeit bleibt diese getrennt.

Daran ändert sich auch nichts grundlegend, wenn der Bereich des Gefühls, der Empfindung, die der andere auslöst, in diese Welt eingebaut wird. Die vorgeprägte innere Welt ist das Raster, das über Parallelität und Analogie etwas aus der Au-

[42] Emmanuel Lévinas, Ethik und Unendliches, S. 46.
[43] Emmanuel Lévinas, Ethik und Unendliches, S. 47.

ßenwelt ›herausfiltert‹, was sie – rational, gefühlsmäßig – zu verstehen glaubt: was man vom anderen versteht, ist das, was als Begriff, als Gefühl, Erleben in paralleler Form in der eigenen Innenwelt schon vorhanden ist. ›In der Vergangenheit leben‹ nennt Buber das.[44] Aus der Psychologie Freuds kommen die Begriffe der Übertragung und Gegenübertragung, welche die Dominanz der Vergangenheit, des mit anderen Erlebten, über die Gegenwart ausdrücken.

Wenn solche Raster, die vorherbestimmen, *was* von der Wirklichkeit und *wie* sie aufgenommen wird, *nicht* notwendige, unumgängliche Strukturen wären, dann müßte man sie als (übliche, angewöhnte, erlernte) *Verhaltensweisen* des Menschen ansehen. Sie wären letztlich – wie sehr sie auch subjektiv, von der Lebensgeschichte eines Menschen her, undurchbrechbar sein mögen – schlicht *unwahr*. Bubers Rede von den Grundworten versteht solche Strukturen als Verhaltensweisen; sowohl er als auch die Meister des Zen-Buddhismus sehen es als möglich an, Zugang zu *der* Wirklichkeit zu gewinnen: abhängig von der Art der Zuwendung, der ›inneren Handlung‹[45] des Ich.

Die Erkenntnis wird durchaus in Grenzen anerkannt, sofern sie nicht zur prägenden Lebenshaltung wird. Ist sie aber die grundlegende Art, mit der man Welt und Menschen zu verstehen sucht, so äußert sich darin eine fundamentale Egozentrik: das Ich ist der Bezugspunkt, dem alles andere zugeordnet wird, das andere – Gegenstände und Menschen, Wesen – ist das, was in die Welt des Ich paßt, es ist *so*, wie es *für mich*, für das Ich ist. Die Dimension der Ethik wird hier in einem Bereich sichtbar, der weit vor dem liegt, wo man üblicherweise von ›Moral‹, sittlicher Entscheidung, vielleicht einem ›egoistischen Verhalten‹ spricht. Und egozentrisch in diesem Sinne – das andere dem Ich, seiner Innenwelt zuordnend – kann genauso das gefühlsmäßige Verstehen eines anderen Menschen sein.

Der Mensch macht sein Selbst zum Bezugs- und Mittelpunkt, zur Mitte, der er alles andere zuordnet: für den Zen-Buddhismus zeigt sich darin, daß der Mensch »aus der Mitte des Seins, die nicht – nicht mehr – seine eigene Mitte ist, herausgetreten« ist, wie Eugen Herrigel schreibt.[46]

Im egozentrischen Verstehen wird die Welt verfehlt, es wird die Wahrheit des eigenen Lebens und es wird die umfassende Wahrheit, in die das eigene Leben eingebunden ist, verfehlt: die Frage nach der Möglichkeit, die Welt zu verstehen, zeigt eine ungeahnte, über sich hinausweisende religiöse Dimension.[47]

---

[44] Vgl. Ich und Du, S. 16 f.; in: Das dialogische Prinzip, S. 5-136. Vgl. das 1. Kapitel dieser Anthologie.

[45] Vgl. im 1. Kapitel den Abschnitt »Eine Grundbestimmung der Bedeutung von ›Dialog‹ in Bubers Denken«.

[46] Eugen Herrigel, Der Zen-Weg, S. 15.

[47] Der mit dem Zen-Buddhismus verbundene Philosoph Keiji Nishitani beschreibt die religiöse Frage einmal als die Frage nach der wahren Wirklichkeit durch ein »›leibhaf-

Die Praxis des Zen-Buddhismus wendet sich ebenso wie die des Chassidismus der konkreten Wirklichkeit zu. Sich diese nicht anzugleichen, aufmerksam und achtungsvoll mit den Dingen und Wesen umzugehen, sich ihnen mit ganzem Wesen zuzuwenden, ist der Weg zur Wahrheit, die sich im Umgang mit all diesen zeigt. Für den Zen-Buddhismus ist alles – auch der Mensch – Erscheinungsform der zeitlosen Buddha-Natur; den Zugang zu ihr ermöglicht die Zuwendung des Menschen zur konkreten Welt, ohne diskursives Denken: Was ist der Weg, wie soll man sich verhalten? »Dicht vor deiner Nase!«

Für Buber und den Chassidismus kommt der Mensch in den konkreten Situationen mit den Wesen und Dingen selbst und mit dem ›ewigen Du‹ in Berührung. Das Wirken an der Welt ist für den Chassidismus ein Wirken an der geschichtlichen Vollendung der Welt, an ihrer Erlösung. Die Verwirklichung der Wahrheit ist in die Zeit eingebunden.

ZEN (im Sanskrit dhyana, das heißt Versenkung, Kontemplation) ist der Name einer der Abarten des späteren Buddhismus, die in China im sechsten, in Japan im zwölften Jahrhundert Fuß gefaßt hat. Ihr wichtigstes Merkmal ist, daß sie alle direkte Äußerung über transzendente Gegenstände ablehnt. Über Buddha selber ist überliefert, er habe sich geweigert, über den Bereich der Transzendenz zu reden, und dies damit begründet, daß solche Rede nicht dazu fromme, den Pfad der Erlösung zu finden. Die Zen-Schule entwickelte daraus die Lehre, daß man das Absolute als solches nicht einmal denken, geschweige denn äußern könne. In einer besonders autoritären Schrift des Mahayana, der Lankavatara Sutra, heißt es: »Begriffe und Urteile hangen aneinander, sie vermögen nicht die höchste Wirklichkeit zu sagen.« Dies entspricht völlig dem Spruch Lao-tses: »Das Tao, das man sagen kann, ist nicht das ewige Tao.«[48] Manchen Formulierungen des Zen ist der Einfluß der taoistischen Lehre anzumerken, die Wahrheit sei oberhalb der Gegensätzlichkeit. Alle begriffliche Aussage unterwirft ihren Gegenstand dem Satz vom Widerspruch, sie bringt ihn auf die Ebene der Dialektik herab, wo es möglich ist, jeder These eine Antithese entgegenzustel-

(Fortsetzung Fußnote 47)
tes‹ Verstehen« im Gegensatz zum »intellektuellen oder philosophischen Denken«, zum andern als die Frage nach dem Sinn des eigenen Existierens: »Wenn diese Daseins- und Denkweise, in der wir uns zum *telos* aller anderen Dinge machen, erschüttert wird und die dieser Haltung entgegengesetzte Frage auftaucht: ›Wozu existieren wir selbst denn?‹, tut sich erst der eigentliche Ort auf, von dem aus Religion in Sicht kommt.« Vgl. Keiji Nishitani, Was ist Religion?, S. 45 und 41.

48 Der erste Satz des Tao-Tê-King; vgl. Lao-Tse, Tao-Tê-King, S. 57: »Tao, kann es ausgesprochen werden, ist nicht das ewige Tao.«

len, und die absolute Wahrheit so in eine relative umgewandelt wird. [...] »Die höchste Wahrheit«, heißt es in einem frühen Zen-Text, »ist nicht schwierig, nur daß sie die Wahl verwirft«,[49] das heißt: den rationalen Zwang, entweder a oder non-a als Wahrheit zu erklären und nicht beide zugleich. Es geht daher nicht an, das Absolute von irgend etwas Allgemeinem aus zu erfassen, wohl aber kann es von dem sinnlich Konkreten aus erfaßt werden, von etwas aus, was wir leben. Die Zen-Lehrer berufen sich auf die Erzählung, Buddha habe, als er die vollkommene Lehre predigen wollte, eine Blume in die Höhe gehoben und habe schweigend gelächelt; nur einer in der versammelten Menge, sein Schüler Kassapa, habe ihn verstanden und ebenfalls gelächelt. Die Zen-Schule führt ihre Tradition auf Kassapa zurück, der das Geheimnis von Buddha empfangen habe. Demgemäß kann der Sinn dieser Tradition nicht der sein, geistige Inhalte in begrifflicher Rede zu überliefern. Aber auch alle feststehenden Methoden der Kontemplation erscheinen nur als mehr oder minder fragwürdige Hilfsmittel und nicht als der Weg zur Erlangung der Wahrheit; ja, einzelne bezeichnen sogar alle Kontemplation als Krankheit. Der Lehrer zeigt dem Schüler, der ihn nach der Transzendenz befragt, zum Beispiel seinen Stab, wie um das Konkrete dem Allgemeinen entgegenzustellen. Oder er hebt den Finger. Oder er bricht in den, in der Geschichte der Schule berühmten, Schrei »Kwats!« aus. Oder, wenn er doch redet, spricht er einen Vers. Und zuweilen verabreicht er sogar dem Schüler eine Ohrfeige, um ihn auf einmal in die Wirklichkeit hinein zu versetzen, wo sich ihm das allem Ja und Nein überlegene Geheimnis offenbaren wird, das sich nicht anders überliefern läßt, als daß es unter dem Einfluß des Lehrers dem Herzen des Schülers entspringt. [...] Nicht dadurch, daß der Mensch von der Wirklichkeit absieht, sondern dadurch allein, daß er sich ihr ergibt, kann er zum Heil gelangen. Dementsprechend sind die Zen-Klöster nicht Stätten der Kontemplation für die Einzelnen, sondern genossenschaftliche Siedlungen von Landarbeitern; die Arbeit ist die Grundlage ihres Lebens. Über den Patriarchen, der diese Lebensweise im achten Jahrhundert begründete,[50] wird

---

[49] Der Eingangsvers des Lehrgedichts »Hsin-hsin-ming« von Seng-ts'an: »Der höchste Weg ist gar nicht schwer, / Nur abhold wählerischer Wahl. / Doch wo man weder haßt noch liebt, / Ist Klarheit, offen, wolkenlos.« Vgl. Bi-Yän-Lu. Meister Yüan-wu's Niederschrift von der Smaragdenen Felswand, 1. Bd., S. 75.

[50] Die Organisation der Zen-Klöster mit der Verbindung von meditativer Praxis und der Arbeit im Kloster und auf dem Feld geht auf den Zen-Meister Pai-chang (Bai-dschang) zurück. Von ihm wird erzählt, er habe, als man ihm im Alter sein Gartengerät wegnahm, um ihm, entgegen seinem Willen, die Arbeit zu ersparen, aufgehört zu essen und erst wieder Nahrung zu sich genommen, als man es ihm zurückgab: »Ein Tag ohne Arbeit, ein Tag ohne Essen.«

erzählt, er habe, als ihn die Mönche ersuchten, ihnen die geheime Wahrheit vorzutragen, befohlen, an die Feldarbeit zu gehen, nach ihrer Rückkehr würde er zu ihnen sprechen. Als sie zurückkamen, ging er ihnen entgegen, breitete die Arme aus und zeigte schweigend auf sie selber. Durch die Tätigkeit des ganzen geist-leiblichen Wesens gelangt man zum intimen Umgang mit der konkreten Wirklichkeit, im intimen Umgang mit der konkreten Wirklichkeit wird man fähig, die Wahrheit zu erfassen, und hinwieder führt die Erfassung der Wahrheit zur höchsten Konzentration des Tuns. *1944; Der Ort des Chassidismus in der Religionsgeschichte (in: Die chassidische Botschaft), S. 202-204*

Ich will nun einige chassidische Erzählungen mit analogen Erzählungen der Zen-Schule vergleichen.

Von Rabbi Schmelke von Nikolsburg wird erzählt, daß einer seiner Schüler ihm klagte, die »fremden Gedanken« störten ihn im Gebet. Der Rabbi hieß ihn zu einem anderen Schüler, Rabbi Abraham Chajim von Zloczow, ziehen, der damals ein Wirtshauspächter war, und einige Zeit bei ihm verbringen. Zwei Wochen lang beobachtete der Schüler die Bräuche des Hausherrn. Er sah jeden Tag, wie er betete und wie er arbeitete, und es fiel ihm nichts Besonderes an ihm auf. Nur am Abend, nachdem alle Gäste fort waren, und am frühen Morgen, ehe sie kamen, wußte er nicht, womit sich Rabbi Abraham Chajim befaßte. Schließlich wagte er es, ihn danach zu fragen. Jener sagte ihm, er putze am Abend alle Geräte, und da sich im Laufe der Nacht Staub dransetze, putze er sie am Morgen von neuem, besonders aber wache er darüber, daß sie kein Rost befalle. Als der Schüler zu Rabbi Schmelke zurückkehrte und ihm all dies erzählte, sagte er: »Nun weißt du, was dir zu wissen nottut.«[51]

Im Schrifttum des Zen finden wir das Motiv in einer eingeschränkten Fassung. Ein Mönch bittet den Oberen seines Klosters, einen der großen Lehrer des neunten Jahrhunderts, ihm das Geheimnis der Lehre zu offenbaren. Der Lehrer fragt: »Hast du schon gefrühstückt?« »Ja«, antwortet er. »So putze denn die Geräte«, sagt ihm der Lehrer. Und als er dies hört, erfährt der Schüler die innere Erleuchtung.[52]

---

[51] In den »Erzählungen der Chassidim« S. 315, »Bereitung«.

[52] Vgl. den Bericht von »Chao-chou: ›Wasch die Eßschale!‹«: »Ein Mönch fragt den hoshang Chao-chou: ›Ich bin in das Kloster neu eingetreten; ich bitte den Meister um Unterweisung.‹ – Chao-chou: ›Hast du deinen Reisbrei ganz aufgegessen?‹ – Der Mönch: ›Ja‹ – Chao-chou: ›Dann geh deine Eßschale spülen.‹ – Der Mönch horcht auf.« Wu-men Hui-k'ai, Ch'an-tsung Wu-men kuan. Zutritt nur durch die Wand, S. 56.

In der chassidischen Erzählung wird der sinnbildliche Charakter des Vorgangs betont, wogegen er in der Zen-Erzählung verhohlen bleibt, und in der Literatur wird der Sinn des Ausspruchs erörtert; es steht aber fast außer Zweifel, daß auch hier das Putzen der Geräte Symbol einer geistigen Tätigkeit ist. Wir würden jedoch, trotz der Erklärung, die in der chassidischen Erzählung selbst gegeben wird, irren, wenn wir den Gang der Dinge lediglich symbolisch erfaßten. Es ist auch wirklich gemeint, man solle, was man je und je zu tun habe (wie hier das Putzen der Geräte), mit völliger Konzentration, mit Einsammlung alles Seins tun, mit der ganzen Intention und ohne von irgend etwas abzusehen.

Nach dem Tod des Rabbi Mosche von Kobryn fragte der Rabbi von Kozk einen der Schüler des Verstorbenen, was für seinen Lehrer die Hauptsache gewesen sei. Er antwortete: »Immer das, womit er sich gerade befaßte.« Und der Abt eines Zen-Klosters wird gefragt: »Einer der ersten Patriarchen hat gesagt: ›Es gibt einen Spruch, der, verstanden, die Verfehlungen zahlloser Weltzeiten auslöscht‹ – was ist das für ein Spruch?« Er antwortet: »Dicht vor deiner Nase!« Der Schüler fragt wieder: »Was bedeutet das?« »Das ist alles, was ich dir sagen kann«, entgegnet der Lehrer.

Die beiden Antworten, die chassidische und die zenische, sind fast wesensidentisch: der Schlüssel zur Wahrheit ist die nächste Tätigkeit, und dieser Schlüssel öffnet das Tor, wenn man das zu Tuende so tut, daß der Sinn der Handlung hier seine Erfüllung findet.

Der Lehrer ist somit der Mensch, der alles, was er tut, zulänglich tut, und der Kern seiner Lehre ist dies, daß er den Schüler an seinem Leben teilnehmen und so das Geheimnis des Tuns erfassen läßt. Rabbi Mendel von Rymanow pflegte zu sagen, er habe von allen Gliedern seines Lehrers, des Rabbi Elimelech, Thora gelernt. Das gleiche, nur von der andern Seite her, spricht nun der Zen-Lehrer aus. Als ein Schüler, der ihn bedient, sich darüber beschwert, daß er ihn noch nicht in die Weisheit des Geistes eingeführt habe, antwortet er: »Vom Tag deines Kommens an habe ich dich stets in der Weisheit des Geistes unterwiesen.« »Wie das, Meister?«, fragt der Schüler, und der Lehrer erklärt ihm: »Wenn du mir eine Tasse Tee brachtest, habe ich sie nicht aus deiner Hand genommen? Wenn du dich vor mir verneigtest, habe ich deinen Gruß nicht erwidert?« Der Schüler senkt den Kopf, und nun erläutert ihm der Lehrer weiter: »Willst du sehen, blicke geradeaus in das Ding; versuchst du aber darüber zu grübeln, so hast du das Ding schon verfehlt!«

Danach ist die Wahrheit in der Welt des Menschen nicht als Inhalt einer Erkenntnis zu finden, sondern allein als menschliches Dasein. Man besinnt sie nicht, man sagt sie nicht aus, man vernimmt sie nicht, sondern man lebt sie, und man empfängt sie als Leben. Das wird im Zen und im Chassidismus beinah in der gleichen Sprache ausgedrückt. Der »Gesang vom Erleben der Wahrheit« eines Zen-Lehrers um das Jahr 700 beginnt mit dem Vers: »Hast du nie einen Menschen gesehn, der die Wahrheit selber ist?«[53] Eben dasselbe sagt der Chassidismus, wenn er das Wort Davids, »Und das ist die Lehre des Menschen«, auf den Menschen deutet, der selber eine vollständige Lehre geworden ist. Fast in der gleichen Sprache wird hier und hier die heiligste Lehre abgelehnt, wenn sie sich bei jemand nur als ein Inhalt seines Denkens findet. Nach der chassidischen Anschauung ist es gefährlich, »zu viel Chassidut zu wissen«,[54] weil man dahin kommen kann, mehr zu wissen, als man tut, und einer der Zen-Lehrer wirft seinem Schüler diesen einen Mangel vor, daß er »zu viel Zen habe«; »wenn man über Zen redet«, sagt er, »regt sich der Ekel in mir«.

Hier und hier ehrt man das Schweigen. Und hier und hier hat man damit nicht im Sinn, sich alles Ausdrucks zu enthalten, sondern nur auf alle begriffliche Äußerung dessen zu verzichten, was dem Begriff nicht gegeben ist. Hier und hier wird gesungen, hier und hier bringt man volkstümliche Motive ins Lied und wandelt sie in mystische. Der Zen-Mönch malt auch, und seine Bedeutung in der Entwicklung der ostasiatischen Kunst ist groß. Der Chassid kann nicht malen, aber er tanzt. All dies, Gesang, Malerei und Tanz, meint Äußerung und wird als Äußerung erfaßt. Schweigen ist nicht das Letzte. »Lerne zu schweigen, damit du zu reden weißt«, sagt ein Zaddik, und einer der Zen-Lehrer sagt. »Rede ist Schmähung, aber Schweigen ist Betrug. Jenseits von Rede und Schweigen führt ein steiler Weg.« Es ist jedoch noch ein Zug hinzuzufügen, der Zen und Chassidismus gemeinsam und für beide sehr kennzeichnend ist. In verschiedenen Varianten wird hier und hier von profanem Gespräch erzählt, das die Meister des Geheimnisses führen, Gespräch, das den fremden Hörer durch seine anscheinend völlige Oberflächlichkeit enttäuscht, dieweil in Wahrheit Wort um Wort gewichtig und verborgener Intention voll ist.

Sowohl im Zen wie im Chassidismus steht die Beziehung zwischen Lehrer und Schüler im Mittelpunkt. Wie es offenbar kein anderes Volk mehr gibt, in dem die leibliche Verbundenheit der Generationen eine solche Bedeutung erlangt hat wie in China und Israel, so kenne ich keine andere reli-

[53] Yung-chia (auch Yung-djia), »Lied vom Erleben des Weges«, auch »Lied der Erleuchtung«.

[54] Vgl. »Die Bücher« (von Mosche von Kobryn) in den »Erzählungen der Chassidim«, S. 632: »[…] wenn einer viel Chassidut weiß, wird seine Weisheit leicht größer als seine Taten.«

giöse Bewegung mehr, die in solchem Maße wie Zen und Chassidismus ihre Anschauung vom Geiste mit dem Begriff der geistigen Fortpflanzung verknüpft hat. In beiden verehrt man paradoxerweise die menschliche Wahrheit nicht in der Gestalt eines Besitzes, sondern in der einer Bewegung, nicht als ein Feuer, das auf dem Herde brennt, sondern, um in der Sprache unserer Zeit zu reden, als den elektrischen Funken, der sich in der Berührung der Ströme entzündet. Hier und hier ist der höchste Gegenstand der Legende das Geschehen zwischen Lehrer und Schüler. Im Zen ist dies sogar beinah der einzige Gegenstand, wogegen im Chassidismus, der sich eben nicht in Brüderschaften Abgesonderter darstellt, die Gemeinde einen großen Raum einnimmt; freilich ist auch sie gewissermaßen aus potentiellen Schülern, aus gelegentlichen Schülern zusammengesetzt, aus Menschen, die fragen, Deutung suchen, lauschen, und die Mal um Mal etwas lernen, das zu lernen sie nicht beabsichtigt hatten.

Doch ist dies auch der Punkt, wo die Wege am anschaulichsten auseinandergehen. Ich will je eine typische Erzählung aus beiden Bewegungen anführen.

Zu einem der Zen-Lehrer des zehnten Jahrhunderts kommt ein Jüngling aus fernem Land. Der Lehrer schließt das Tor vor ihm. Jener klopft und wird nach Person und Begehren gefragt. »Ich bin befähigt«, sagt er, »auf den Grund meines Daseins zu schauen, und ich begehre Unterweisung zu empfangen«. Der Lehrer öffnet das Tor, blickt den Gast an und schließt es erneut vor ihm. Nach einiger Zeit kehrt der Jüngling zurück und der Vorgang wiederholt sich. Beim dritten Mal drängt sich der Ankömmling hinein, der Lehrer packt ihn an der Brust und ruft: »Sprich!« Da jener zögert, fährt er ihn an: »Du Tölpel!« und stößt ihn hinaus. Das Tor dreht sich in der Angel, ein Fuß des Schülers verfängt sich darin und bricht. Er schreit auf, und in eben dem Augenblick erfährt er die innere Erleuchtung. Er hat später eine eigene Schule gegründet.

Auch im Chassidismus hören wir von der »strengen« Methode, nämlich in der Beziehung zum Sünder, der umkehren soll. Aber in der Beziehung des Lehrers zum fragenden Schüler ist sie hier nicht bekannt. Charakteristisch für diese Beziehung ist die folgende Begebenheit. Einer der Schüler des Rabbi Bunam, Rabbi Henoch, erzählt, er habe sich ein ganzes Jahr danach gesehnt, in das Haus seines Lehrers zu kommen und sich mit ihm zu unterreden. Jedesmal aber, wenn er ans Haus trat, brachte er den Mut dazu nicht auf. Einmal, als er auf dem Feld umherging und weinte, kam das Verlangen mit besondrer Kraft über ihn und zwang ihn, sogleich zum Rabbi zu laufen. Der fragte ihn: »Warum weinst du?« Henoch antwortete: »Bin ich doch ein Geschöpf in der Welt, und bin mit Augen und Herz und allen

Gliedern erschaffen, und ich weiß nicht: wozu bin ich erschaffen und was tauge ich in der Welt?« »Närrchen«, sagte Rabbi Bunam, »auch ich gehe so umher. Du wirst heute mit mir zu Abend essen.«[55]

Wir würden irren, meinten wir, der Unterschied sei hier im wesentlichen ein psychologischer, etwa der Unterschied zwischen Hochmut und Demut – obzwar die Demut im Chassidismus als eine der Haupttugenden gilt, wogegen sie im Zen nicht erwähnt wird. Der entscheidende Unterschied ist von anderer Art. Ich will ihn daran erläutern, wie hier und wie hier ein vielverbreitetes Motiv bearbeitet wird [...], das Motiv des Meisterdiebs. Von einem Chassid des Maggid von Kosnitz wird erzählt, er sei auf dessen Rat zum Meisterdieb geworden und dennoch ein redlicher Mensch geblieben; die Erzählung meldet seine Listen und Erfolge. Aber die chassidische Überlieferung geht noch weiter. Aus dem Munde einiger Zaddikim hören wir Scherzworte, in denen sie als Muster für den Dienst Gottes den verwegenen Dieb hinstellen, der in seinen Unternehmungen sein Leben einsetzt und was ihm einmal nicht gerät, wieder und wieder versucht.[56] Das Geschäft des großen Diebs erscheint hier geradezu als Sinnbild der Konzentration im Dienste Gottes. Beachtenswert ist dabei, daß zuweilen der Dieb und der Säugling zusammengestellt werden: von diesen beiden Wesen, dem unmoralischen und dem amoralischen, ist die höchste Eigenschaft, die der inneren Einheit, zu lernen. Eine völlig verschiedene Symbolik des Diebestreibens findet sich im Zen. Ein Lehrer vom Ende des elften Jahrhunderts erzählt in seiner Predigt von einem alten Meisterdieb, der seinen Sohn, auf dessen Bitte, seine Kunst zu lehren unternimmt. Er geht mit ihm nachts in das Haus eines reichen Mannes, bricht zusammen mit ihm in das Haus ein und befiehlt ihm, in eine große Truhe zu steigen und die kostbarsten Gegenstände darin zu bergen. Als der Sohn in der Truhe niederkauert, drückt der Vater den Deckel nieder, riegelt ihn zu, geht aus dem Zimmer, alarmiert die Hausgenossen und entfernt sich. Der Sohn muß all seinen Verstand aufbieten, um sich zu retten. Schließlich tritt er ingrimmig vor den Vater. Der hört die ganze Geschichte gelassen an, dann sagt er: »Du hast nun die Kunst erlernt.« So hält es der Zen-Lehrer mit seinen Schülern. Er erleichtert nichts, er vermittelt nie, er nötigt sie, ihr Leben dranzuwagen und so durch sich selber zu erlangen, was man durch sich selber zu erlangen vermag. Wir haben gesehen, wie die Wahrheit sowohl

[55] Vgl. Die Erzählungen der Chassidim, S. 748: »Lehrer und Schüler«. Der genannte Schüler Henoch ist Rabbi Chanoch von Alexander.

[56] Vgl. z.B. »Wie den Sasower ein Dieb belehrte«. Die Erzählungen der Chassidim, S. 532.

dem Chassidismus wie dem Zen nicht als Inhalt und Besitz, sondern als menschliches Dasein und als Bewegung zwischen den Generationen erscheint; aber diese Bewegung von Dasein zu Dasein bedeutet im Chassidismus Übergabe, im Zen bedeutet sie Anregung.
Dieser Unterschied dringt jedoch tief vor, über den Bereich des Erzieherischen, des Verhältnisses zwischen den Generationen hinaus.
In einem dem ersten Patriarchen des Zen, Bodhidharma, zugeschriebenen Buch lesen wir: »Willst du den Buddha suchen, schau in dein eignes Wesen; denn dieses Wesen ist der Buddha selber«. [...] Der Sinn geht nicht dahin, der Einzelne habe nur ums eigne Heil zu sorgen. In dem vierfachen Gelübde, das dreimal nach jedem Vortrag der Zen-Lehrer wiederholt wird, lautet zwar der letzte Vers: »Unzugänglich ist der Pfad des Buddhatums, ich gelobe ihn zu erreichen«, aber der erste Vers besagt: »Zahllos sind die fühlenden Wesen – ich gelobe, sie alle zu retten.« Und diese Rettung bedeutet ja wieder, jedem zu helfen, in seine Natur zu schauen.[57] Wenn das Lied eines späten Zen-Lehrers,[58] eines Zeitgenossen des Baal-Schem-Tow, mit den Worten endet: »Diese Erde selber ist das reine Land des Lotos, und dieser Leib da ist der Leib des Buddha«, so weist zwar der erste der beiden Verse auf die Wichtigkeit des Umgangs mit der konkreten Wirklichkeit der Dinge hin, aber der eigentliche Weg zum Unbedingten wird nur in der Beziehung des Menschen zu sich selbst gesehen. *1944; Der Ort des Chassidismus in der Religionsgeschichte (in: Die chassidische Botschaft), S. 205-213*

GANZ ANDERS verhält es sich mit dem Chassidismus.[59] Wie sehr auch die Emanationslehre der Kabbala die Anschauung von der Beziehung zwischen Gott und *Welt* veränderte, die Anschauung von der Beziehung zwischen Gott und der *Menschenseele* ist im Wesentlichen geblieben, wie sie war. Wohl hören wir im Chassidismus immer wieder, Gott sei die Substanz unsres Gebets, aber wir hören nicht, er sei unsre Substanz. Die Gotteskraft bereitet unsre Kehle zu, das lautere Gebet zu sprechen, aber der aus-

---

[57] Nach »Keiji Nishitani, Was ist Religion?«, S. 404: »All die zahllosen Lebewesen, ich gelobe sie zu erretten. / All die unerschöpflichen, verführenden Leidenschaften, ich gelobe, sie zu tilgen. / All die unzähligen Tore der Dharma-Lehre, ich gelobe, sie zu erkunden. / Der Buddha-Weg, der erhabenste, ich gelobe, ihn in mir zu vollenden.«

[58] Hakuin Ekaku im »Hakuin Zenji Zazen-wasan«.

[59] Ganz anders als mit dem Zen, in dem der Buddhismus laut Buber »zu einer Mystik der menschlichen Person, einer Mystik außerhalb der Geschichte, an kein einmaliges Ergebnis mehr gebunden« wird (Der Ort des Chassidismus..., S. 213 f.): die zeitlose Buddha-Natur soll im Menschen erweckt werden.

sprechende Mund ist nicht göttlich. Der elementare Dialog ist nicht zum Monolog, die Zwiesprache von Gott und Mensch nicht zum Gespräch des Menschen mit seiner Seele geworden, und sie konnte dazu nicht werden, weil hier von urher alle Existenz des Glaubens an der Wesensähnlichkeit des göttlichen Führers und der von ihm geführten Schar hing, einer Wesensähnlichkeit, die sich nicht zur Wesensgleichheit wandeln konnte, ohne an der unbedingten Überlegenheit dieser Führung Zweifel zu erregen. Von hier stammen alle Grundsätze: das Ebenbild Gottes, das Gehen in seinen Wegen, die heilige Volksordnung. Zwar gewährt die Mystik hier der Seele des Einzelnen, die sich von der Gesellschaft abscheidet, die Gegenwart Gottes in flammender Intimität zu verspüren, aber auch in der Verzükkung bleibt die Situation wie sie war, auch das Verhältnis der intimsten Gegenseitigkeit bleibt Verhältnis, unerschüttert bleibt die Beziehung zu einem Wesen, das mit unsrer Wesenheit nicht zu identifizieren ist. Auch die Ekstase vermag sich nicht in solchem Maße nach innen zu wenden, daß sie in der Innerlichkeit volle Befriedigung und Vollendung fände. Mehr noch: die Abgeschiedenheit des Einzelnen von der Gesellschaft kann sich im Bereich der Religion nicht in solchem Maße vollziehen, daß die Mystik sich von der Geschichte befreite. Auch die persönlichste Mystik ruht hier im Schatten der geschichtlichen Offenbarung. Nie ist dieser Gott in den Augen der Seele in solchem Maße zu ihrem Gott, zum Seelengott geworden, daß er aufhörte, der Gott des Sinai zu sein. Und wohl ist der wahre Zaddik eine Thora, aber er ist es gerade, weil *die* Thora sich in ihm verkörpert hat. In jener Deutung des Schriftworts »Und das ist die Lehre des Menschen«, die ich erwähnt habe, heißt es: »Wenn der Mensch sich an all seinen Gliedern heiligt und sich, Geist an Geist, an die Thora heftet, wird er selber eine vollkommene Thora«. Auch die persönlichste Lehre entsteht aus der Verbundenheit mit der geschichtlichen Lehre. In Israel ist alle Religion Geschichte, die mystische Religion mit eingeschlossen.

Auch hier sei ein Beispiel angeführt. Im Zen und noch deutlicher vor ihm im Taoismus, der es [...] sehr beeinflußt hat, finden wir zuweilen die Frage, ob wir nicht träumen, daß wir leben. Tschuang-tse, der große taoistische Dichter und Lehrer, fragt sich selber, nachdem er geträumt hat, er sei ein Schmetterling: »Jetzt weiß ich nicht: war ich eben ein Mensch, der träumt, er sei ein Schmetterling, oder bin ich nun ein Schmetterling, der träumt, er sei ein Mensch?«[60] Eine Antwort wird hier nicht gegeben; im Zen hingegen antwortet man auf solche Fragen mit einer Ohrfeige, die sich etwa

[60] Vgl. Reden und Gleichnisse des Tschuang-Tse, S. 27, »Der Schmetterling«.

durch den Ruf: »Erwache!« übersetzen läßt. Nicht so der Chassidismus. Ein Zaddik wird von seinem Sohn gefragt: »Wenn es Tote gibt, die in der Welt des Wirrsals einhergehen und sich einbilden, sie setzten ihr gewohntes Leben fort, vielleicht weile auch ich in der Welt des Wirrsals?« Der Vater erwidert ihm: »Wenn ein Mensch weiß, daß es eine Welt des Wirrsals gibt, so ist das ihm ein Zeichen, daß er nicht in der Welt des Wirrsals weilt.«[61] Eine noch charakteristischere Antwort jedoch hat ein anderer Zaddik, der einer der unsern benachbarten Generation angehört, einem Schüler auf dessen Frage gegeben, woher wir wüßten, daß wir nicht in der Welt des Wirrsals weilen. Die Antwort lautet: »Wenn ein Mensch im Bethaus gerufen wird, an der Vorlesung der Thora vor der heiligen Lade teilzunehmen, ist ihm das ein Zeichen, daß er nicht in der Welt des Wahns weilt.« Die Thora ist das Maß der Wirklichkeit.

Von der Feststellung dieses fundamentalen Unterschieds aus haben wir nun von neuem zu betrachten, was uns am deutlichsten als Zen und Chassidismus gemeinsam erschien, das positive Verhältnis zum Konkreten. Wir haben gesehn, daß in beiden der lernende und werdende Mensch auf die Dinge, auf das sinnliche Sein, auf das Handeln in der Welt hingewiesen wird. Aber der Antrieb dazu ist in beiden von Grund aus verschieden. Im Zen dient der intensive Hinweis auf das Konkrete dazu, den auf die Erkenntnis der Transzendenz gerichteten Geist vom diskursiven Denken abzulenken. Der Hinweis ist, wiewohl gegen die übliche Dialektik gerichtet, selber von dialektischer Art; nicht auf die Dinge selbst kommt es hier an, sondern auf ihre Nichtbegrifflichkeit als Sinnbild des allen Begriffen überlegenen Absoluten. Nicht so im Chassidismus. Hier sind die Dinge selbst Gegenstand der religiösen Befassung, denn sie sind Wohnstätten der heiligen Funken, die der Mensch erheben soll. Die Dinge sind hier wichtig nicht als Darstellungen der nichtbegrifflichen Wahrheit, sondern als Exile göttlicher Wesenheit. Damit, daß der Mensch sich mit ihnen in der rechten Weise befaßt, kommt er in Berührung mit dem Schicksal der göttlichen Wesenheit in der Welt und hilft an der Erlösung. Sein Handeln an den Dingen ist nicht wie das Handeln eines Zen-Mönch etwas, das das Schauen in die eigene Natur nur begleitet, sondern es ist von selbständigem religiösem Sinn durchdrungen. Der Realismus des Zen ist dialektisch, er meint Aufhebung; der chassidische Realismus ist messianisch, er meint Erfüllung. Wie er in seiner Verbundenheit mit der Offenbarung auf die Vergangenheit achtet, so achtet er in seiner Verbundenheit mit der Erlö-

[61] »In der Welt des Wahns«. Die Erzählungen der Chassidim, S. 658. (Der Vater, der gefragt wird, ist Jissachar Dow Bär von Wolborz.)

sung auf die Zukunft – beides im Gegensatz zum Zen, für den nur dem *Augenblick* eine unbedingte Wirklichkeit zukommt, da er die Möglichkeit der inneren Erleuchtung ist, und vor dem Augenblick verschwindet die Dimension der Zeit. Der Chassidismus ist, soweit ich sehe, die einzige Mystik, in der *die Zeit* geheiligt wird.

Unter allen Erscheinungen der Religionsgeschichte ist der Chassidismus diejenige, in der in voller Klarheit zwei Linien zusammentreffen, von denen man anzunehmen pflegt, es gebe ihrem Wesen nach keine Begegnung zwischen ihnen: die Linie der inneren Erleuchtung und die Linie der Offenbarung, die des Augenblicks jenseits der Zeit und die der Geschichtszeit. Der Chassidismus sprengt den geläufigen Begriff der Mystik. Glaube und Mystik sind nicht zwei Welten, obgleich in ihnen immer wieder die Tendenz, zu zwei selbständigen Welten zu werden, die Oberhand gewinnt. Die Mystik ist das Gebiet am Grenzrand des Glaubens, das Gebiet, in dem die Seele Atem holt zwischen Wort und Wort. *1944; Der Ort des Chassidismus in der Religionsgeschichte (in: Die chassidische Botschaft), S. 214-217*

Die Hoffnung der Menschen: Messianismus

›Erlösung‹ bedeutet im Judentum keine Überwindung der Welt, sondern ihre Vollendung. Die Weisung, die in der Offenbarung empfangen wird, weist dem Menschen – in seinem Leben und in der Gemeinschaft – den Weg zur Mitwirkung an der Erlösung. Diese ist an den Wandel, die Umkehr der Menschen gebunden, wie Jaakob Jizchak von Pžysha in Bubers Buch »Gog und Magog« seinen Schülern sagt.[62]

Ein Textausschnitt aus »Zwei Glaubensweisen« zeigt Grundzüge der jüdischen Vorstellung vom »Maschiach«, dem »Gesalbten«. Der Messias ist der Mensch, der von Gott den Auftrag hat, die gerechte Gemeinschaft aufzurichten. Dem Versagen der Könige gegenüber dieser Aufgabe erwiderten die Propheten mit der Weissagung, der werde kommen, der diesen Auftrag erfüllen werde. Mit dem Untergang des Südreichs Juda und der Zerstörung Jerusalems durch Babylon (587/586 v.) trat neben die Gestalt des ›erfüllenden Königs‹ die Hoffnung auf das Kommen des »Gottesknechts«, auch er erwählter Mensch.

In apokalyptischen jüdischen Büchern ist die Hoffnung einer Erlösung von der

[62] Vgl. auch im vorigen Kapitel die Texte zu »Selbsterhellung und Umkehr«.

Erde aus in Zweifel gestellt. Das Vertrauen in die Macht menschlichen Wandels besteht nicht mehr. Der Messias, der die Hoffnung verkörpert und die Erlösung bringen soll, wird nun als »Himmelswesen« gesehen.[63] Für Buber ist dies *eine*, nicht die entscheidende, Ausprägung des Judentums: »Wo immer aber eine lebendige geschichtliche Dialogik von göttlichem und menschlichem Handeln durchbricht, da besteht, sichtbar oder unsichtbar, ein Band mit der Prophetie Israels«,[64] mit dem Vertrauen auf die Kraft menschlicher Umkehr.

Der heutige Mensch, der Gott begreifen will und seiner Weisung folgt,[65] ist auf das Tun, das Handeln an der Welt verwiesen. Eine Erlösung, die nicht diese Welt einschließt, wäre widersinnig.

Wäre denn Erlösung geschehen, so müßte sie wahrnehmbar sein. ›Der Jude spürt die Unerlöstheit der Welt an seiner Haut, er schmeckt sie mit seiner Zunge, die Last der unerlösten Welt liegt auf ihm.‹ Angesichts der Heillosigkeit der Welt, die zu spüren ist, *kann* Erlösung nicht geschehen sein. Aus einer sehr menschlichen Sicht verwirft der Jude Martin Buber eine Erlösung, die der Erlösung der Menschheit, der wirklichen, konkreten Menschen vorausgeht. Er verwirft die Vorstellung einer Spaltung des Daseins, eine Isolierung der Seelen, eine Zerstörung der menschlichen Ganzheit.

Die Messiasgestalt Israels hat sich in der vorchristlichen Zeit zweimal – beidemal im Zusammenhang mit großen Volkskrisen und Leidenszeiten – gewandelt, ohne daß aber die neue Figuration die älteren verdrängte; vielmehr bestehen sie nebeneinander fort, die älteste, vorexilische[66] bleibt die vorherrschende, doch dringen Züge aus den anderen in sie ein. Diese erste Gestalt kann man den erfüllenden König nennen.[67] Sie ist nicht aus mythischer Imagination, sondern aus der Betrachtung der geschichtlichen Wirklichkeit in der prophetischen Perspektive entstanden. Messias, Christus,

---

63 Vgl. »Zwei Glaubensweisen«, S. 118 f. Buber stellt hier den Wandel der Gestalt des Messias mit der Unterdrückung der Judäer durch den syrischen König Antiochus IV. dar. Es entsteht die geänderte Vorstellung vom Messias als menschliche Person, die aber eine himmlisch präexistente Gestalt erfüllt. (Diese veränderte Vorstellung ist der ›zweite Wandel‹ in der Messiasvorstellung, den Buber zu Beginn des folgenden Auszugs aus »Zwei Glaubensweisen« anspricht.)

64 Prophetie und Apokalyptik, S. 68; in: Sehertum. Anfang und Ausgang, S. 47-74.

65 Vgl. die Texte des 3. Kapitels zur Ethik.

66 »Vorexilisch«, d.h.: vor dem babylonischen Exil (s. Glossar) der Judäer.

67 Originalfußnote aus »Zwei Glaubensweisen«, S. 116: »Vgl. die Kapitel ›Göttlicher und menschlicher König‹ und ›Die theopolitische Stunde‹ in meinem Buch ›Der Glaube der Propheten‹.«

der Gesalbte JHWH's, heißt in Israel der König als der Empfänger der sakramentalen Ölsalbung im Namen Gottes. Daß er durch sie ihrer Intention nach, wie sie von den Propheten verstanden wurde, unter ein besonderes Himmelsgebot, unter einen Auftrag gesetzt war, legitimiert die Propheten, ihn jeweils vor den aktuellen Willen Gottes zu stellen; sie konfrontieren ihn mit der an ihn ergangenen und ergehenden spezifischen Forderung, in Israel die Gerechtigkeit zu verwirklichen.
Das geschichtlich konkrete Versagen der Könige dem Auftrag gegenüber erwidern die Propheten mit der Weissagung auf den die Salbung Erfüllenden. Mit dem Zusammenbruch des judäischen Königtums[68] wird die alte messianische Hoffnung problematisiert. Sie ist damit nicht vernichtet, ja sie nimmt schon von der ersten Heimkehrbewegung an einen neuen Aufschwung, aber inzwischen ist eine neue, unerhört neue Gestalt auf den Plan getreten, deren Verkünder jene als historisch abgetan behandelt hatte. Von ihm war in der Leidenszeit des Exils der messianische Auftrag in seiner aktualen Form zweigeteilt worden: die Anfangshandlung, die Zurückführung Israels in sein Land, ist nun einem fremden Fürsten, Kyros als Gesalbtem JHWH's (Jesaja 45, 1),[69] übertragen, der eigentliche Auftrag aber – und damit die Erfüllung der »neuen« Weissagung gegenüber der »ersten« –, die Aufrichtung der gerechten Israelgemeinschaft als Mitte der befreiten Völkerwelt, fällt dem neuen Menschen aus Israel, dem »Knecht JHWH's«, zu. Der Auftrag an ihn umfaßt zwei Funktionen, zwei Phasen, die auf verschiedene Personen, die aber nur Erscheinungsformen derselben Gestalt vorstellen, verteilt sind; das wird uns von einem zum anderen der vier Lieder (42, 1-9; 49, 1-9 a; 50, 4-9; 52, 13-53, 12)[70] immer deutlicher, und so ist es wohl auch dem Propheten selber, von seinen Erfahrungen und Enttäuschungen aus, immer mehr zur Klarheit gediehen. Die erste Funktion, die bereitende, ist ein Leiden: der »Knecht« der Leidenszeit nimmt in seinem gegenwärtigen Leben der prophetischen Verborgenheit die Sündenlast der »Vielen« in der ganzen Völkerwelt auf sich, er, der Schuldfreie, entschuldet sie und ermöglicht dadurch den baldigen Durch-

---

[68] Gipfelnd in Eroberung und Zerstörung Jerusalems und dem babylonischen Exil (vgl. Glossar).

[69] Das Buch Jeschajahu (Jesaja; hier dem Deuterojesaja zugeschrieben), 45, 1: »So hat ER gesprochen / zu Cyrus, zu seinem Gesalbten: / Den ich faßte an seiner Rechten, / Stämme vor ihm niederzustrecken [...]«. Bücher der Kündung. Verdeutscht von Martin Buber gemeinsam mit Franz Rosenzweig, S. 143.

[70] Bücher der Kündung. Verdeutscht von Martin Buber gemeinsam mit Franz Rosenzweig, S. 133; 156 f.; 160; 167-169.

bruch der Erlösung […]. Die zweite Funktion, die messianische Erfüllung, ist einer anderen, offenbaren Erscheinung des »Knechts« vorbehalten; erst dann wird mit Israel die Völkerwelt erkennen, wie und durch wen die Bereitung geschah. (Wesentlich zum Verständnis ist, daß auch der zur Offenbarkeit Bestimmte im »Köcher« bleibt, bis er hervorgezogen wird, d.h. diese seine besondere, messianische Bestimmung vorher zwar ahnen kann, aber nicht zu wissen bekommt.)

Beide Gestalten aber, von denen wir sprechen, die vorexilische des Königs und die exilische des prophetischen »Knechts«, haben das gemeinsam, daß der messianische Mensch hier ein aufsteigender und nicht ein niedersteigender ist. Er tritt aus der Menschenschar hervor und wird von Gott »erwählt« (Deuteronomium 17, 15; Jesaja 42, 1)[71] – was freilich Verschiedenes bedeuten kann: beim König den Beginn einer Erprobung, beim »Knecht« die Bestätigung. Der Auftrag, den er erhält, wird ihm irdisch erteilt, er wird nicht damit vom Himmel zur Erde entsendet.

Auch für den prophetischen Menschen ist es ja die besondere Überlieferung, daß er seine Sendung in der Berufung erfährt, und wenn er sich auch bewußt ist, schon vor seiner Geburt von Gott »erkannt« und von ihm geweiht worden zu sein (Jeremia 1, 5),[72] so wird er doch von keinem Gedanken an eine himmlische Präexistenz berührt; und Deuterojesaja denkt sich gewiß auch die endgültige, erfüllende Erscheinung des Gottesknechts nicht als eine vom Himmel zur Erde entsandte. *1950; Zwei Glaubensweisen, S. 116-118*

[…] AUS DER ERFAHRUNG, daß die göttliche Forderung unerfüllt bleibt, wird die messianische Verheißung geboren, und wie im Mittelpunkt der Erfahrung die Nichterfüllung durch den König stand, so steht der erfüllende König im Mittelpunkt der Verheißung. Weil er den Auftrag, den die

---

[71] Das Buch Reden (Deuteronomium) 17, 15: »[…] setze, einsetze über dich einen König, den ER dein Gott erwählt, / aus dem Kreis deiner Brüder sollst du einen König über dich setzen, / nicht kannst du einen fremdländischen Mann über dich geben, der nicht dein Bruder ist.« Die fünf Bücher der Weisung. Verdeutscht von Martin Buber gemeinsam mit Franz Rosenzweig, S. 522. – Das Buch Jeschajahu (Jesaja) 42, 1: »Mein Knecht hier, / an dem ich halte, / mein Erwählter, / dem meine Seele gnadet, / auf ihn gebe ich meinen Geisthauch, / den Weltstämmen führe er Recht hin.« Bücher der Kündung. Verdeutscht von Martin Buber gemeinsam mit Franz Rosenzweig, S. 133.

[72] Das Buch Jirmejahu (Jeremia) 1, 4 f.: »SEINE Rede geschah zu mir, es sprach: / Ehe ich dich bildete im Mutterleib, / habe ich dich gekannt, / ehe du aus dem Schoße fuhrst, / habe ich dich geheiligt, / als Künder den Weltstämmen habe ich dich gegeben.« Bücher der Kündung. Verdeutscht von Martin Buber gemeinsam mit Franz Rosenzweig, S. 215.

Könige in der Salbung erhalten, endlich verwirklicht, heißt er »der Gesalbte«, der Messias. Endlich soll der Mensch Gott entgegenkommen. Um ihn soll sich erst Israel, dann das Menschenreich als das erfüllte Königtum Gottes erbauen. Dieses aber ist nicht als die Überwindung und Aufhebung der mißglückten Menschenkultur gemeint, sondern als ihre Heilung, die ihre Läuterung und Vollendung ist. Wenn das durchgebildete Menschenleben in all der Mannigfaltigkeit seiner Bereiche ein dem Göttlichen geweihtes Ganzes und Eines wird, dann wird, wie einst von Abraham über seinem Altar, der Name Gottes über der Erdenwelt als dem Herrschaftsbesitz ausgerufen werden, den er antritt. *1951; Judentum und Kultur, S. 156 f.*

[...] EINES ZENTRALEN JUDEN muß ich gedenken, in dem sich der jüdische Verwirklichungswille sammelte und durch den er sich brach. Es ist urjüdischer Geist der wahren Gemeinschaft, wenn er lehrt, wo zwei auf Erden eins würden, könnten sie alles von Gott erlangen, wenn er lehrt, wer seine Hand an den Pflug gelegt habe und zurückblicke, tauge nicht zum Reiche Gottes. Was er das Reich Gottes nennt, das ist – mag es noch so sehr vom Gefühl des Weltendes und der wunderbaren Verwandlung bestimmt sein – doch keine jenseitige Tröstung, keine vage himmlische Seligkeit; es ist auch keine geistliche oder kultische Vereinigung, keine Kirche; es ist das vollkommene Zusammenleben der Menschen, es ist die wahre Gemeinschaft, die eben dadurch die unmittelbare Herrschaft Gottes, seine Basileia, sein irdisches Königtum ist. [...] Das Reich Gottes ist die kommende Gemeinschaft, in der alle, die da hungert und dürstet nach der Gerechtigkeit, satt werden, und die nicht aus göttlicher Gnade allein, sondern nur aus ihrem Zusammenwirken mit dem Menschenwillen und der geheimnisvollen Verbindung beider hervorgehen kann. Jesus will – worin immer sonst er sich von der überlieferten Lehre scheiden mag – wie die Propheten Israels die Gesellschaft nicht aufheben, sondern erfüllen; er will [...] die weltliche Gemeinde nicht fliehen, sondern sie in Wahrheit als die *wahre* geistliche aufbauen. Dies, daß Gott in der Welt und Weltlichkeit durch deren glühende Reinigung und bildnerische Vollendung verwirklicht werden will, daß die Welt das verwüstete Haus ist, das für den Geist gerichtet werden soll, und daß, solange dies nicht geschehen ist, der Geist nicht hat wo er sein Haupt hinlege, dieses abgründige Wissen ist Jesu tiefstes Judentum. *1919; Der heilige Weg, S. 98 f.*

HERBERT FRITSCHE AN MARTIN BUBER. Ihr echten [...] geborenen und beauftragten Juden [...] wagt m.E. nie, ganz zu erklären (und zu beken-

nen), daß der Meschiach in der Tat überprüfbar noch nicht historisch wirksam wurde! [...]
Nach einer unverschämten Anmaßung der jüdischen Sekte Christentum wird die Endzeit sich erst gotteswirklich vollenden, wenn die Juden Christen geworden sind. Ich glaube [...] das Gegenteil. Aber ich friere, wenn ich in solchem Glauben *allein* bin.
[...] *Bitte, bitte* seid nicht zu behutsam, zu (verzeihen Sie!) unmagisch –: seid Gottes Schofar, das den Gesalbten *ruft*! *26.1.1953; Briefwechsel, Bd. III, S. 328-330*

MARTIN BUBER AN HERBERT FRITSCHE. Es ist nicht an dem. Ich mache das Fenster auf, schaue in die Luft der Welt hinaus und sage wie jener: »Da ist keine Erneuerung.« Gewiß, »morgen kommt er, wenn –«, aber über dieses Wenn gibt es keinen magischen Sprung. Wie wenig ich auch mit einem Nabi gemeinsam habe,[73] dies habe ich mit ihm gemeinsam: Mirakel-Erwirker sind wir beide nicht. Wie er, stelle ich, der Nachfahr, vor die Alternative – es gibt keine andre Weissagung als eben Dies: die Entscheidung hängt an deiner, meiner, eurer, unserer Entscheidung. Gewiß, man kann springen, man kann aus der Gegenseitigkeit mit dem »Verstummten« springen, aber das bringt einen in ein Draußen, wo es alles andre eher als einen archimedischen Punkt gibt. Theurgie ist eine Illusion, die nirgendwo anders hin als zur Selbstisolierung des Menschen führt. *Jerusalem, 2.2.1953; Briefwechsel, Bd. III, S. 332*

AM FENSTER. Zur Zeit, da Rabbi Menachem[74] im Lande Israel wohnte, ereignete es sich, daß ein törichter Mann, ohne bemerkt zu werden, den Ölberg bestieg und vom Gipfel aus in die Schofarposaune stieß. Im aufgeschreckten Volk sprang die Kunde um, dies sei das Schofarblasen, das die Erlösung verkündigt. Als das Gerücht zu den Ohren Rabbi Menachems kam, öffnete er das Fenster, sah in die Welt hinaus und sprach: »Da ist keine Erneuerung.« *Die Erzählungen der Chassidim, S. 298*

MARTIN BUBER AN LANDGERICHTSRAT S. Wer »die Welt«, richtiger einen Teil der Menschheit vom Götzendienst befreit, heiße er nun Jesus oder Buddha, Zarathustra oder Laotse, hat keinen Anspruch auf den Namen

---

[73] Fritsche hat Buber im zitierten Brief als »Nabi«, d.h. Propheten – bei Buber oft als »Künder« wiedergegeben –, und »Erwirker des Mirakels« bezeichnet; vgl. Briefwechsel, Bd. III, S. 329.
[74] Menachem Mendel von Witebsk.

des »Messias der Welt«; der käme nur dem zu, der die Welt erlöste. Läuterung der Religiosität, Monotheisierung, Christianisierung, all das bedeutet nicht Erlösung der Menschheit. Erlösung – das ist eine Verwandlung des ganzen Lebens von Grund aus, des Lebens aller Einzelnen und aller Gemeinschaften. Die Welt ist unerlöst – fühlen Sie das nicht wie ich in jedem Blutstropfen? Fühlen Sie nicht wie ich, daß das Messianische nichts Geschehenes, nichts an einem bestimmten Fleck der geschichtlichen Vergangenheit Lokalisiertes sein kann, sondern einzig das, dem wir ins Unendliche entgegenblicken, in die Ewigkeit entgegenharren, als Ideal überempirisch, als das, an dessen Verwirklichung wir allstündlich arbeiten können, uns unmittelbar gegeben, unberührbar wie Gott selber und unanzweifelbar lebendig wie er, – die absolute Zukunft? Ist es möglich, daß dieses urjüdische Gefühl, das die Wurzel jüdischer Religiosität ist, der Glaube an die Erfüllung am Ende der Tage, der nichts Vergängliches vorgreifen, aber alles Vergängliche vorarbeiten darf und soll, aus Ihrem Herzen gebrochen ist? *26.11.1917; Briefwechsel, Bd. I, S. 513*

[…] »Es steht geschrieben: ›Kehret um, abgekehrte Söhne, ich will eure Abkehrungen heilen.‹ Gott will seine Schöpfung nicht anders als mit unserer Hilfe vollenden können. Er will sein Reich nicht offenbaren, ehe wir es gegründet haben. Die Krone des Königs der Welt will er nicht anders sich aufsetzen, als indem er sie aus unserer Hand entgegennimmt. Er will sich mit seiner Schechina nicht eher vereinigen, als bis wir sie ihm zuführen. Mit bestaubten und blutenden Füßen läßt er sie die Landstraße der Welt ziehen, weil wir uns ihrer nicht erbarmen.
Darum sind alle Berechnungen der Endzeit falsch und alle Bemühungen, den Messias zu bringen, müssen mißglücken. Ja, all dies lenkt von dem einen ab, worauf es ankommt: durch unsre Umkehr die Schechina Ihm wieder zuzuführen.
Wohl ist da ein Geheimnis. Aber wer es kennt, kann es nicht kundtun, und wer es kundzutun vorgibt, erweist, daß er es nicht kennt.
Und wohl ist da ein Wunder. Aber wer es vollbringen will, verfehlt es. Nur wer sich seiner nicht unterfängt, darf hoffen, daran teilzuhaben. Die Erlösung ist nah. Es hangt nur noch an unserer Umkehr.« *1941; Gog und Magog, S. 299*

Niemals […] scheiden sie zwischen Geist und Welt, zwischen dem Reiche Gottes und dem Reiche des Menschen; das Reich Gottes ist ihnen nichts anderes als das Reich des Menschen, wie es *werden* soll. Wenn sie an der gegenwärtigen Erfüllung verzweifeln müssen, werfen sie das Bild ihrer

Wahrheit in die absolute Zukunft; die Ausgestaltung des Messianismus ist der schöpferische Ausdruck dieser Verzweiflung. Aber auch er meint keinen Gegensatz zu dieser Menschenwelt, in der wir leben, sondern ihre Reinigung und Vollendung; keine Gemeinschaft zwischen abgelösten Geistern, sondern zwischen Menschen, aber eben *wahre* Gemeinschaft zwischen wahren Menschen; »einen neuen Himmel und eine neue Erde« (Jes 65, 17),[75] aber errichtet auf der Erneuerung des Menschenherzens. Dieses ist das Vermächtnis der jüdischen Propheten. *1919; Der heilige Weg, S. 96*

[...] WAS KANN UNS damit gemeint sein, in der »Späte der Tage« solle sich an der Welt eine so vollkommne Erlösung vollziehen, daß es davon heißt, Himmel und Erde würden neugeschaffen werden? Wieder darf die Botschaft weder verjenseitigt werden: von dieser unsrer Welt, von ihrer Läutrung zum »Königreich«, von der Vollendung der Schöpfung ist die Rede, nicht von ihrer Aufhebung um einer andern Welt willen; noch aber verendlicht: nicht einer gerechteren Ordnung, sondern der »Gerechtigkeit«, nicht einer verträglicheren Menschheit, sondern dem »Frieden« gilt die Verheißung. [...] der von dem Wort ergriffene Künder kann nur des Menschen Wort sprechen: als der nur fassen kann, wovon und woher er erlöst werden soll, nicht, wozu und wohin. Aber der heutige Mensch? Muß ihm dies nicht das Fremdeste sein, was er da hört, gerade weil es seiner abgründigen Sehnsucht am nächsten ist? Auf Änderung sinnt er, aber Wandlung kennt er nicht; er hofft, daß es, wenn schon nicht morgen, so doch übermorgen besser wird, aber er kann sich nichts dabei denken, daß die Wahrheit kommen soll; er ist mit Entwicklungen und Durchsetzungen vertraut, aber er begreift weder, daß eine Macht ihn und die Welt vom Widerspruch erlösen wolle, noch daß von ihm selber gefordert wird, dieses Willens halber und auf ihn zu mit seinem ganzen Wesen die »Umkehr« zu tun. Wie mitteln wir zwischen diesem Menschen und der biblischen Botschaft? Wo ist hier die Brücke?

[...] die Essenz der Erlösung wird im persönlichen Leben jeder von uns wohl erst an dessen Ende zu kosten bekommen. Und doch gibt es auch hier einen Zugang, einen dunklen und stillen, auf den sich nicht anders zeigen läßt, als indem man seinen Hörern zumutet, sich an ihre dunkelsten und stillsten Stunden zu erinnern. Ich meine die Stunden am untersten

[75] Das Buch Jeschajahu (Jesaja) 65, 17: »Denn, wohlan, ich schaffe / den Himmel neu, / die Erde neu, / nicht gedacht wird mehr des Frühern, / nicht steigts im Herzen mehr auf«. Die Bücher der Kündung. Verdeutscht von Martin Buber gemeinsam mit Franz Rosenzweig, S. 205 f.

Grunde, da einer über der bebenden Falltür liegt, die sich im allernächsten Augenblick auftun kann, es ist ganz sonderbar, daß sie sich noch nicht aufgetan hat, in das Verderben, den Wahnsinn, den vollstreckenden »Selbstmord«: nun aber rührt dich etwas an wie eine Hand, sie reicht sich dir hin, will ergriffen werden, – ach und es gehört ein so ungeheurer Mut dazu, sie zu ergreifen und sich von ihr heraufziehen zu lassen aus der Finsternis! Erlösung geschieht. Erfahren wir recht, was sich uns da zu erfahren gab: daß unser Erlöser lebt, der uns erlösen will, aber durch unsere *Annahme* seiner Erlösung in der Umkehr unseres Wesens. *1926; Der Mensch von heute und die jüdische Bibel, S. 29-31*

Erlösung der Welt ist uns unverbrüchlich eins mit der Vollendung der Schöpfung, mit der Aufrichtung der durch nichts mehr behinderten, keinen Widerspruch erleidenden, in all der Vielfältigkeit der Welt verwirklichten Einheit, eins mit dem erfüllten Königtum Gottes. Eine Vorwegnahme der vollzogenen Welterlösung zu irgendeinem Teil, etwa ein Schonerlöstsein der Seele, vermögen wir nicht zu fassen, wiewohl sich auch uns, in unsern sterblichen Stunden, Erlösen und Erlöstwerden kundtut.
Eine Zäsur nehmen wir in der Geschichte nicht wahr. Wir kennen ihr keine Mitte, sondern nur ein Ziel, das Ziel des Weges Gottes, der nicht innehält auf seinem Weg. *1933; Kirche, Staat, Volk, Judentum, S. 548*

Der andere[76] Brennpunkt der jüdischen Seele ist das Grundgefühl, daß die erlösende Kraft Gottes überall und immer wirkt und daß doch nirgends und niemals ein Erlöstsein besteht. Der Jude erfährt als Person, was jeder aufgeschlossene Mensch als Person erfährt: in der Stunde der tiefsten Verlassenheit das Angewehtwerden von drüben her, die Nähe, die Berührung, die Heimlichkeit des Lichtes aus der Finsternis; und der Jude erfährt als Teil der Welt, so heftig wie vielleicht kein Teil der Welt sonst, ihre Unerlöstheit. Er spürt diese Unerlöstheit an seiner Haut, er schmeckt sie mit seiner Zunge, die Last der unerlösten Welt liegt auf ihm. Von diesem seinem leiblichen Wissen aus *kann* er nicht zugeben, daß die Erlösung geschehen sei: er weiß, daß sie nicht geschehen ist. Wohl vermag er in der geschehenen Geschichte Vorbildungen der Erlösung zu erblicken, aber eben nur jene immer und überall wirkende Heimlichkeit des Lichtes aus der Finsternis, nicht eine artandere, wesenhaft einmalige, zukunftentscheidende,

[76] Als ersten Brennpunkt nennt Buber die Erfahrung, daß Gott dem Menschen zwar entrückt, aber ihm dennoch zugewandt, daß er in der Beziehung zu ihm gegenwärtig sei (S. 198-201).

die nur noch zu ihrem Ende zu führen wäre. Und vollends könnte es ihm nur durch Verleugnung seines Sinns und seiner Sendung möglich werden, eine Vorwegnahme als erfolgt anzuerkennen, durch die in einer unerlöst verbliebenen Welt die menschliche Seele oder gar nur die Seele des in einer bestimmten Bedeutung gläubigen Menschen erlöst worden wäre. Mit einer Kraft, die Urgnade in ihn getan und keins der Gerichte ihm entzogen hat, wehrt sich der Jude gegen die radikale Scheidung von Seele und Welt, die dieser Vorstellung zugrunde liegt; er wehrt sich gegen das Bild einer göttlichen Zerspaltung des Daseins; er wehrt sich am leidenschaftlichsten gegen den furchtbaren Begriff einer massa perditionis.[77] Der Gott, an den er glaubt, hat das All nicht dazu erschaffen, um es in eine selige und eine verdammte Hälfte auseinanderbrechen zu lassen; wohl ist seine Ewigkeit vom Menschen nicht zu fassen, aber es kann – so wissen wir Juden bis in unsre Sterbestunde – keine Ewigkeit sein, in der nicht *alles* in seine Versöhnung aufgenommen wäre, wenn er die Zeit in die Ewigkeit zurückgenommen hat. Gibt es aber ein Stadium der Welterlösung, in dem sie sich erst an einem *Teil* der Welt erfüllt, so leiten wir aus unserem Glauben keinen Anspruch auf Erlöstwerden ab, geschweige denn aus sonst einem Bestand. »Und willst du Israel noch nicht erlösen, so erlöse doch die Gojim allein!« pflegte der Kosnitzer Rabbi zu beten.[78] *1930; Die Brennpunkte der jüdischen Seele, S. 201 f.*

[77] Die Annahme, daß die nicht christlich erlöste Menschheit verloren sei.
[78] Vgl. die Erzählung »Ein Gebet « in den »Erzählungen der Chassidim«, S. 443.

Nachwort »Wo bist du in deiner Welt?« Der menschliche Weg in Bubers Sicht

»Letzten Endes appelliere ich [...] an das wirkliche und mögliche Leben meines Lesers. Die Intention meiner Schriften ist wirklich eine ganz intim dialogische.«[1] Bubers Bücher sollten den Leser ansprechen, sie sollten im Dienste dessen stehen, was ihr Thema war: des Dialogs. Sie wollten, wie seine Worte aus einem Brief an Malcolm L. Diamond zeigen, helfen, das mögliche, oft verschüttete Leben von Menschen Wirklichkeit werden zu lassen. So liegt es nahe, im Nachwort dieser Buber-Anthologie den wichtigen Aspekt des menschlichen Wegs aufzugreifen und von hier aus auf Texte aus den verschiedenen Kapiteln zurückzublicken.

Basierend auf der menschlichen Erfahrung des Sterblichseins, hat der Philosoph Werner Marx eine nichtmetaphysische, »ungläubige« Ethik entwickelt. Vor dem Hintergrund dieser Ethik werden die Grundzüge von Bubers Denken herausgearbeitet.

»Uns geht es um die Möglichkeit einer Verwandlung des ethischen Verhaltens aufgrund einer Erfahrung, die aus einer Emotion erwächst und somit eine Rolle bei der Bildung von Tugenden spielt, ohne freilich die Vernunft hierbei auszuschließen.«[2] Dieser Satz aus Marx' Buch »Ethos und Lebenswelt« drückt etwas aus, was auch für Bubers Denken wesentlich ist: er spricht eine menschliche Erfahrung an, in der Emotion *und* Vernunft wirksam sind, und er verbindet ethisches Verhalten mit dem *ganzen* handelnden Menschen, indem er nach einer »Verwandlung« fragt und nicht bloß nach einer (äußerlichen) Änderung.

Ich glaube, daß der Weg zu Buber oft verstellt ist durch die Art, wie er vielfach als religiöser Denker, als *der* jüdische Ansprechpartner für Chri-

1 Brief an Malcolm L. Diamond, Briefwechsel, Bd. III, S. 438.

2 Werner Marx, Ethos und Lebenswelt, S. 9. Alle weiteren Zitate von Werner Marx stammen ebenfalls aus »Ethos und Lebenswelt«; im folgenden wird nur noch die Seitenzahl in Klammern hinter dem jeweiligen Zitat angegeben.

sten interpretiert wird. Gern läßt man sich von seinen schönsten Worten ergreifen und erbaut sich an der Frömmigkeit der Chassidim; kaum eine religiös-besinnliche Sprüchesammlung oder ein Spruchkartensortiment, die ohne einen Buber-Satz auskommen. Das Fremde und Sperrige, der Zusammenhang, in dem seine Begriffe stehen, werden nicht wahrgenommen. Marx' Ethik schließt an eine Daseinserfahrung an, die ganz im menschlichen Bereich verbleibt, ohne jeglichen Rückgriff auf eine Religion. In den Gemeinsamkeiten zwischen Marx und Buber wird es möglich, dessen Denken ohne die Verengung einer religionsgebundenen Perspektive zu sehen. In den Unterschieden kann das bei Buber Besondere herausgearbeitet werden. Zu einigen Gesichtspunkten ziehe ich zum Vergleich Aussagen des Zen-Buddhismus heran.

Wie wird ein Mensch zu einem Menschen, der am anderen teilnimmt?

Werner Marx richtet sich nicht gegen eine Ethik, die aus religiöser Überzeugung kommt; aber er stellt fest, daß es möglich sein müsse, ein »Maß für verantwortungsvolles Handeln« zu finden, daß auch für diejenigen tragfähig sei, die ein solches »entweder nicht mehr in den Lehren ihrer Religionen zu finden vermögen oder die die metaphysischen Grundlagen der Ethiken nicht mehr überzeugen« (15): »Anders als diejenigen, die noch in der Gnade des Glaubens stehen und für die die göttlichen Gebote auch als Inhalte einer metaphysisch gedachten Ethik weiter maßgebend sind, leben all die, denen diese Möglichkeiten verschlossen sind, orientierungslos dahin.« (15) Und so fragt Marx, ob es *auf Erden* ein Maß gebe.[3]
Das Maß, das er entdeckt, ist »die wirkende Kraft des Mit-Leiden-Könnens« (25). Diese Fähigkeit der Anteilnahme am Leid des anderen ist mit dem Dasein eines Menschen gegeben; sie ist oft verschüttet, kann aber erschlossen werden. Das Maß des Mit-Leiden-Könnens verwirklicht sich in drei Weisen der Zuwendung zum andern, die es bestimmt: die Anerkennung des anderen Menschen, Mitleiden und Nächstenliebe. Es ist eine »heilende Kraft« (31), denn wer in ihm »wohnt« und von ihm »durch und durch« bestimmt ist (32), erfährt sich damit als »von der Gestimmtheit der gefühllosen Gleichgültigkeit *geheilt*« (31).
Die Erfahrung des eigenen Sterblichseins ist – anders als das abstrakte,

[3] Vgl. Marx' im Titel an ein Hölderlin-Gedicht angelehntes Buch »Gibt es auf Erden ein Maß?«

nicht real wirksame *Wissen* um den eigenen Tod – die ins konkrete Leben einbrechende Erfahrung, daß der Tod das eigene Dasein »ständig, stündlich vergehen läßt« (19). Der Mensch wird »›ent-setzt‹«, herausgesetzt »aus allen vertrauten Beziehungen und Gewohnheiten« im Verhältnis zu sich selbst, zu den Dingen seiner Umwelt und insbesondere aus den »alltäglichen Weisen« seines »Mitseins mit den Mitmenschen« (19). Durch irgendein Erlebnis ausgelöst, trifft die Erfahrung des Sterblichseins den Menschen »radikal in seinem Innersten« (20); die emotionale Erschütterung, Verlassenheit und Hilflosigkeit können bewirken, daß der andere Mensch als der wahrgenommen wird, der »mir helfen, ›Helfer in der Not‹ sein« kann (22). Durch die »Verwandlung innerhalb des Bereichs meiner Affektizität, des Emotionalen, der Gestimmtheit« (22) wird er erstmals als der wahrgenommen, der er wirklich ist: der ›andere meiner selbst‹, der, »dessen Sein einen Selbstwert darstellt und der derselben Endlichkeit anheimgestellt ist, wie ich es bin« (11). So kann die heillose »Befindlichkeit« der »sehr gefühlsarmen *Gleichgültigkeit*« (20) im Verhältnis zu anderen Menschen aufgelöst werden. Jetzt erst wird man frei, den andern wirklich wahrzunehmen: »Ich vermag, da ich so emotional verwandelt bin, nicht nur den anderen als meinen anderen intuitiv vernünftig zu *sehen*, sondern auch seinen *Anspruch* intuitiv vernünftig zu *hören*« (22 f.). Nun sieht und hört man, was man in der »Gestimmtheit der Gleichgültigkeit niemals hören und sehen« konnte, nämlich daß der andere »ein ›Sterblicher‹ ist wie ich, daß er, der für mich in meiner Gestimmtheit des Verlassenseins allein seiner Existenz wegen der Helfer in meiner Not wurde, ebenso meiner Hilfe in seiner Not bedarf und meines Sich-ihm-Näherns – daß er mein Nächster als Schicksalsgenosse ist, der eben als ein solcher genauso einen Anspruch auf meine Hilfe hat, wie ich sie auf seine habe« (23).
Dazu, daß diese Wahrnehmung Dauer haben kann, ist ein *Weg*, ein zunehmendes Sich-befreien von Sehen und Hören aus der Gleichgültigkeit, nötig; Anerkennung, Mitleid und Nächstenliebe sind zu Tugenden geworden, wenn die ›Kraft des Mitleiden-Könnens‹ Beständigkeit und Intensität im Leben des gewandelten Menschen gewonnen hat: »Wir können von einem in Stufen verlaufenden charakterbildenden Weg sprechen, weil anteilnehmende Gerechtigkeit, Mitleid und Nächstenliebe in steigender Potenz von derselben Gestimmtheit getragen und von derselben Kraft des Mit-Leiden-Könnens durchstimmt sind.« (26)
Eine solche Verwandlung des wahrnehmenden Menschen kann einen parallelen Wandel in dem Menschen anstoßen, der sich, durch die Anerkennung und Nähe des anderen, »als des Mitleids und als der Liebe würdig« (27) erfährt. Ohne gegenseitige Anteilnahme, »anteilnehmendes Mitsein«,

gibt es keine »wahre Intersubjektivität« (28), kein Miteinanderleben, keinen realen Bezug zwischen Menschen. Was der gewandelte Mensch in konkreten Situationen tut, ist vom Maß der Anteilnahme getragen, das, im Verlauf des Weges, die Existenz des Menschen ›durchstimmt‹. So gibt es keine jeweils neue Entscheidung zum Teilnehmen, keine »besondere Maß-Nahme« (33). Die Vernunft, welche die konkrete Ausführung in Handeln oder Unterlassen bedenkt, hat sich gewandelt. Sie ist nun »eine vom Emotionalen und dem intuitiv vernünftigen Sehen und Hören auf den anderen getragene und keine kalte, rechnende, planende Vernunft« (33).
Marx' Ethik hat eine zweifache Basis: Einmal zeigt sie ein Maß für menschliches Handeln auf, das *aus dem menschlichen Dasein selbst* kommt. Und dieses Maß ist verbindlich, weil es zur Wahrheit der Existenz selbst gehört: nicht als Kundgabe eines Gottes, und auch nicht aufgrund einer Einsicht der Vernunft. Und zum zweiten sind für ihn alle Ethiken, die das, was Menschen tun sollen – was richtig, was gut ist –, von Werten oder aus vernunftbegründeten Regeln menschlichen Verhaltens herleiten, nicht tragfähig. Während solche Ansätze meist »nur das konventionelle Verhalten eines Akteurs« betreffen, versucht Marx die Frage zu beantworten: »Wie wird ein Mensch zu einem gerechten, wie wird er zu einem den Nächsten liebenden Menschen, wie wird er zu einem von Mitleid bewegten?« (7)[4]
Entsprechend erfolgt z.B. die Anerkennung eines Menschen nicht durch Reflexion oder aus Toleranz, sondern auf dem beschriebenen emotionalen Weg der Verwandlung eines Menschen und der gewandelten, der Wirklichkeit des anderen entsprechenden Sicht.

---

[4] Zum Vergleich füge ich einige Sätze von Eugen Herrigel aus seinem Buch »Der Zen-Weg«, S. 99 f., an; ›Mitleid‹ meint hier wie bei Marx auch die Teilnahme am Leid und Leben des anderen Menschen. Der Zen-Buddhist, so Herrigel, »wehrt [...] sich dagegen, hilfreiches Mitleid als eine *Forderung* zu deuten, welcher der Mensch sich, sei es aus technischen, sei es aus moralischen Gründen unterzuordnen hätte. Wer zum Mitleid, als ob es ein Gebot wäre, Stellung nehmen, wer sich dafür allererst entscheiden müßte, über den wäre schon – in einem höchst negativen Sinn freilich – entschieden. Mitleid findet und erfüllt vielmehr sein eigentliches Wesen erst dann, wenn es *unwillkürlicher* Ausdruck einer seelisch-geistigen Verfassung ist, die durch Zen hervorgerufen wird, wenn es absichtslos und ganz von selbst geschieht, wie etwa die Atmung: dann erst ist es wahrhaftig lebendig und heilkräftig. In einem so radikalen Sinne ist dies der Fall, daß wer sich als mitleidig ›weiß‹, es noch nicht oder schon nicht mehr ist.«

Die Glaubwürdigkeit menschlichen Verhaltens

Es ist eine grundsätzliche Frage, die entscheidende Frage der Glaubwürdigkeit, *woher* die Handlungen und das, was Menschen sagen, was sie in ihrem Verhalten ausdrücken, kommen. Martin Buber hat in seinem Aufsatz »Hoffnung für diese Stunde« von der »Vernichtung des Vertrauens zum Dasein überhaupt« gesprochen,[5] vom existentiellen Mißtrauen; in ihm wird das, was der andere sagt und tut, nicht ernstgenommen, sondern etwa auf das unbewußte Motiv oder das dahinterstehende Gruppeninteresse, dem sich der andere unwissentlich angepaßt hat, befragt. Die »innere Übereinstimmung« des Daseins eines Menschen wird bezweifelt.[6] Glaubwürdigkeit und existentielles Vertrauen im Umgang von Menschen sind nur möglich, wenn der ganze Mensch handelt; Marx' Weg hierzu ist der Wandel des Menschen aufgrund der Daseinserfahrung des Sterblichseins, Buber spricht vom Grundwort Ich-Du, vom Dialog, in dem der Mensch ganz gegenwärtig sei.

Bubers Weigerung, die Thora und ihre Gebote als gottgegeben zu übernehmen, war, von hier aus gesehen, für ihn die einzige glaubwürdige und wahrhaftige Möglichkeit zu handeln: »Offenbarung ist nicht Gesetzgebung. Für diesen Satz würde ich in einer jüdischen Weltkirche mit Inquisitionsgewalt hoffentlich zu sterben bereit sein.«[7] Das Gewicht, das Buber hier in einem Brief an Franz Rosenzweig seiner Weigerung gab, erweist sich als notwendig. Da Buber Zweifel an der Gottgegebenheit der tradierten Sinai-Offenbarung hatte, *konnte* er die Gebote nicht erfüllen; sein Handeln wäre ein rein konventionelles Erfüllen gewesen. Vor sich zu prüfen, was er als ›zu sich gesagt anerkennen‹ konnte und was nicht,[8] war die einzige Möglichkeit, dem Wahrhaftigkeitsanspruch an sich selbst *und* der biblisch überlieferten Offenbarung gerecht zu werden.

Das ethische Maß geht eben hier bei Buber und Marx nicht auf den geglückten Schein des Handelns und des Umgangs von Menschen miteinander, auf die konventionelle Erfüllung dessen, was in einer Gesellschaft oder Gemeinschaft als moralisch, erlaubt, erwünscht akzeptiert wird. Und so hebt Buber im Umgang der Menschen miteinander die »Gegenseitigkeit

---

5 Hoffnung für diese Stunde, S. 319; in: Hinweise, S. 313-326.

6 Hoffnung für diese Stunde, S. 318; in: Hinweise, S. 313-326. Vgl. auch das 1. Kapitel dieser Anthologie.

7 Brief an Franz Rosenzweig, Briefwechsel, Bd. II, S. 222. Vgl. das 6. Kapitel der Anthologie.

8 Vgl. Brief an Franz Rosenzweig, Briefwechsel, Bd. II, S. 200 f.

der inneren Handlung« hervor,[9] während Marx zur Hoffnung auf eine »›teilnehmende‹ Antwort« (23) von dem Menschen, an den man sich wendet, schreibt: »Wenn ich mich ihm, sie suchend, emotional nähere und in dieser Gestimmtheit auch intuitiv vernünftig sehend und hörend wurde, dann ist dies gewiß kein Suchen nach ›Kommunikation‹, die es nur in der Gestimmtheit der Gleichgültigkeit gibt, sondern ein ›Appell‹ an den Mitmenschen als meinen anderen.« (23) Buber wie Marx kommt es nicht auf das äußerliche Gelingen von Kommunikation an, sondern auf die Wahrnehmung des existentiellen Anspruchs, die der Umgang von Menschen miteinander bedeutet. In dem, was Buber ›Dialog‹ nennt, ist diese Wahrnehmung enthalten; Kommunikation »in der Gestimmtheit der Gleichgültigkeit«, ohne die innere Handlung der Zuwendung, ist kein Dialog in der Bedeutung, die dieses Wort für Buber hat. Eine Diskussion zu einem Thema ist ohne diese Zuwendung, ohne daß das Grundwort Ich-Du gesprochen wird, kein Dialog – da mag die Argumentation des anderen gedanklich noch so gut nachvollzogen werden.

Der Weg des Menschen

Ein wahrhaftiges, ethisches Verhalten ist eben nicht lehrbar, sondern setzt voraus, daß sich ein Mensch verwandelt (Marx) oder daß er in seinem Wesen angesprochen ist und »mit dem ganzen Wesen«[10] handelt (Buber). Auch die Bedeutung der Anerkennung oder Bestätigung für das Leben des Menschen, der anerkannt oder – nicht in seiner Faktizität, sondern in seinem Wesen, in dem, ›wie er gemeint ist‹ – bestätigt *wird*,[11] haben Marx und Buber parallel gesehen. Ohne eine Entwicklung des ›Wesens‹ (Buber) bzw. ein existentielles Maß sind Menschen orientierungslos, wenn man eine religionsgebundene Geborgenheit oder die konventionelle Pseudo-Orientierung nach einsichtigen Regeln einmal beiseite läßt.

Die Perspektive der Entwicklung des Menschen haben Buber wie Marx herausgestellt. Marx hat Anerkennung, Mitleid und Nächstenliebe als Stufen zunehmender Realisierung des Maßes des Mitleiden-Könnens gedacht; der Wandel des Menschen kann im Verlauf seines Lebens immer mehr zum Durchbruch kommen. Martin Buber hat betont, daß »keine Einung der Seele eine endgültige« sei, daß alles Tun aus menschlicher Ganzheit »zu

[9] Zwiesprache, S. 149; in: Das dialogische Prinzip, S. 137-196. Vgl. das 1. Kapitel der Anthologie.

[10] Ich und Du, S. 7; in: Das dialogische Prinzip, S. 5-136.

[11] Vgl. das 2. Kapitel der Anthologie.

einer *stetigeren* Einheit« hinwirke, »als die ihm vorausgehende war«, und hat auch das erreichbare Ziel als nicht endgültig gesehen: »So gelangt man endlich dahin, wo man sich seiner Seele überlassen kann, weil ihr Maß an Einheit so groß ist, daß sie den Widerspruch wie im Spiel überwindet.«[12] Ein *großes Maß* an Einheit ist möglich, keine endgültige Einheit.

Zur existentiellen Erfahrung des Sterblichseins, die im Denken von Werner Marx am Anfang der Verwandlung des Menschen steht, gibt es bei Buber eine Parallele, mit einem entscheidenden Unterschied. Buber hat die Realität menschlicher Schuld dargestellt: »Das ursprüngliche Schuldigsein ist das Bei-sich-Bleiben«,[13] das Sich-Verschließen vor dem anderen und der Verantwortung. Selbsterhellung und Umkehr sind der Beginn eines gewandelten Verhältnisses zur Welt und zum anderen, eines Wandels, der ebenso den ganzen Menschen betrifft wie die Sterblichkeitserfahrung bei Marx. Für Buber wird die Einsicht in die »Unwiederbringlichkeit der Ausgangsposition und die Irreparabilität des Bewirkten, und das heißt, die reale Einsicht in die Irreversibilität der gelebten Zeit« des schuldig gewordenen Menschen am deutlichsten »in der stärksten aller menschlichen Perspektiven, der auf den eigenen Tod«.[14] Die Perspektive auf den Tod gibt damit der Schuld ein besonderes Gewicht, sie zeigt die Unwiederbringlichkeit des Verlusts an.

Für Buber ist der Tod aber nicht der existentielle Ausgangspunkt für den Wandel; die entscheidende Perspektive ist das Leben. Wohl ist das Schuldigsein und das Versagen, also eine Art Negation des Lebens, Ausgangspunkt eines möglichen Wandels. Im Vordergrund aber steht bei Buber eindeutig die Realität des Lebens; in seinem kurzen Aufsatz »Im Anfang« von 1924 hat er »das Anfangen«, den täglichen Neubeginn »mit der Verwirklichung des Rechten [...], ohne zu wissen, wie weit man heute kommt, wissend, daß es am nächsten Tag erneuten Anfang gilt«[15] als Aufgabe des Menschen bezeichnet. Die Erfüllung des Menschseins selbst, in der alltäglichen Zuwendung zur Welt, ist bei Buber die Erfahrung, die den Weg weist. ›Sinn‹ wird *im* Tun erfahren: »Wir tuns, wir hörens«[16] – *im* Leben und nicht durch Negation des Lebens.

---

[12] Der Weg des Menschen nach der chassidischen Lehre, S. 30. Vgl. auch das 5. Kapitel der Anthologie.

[13] Das Problem des Menschen, S. 99.

[14] Schuld und Schuldgefühle, S. 16 f. Zur Thematik von Schuld, Selbsterhellung und Umkehr vgl. das 5. Kapitel der Anthologie.

[15] Im Anfang; in: Der Jude und sein Judentum, S. 240.

[16] Das Buch Namen (Exodus) 24, 7. Zu Bubers Interpretation dieser Bibelstelle vgl.: Das Judentum und die neue Weltfrage, S. 233; in: Der Jude und sein Judentum, S. 229-233. Vgl. das 3. Kapitel der Anthologie.

Für Werner Marx muß als Voraussetzung der Verwandlung eines Menschen der grundlegende Charakterzug des Subjektseins erst aufgelöst werden: »das willentlich planende Sichselbstbestimmenkönnen« (20). Der dem Zen-Buddhismus verbundene Philosoph Keiji Nishitani hat ebenfalls als Voraussetzung eines gewandelten Lebens die Negation des »egozentrische[n] Selbst [...] vom Grunde seines Seins her« beschrieben;[17] und ein solcher Wandel wird angestoßen durch Gewahrwerden des Nichts im Grund des Lebens, und zwar als Tod oder als die Sünde / das Böse. Das Selbst, auch hier im Sinne des Subjekts, kann den erlösenden Wandel der menschlichen Existenz nicht planend-bestimmend herbeiführen. Das Ziel des menschlichen Wegs ist hier die Verwirklichung (»Realisation«) des Seins: ebenfalls durch ein »›leibhaftes‹ Verstehen« erfährt ein Mensch, daß er nicht planend-denkend die Wirklichkeit beherrscht, sondern sie im letzten in seinem Sein selbst *ist*. Die Wirklichkeit realistisch zu sehen, heißt zu erfahren, daß dieses – eigene – Sehen ein Wirken der Wirklichkeit ist, die man als Subjekt als vom Selbst unterschieden beherrschen zu können glaubte: »In diesem Sinn gehört die in der Erfahrung (Realisation) der Wirklichkeit gewonnene Realität unserer Existenz als Selbstrealisation der Wirklichkeit zur Wirklichkeit selbst. Mit anderen Worten: Die Selbstrealisation der Wirklichkeit ereignet sich nur so, daß sie ein *wirkliches* Wirklichwerden unserer Existenz bewirkt.«[18] Ein Mensch wird seines wahren Wesens – des Einsseins mit der Wirklichkeit, die ihn umgibt – inne, wenn er sich als eine der Spielarten, der Erscheinungsformen dieser Wirklichkeit erfährt.

Vertrauen in den Menschen

Martin Bubers Denken ist als Beispiel für eine Richtung des Denkens zu sehen, das daran zweifelt, daß die Vernunft und die Haltung eines Menschen als Subjekt einen Zugang zur Wirklichkeit ermöglichen; zugleich zweifelt es an der Kompetenz der Vernunft, eine ethische Lebensorientierung zu geben. Daß Menschen voneinander und von der Welt abgetrennt sind, wird nicht als notwendig gesehen, es ist in einer anderen Lebenshaltung zu überwinden. Und schließlich – auch darin gehört Buber zu einer solchen Denkrichtung – kann man nicht mehr an die Geborgenheit in einer Religion anschließen, nicht an eine Wahrheit vom – göttlichen – Sein und nicht an eine ethische Wahrheit, die als gottgegeben akzeptiert werden soll.

---

[17] Keiji Nishitani, Was ist Religion?, S. 74.
[18] Keiji Nishitani, Was ist Religion?, S. 45.

Martin Buber hat immer wieder auf die psychische Funktion von Religion hingewiesen. Wenn es um das religiöse Gotteserlebnis eines Menschen geht oder um die Erfüllung von Geboten, um sich das Heil im Jenseits zu sichern, oder ganz einfach um die Lebenssicherheit, die eine religiöse Überzeugung gewährt: dann wird deutlich, daß der Sinn von Religion hier jenes ›egozentrische Selbst‹ eines Menschen ist.
Marx und Buber geben Beispiele der beschriebenen Richtung des Denkens; für beide geht es letztlich nicht um Philosophie, sondern darum, die Möglichkeit eines geglückten, heilen und wahrhaftigen Lebens für konkrete Menschen zu zeigen. Auch Nishitani gehört in diesen Zusammenhang; er knüpft an eine Religion an, aber an eine solche, für die eine Seinserfahrung ohnehin tragend ist und nicht das Akzeptieren von Regeln oder letzten Wahrheiten.
Die Grundlegung für einen ›sehenden‹ und ›hörenden‹ Umgang mit der Wirklichkeit geschieht bei Marx in einer *Daseins*erfahrung, bei Buber (und im Zen-Buddhismus) in einer *Seins*erfahrung, die über das menschliche Dasein hinausweist. Dabei kann diese Erfahrung aber nur soweit Bedeutung erlangen, wie sie das menschliche Dasein betrifft. Die Begegnung mit dem ewigen Du kann man nicht für wahr halten; und man kann nicht mehr akzeptieren oder glauben als das, was in einer solchen Erfahrung gegeben ist.
Werner Marx macht nur Aussagen über die menschliche Ebene, den Bereich menschlichen Verhaltens; in Bubers Sprachdenken rührt der Mensch an das, was Welt, was das Sein letztlich *ist*. Er gewinnt keine objektivierbare Erkenntnis, aber seine Erfahrung sagt ihm, daß ihm alles als *Wort* gegeben ist, das ihn anspricht.[19] Das Sein wird damit nicht als solches, nicht im Geheimnis seiner Herkunft offenbar: aber in seiner Bedeutung für den Menschen. Nicht (nur) eine Möglichkeit in seinem Dasein, die zuvor verschüttet war, erschließt sich dem Menschen, sondern ein ihn umfassendes Geschehen, das schon immer geschah, dem er sich nur verschlossen hatte. Für Buber ist keine Negation des egozentrischen Selbst erforderlich, um zur Ganzheit des Menschen zu kommen; die Selbstbesinnung, die mehr ist als Einkehr ins eigene Selbst, steht am Anfang des Weges. ›Wo bist du – *in deiner Welt*‹ ist die Frage der Selbstbesinnung.[20] Sie schließt den Bezug zum anderen in sich ein.

---

[19] Zum Sprachdenken vgl. besonders das 4. Kapitel der Anthologie.

[20] Vgl. Die Erzählungen der Chassidim, S. 416 f. (Die Erzählung »Wo bist du?«); Der Weg des Menschen nach der chassidischen Lehre, S. 7 f. (hier wird die gleiche Geschichte erzählt). Vgl. das 3. Kapitel der Anthologie.

Die »›strenge‹ Methode«,[21] unter Ausübung von Gewalt, in der Übermittlung der Wahrheit im Zen-Buddhismus bei verschiedenen Zen-Meistern zielt darauf, die Erleuchtungserfahrung und die Befreiung vom egozentrischen Bewußtsein durch einen Schock herbeizuführen. So erzählt das »Wu-men kuan« vom Zen-Meister Chü-chih, der stets nur einen Finger hob, wenn jemand mit einem Problem zu ihm kam. Ein Junge, der ihn bediente, hob ebenfalls einen Finger, als er nach der Lehre des Meisters gefragt wurde, ahmte also einfach seine äußere Handlung nach. Als Chü-chih davon hörte, schnitt er dem Jungen den Finger ab. Dieser schrie vor Schmerz und lief weinend davon, wurde aber vom Meister angerufen. Er wandte sich um, der Meister hob einen Finger, und der Knabe erfuhr die Erleuchtung.[22] Auch hier soll das eigentliche Wesen eines Menschen erweckt werden; er soll seiner Buddha-Natur innewerden, die der »selbst- und ichlose Grund«[23] des Menschen ist. Bei Buber ist das egozentrische Selbst überwunden, ohne daß es »ausgelöscht«[24] wird. In der »Zwiefalt«[25] des Menschen ist die Möglichkeit dialogischen Lebens immer schon mitgegeben, es kommt darauf an, daß diese wächst, um das Ich-Es nicht beherrschend sein zu lassen. Hilfe und Übermittlung von Wahrheit bedeutet, den andern Menschen als den, ›wie er gemeint‹ ist, zu bestätigen, und so entwickeln zu helfen; sie akzeptiert den konkreten Menschen, wie er ist, und versucht das, was »im Gegenwärtigen« verborgen liegt, »was werden kann«,[26] zu fördern.

Anders als bei Werner Marx geht es bei Buber um eine Seinserfahrung anstatt (nur) um eine Daseinserfahrung; anders als im Zen-Buddhismus ist die Seinserfahrung aber eine Daseinserfahrung, eine Erfüllung des konkreten Daseins eines Menschen: im Dialog erfolgt die ›Entfaltung des uns *verliehenen* Daseins‹, die ›Entfaltung des uns verliehenen *Daseins*‹.[27]

Buber erzählt von Rabbi Sussjas Spruch, in der kommenden Welt werde man ihn nicht fragen, warum er nicht Mose, sondern warum er nicht Sussja gewesen sei;[28] für Buber sollen Menschen ganz sie selbst werden: und die

---

[21] Die chassidische Botschaft, S. 210 (aus dem Kapitel »Der Ort des Chassidismus in der Religionsgeschichte«).

[22] Vgl. Wu-men Hui-k'ai, Ch'an-tsung Wu-men kuan, Zutritt nur durch die Wand, S. 49.

[23] Eugen Herrigel, Der Zen-Weg, S. 91.

[24] Eugen Herrigel, Der Zen-Weg, S. 90.

[25] Ich und Du, S. 68; in: Das dialogische Prinzip, S. 5-136.

[26] Das Unbewußte, S. 167; in: Nachlese, S. 144-171. Zur ›Bestätigung‹ vgl. das 2. Kapitel der Anthologie.

[27] Vgl. Gottesfinsternis, S. 34 (im Kapitel »Religion und Philosophie«).

[28] Vgl. Die Erzählungen der Chassidim, S. 394 (»Die Frage der Fragen«).

Fülle ihrer inneren Möglichkeiten können sie letztlich nur verwirklichen, indem sie am anderen Menschen teilnehmen. Verantwortung zu übernehmen, die Anrede zu vernehmen und ihr zu antworten, gilt hier nicht als die Last, an der eigenen Personalität Abstriche machen zu müssen, sondern als der Weg zur Vervollkommnung der Personalität. Je mehr ein Mensch sich verwirklicht, um so intensiver erfährt er, daß er damit Möglichkeiten verwirklicht, die nicht von subjektiver Willkür abhängen. In jedem Menschen, sagt Buber, gebe es die »Ahnung des Wesens, das mit ihm, und mit ihm allein – gleichviel, schöpfungsmäßig oder ›individuationsmäßig‹ – gemeint, intendiert, vorgebildet und das zu vollenden, das zu werden ihm zugemutet und zugetraut ist«.[29] Die wahre Selbsterfahrung weist über den Menschen hinaus; wahre Selbstverwirklichung ist die Verwirklichung des Sinns, der im eigenen Leben steckt und der ihm nicht durch Sinn*gebung* verliehen werden kann.

Die Freiheit des Menschen und das Vertrauen in ihn erweisen sich als Bubers Grundvoraussetzungen. Zur Erfahrung, von der er spricht, kann man nicht zwingen, und niemand kann sie als Überzeugung übernehmen; die Erfahrung ist letztlich sprachlos, wenn man unter Sprache ›Wortsprache‹, Vermittlung in Begriffen versteht. Sie steht in der Sprache, wenn Sprache ›Hinwendung‹ bedeutet. Sie ist nicht in Begriffen lehrbar, sie kann nicht mit dem Mittel des begrifflichen Verstehens nachvollzogen werden; aber die begriffliche Sprache kann auf die Erfahrung hinweisen, wenn man weiß, daß die Worte Leben meinen.

Der Appell an die Selbstbesinnung, an den Beginn des eigenen Wegs des anderen, oder die Bestätigung des ›Wesens‹ sind die Möglichkeiten der Einwirkung, die Buber sieht. Es geht nicht ohne die Freiheit des anderen, nicht ohne dessen *eigenen* Weg.

Den Weg, den Buber meint, zu gehen, bedeutet, sich selbst zu vertrauen. Niemand kann sagen, was man zu glauben hat, niemand kann sagen, was man zu denken hat. Wenn diese Erfahrung möglich ist, dann nur mit der eigenen Wahrnehmung, dem eigenen Tun und Hören. Eine Gewähr des Gelingens gibt es nicht. Aber jede Krücke, seien es die Dogmen von Religionen oder Weltanschauungen, zerstört die menschliche Ganzheit, die Grundbedingung der Glaubwürdigkeit.

Die Schemata, mit denen man sich der Welt zuwendet, zu durchbrechen – die psychischen, gesellschaftlich erlernten, historisch überlieferten Muster;

[29] Bilder von Gut und Böse, S. 65. Zu diesem Absatz vgl. das 5. Kapitel der Anthologie.

das, was mit dem Charakterzug des Subjektseins verbunden ist – ist ein Ziel, in der Realität des Lebens des einzelnen Menschen nur eingeschränkt erreichbar. Hier gilt für Buber der tägliche Neuanfang, die Verwirklichung des »quantum satis«, soviel der Einzelne vermag.[30] Es gilt das ›redliche, rückhaltlose Verhalten der menschlichen Person zur Wahrheit‹, das ›rechtmäßige Verhältnis zu ihr, das der Mensch mit seinem ganzen Leben bewahrt und bewährt‹.[31]

[30] Bilder von Gut und Böse, S. 75.

[31] Die Vorurteile der Jugend, S. 110; in: Hinweise, S. 104-117. Vgl. Kapitel 4 »Sprachdenken«.

Anhang

Biographischer Überblick

Der Überblick will die Verbindung von Bubers Lebensdaten und Werk zeigen; seine wichtigsten Bücher werden genannt und kurz charakterisiert. An Reisen werden vor allem diejenigen erwähnt, aus denen wichtige Publikationen – meist ursprünglich Reden – hervorgegangen sind. Nur wenige zeitgeschichtliche Daten werden angeführt.
Als Quelle für die Lebensdaten dienten vor allem Grete Schaeders biographischer Abriß in Bubers Briefwechsel, Bd. I, sowie die im Literaturverzeichnis angegebenen Bücher von Gerhard Wehr und Hans Kohn.

1878 wurde Martin Mordechai Buber am 8. Februar in Wien geboren. Aufgrund der Trennung seiner Eltern Elise (geb. Wurgast) und Carl Buber (1848-1935) lebte er von seinem dritten Lebensjahr an in Lemberg (Lwow) bei seinen Großeltern Adele (geb. Wizer; gest. 1911) und Salomon Buber (1827-1906); mit 14 zog er zu seinem Vater, der, wiederverheiratet, inzwischen auch in Lemberg wohnte.
1888-1896 besuchte Martin Buber hier das polnische Gymnasium. Salomon Buber war ein Talmudgelehrter und der erste wissenschaftliche Herausgeber und Bearbeiter der Midraschim, ein Mann, der nicht über sein Judentum reflektierte, »aber es wohnte in ihm« (Mein Weg zum Chassidismus, S. 186). In der Zeit bei seinen Großeltern, in der er auch erstmals in Sadagora mit Chassidim in Berührung kam, fühlte sich Martin Buber »in den Wurzeln gefestigt« (ebd.), bald nach seinem Umzug entfremdete er sich dem Judentum.
1896-1904 studierte Buber in Wien, Leipzig, Zürich und Berlin und besuchte Veranstaltungen in Philosophie, Germanistik, Kunstgeschichte, Psychiatrie und Psychologie. Er promovierte in Philosophie und Kunstgeschichte mit einer Dissertation »Beiträge zur Geschichte des Individuationsproblems« über deutsche Mystik im Umkreis Nikolaus Cusanus' (1401-1464) und Jakob Böhmes (1575-1624).
1898-1903 war Buber in der zionistischen Bewegung aktiv; diese Arbeit bedeutete für ihn den Beginn seines Wiederanschlusses ans Judentum. Während der Zionismus für Theodor Herzl (1860-1904) die politische Antwort auf den Antisemitismus war, gegen den die nationale Konstitution des Judentums, der Judenstaat, schützen sollte, war für Buber mit ›Zionismus‹ immer die Besinnung auf

die geistig-religiösen Wurzeln des Judentums verbunden. Die Verwirklichung des Judeseins in Palästina, im Land der Väter, bedeutete zugleich die Arbeit an der Verwirklichung sozialer Gerechtigkeit, wie sie in der Bibel die Propheten angemahnt hatten. Eine Wiedergeburt des Judentums in Palästina in diesem Sinne durfte sich nicht gegen eine andere Bevölkerungsgruppe richten – so trat Buber bis zur Gründung des Staates Israel für einen bi-nationalen jüdisch-arabischen Staat ein.

1899 heirateten Martin Buber und Paula Winkler (geb. 1877), die unter dem Pseudonym Georg Munk selbst Romane und Erzählungen veröffentlichte. Buber nahm als Delegierter am III. Zionistischen Kongreß in Basel teil.

1900 wurde ihr Sohn Rafael (gest. 1991) geboren.

1901 wurde die Tochter Eva (gest. 1992) geboren. Buber wurde Redakteur der zionistischen Wochenschrift »Die Welt«, schied aber im selben Jahr wegen eines Konflikts mit Herzl wieder aus. Auf dem V. Zionistenkongreß war er Vertreter der »Demokratischen Fraktion«, die auch die Zuwendung und Einwirkung auf die Lebensverhältnisse der häufig sozial und wirtschaftlich deklassierten osteuropäischen Juden als Aufgabe des Zionismus sah. Seit diesem Kongreß stand Buber in entschiedener Opposition zu Herzl.

1902 gründete er mit Berthold Feiwel (1875-1937), Ephraim Moses Lilien (1874-1925) und Davis Trietsch (1870-1935) in Berlin den Jüdischen Verlag.

1903 war Herzl auf dem VI. Zionistenkongreß unter dem Eindruck des Pogroms in Kischinew bereit, den Staat der Juden in Uganda zu gründen; es kam zum offenen Konflikt zwischen west- und ostjüdischen Zionisten. Gegen Herzls öffentliche persönliche Angriffe auf Trietsch traten bei ihm Buber und Feiwel ein.

1904 zog sich Buber von der zionistischen politischen Arbeit zurück und konzentrierte sich auf die Beschäftigung mit dem Chassidismus.

1905-1916 war er Lektor der Literarischen Verlagsanstalt Rütten & Loening, in der er u.a. 40 Bände der Sammlung sozialpsychologischer Monographien »Die Gesellschaft« herausgab.

1906 wurden bei Rütten & Loening in Frankfurt als erstes Buch, in dem Buber chassidisches Legendenmaterial nacherzählt und -gestaltet, »Die Geschichten des Rabbi Nachman« veröffentlicht.

1906-1916 lebte die Familie in Berlin.

1908 erschien die erste Auflage von »Die Legende des Baalschem« bei Rütten & Loening.

1909 hielt Buber im Prager Verein jüdischer Hochschüler »Bar Kochba« (um Hugo Bergmann, Hans Kohn [1891-1971], Leo Herrmann [1888-1951] und Robert Weltsch [1891-1982]) die Rede »Das Judentum und die Juden«. Beim Verlag Eugen Diederichs in Jena gab Buber unter dem Titel »Ekstatische Konfessionen« eine Sammlung von mystischen Zeugnissen verschiedener Religionen heraus, der er seinen Essay »Ekstase und Bekenntnis« beigab.

1910 erschienen die »Reden und Gleichnisse des Tschuang-Tse« im Insel Verlag, Leipzig, mit Bubers Essay »Die Lehre vom Tao« von 1909 als Nachwort.

1911 kamen bei Rütten & Loening Bubers »Drei Reden über das Judentum« heraus (vgl. im Literaturverzeichnis den Eintrag »Reden über das Judentum«), die er seit 1909 vor dem Bar Kochba-Kreis gehalten hatte.
1913 veröffentlichte Buber mit »Daniel. Gespräche von der Verwirklichung« (Insel Verlag, Leipzig) ein Buch, in dem sich der Übergang zum dialogischen Denken bereits ankündigt. So hat er »Daniel« und »Die Lehre vom Tao« als einzige Schriften aus seiner frühen Zeit in die »Schriften zur Philosophie« (Werke Bd. I) aufgenommen.
1914 traf sich in Potsdam im Juni eine Gruppe von Schriftstellern, die den Anspruch erhoben, für die Einung, das Miteinander der Völker stehen und diese autoritativ anmahnen zu können, wenn es darauf ankäme: Buber, Gustav Landauer (geb. 1870), Theodor Däubler (1876-1934), Florens Christian Rang (1864-1924), Erich Gutkind (1877-1965), der Schwede Poul Bjerre, die Holländer Henri Borel (1869-1933) und Frederik van Eeden (1860-1932). Für August war die endgültige Gründung des »Forte-Kreises« geplant, zu der es aufgrund der unterschiedlichen Positionen und Parteilichkeiten der Beteiligten mit dem Ausbruch des Ersten Weltkriegs im Juli / August nicht mehr kam. Als einziger von ihnen wandte sich Landauer entschieden gegen den Krieg. Buber bedauerte damals, nicht in den Krieg ziehen zu können; er sah zwar einerseits, was der Krieg über die Menschen brachte, glaubte aber, das Gemeinschaftserlebnis loben zu müssen, welches das Kämpfen in den jeweiligen Armeen den Juden brächte. Gustav Landauer, den Buber seit 1899 kannte, sprach böse vom »Kriegsbuber«.
1916 erschien im Kurt Wolff Verlag in Leipzig »Vom Geist des Judentums. Reden und Geleitworte« (vgl. im Literaturverzeichnis den Eintrag »Reden über das Judentum«). Im gleichen Jahr gründeten Buber, der Verleger und Inhaber einer Warenhauskette Salman Schocken (1877-1959) und der Pädagoge Moses Calvary (1876-1944) den »Hauptausschuß für jüdische Kulturarbeit«, der in seinen Publikationen eine Erneuerung des Judentums im deutschsprachigen Raum bewirken sollte.
1916-1924 war Buber Herausgeber der von ihm begründeten Monatsschrift »Der Jude«. Die Redaktion übernahm 1923 Ernst Simon.
1916-1938 wohnt Buber in Heppenheim. Die Enkelinnen Barbara und Judith wuchsen nach Rafael Bubers Scheidung von seiner ersten Frau bei Paula und Martin Buber auf.
1917 sicherte der britische Außenminister Balfour (1848-1930) den Juden das Recht auf eine nationale Heimstätte in Palästina zu (Balfour-Deklaration).
1918 endete der Erste Weltkrieg, die deutsche Revolution im November 1918 hatte den Sturz der Monarchie zur Folge. Kurt Eisner (geb. 1867) erklärte Bayern zur Republik.
1919 stand Buber in der Woche vor Eisners Tod in Kontakt mit den Führern der Revolution, mit denen er viele Gepräche hatte. Eisner wurde am 21. Februar ermordet, Anfang März wurde die »Räterepublik Baiern« ausgerufen, die mit dem Einmarsch von Reichstruppen in München am 1./2. Mai unterging. Bubers

Freund Gustav Landauer, ›Volksbeauftragter für Volksaufklärung‹ in der ersten Räteregierung, wurde am 2. Mai im Gefängnis Stadelheim ermordet.
1920 nahm Buber an der Prager Vereinigungskonferenz von »Hapoël Hazaïr« (palästinensische Arbeiterpartei um A. D. Gordon [1856-1922], die eine Besiedlung Palästinas in Verwirklichung gerechter, sozialistischer Gemeinschaft anstrebte) und »Zeïre Zion« (osteurop. zionist.-sozialist. Bewegung mit parallelen Zielen) als Vertreter des Hapoël Hazaïr Deutschlands teil.
1921 trat Buber für Hapoël Hazaïr auf dem XII. Zionistenkongreß in Karlsbad in einer Rede für ein friedliches Zusammenleben mit den Arabern in Palästina ein, die nicht durch die jüdische Besiedlung verdrängt werden dürften. Eine Resolution in diesem Sinne wurde nur aus taktischen Gründen angenommen; Buber zog sich in der Folge von der zionistischen Parteitätigkeit zurück.
1922 begann Bubers Mitarbeit am Freien Jüdischen Lehrhaus, das von Rosenzweig in Frankfurt geleitet wurde. Dort hielt er eine Vorlesungsreihe unter dem Titel »Religion als Gegenwart«, eine Vorstufe zu »Ich und Du«. Im gleichen Jahr erschien »Der große Maggid und seine Nachfolge«, eine Sammlung chassidischer Erzählungen mit einem umfangreichen »Geleitwort« zum Baalschem, den Zaddikim und Chassidim.
1923 nahm er im Dezember einen Lehrauftrag für jüdische Religionslehre und jüdische Ethik an der Universität Frankfurt a. M. an. Mit »Ich und Du« erschien Bubers grundlegendes philosophisches Buch: »Die Haltung des Menschen ist zwiefältig nach der Zwiefalt der Grundworte, die er sprechen kann.«
Im Verlag Rütten & Loening wurden die »Reden über das Judentum« publiziert, in denen Reden aus den Jahren 1909-1919 zusammengestellt und von einer Vorrede von 1923 eingeleitet waren, welche die Sichtweise der frühen Reden in manchem korrigierte (1927 ging der Band in den 1925 gegründeten Verlag Lambert Schneider in Berlin über).
1924 veröffentlichte Buber mit »Das verborgene Licht« (Rütten & Loening) einen weiteren Band chassidischer Erzählungen.
1925 begannen Martin Buber und Franz Rosenzweig, einem Anstoß Lambert Schneiders (1900-1970) folgend, mit einer Neuübersetzung der hebräischen Bibel; zehn Bände konnten sie gemeinsam übersetzen. Nach Rosenzweigs Tod setzte Buber die Arbeit alleine fort. 11 Einzelbände, bis zum »Buch Jirmejahu«, erschienen bei Lambert Schneider in Berlin, die weiteren, bis Band 15 »Das Buch Gleichsprüche«, von 1932 bis 1937 bei Salman Schocken (1877-1959), der die bisherigen Bände in seinen neugegründeten Verlag, den Lambert Schneider leitete, übernahm. Danach hat Buber die Arbeit für lange Jahre unterbrechen müssen.
Auf der dritten Internationalen Pädagogischen Konferenz, die unter dem Motto »Die Entfaltung der schöpferischen Kräfte im Kinde« in Heidelberg stattfand, hielt Buber seine »Rede über das Erzieherische«.
1926-1930 gab er im Verlag Lambert Schneider, Berlin, mit dem Katholiken Joseph Wittig (1879-1949) und dem Protestanten Viktor von Weizsäcker (1886-1957) die Vierteljahresschrift »Die Kreatur« heraus. Im ersten Heft wurde die »Rede

über das Erzieherische« abgedruckt (Einzelausgabe im selben Jahr ebenfalls bei Lambert Schneider in Berlin).

1928 erschien ein Sammelband mit den bisherigen Nacherzählungen chassidischer Legenden: »Die chassidischen Bücher« (Verlag Jakob Hegner, Hellerau; vgl. im Literaturverzeichnis unter dem Eintrag »Die Erzählungen der Chassidim«).

1929 setzte sich Buber in einer Rede auf dem XVI. Zionistenkongreß wiederum für eine Zusammenarbeit von Juden und Arabern in Palästina ein. Am 10. Oktober starb Rosenzweig, das Jüdische Lehrhaus wurde im Dezember geschlossen.

1930 ging Bubers Lehrauftrag in Frankfurt in eine Honorarprofessur für Religionswissenschaft über. »Zwiesprache«, eine sprachlich nüchternere Entfaltung der Themas von »Ich und Du«, erschien im letzten Jahrgang der »Kreatur« und kam 1932 als Einzelausgabe im Berliner Schocken Verlag heraus.

1932 erschien »Königtum Gottes« im Schocken Verlag: eine Untersuchung zur Entstehung des Messianismus in der Frühzeit Israels (Berlin: Schocken Verlag ^{2}1936, mit einem Vorwort zur 2. Auflage, das auf Fragen und Kritik eingeht; Heidelberg: Verlag Lambert Schneider ^{3}1956, mit einem zusätzlichen Vorwort zur 3. Auflage, das wiederum zu Kritik Stellung nimmt).

1933 legte Buber die Professur für Religionswissenschaft nieder, bevor ihm die Lehrerlaubnis im Oktober offiziell entzogen wurde. Am 30. Januar war die NSDAP an die Regierung gekommen.

Buber gründete die »Mittelstelle für jüdische Erwachsenenbildung bei der Reichsvertretung der Juden in Deutschland«, die er auch leitete. Im November sorgte er für die Neueröffnung des Freien Jüdischen Lehrhauses in Frankfurt.

1935 hielt Buber am Freien Jüdischen Lehrhaus die Rede »Über Bildung und Weltanschauung«, die zweite der »Reden über Erziehung«. Wie Bubers gesamte Tätigkeit bei der »Mittelstelle für jüdische Erwachsenenbildung« steht sie für den Versuch, den bedrängten Juden einen Halt aus ihrem Judentum heraus zu geben. Am 21. Februar erhielt Martin Buber von der Geheimen Staatspolizei Redeverbot, das Ende Juli für die »Mittelstelle« aufgehoben wurde.

Am 15. September wurden die Nürnberger Rassengesetze erlassen.

1936 erschien »Die Frage an den Einzelnen« wiederum bei Schocken in Berlin: im Ausgang von Søren Kierkegaard wird die existentielle Kategorie des Einzelnen erörtert, der aus der Selbstverständlichkeit der Bindungen und Meinungen herausgenommen ist, der von Buber aber an die Verantwortung, an die Zuwendung zum anderen und die Verpflichtung zur – menschlich möglichen – Wahrheit verwiesen wird.

Ebenfalls bei Schocken kam im selben Jahr der Band »Die Schrift und ihre Verdeutschung« mit Beiträgen Bubers und Rosenzweigs heraus.

1938 wanderte Martin Buber im März mit seiner Frau und den Enkelinnen Barbara und Judith – Eva Buber mit Familie und Rafael Buber mit seiner zweiten Frau waren schon früher nach Palästina eingewandert – nach Palästina aus, acht Monate vor der Pogromnacht (9./10. November); Buber sprach von seiner »Alija«, der Einwanderung nach Palästina, und nicht von Emigration. Seitdem lebte er in Jerusalem. Buber wurde Professor für Sozialphilosophie an der Hebräischen Universität in Jerusalem.

1939 brach der Zweite Weltkrieg mit dem Überfall Deutschlands auf Polen aus. Buber hielt auf einer Tagung der jüdischen Lehrer Palästinas in Tel Aviv die Rede »Über Charaktererziehung«, die dritte der »Reden über Erziehung«.

1940 erschien in den – inzwischen vom nationalsozialistischen Deutschland besetzten – Niederlanden Bubers Beitrag »Der Glaube Israels« (in holländischer Übersetzung), den er auf Anfrage für den Sammelband »De godsdiensten der wereld« (= »Die Religionen der Welt«) geschrieben hatte (Het Geloof van Israël; in: De godsdiensten der wereld. Onder redactie van G[erardus] van der Leeuw. Amsterdam: H. Meulenhoff, Bd. I 1940, S. 149-253; ab der 2. Auflage ergänzt um den Schlußabschnitt, der in der 1. Auflage gefehlt hatte). Noch während er an »Der Glaube Israels« schrieb, bearbeitete Buber den (vollständigen) Beitrag in hebräischer Sprache. Dabei legte er besonderes Gewicht auf die Darstellung des prophetischen Glaubens; die hebräische Ausgabe von »Der Glaube der Propheten« entstand.

1941 erschien »Gog und Magog« hebräisch in der Zeitung »Davar«. Die deutsche Ausgabe wurde 1949 bei Lambert Schneider veröffentlicht. Chassidische Legenden um Jaakob Jizchak von Lublin, den Kosnitzer Maggid, Menachem Mendel von Rymanow und den »Jehudi« werden hier zum einzigen Mal als eine durchgehende Handlung erzählt.

1942 wurde der »Ichud« (»Vereinigung«) unter Vorsitz des Präsidenten der Hebräischen Universität, Judah L. Magnes (1877-1948), gegründet, zu dessen führenden Mitgliedern Buber gehörte. Der Ichud trat für einen bi-nationalen Staat und die Zusammenarbeit mit den Arabern ein.

Der Verlag Mosad Bialik Dvir in Tel Aviv publizierte die hebräische Ausgabe von »Der Glaube der Propheten«. Deren englische Übersetzung erschien 1949 bei Macmillan, New York (»The Prophetic Faith«). Der hebräischen Ausgabe entsprechend bearbeitete Buber den Beitrag »Der Glaube Israels« nun für die deutsche Ausgabe, die 1950 von Manesse, Zürich, veröffentlicht wurde. »Der Glaube der Propheten« stellt die »Glaubenslehre von der Beziehung zwischen dem Gott Israels und Israel« dar, die zu ihrer vollendeten Gestalt bei den Propheten gelangte (vgl. Beginn der Einleitung).

Ebenfalls 1942 erschien die hebräische Ausgabe von »Das Problem des Menschen«, das in deutscher Sprache 1947 in dem Band »Dialogisches Leben«, als Einzelausgabe 1948 bei Lambert Schneider veröffentlicht wurde. Buber stellt hier dar, wie die Frage nach dem Menschen in der Philosophiegeschichte gestellt und beantwortet wurde, und schließt daran seine eigene philosophische Anthropologie an.

1945 endete der Zweite Weltkrieg in Europa mit der Kapitulation des nationalsozialitischen Deutschland am 7./9. Mai.

Buber veröffentlichte in diesem Jahr die hebräische Ausgabe seines »Moses«; die deutsche Ausgabe erschien erst 1948 beim Verlag Gregor Müller in Zürich (seit der 2. Aufl. 1952 im Verlag Lambert Schneider), noch nach der englischen (1946). »Mose als eine konkrete Individualität darzustellen und anzugeben, was er geschaffen hat und was sein geschichtliches Werk ist« (Vorwort, S. 7 [^{4}1994]) war die Aufgabe, die Buber sich hier gestellt hatte.

1946 erschien die hebräische Ausgabe der »Erzählungen der Chassidim«, die deutsche folgte 1949 bei Manesse in Zürich. Auch Bubers Buch zum utopischen Sozialismus, »Pfade in Utopia«, mit Kapiteln zur Lehre des Frühsozialisten Proudhon (1809-1865) und der Anarchisten Kropotkin (1842-1921) und Landauer, 1945 fertiggestellt, wurde in hebräischer Sprache veröffentlicht, vier Jahre vor der deutschen Ausgabe (Lambert Schneider Verlag).

1947 reiste Buber erstmals nach dem Krieg nach Europa. Im April hielt er im niederländischen Bentveld einen Vortrag, der im folgenden Jahr bei N.V. Mouton & Co, Den Haag, in der Sammlung »Pulvis Viarum« als Buch erschien: »Der Weg des Menschen nach der chassidischen Lehre«.

Der Band »Dialogisches Leben« (Gregor Müller Verlag, Zürich) faßte verschiedene Schriften zur Philosophie und Pädagogik zusammen.

1948 wurde am 15. Mai der Staat Israel proklamiert. Am 17.5. begann der Krieg zwischen Israel und arabischen Staaten, der mit einem Waffenstillstand am 3.6.1949 endete.

1949-1953 leitete Buber das von ihm gegründete »Seminar für Erwachsenenbildner«, die »Hochschule für Lehrer des Volkes«.

1950 veröffentlichte er bei Manesse »Zwei Glaubensweisen«, die von biblischen Quellen (hebräische Bibel und Neues Testament) ausgehende Gegenüberstellung von Judentum und Christentum, welche die Übereinstimmung von Jesu Lehre mit dem Judentum zeigt.

Die hebräische Ausgabe von »Recht und Unrecht. Deutung einiger Psalmen« kam heraus, die deutsche Ausgabe erschien erst 1952 beim Verlag Benno Schwabe & Co., Basel, im selben Jahr wie die englische Ausgabe. Die Schrift »Urdistanz und Beziehung«, eine systematische anthropologische Grundlegung der Zwiefalt der Grundworte Ich-Du und Ich-Es im – doppelten – »Prinzip des Menschseins« (Urdistanzierung und In-Beziehungtreten), erschien in »Studia Philosophica. Jahrbuch der Schweizerischen Philosophischen Gesellschaft, Vol. X, 1950«; als Einzelausgabe wurde »Urdistanz und Beziehung« ein Jahr später im Verlag Lambert Schneider veröffentlicht.

1951 wurde Martin Buber der Hansische Goethepreis der Universität Hamburg verliehen, den er aufgrund einer Erkrankung erst später persönlich entgegennehmen konnte. Mit Abschluß des Sommersemesters beendete er offiziell seine Lehrtätigkeit an der Hebräischen Universität. 1951/52 hielt er sich mehrere Monate in den USA auf.

1952 wurde im Lambert Schneider Verlag »Die chassidische Botschaft« veröffentlicht: eine Sammlung verschiedener Aufsätze, die Bedeutung und Botschaft des Chassidismus für die Welt und über den Kreis des Judentums hinaus zeigen wollen.

Beim Verlag Jakob Hegner, Köln und Olten, erschien »Bilder von Gut und Böse«. Die Frage von rechtem und unrechtem Tun, wahrer und nichtiger Existenz, von Gut und Böse wird in »Recht und Unrecht« im Ausgang von einer Psalmeninterpretation erörtert; auch in »Gog und Magog« ist diese Frage gestellt; den umfassendsten Versuch einer Antwort stellen die »Bilder von Gut und Böse« dar. Ebenfalls bei Jakob Hegner wurde der Band »An der Wende. Reden über das Judentum« publiziert; »Der Geist Israels und die Welt von heute«, gehalten 1939 in Jerusalem und mit Änderungen 1947 in London, ist die erste Rede Bubers über das Judentum, die er nach den »Reden« von 1923 wieder hielt. 1951 trug er in Jerusalem, London und New York die weiteren Reden des Bandes vor: »Judentum und Kultur«, »Die heimliche Frage« und »Der Dialog zwischen Himmel und Erde«. Buber sprach als Jude zu Juden in einer, wie er es sah, inneren Krisis des Judentums; aber die jüdischen Grundlagen, die er aussprach, sollten Geltung für die Menschen überhaupt haben.

1953 erhielt Buber den Friedenspreis des Deutschen Buchhandels. Er hielt die Rede »Das echte Gespräch und die Möglichkeiten des Friedens« (vgl. »Nachlese«, S. 199-208).

Verschiedene Beiträge wurden in dem Buch »Gottesfinsternis« (1. Auflage im Manesse Verlag) zusammengefaßt; der Gott der Philosophen und der Gott Abrahams, Isaaks und Jakobs: das Bild und die Idee Gottes sowie das ›ewige Du‹, dem Menschen immer wieder begegnen können, werden hier einander gegenübergestellt. Ebenfalls bei Manesse kam Bubers Essay-Sammlung »Hinweise« heraus.

Die drei »Reden über Erziehung« von 1925, 1935 und 1939 erschienen bei Lambert Schneider. »Elemente des Zwischenmenschlichen« entstand (Erstabdruck in Merkur, Februar 1954 und in Neue Schweizer Rundschau, Zürich, Neue Folge, XXI/10, Februar 1954).

1954 stellte Buber in dem Band »Die Schriften über das dialogische Prinzip« (Verlag Lambert Schneider, Heidelberg) verschiedene wichtige philosophische Schriften zusammen (seit 1962: »Das dialogische Prinzip«; vgl. Literaturverzeichnis).

1954-1962 veröffentlichte der Jakob Hegner Verlag, Köln & Olten, eine neue Ausgabe der »Schrift«, in der Buber die bereits erschienenen Bände überarbeitet, den vierten Band, »Die Schriftwerke«, vom Buch Ijob (Hiob) an um die noch fehlenden Bücher ergänzt hatte. (Von 1976-1979 an erschien die Ausgabe dann wieder im Verlag Lambert Schneider.)

1955 war in »Der Mensch und sein Gebild« (Lambert Schneider) das dialogische Prinzip auf den Bereich menschlichen Schaffens, d.h. der Kunst, angewandt.

1956 besuchte Buber auf einer Europa-Reise Großbritannien, Frankreich und Deutschland. Die Rede »Dem Gemeinschaftlichen folgen«, die er im Juni hielt, stellt die Wichtigkeit verantwortlicher Teilnahme des Menschen an der gemeinsamen Welt heraus, der gegenüber der Versuch – in mystischer Versenkung, im Rauscherleben –, eine bessere Welt zu erfahren, Weltflucht ist. Der Sinn von Sprache erfüllt sich im verantwortlichen Bezogensein der Menschen aufeinander.

Am 29. Oktober 1956 besetzte Israel die Sinai-Halbinsel, nachdem von arabischen Staaten der Suezkanal und die Zufahrt zum Golf von Akaba blockiert worden waren. Großbritannien und Frankreich intervenierten am Suezkanal, Israel mußte im März 1957 die besetzten Gebiete (Sinai, Gaza-Streifen) auf UN-Beschluß räumen.

1957 fand im Rahmen einer USA-Reise ein öffentliches Gespräch zwischen Carl Rogers (1902-1987) und Buber über Fragen der Psychotherapie statt. Im April hielt Buber im Zusammenhang mit einem Seminar über das Unbewußte für die Dozenten und Mitarbeiter der School of Psychiatry, Washington, eine Vorlesung, in der er die Realität von Schuld hervorhob und ihre Reduktion auf (durch Therapie aufzuhebende) Schuldgefühle ablehnte: »Schuld und Schuldgefühle« erschien im August im »Merkur« (XI/8), im Jahr danach als Buch bei Lambert Schneider in Heidelberg. Drei Seminarsitzungen hat Maurice Friedman protokolliert; unter dem Titel »Das Unbewußte« sind die Notizen in dem Band »Nachlese« (S. 144-171, ^{3}1993) enthalten.

1958 starb auf der Rückkehr von einer gemeinsamen USA- und Europa-Reise Paula Buber in Venedig.

1960 hielt Buber im Juli auf einer Tagung der Bayerischen Akademie der Schönen Künste zum Thema »Wort und Wirklichkeit« seine sprachphilosophische Rede »Das Wort, das gesprochen wird«.

1961 hatte Martin Buber im Februar die Arbeit an der Übersetzung der Schrift abgeschlossen.

1962 wurden die beiden sprachphilosophischen Beiträge »Das Wort, das gesprochen wird« und »Dem Gemeinschaftlichen folgen« in dem Buch »Logos. Zwei Reden« zusammengefaßt.

1962-1964 erschien die dreibändige Auswahlausgabe der Werke bei Lambert Schneider/Heidelberg und Kösel/München: »Schriften zur Philosophie« (Bd. 1, 1962), »Schriften zur Bibel« (Bd. 2, 1964), »Schriften zum Chassidismus« (Bd. 3, 1963).

1963 wurde Buber in Amsterdam der Erasmus-Preis verliehen. Der Kölner Joseph Melzer Verlag publizierte den Sammelband »Der Jude und sein Judentum« als Ergänzung der Werkausgabe. Bei Kohlhammer, Stuttgart, erschien die deutsche Ausgabe des von Schilpp und Friedman herausgegebenen Bandes »Martin Buber« im Rahmen der Reihe »Library of Living Philosophers«, in der Bubers Denken und Werk in Aufsätzen namhafter Philosophen, Theologen, Pädagogen etc. aus den USA, Israel und Europa diskutiert wird und an dessen Ende Bubers »Antwort« steht. Die amerikanische Originalausgabe erschien erst 1967. Die Einleitung des Buchs stellen Bubers autobiographische Fragmente »Begegnung« dar.

1965 starb Martin Buber am 13. Juni in Jerusalem. Im selben Jahr erschien der Band »Nachlese« bei Lambert Schneider; die Fahnenkorrektur hatte Buber (abgesehen von den Protokollnotizen »Das Unbewußte«) noch gelesen.

Apokalypse geistige Strömung im spätisrael.-urchristl. Raum. In den apokalyptischen Büchern wird das Kommen des Endheils verkündet. Verschiedene Vorstellungen vermischen sich: die Hoffnung auf die Vollendung der Welt für die Juden durch das Kommen des Messias, auf die der Menschenwelt allgemein und auf eine künftige, geistig-überirdische Welt. Beispiele sind das Danielbuch, verschiedene Pseudepigraphen wie Henoch und im Neuen Testament die Johannes-Apokalypse.

Aram / Aramäer Land bzw. Volk in Mesopotamien und Syrien; von Auseinandersetzungen, aber auch Bündnissen zwischen Israel bzw. Nordisrael sowie Juda und aramäischen Staaten berichtet die Bibel. Jes 7, 4 bezieht sich auf das Bündnis zwischen Aram-Damaskus und Nordisrael gegen Juda und Assyrien. 733/732 v. wurde Aram-Damaskus von Assyrien erobert und zur Provinz mit Damaskus als Verwaltungsmittelpunkt gemacht.

Assyrien / Assur am mittleren Tigris in Mesopotamien gelegenes Land. Von König Ahas von Juda zur Hilfe gerufen, besiegten und unterwarfen die Assyrer unter Tiglat-Pileser 733/32 die Verbündeten Aram-Damaskus unter Rezin und Nordisrael unter Pekah ben Remalja; das südisrael. Reich Juda wurde von Assyrien abhängig. Nordisrael wurde nach der Niederlage gegen die Assyrer 722/721 v. zu deren Provinz.

Awesta (Avesta) pers., dt.: »Unterweisung«, »Grundtext«; die Gesamtheit der religiösen Texte des Zoroastrismus (der auf Zarathustra bzw. Zoroaster zurückgehenden altiran. Religion), gesammelt um die Zeit von 220-650 n. Chr.

Awot »Väter«; Talmud-Traktat der Ordnung »Nesikin«.

Babylonisches Exil 597 v. eroberte das babylonische Heer Nebukadnezars (babylon. König 605-562 v.) Jerusalem, die Hauptstadt des israel. Südreichs Juda; der König Jojachin (König 598/597 v. für drei Monate), sein Hofstaat und ca. 10 000 Menschen (vor allem ausgewählte Soldaten und Handwerker) wurden nach Babylon deportiert (u.a. auch der Prophet Ezechiel). Nach einem Aufstand von Jojachins Nachfolger Zidkija (Regent 597-587 v.) zerstörten die Babylonier 587/586 v. Jerusalem und setzten einen Statthalter in Juda ein, der Rest der Einwohner (bis auf die Armen, die in Juda das Land bestellen sollten) mußte ins babylon. Exil. Erst ein Edikt des Perserkönigs Kyros von 538 v., dessen Truppen im Jahr zuvor das babylon. Reich eroberten, ermöglichte den Judäern die Rückkehr.

Berachot »Segenssprüche«; Talmud-Traktat der Ordnung »Seraim«.

Chassid (Pl. Chassidim) der »Fromme«; die Bezeichnung ›Chassidim‹ gab es immer wieder in der jüd. Religionsgeschichte. So wurden im 2. Jh. v. (makkabäische Zeit) die gegen griech. Einfluß besonders Standhaften »Chassidim« bzw.

»Chassidäer« genannt; eine Bewegung von Chassidim gab es im 12./13. Jh. in Deutschland, im 13./14. Jh. in Spanien. In der 2. Hälfte des 18. Jh. nannte sich ein Kreis von Kabbalisten im Raum Frankfurt »Chassidim«.

In der Erklärung des folgenden Stichworts »Chassidismus« wie überhaupt im Zusammenhang dieses Buchs geht es um die chassidischen Gemeinden im Ostjudentum seit Mitte des 18. Jhs.

Chassidismus ostjüdische mystische Bewegung; geht zurück auf Israel ben Elieser, den Baal-Schem-Tow, breitete sich seit Mitte des 18. Jhs., von Podolien (Ukraine) ausgehend, im Ostjudentum in Polen, Litauen und Rumänien aus. Während des Zweiten Weltkriegs wurden durch den Völkermord der Deutschen an den Juden auch die chassidischen Gemeinden weitgehend vernichtet. Nachfahren der Chassidim leben heute zum großen Teil in den USA und in Israel.

Askese wurde meist abgelehnt; auf den Aufschwung der Seele, auf Gottesfreudigkeit kam es im Chassidismus an. So ist »Hitlawahut« (»Entflammung«, »Entbrennen«), die Ekstase in der Verbundenheit zu Gott, ein Kennzeichen chassidischen Lebens. Die »Awoda« (»Dienst«) war der Gottesdienst, aber auch der Alltag als Dienst. Die hier nötige Haltung war die »Kawwana«, die Intention, mit der die Handlung zu vollbringen war, das Eingehen des ganzen Wesens eines Menschen in den Dienst. Die »Schiflut« (»Demut«) stand für die Verbundenheit mit allem, was ist, gegen das sich der Chassid nicht vergleichend, und damit egozentrisch hervorhebend, abheben wollte. Die Hebung der »göttlichen Funken« in allem, was ist, die Erlösung der Gottesherrlichkeit (Schechina) aus der Verbannung, war Aufgabe des Chassid; Vorstellungen aus der Emanationslehre der lurianischen Kabbala sind hier in den Chassidismus eingegangen.

Buber hat die Zuwendung des Chassid zu allen Dingen und Wesen der Welt betont. Die »Dwekuth«, das Haften der Seele an Gott, das die Dinge der Welt gleichsam aufhebt, nichtet, hat er als Tendenz des Chassidismus bei Dow Bär von Mesritsch und in dessen Folge gesehen, aber nicht als vorherrschend betrachtet; für charakteristischer hielt er die Weltzuwendung und das Ernstnehmen der göttlichen Immanenz in allem, wie es der Baal-Schem Israel ben Elieser praktizierte.

s. *Emanation; Kabbala; Schechina; Zaddik.*

Chassidut die Lehre des Chassidismus.

Christus s. *Messias.*

Damaskus s. *Aram.*

Efrajim / Efraim Stamm Israels, abgeleitet von Efraim, dem jüngeren Sohn Josefs; auch Gebirge; der Stamm Efraim wurde der Hauptstamm Nordisraels, im Gebiet Samaria.

Emanation / Emanationslehre das Ausströmen des Abgeleiteten aus dem Ursprünglichen, Ersten. Eine solche Vorstellung kannte u.a. die Gnosis oder die Philosophie des Neuplatonismus.

Die Kabbala hatte die Vorstellung der Entstehung der Welt durch Emanation aus dem göttlichen Urwesen. Dabei nahm man mehrere Stufen der Schöpfung an, bis zur physischen Welt. Das Göttliche steigt durch die Sefirot, die wie Schalen ineinanderliegen, in die zehnte Sefira, das »Reich« (»malchut«) hinab, von wo die geistige Welt in die Menschenwelt wirkt.

Die Kabbala des Isaak Luria nahm am Ursprung der Schöpfung eine Selbstbegrenzung, Kontraktion (»Zimzum«) des göttlichen Urwesens und Urlichts, vor welcher alles vom göttlichen Licht erfüllt war, an; hierdurch entstand um es ein leerer, nicht seinserfüllter Raum. Nun sandte das Licht des göttlichen Urwesens, des En Sof, die 10 Sefirot aus; jede Sefira war ein Behältnis für das göttliche Licht. Im »Zerbrechen der Gefäße« (»Schewirat ha-Kelim«) barsten die Sefirot, die für die Fülle des Lichts zu schwach waren. Das Licht wie die Materie der Sefirot wurden durchs Universum zerstreut. Das nun ausgesandte schwächere Licht schuf im Universum Zeit, Materie und die Welt; die Funken des göttlichen Lichts und die Scherben der Gefäße sind nun in der aufgrund der Weise ihrer Entstehung unvollkommenen Welt enthalten. Eine »Wiederherstellung« (»Tikun«) der Welt, ihres Zustands vor dem Bruch, ist durch theurgische Praktiken und ethisches Verhalten (Umkehr, »Teschuwa«) möglich; schlechte Gedanken und Triebe im Menschen spiegeln den ursprünglichen, mit ihrer Entstehung gegebenen Bruch in der Welt wider.

s. *Sefirot; Kabbala; Chassidismus.*

Emuna ›Emuna‹ bezeichnet das nach Buber für das Judentum kennzeichnende Glaubensverhältnis des Vertrauens (Glaube als Beharren im Vertrauen zu Gott, »vertrauendes Beharren im Kontakt mit ihm«, Zwei Glaubensweisen, S. 12); dem steht die Glaubensweise der »Pistis«, das »Glaubensprinzip der Anerkennung und Akzeptation im Sinn eines Nunmehr-für-wahr-Haltens« (S. 13) als kennzeichnend fürs Christentum gegenüber.

Entelechie Für Aristoteles hat die Seele des Lebendigen in sich ein inneres, angelegtes Seinsziel, »Telos«, ist »En*tel*echie«.

Eschatologie / eschatologisch Lehre von den letzten Dingen, Heilserwartung am »Ende der Tage«.

Existentialismus, Existenzphilosophie philosophische Richtung des 20. Jhs., welche die Existenz, das Dasein des Menschen zu ihrem Ausgangspunkt nimmt. Das Dasein des Menschen in der Welt wird einerseits in seinen Grundbestimmungen beschrieben, andererseits steht ›Existenz‹ auch für das richtige, ›eigentliche‹ Dasein des Menschen, dem das ›uneigentliche‹, ›seins‹- oder ›existenzvergessene‹ Dahinleben gegenübersteht. Zu den Vertretern der Existenzphilosophie gehören Søren Kierkegaard, Karl Jaspers (1883-1969) und Martin Heidegger (Existenzialphilosophie, die über das menschliche Dasein aufs Sein zielt), Jean-Paul Sartre (1905-1980) und Gabriel Marcel.

Funken, göttliche Funken s. *Emanation(slehre); Chassidismus.*

Gnosis »Erkenntnis, Wissen«; gnostische Lehren gab es in verschiedenen Religionen. Die Gottheit ist der Welt – die je nach gnostischer Spielart durch Emanation, Ausfluß aus der Welt, entstand, oder durch einen sich gegen den obersten Gott auflehnenden Demiurgen geschaffen wurde oder auch durch Vermischung von göttlichem Prinzip und Materie entstand – jenseitig, enthoben. Die Selbsterkenntnis des Menschen – der auch der Versuch der Erkenntnis des unbekannten Gottes und der Entstehung der Welt dient – wirkt erlösend, da sie ihm Einsicht in seine Göttlichkeit verschafft.
Buber verwendet den Begriff der Gnosis allgemeiner für eine Lehre, die das Geheimnis, die letzten Dinge, kennen zu können glaubt.

Goj / Gojim (Pl.) Nicht-Jude.

Intention s. *Chassidismus.*

Jabne / Jawne Küstenstadt zwischen Jaffa und Asdod, von 70-135 n. ein Zentrum des rabbinischen Judentums und Sitz des Bet Din, des jüdischen Gerichtshofs.

Jerusalem seit David und dessen Sohn Salomo Hauptstadt von Juda und Israel mit der Königsburg Zion und dem Zentralheiligtum, dem Tempel; nach der Teilung Israels Hauptstadt Judas. 587/586 v. von den Babyloniern zerstört (s. *Babylon. Exil*), Neuaufbau ab 537 v., zweite Zerstörung 70 n. unter dem röm. Kaiser Hadrian.

Joma »Versöhnungstag«; Talmud-Traktat der Ordnung »Moed«.

Kabbala hebr., »Überlieferung«; der Begriff steht zunächst allgemein für die religiöse Überlieferung des Judentums, dann für ein geheimes Tradieren, schließlich für die Geheimlehre selbst. In der Bedeutung jüd. Mystik und Geheimlehre ist von ›Kabbala‹ erstmals bei dem span. hebr. Dichter und Philosophen Salomo ben Juda Gabirol (ca. 1021-1058) die Rede. Frühe kabbalistische Bewegungen gab es seit etwa 1200 n. in Deutschland, in Spanien und in der Provence. Zur Verbreitung der Kabbala trug wesentlich die Vertreibung der Juden aus Spanien (1492) bei. Um Isaak Luria und Chajim Vital (der Lurias mündliche Lehre in seinen Büchern weitergab) bildete sich im 16. Jh. ein kabbalistisches Zentrum in Safed (Palästina). Die in besonderem Maße nach messianischer Erlösung strebende lurianische Kabbala verbreitete sich weiter nach Polen (so im Chassidismus), Italien, Deutschland, Holland; auch in die pseudomessianischen Bewegungen des Sabbatianismus (s. *Sabbatai Zwi*) und Frankismus (s. *Jakob Frank*) gingen Vorstellungen der Kabbala Lurias ein.
s. *Emanation; Sefirot.*

Kabbala maassit die – in Unterscheidung von der »theoretischen«, aus Erkenntnissystemen bestehenden »Kabbala ijjunit« – »praktische« Kabbala; sie äußerte sich in magischen Praktiken (etwa Beschwörung von Engeln, Buchstabenmagie), in vereinfachter volkstümlicher Praxis im Verwenden von Amuletten, im Loswerfen. Ihr Ziel ist, am Kommen des Messias zu wirken, das durch die Umkehr des Menschen und konzentrierte Intention im Gebet und bei religiösen Handlungen überhaupt beschleunigt werden soll.

Kastilien im span. Kastilien wurde nach 1268 der Sohar (»Buch des Glanzes«), ein zentrales Buch der Kabbala, von Moses Ben Shemtob de Leon (gest. 1305) entdeckt (es ist umstritten, ob er nur Entdecker oder auch sein Verfasser war) und wurde Ende des 13. Jhs. dort verbreitet. Zentrum der Kabbala in Spanien im 13. bis etwa Mitte des 14. Jhs. war Katalanien.

Kwats(u)! / Katsu! (jap.; chin. »Ho!«) Ausruf ohne begrifflich eindeutige Bedeutung; dient im Zen als ein Ausdrucksmittel, das den Begriff transzendiert, und soll, wie ein Stockhieb, zum Durchbruch zu einer erleuchteten Sicht verhelfen können.

Lankāvatāra Sūtra Skrt., wörtl.: »Sūtra über das Herabsteigen nach Ceylon«; Sūtra des Mahāyāna, betont die Lehre der inneren Erleuchtung, welche die Dualität aufhebe; Worte gelten, ähnlich wie beim Zen, als nicht wesentlich für die Übertragung der Lehre.

Maggid »Sprecher«, »Prediger«; Zuname verschiedener Zaddikim.

Mahāyāna Skrt.; »Großes Fahrzeug«, buddhistische Schulrichtung, die, anders als das Hinayāna, nicht primär die eigene Erlösung anstrebt, sondern über die eigene Erleuchtung zum Wohle und zur Erlösung aller Menschen beitragen will; das Ideal des Mahāyāna ist der Bodhisattva, der darauf verzichtet, ins vollständige Nirvāna einzugehen, bis alle Wesen erlöst sind. Im Mahāyāna tritt die Bedeutung des Lebens als Mönch zurück, auch Laien können die Erlösung erlangen durch Einssein mit der allen Wesen gegebenen Buddha-Natur.

Meschiach / Maschiach hebr., s. *Messias.*

Megilla »Rolle«; Talmud-Traktat der Ordnung »Moed«.

Messias / Maschiach der »Gesalbte« (griech.: »christos«); in der Bibel wird der König Israels so genannt, auch der Hohepriester; die religiöse Hoffnung verbindet mit dem Erscheinen des Messias die Vorstellung einer gerechten Ordnung, zunächst Israels, aber auch universal der Welt. Die Hoffnung richtete sich auf die Könige, später auf einen von Gott erwählten Menschen. Bei allem Wandel der Messiasvorstellung in den verschiedenen biblischen und nicht in den biblischen Kanon aufgenommenen Büchern (wie Henoch) sowie im Talmud gilt doch allgemein, daß der Messias im Judentum eine menschliche Gestalt ist und daß sich die Vollendung, die gerechte Ordnung auf die Welt und nicht auf ein Jenseits bezieht wie in christlicher Vorstellung. Die Bitte um das baldige Erscheinen des Messias ist Bestandteil des täglichen jüdischen Gebets. (Vgl. Bubers Texte im letzten Abschnitt des letzten Kapitels der Anthologie.)

Midrasch (Pl. Midraschim) abgeleitet vom hebr. Wort »darasch«: »untersuchen«,

»auslegen«, »erklären«; Bezeichnung für die rabbinische Auslegung der Bibel. Der Midrasch Rabba z.B. ist eine Sammlung von zehn Midraschim zur Thora und den Megillot (Sing.: Megilla, d.h. »Rolle« – das Hohelied, das Buch Ruth, die Klagelieder Jeremias, der Prediger Salomo, das Buch Ester); weitere Midraschsammlungen u.a. aus der Zeit der Tannaiten (s. *Talmud*) über Exodus, Leviticus, Numeri, Deuteronomium.

Mithnagdim Gegner; die Gruppen, welche den Chassidismus bekämpften, wurden von den Chassidim so genannt.

Mitzwot(h) / Mitzwa (Sing.) Seit der talmudischen Zeit werden in der Thora 613 Mitzwot gezählt, 365 Verbote und 248 Gebote.
s. *Thora.*

Monade, monadisch vom griechischen »Monás«, »Einheit«. Für Leibniz (1646-1716) sind die Monaden die letzten Einheiten, die eigentlichen Atome, sie sind einfach und unteilbar; Monaden haben ›keine Fenster‹, d.h. sie sind in sich geschlossen und können nicht die anderen Monaden wahrnehmen bzw. auf sie einwirken.

Nasir »Geweihter«; Talmud-Traktat der Ordnung »Naschim«.

Pistis s. *Emuna.*

Safed Zentrum der Kabbala im 16. Jh. in Galiläa zur Zeit des Isaak Lurja.

Samaria Land zwischen Judäa im Süden und Galiläa im Norden Israels; auch unter Omri (König ca. 882-871) gegründete Hauptstadt Nordisraels.

Sanhedrin »Gerichtshof«; Talmud-Traktat der Ordnung »Nesikin«.

Schechina die der Welt einwohnende »Gottesherrlichkeit«, Göttlichkeit. Seit der Kabbala wandelte sich die Bedeutung des Begriffs ›Schechina‹, die zuvor ein Synonym für Gott war.
Die Schechina ist ins Exil verbannt; mit der messianischen Erlösung wird die Verbannung des göttlichen Geistes in die Materie enden. Der Chassidismus strebte danach, durch Heiligung der Welt die Schechina mit ihrem göttlichen Ursprung zu einen.

Schibboleth »Erkennungszeichen«, »Losungswort«. Nach dem Buch Richter 12, 5 f. erkannten die Gileaditer ihre Feinde, die Ephraimiter, daran, daß sie das Wort »Schibboleth« nicht richtig aussprechen konnten.

Schofar aus dem Horn des Widders gefertigtes krummes Blasinstrument, das an bestimmten jüdischen Festtagen geblasen wird; es soll auch die Ankunft des Messias anzeigen.

Sefirot(h) (Sing. Sefira) die Kabbala kennt 10 Sefirot, d.h. schöpferische Kräfte oder Potenzen, in denen sich das göttliche Ursein manifestiert. Eine Sefira ist jeweils die Hülle einer anderen. Unterschieden werden die drei Gruppen der geistigen, seelisch-ethischen und naturhaften Urpotenzen.
Die Kabbalisten unterschieden zwischen einem unendlichen, verborgenen

Aspekt Gottes, der keine Verbindung zu seinen Schöpfungen habe, zu dem man also auch nicht beten könne, »En Sof« (»ohne Ende«), und den zehn identifizierbaren Aspekten seines Daseins, eben den Sefirot. *Sie* haben danach z.B. den Menschen geschaffen, nicht En Sof. Sie überbrücken den Abgrund zwischen Mensch und Gott.
Die Sefirot sind zugleich die Attribute von einer Art Prototyp eines menschlichen Wesens, dem idealen Urmenschen »Adam Kadmon« (»der erste Mensch«, der Zeit wie dem Rang nach).
s. *Emanation; Kabbala.*

T(h)ora »Weisung, Hinweisung, Unterweisung, Anweisung, Belehrung« (Zwei Glaubensweisen, S. 59). Die Thora besteht im engeren Sinn aus den fünf Büchern Mose, den »fünf Büchern der Weisung«: Das Buch Im Anfang (Genesis), Das Buch Namen (Exodus), Das Buch Er rief (Leviticus), Das Buch In der Wüste (Numeri), Das Buch Reden (Deuteronomium). Die Thora enthält Texte zur Geschichte und Urgeschichte Israels, Vorschriften (kultische, moralische, juristische) und wenige Gedichte und Prophetien. Seit der Rückkehr aus babylon. Gefangenschaft nach Jerusalem (ca. 458 v.) wurde die Thora in dieser Bedeutung unter Einfluß des Priesters und Schreibers Esra zur religiös-ethischen Grundlage des Judentums. Im weiteren Sinne ist die ganze Schrift Weisung Gottes für Israel.
Die »mündliche Thora« (»mündlich«, da zunächst mündlich überliefert) ergänzte später, die gesamte autoritative Überlieferung (u.a. Talmud, Midrasch) umfassend, die »schriftliche Thora«; dieser wurde, mit ihren 613 Ge- und Verboten (Mitzwot) des Pentateuch, größere Heiligkeit zugeschrieben.
Talmud das Haupt-Schriftwerk des Judentums nach der Bibel; der Talmud ist eine ca. 500 n. abgeschlossene Sammlung von Texten, die über mehrere hundert Jahre mündlich überliefert worden waren. Nebeneinander entstanden sind der palästinensische oder Jerusalemer und der umfangreichere babylonische Talmud. In der »Gemara« wird der Grundtext, die »Mischna«, diskutiert und kommentiert. Verschiedene Sammlungen von Lehrsätzen stammen von den »Tannaiten« oder »Tannaim« (»Schriftgelehrten«), die schließlich von Yehuda ha-Nassi (ca. 135-217) kompiliert wurden. Die Kommentatoren der Mischna, die damit die Gemara schufen, sind die »Amoräer« (»Amoraim«, »Ausleger«). Die Mischna ist in sechs Ordnungen unterteilt: 1. »Seraim« (»Saaten«; Ackerbaugesetze), 2. »Moed« (»Fest«; Festzeiten), 3. »Naschim« (»Frauen«; Ehe- und Familienrecht), 4. »Nesikin« (»Schädigungen«; Zivil- und Strafrecht), 5. »Kodaschim« (»Opfer«/»Heilige Dinge«; Opferwesen, Kultgesetze) und 6. »Teharot« (»Reinigkeiten«/»Taugliche Dinge«; Reinheitsgesetze).
Tannaim / Tannaiten »Schriftgelehrte«.
s. *Talmud.*
Tao / Taoismus »Tao« bedeutet »Weg«, »Bahn«. Tao ist im philosophischen Taoismus des Lao-tse und Tschuang-tse der durch rationale Erkenntnis nicht faß-

bare Urgrund des Seins. (Der philosophische Taoismus, entstanden im 4. und 3. Jh. v. Chr., ist nicht mit dem Taoismus als Religion identisch.)

Theurgie Beschwörung von Gottheiten, die so dazu gebracht werden sollen zu erscheinen.

Urim und Thumim Gegenstände, heilige Lose, mit deren Hilfe der israelitische Priester die ablehnende oder zustimmende Antwort der Gottheit auf eine bestimmte Frage erforschte; vgl. Ex 28, 30; Dt 33, 8.

Väterspruche s. *Awot.*

Veden (Sing. Veda) älteste heilige Schriften der Inder, in den ältesten Teilen aus der Zeit vor dem 1. Jt. v. Chr. Die früheste Schicht der Veda bilden die Samhitas (Sammlungen von religiösen Liedern und Sprüchen), denen die Brahmana (umfangreiche Texte in Prosa), Aranjaka (theologische Abhandlungen) und Upanishaden (Geheimlehren) folgen.

Zaddik (Pl. Zaddikim) hebr.; der »Gerechte«, vollendet Fromme (wobei beim Begriff ›fromm‹ im Judentum immer an die ethische Verwirklichung zu denken ist); vom Zaddik ist die Rede in der Bibel wie in der kabbalistischen Literatur. Im osteurop. Chassidismus Führer der Gemeinden; der Zaddik als vorbildlicher Mensch, der die Einheit von Lehre und Leben repräsentierte, als der Mittler Israels zu Gott. Das häufig gültige Prinzip der leiblichen Abfolge führte zur Bildung von Zaddikim-Dynastien. Seit Israel von Rižin Tendenz, daß sich die göttliche Nähe des Zaddik in äußerlichem, weltlichem Glanz ausdrücken solle. s. *Chassid; Chassidismus.*

Zazen eine meditative Praxis des Zen, Sitzen in Versunkenheit.

Zen (-Buddhismus) »Zen« (chin. »Ch'an«, Skrt. »Dhyāna«) steht für Sammlung und Versenkung, in der die Dualität von wahr / falsch, Subjekt / Objekt aufgehoben sei. Zen ist eine Schule des Mahāyāna-Buddhismus, entstanden im 6./7. Jh. aus der Begegnung von Dhyāna-Buddhismus (Bezeichnung für buddhist. Schulen, die Erleuchtung durch Meditation anstreben) und Taoismus. Ziel des Zen ist das volle Erwachen, die »Erleuchtung« des Menschen; Zen versteht sich als Verkörperung und Weg zur – nur durch die Praxis eines Zen in seiner Existenz darstellenden Menschen, nicht durch sprachlich-theoretische Vermittlung – Grund-Vollkommenheit, Grund-Einheit alles Seins.

Personen- und Namenverzeichnis

Das Verzeichnis umfaßt die Personen, die von Buber oder in den erklärenden Texten des Herausgebers erwähnt sind, ausgenommen solche, die nur im Rahmen einer Literaturangabe genannt sind. Die Ausführlichkeit der Notizen richtet sich nach der Wichtigkeit der Person im Kontext dieses Buches. Das Verzeichnis umfaßt auch biblische Personen und Namen wie »JHWH« und »Elohim«; Erklärungen zu Völkern, Ländern, Stämmen werden im Glossar gegeben; diese Namen sind hier nicht aufgenommen.

Bibelstellenregister

Die (hebräische) Bibel / Die Schrift
(Bezug auf die Bibel allgemein, ohne Verweis auf bestimmte Stellen, s. im Sachregister.)

Die fünf Bücher der Weisung / Die fünf Bücher Mose / Thora
(Bezug auf die Thora allgemein, ohne Verweis auf bestimmte Stellen, s. im Sachregister)

Bücher der Geschichte

Bücher der Kündung / Die prophetischen Bücher

Die Schriftwerke

Das Neue Testament

Bibelausgabe

Die Schrift. Verdeutscht von Martin Buber gemeinsam mit Franz Rosenzweig. 4 Bände:
Die fünf Bücher der Weisung. Verdeutscht von Martin Buber gemeinsam mit Franz Rosenzweig (Die Schrift Band 1). Mit einer Beilage: Martin Buber, Zu einer neuen Verdeutschung der Schrift (46 S.), Heidelberg: Verlag Lambert Schneider [11]1987, 582 S.
Bücher der Geschichte. Verdeutscht von Martin Buber gemeinsam mit Franz Rosenzweig (Die Schrift Band 2), Gerlingen: Verlag Lambert Schneider [9]1994, 521 S.
Bücher der Kündung. Verdeutscht von Martin Buber gemeinsam mit Franz Rosenzweig (Die Schrift Bd. 3), Gerlingen: Verlag Lambert Schneider [9]1992, 782 S.
Die Schriftwerke. Verdeutscht von Martin Buber (Die Schrift Bd. 4). Mit einem Anhang: Martin Buber, Zur Verdeutschung des letzten Bandes der Schrift (S. 697-722), Heidelberg: Verlag Lambert Schneider [7]1994, 727 S. (Der erste Teil, Das Buch der Preisungen, S. 7-209, ist mit der Einzelausgabe des Buchs der Preisungen, Gerlingen: Verlag Lambert Schneider [10]1992, seitenidentisch.)

Schriften Martin Bubers

Bubers Bücher werden jeweils nach der jüngsten Auflage ihrer Einzelausgaben zitiert. Auf die dreibändige Auswahlausgabe »Werke« wird nur da zurückgegriffen, wo der betreffende Text in keiner Einzelausgabe abgedruckt ist. »Ich und Du« sowie »Zwiesprache« werden nach dem »Dialogischen Prinzip« zitiert.
Die Texte dieser Anthologie wurden zu unterschiedlicher Zeit verfaßt; um ihre Zugehörigkeit zu verschiedenen Arbeitsphasen Bubers für die Leser ersichtlich zu machen, wird als Zusatzinformation in Klammern das Jahr angegeben, wann ein Beitrag erschienen oder entstanden ist. Bei allen Bänden werden in Klammern Erscheinungsort, Verlag und Jahr der 1. Auflage genannt; bei Zeitschriftenaufsätzen und Beiträgen aus Sammelbänden erfolgt keine bibliographische Angabe des Erstabdrucks.
Die Kapitel in »Die chassidische Botschaft« und in »Gottesfinsternis« stammen ebenfalls aus verschiedenen Jahren; daher werden auch sie hier, sofern sie in der Anthologie zitiert werden, noch einmal extra unter dem Buchtitel aufgeführt, mit Angabe des Datums der Erstveröffentlichung. Zitiert wird aber auch hier nach der Version des letzten Abdrucks.

Antwort; in: Paul Arthur Schilpp/Maurice Friedman (Hrsg.), Martin Buber, Stuttgart: W. Kohlhammer Verlag 1963, S. 589-639.

Aus einem Schreiben an das »Internationale Institut für Philosophie« (Amsterdam) (1917); in: Nachlese, Gerlingen: Verlag Lambert Schneider [3]1993, S. 13.
Des Baal-Schem-Tow Unterweisung... s. Des Rabbi Israel ben Elieser...
Begegnung. Autobiographische Fragmente. Mit einem Nachwort von Albrecht Goes, Heidelberg: Verlag Lambert Schneider [4]1986, 119 S. (Stuttgart: W. Kohlhammer Verlag [1]1960).
Bilder von Gut und Böse, Heidelberg: Verlag Lambert Schneider [4]1986, 76 S. (Köln und Olten: Verlag Jakob Hegner [1]1952).
Bildung und Weltanschauung (1935); in: Reden über Erziehung, Gerlingen: Verlag Lambert Schneider [8]1995, S. 51-63.
Die Brennpunkte der jüdischen Seele (1930); in: Der Jude und sein Judentum. Gesammelte Aufsätze und Reden, Gerlingen: Verlag Lambert Schneider [2]1993, Neuausgabe, S. 196-206.
Briefwechsel aus sieben Jahrzehnten. Band I: 1897-1918. Mit einem Geleitwort von Ernst Simon und einem biographischen Abriß als Einleitung von Grete Schaeder, Heidelberg: Verlag Lambert Schneider [1]1972, 606 S.
Briefwechsel aus sieben Jahrzehnten. Band II: 1918-1938, Heidelberg: Verlag Lambert Schneider [1]1973, 722 S.
Briefwechsel aus sieben Jahrzehnten. Band III: 1938-1965, Heidelberg: Verlag Lambert Schneider [1]1975, 714 S.
Die chassidische Botschaft, Heidelberg: Verlag Lambert Schneider 1952, 217 S.
– Die Anfänge (Erstdruck hebr. 1944), S. 32-64.
– Geist und Leib der Bewegung (erstmals innerhalb des »Geleitworts« von »Der große Maggid und seine Nachfolge« von 1922 abgedruckt), S. 94-127.
– Der Grundstein (Erstdruck hebr. 1944), S. 65-93.
– Der Ort des Chassidismus in der Religionsgeschichte (Erstdruck hebr. 1944), S. 198-217.
– Spinoza, Sabbatai Zwi und der Baalschem (erstmals als Geleitwort zu »Die chassidischen Bücher«, 1928), S. 11-31.
Der Chassidismus und der abendländische Mensch (1956); in: Werke. Dritter Band: Schriften zum Chassidismus, München: Kösel Verlag und Heidelberg: Verlag Lambert Schneider 1963, S. 933-947.
Cheruth. Eine Rede über Jugend und Religion (1919); in: Der Jude und sein Judentum. Gesammelte Aufsätze und Reden, Gerlingen: Verlag Lambert Schneider [2]1993, Neuausgabe, S. 119-140.
Der Dialog zwischen Himmel und Erde (1951 gehaltene Rede, Erstveröffentlichung 1952); in: Der Jude und sein Judentum. Gesammelte Aufsätze und Reden, Gerlingen: Verlag Lambert Schneider [2]1993, Neuausgabe, S. 169-179.
Das dialogische Prinzip. Ich und Du. Zwiesprache. Die Frage an den Einzelnen. Elemente des Zwischenmenschlichen. Zur Geschichte des dialogischen Prinzips, Gerlingen: Verlag Lambert Schneider [7]1994, 324 S. (Heidelberg: Verlag Lambert Schneider [1]1954 »Die Schriften über das dialogische Prinzip«).
Dialogue between Martin Buber and Carl R. Rogers; in: Martin Buber, The

Knowledge of Man. Edited with an introductory essay by Maurice Friedman. Translated from the German by Maurice Friedman and Ronald Gregor Smith, London: George Allen & Unwin Ltd. [1]1965, S. 166-184. (»The Knowledge of Man« enthält die englischen Übersetzungen von »Urdistanz und Beziehung«, »Elemente des Zwischenmenschlichen«, den beiden Aufsätzen aus »Logos«, »Schuld und Schuldgefühle«, »Der Mensch und sein Gebild« und das Gespräch mit Rogers, von dem es bisher keine deutsche Übersetzung gibt; Passagen sind übersetzt in »Friedman, Der heilende Dialog in der Psychotherapie«.)

Elemente des Zwischenmenschlichen (1953; Erstabdruck 1954); in: Das dialogische Prinzip, Gerlingen: Verlag Lambert Schneider [7]1994, S. 269-298.

Ekstatische Konfessionen. Gesammelt von Martin Buber. Mit einer Einleitung von Martin Buber »Ekstase und Bekenntnis«. Mit einem Nachwort herausgegeben von Paul Mendes-Flohr, Heidelberg: Verlag Lambert Schneider [5]1984, XXXVIII, 263 S. (Jena: Eugen Diederichs Verlag [1]1909).

Die Erzählungen der Chassidim, Zürich: Manesse Verlag [12]1992, 847 S. (Zürich: Manesse [1]1949; eine Vorstufe ist der Band »Der große Maggid und seine Nachfolge«, Frankfurt a. M.: Literarische Anstalt Rütten & Loening 1922; »Die chassidischen Bücher. Gesamtausgabe«, Hellerau: Verlag Jakob Hegner 1928, enthalten, mit Abweichungen von den vorherigen Einzelausgaben und einem neuen Geleitwort, »Die Geschichten des Rabbi Nachman«, Frankfurt a. M.: Rütten & Loening [1]1906, »Die Legende des Baal Schem«, Frankfurt a. M.: Rütten & Loening [1]1908, veränderte Neuausgabe 1916, »Der große Maggid und seine Nachfolge«, »Das Verborgene Licht«, Frankfurt a. M.: Rütten & Loening 1924 und »Mein Weg zum Chassidismus. Erinnerungen«, Frankfurt a. M.: Rütten & Loening 1918, Erstabdruck 1917).

Die Forderung des Geistes und die geschichtliche Wirklichkeit (1938); in: Hinweise. Gesammelte Essays, Zürich: Manesse Verlag 1953, S. 121-141.

Die Frage an den Einzelnen (1936, als Einzelausgabe, Berlin: Schocken Verlag); in: Das dialogische Prinzip, Gerlingen: Verlag Lambert Schneider [7]1994, S. 197-267.

Fragmente über Offenbarung (zu verschiedenen Zeiten verfaßt; erstmals 1964 veröffentlicht); in: Nachlese, Gerlingen: Verlag Lambert Schneider [3]1993, S. 99-103.

Dem Gemeinschaftlichen folgen (1956); in: Logos. Zwei Reden, Heidelberg: Verlag Lambert Schneider 1962, S. 31-72.

Der Glaube der Propheten, Heidelberg: Verlag Lambert Schneider [2]1984, 312 S. (Zürich: Manesse Verlag [1]1950; bereits zuvor hebr. und amerikan. Ausgabe, 1942 bzw. 1949).

Der Glaube des Judentums (1929); in: Der Jude und sein Judentum. Gesammelte Aufsätze und Reden, Gerlingen: Verlag Lambert Schneider [2]1993, Neuausgabe, S. 183-195.

Gog und Magog. Eine chassidische Chronik. Mit einem editorischen Anhang von Lothar Stiehm, Gerlingen: Verlag Lambert Schneider [4]1993, 431 S. (Heidel-

berg: Verlag Lambert Schneider [1]1949; erster Abdruck in hebr. Sprache und dt. Manuskript 1941).
Gottesfinsternis. Mit einer Entgegnung »Religion und Psychologie« von C. G. Jung. Mit einem Nachwort von Lothar Stiehm, Gerlingen: Verlag Lambert Schneider [2]1994, Neuausgabe, 168 S. (Zürich: Manesse Verlag [1]1953).
– Gott und der Menschengeist (1953; zurückgehend auf eine Vorlesung von 1951), S. 125-132.
– Religion und Ethik (geht auf Vorlesung von 1951 zurück), S. 100-118.
– Religion und Philosophie (Erstdruck 1929; im Abdruck in »Gottesfinsternis« zahlreiche Änderungen), S. 29-50.
Der heilige Weg. Ein Wort an die Juden und an die Völker. Dem Freunde Gustav Landauer aufs Grab (1919); in: Der Jude und sein Judentum. Gesammelte Aufsätze und Reden, Gerlingen: Verlag Lambert Schneider [2]1993, Neuausgabe, S. 87-119.
Die heimliche Frage (1951 gehaltene Rede, Erstveröffentlichung 1952); in: Der Jude und sein Judentum. Gesammelte Aufsätze und Reden, Gerlingen: Verlag Lambert Schneider [2]1993, Neuausgabe, S. 160-169.
Hinweise. Gesammelte Essays, Zürich: Manesse Verlag 1953, 348 S.
Hoffnung für diese Stunde (1952); in: Hinweise. Gesammelte Essays, Zürich: Manesse Verlag 1953, S. 313-326.
Ich und Du (1923; Nachwort von 1957, S. 122-136); in: Das dialogische Prinzip, Gerlingen: Verlag Lambert Schneider [7]1994, S. 5-136. (Einzelausgabe: Gerlingen: Verlag Lambert Schneider [12]1994, Leipzig: Insel Verlag [1]1923.)
Im Anfang (1924); in: Der Jude und sein Judentum. Gesammelte Aufsätze und Reden, Gerlingen: Verlag Lambert Schneider [2]1993, Neuausgabe, S. 240.
Der Jude und sein Judentum. Gesammelte Aufsätze und Reden. Mit einer Einleitung von Robert Weltsch, Gerlingen: Verlag Lambert Schneider [2]1993, Neuausgabe, XL, 839 S. (Köln: Joseph Melzer Verlag [1]1963).
Das Judentum und die neue Weltfrage (1930); in: Der Jude und sein Judentum. Gesammelte Aufsätze und Reden, Gerlingen: Verlag Lambert Schneider [2]1993, Neuausgabe, S. 229-233.
Judentum und Kultur (1951; veröffentlicht 1952); in: Der Jude und sein Judentum. Gesammelte Aufsätze und Reden, Gerlingen: Verlag Lambert Schneider [2]1993, Neuausgabe, S. 151-160.
Kibbuzleben zwischen Nähe und Beziehung. Eine Begegnung junger Kibbuzerzieher mit Martin Buber (1961; aus einem von Dafna Mach aus dem Hebräischen übersetzten Gesprächsprotokoll von Abraham Schapira); in: Pfade in Utopia / Über Gemeinschaft und deren Verwirklichung, Heidelberg: Verlag Lambert Schneider [3]1985, S. 300-312.
Kirche, Volk, Staat, Judentum. Aus dem Zwiegespräch mit Karl Ludwig Schmidt im Jüdischen Lehrhaus in Stuttgart (14. Januar 1933); in: Der Jude und sein Judentum. Gesammelte Aufsätze und Reden, Gerlingen: Verlag Lambert Schneider [2]1993, Neuausgabe, S. 544-556.

Die Lehre vom Tao (1909); in: Hinweise. Gesammelte Essays, Zürich: Manesse Verlag 1953, S. 44-83. (Auch in »Reden und Gleichnisse des Tschuang-Tse«, S. 165-230 als »Nachwort« abgedruckt; vgl. in diesem Literaturverzeichnis unter »Weitere Literatur«.)

Logos. Zwei Reden, Heidelberg: Verlag Lambert Schneider 1962, 72 S.

Mein Weg zum Chassidismus (Erstabdruck 1917; als Buchausgabe Frankfurt a. M.: Literarische Anstalt Rütten & Loening 1918); in: Hinweise. Gesammelte Essays, Zürich: Manesse Verlag 1953, S. 179-196.

Der Mensch und sein Gebild, Heidelberg: Verlag Lambert Schneider 1955, 53 S.

Der Mensch von heute und die jüdische Bibel (1926); in: Martin Buber und Franz Rosenzweig, Die Schrift und ihre Verdeutschung, Berlin: Schocken Verlag 1936, S. 13-45.

Moses. Mit einem Nachwort von Lothar Stiehm, Gerlingen: Verlag Lambert Schneider ^{4}1994, 296 S. (Zürich: Gregor Müller Verlag ^{1}1948; zuvor bereits hebr. und engl. Ausgabe 1945 bzw. 1946).

Nach dem Tod. Antwort auf eine Rundfrage (1927); in: Nachlese, Gerlingen: Verlag Lambert Schneider ^{3}1993, S. 236.

Nachlese, Gerlingen: Verlag Lambert Schneider ^{3}1993, 247 S. (Heidelberg: Verlag Lambert Schneider ^{1}1965).

Nachwort. Zur Geschichte des dialogischen Prinzips (1954); in: Das dialogische Prinzip, Gerlingen: Verlag Lambert Schneider 71994, S. 299-320.

Pfade in Utopia / Über Gemeinschaft und deren Verwirklichung. Mit einem Nachwort hrsg. v. Abraham Schapira, Heidelberg: Verlag Lambert Schneider ^{3}1985, erhebl. erweiterte Neuausgabe, 476 S. (Heidelberg: Verlag Lambert Schneider ^{1}1950; hebr. u. engl. Ausgabe von »Pfade in Utopia« bereits 1947 bzw. 1949).

Das Problem des Menschen, Heidelberg: Verlag Lambert Schneider ^{5}1982, 172 S. (als Einzelausgabe Heidelberg: Verlag Lambert Schneider ^{1}1948; als Beitrag in »Dialogisches Leben. Gesammelte philosophische Schriften« bereits 1947 beim Gregor Müller Verlag, Zürich; hebr. Ausgabe 1942).

Prophetie und Apokalyptik (1954); in: Sehertum. Anfang und Ausgang, Köln und Olten: Verlag Jakob Hegner 1955, S. 47-74.

Des Rabbi Israel ben Elieser genannt Baal-Schem-Tow, das ist Meister vom guten Namen, Unterweisung im Umgang mit Gott. Aus den Bruchstücken gefügt von Martin Buber. Neugestaltete Ausgabe. Mit Nachwort und Kommentar herausgegeben von Lothar Stiehm, Heidelberg: Verlag Lambert Schneider ^{4}1981, 164 S. (Hellerau: Verlag Jakob Hegner ^{1}1927).

Recht und Unrecht. Deutung einiger Psalmen. Mit einem Nachwort von Thomas Reichert, Gerlingen: Verlag Lambert Schneider ^{2}1994, Neuausgabe, 88 S. (Basel: Verlag Benno Schwabe & Co. ^{1}1952, hebr. Ausgabe 1950).

Rede über das Erzieherische (1925); in: Reden über Erziehung, Gerlingen: Verlag Lambert Schneider ^{8}1995, S. 11-49.

Reden über Erziehung, Gerlingen: Verlag Lambert Schneider ^{8}1995, 92 S. (Heidelberg: Verlag Lambert Schneider ^{1}1953).

Reden über das Judentum (Gesamtausgabe), Frankfurt a. M.: Literarische Anstalt Rütten & Loening 1923 (ab Juli 1927: Berlin: Verlag Lambert Schneider), XIX, 235 S. (Das Buch enthielt a) »Das Judentum und die Juden«, »Das Judentum und die Menschheit«, »Die Erneuerung des Judentums« aus den Jahren 1909-1911, erstmals veröffentlicht unter dem Titel »Drei Reden über das Judentum«, Frankfurt a. M.: Literarische Anstalt Rütten & Loening 1911; b) »Der Geist des Orients und das Judentum«, »Jüdische Religiosität«, »Der Mythos der Juden« aus den Jahren 1912-1914, erstmals veröffentlicht in »Vom Geist des Judentums. Reden und Geleitworte«, Leipzig: Kurt Wolff Verlag 1916; c) »Der heilige Weg. Ein Wort an die Juden und an die Völker« [von 1918], Frankfurt a. M.: Literarische Anstalt Rütten & Loening 1919; d) »Cheruth. Eine Rede über Jugend und Religion«, Wien: R. Löwit Verlag 1919; e) Vorrede für diese Ausgabe.
Letzter Abdruck in der Neuausgabe von »Der Jude und sein Judentum. Gesammelte Aufsätze und Reden«, Gerlingen: Verlag Lambert Schneider ^{2}1993, S. 3-140, als »Die frühen Reden« in Teil I »Reden über das Judentum«. Nach dieser Ausgabe werden die »Vorrede« und die betreffenden Reden hier zitiert.)

Das Reinmenschliche (1949); in: Hinweise. Gesammelte Essays, Zürich: Manesse Verlag 1953, S. 211-219.

Religion als Gegenwart (1922); in: Rivka Horwitz, Buber's Way to »I and Thou«. An Historical Analysis and the First Publication of Martin Buber's Lectures »Religion als Gegenwart«, Heidelberg: Verlag Lambert Schneider 1978, S. 41-152.

Religion und Gottesherrschaft (1923; Besprechung des gleichnamigen Buches von Leonhard Ragaz); in: Pfade in Utopia / Über Gemeinschaft und deren Verwirklichung, Heidelberg: Verlag Lambert Schneider ^{3}1985, S. 367-371.

Schuld und Schuldgefühle, Heidelberg: Verlag Lambert Schneider 1958, 68 S. (als Vorlesung im April 1957 im Zusammenhang mit einem Seminar über das Unbewußte für die Dozenten und Mitarbeiter der School of Psychiatry, Washington gehalten; Erstdruck 1957).

Sehertum. Anfang und Ausgang, Köln und Olten: Verlag Jakob Hegner 1955. 74 S. (Enthält die beiden Aufsätze »Abraham der Seher« von 1938 und »Prophetie und Apokalyptik« von 1954.)

»Seit ein Gespräch wir sind«. Bemerkungen zu einem Vers Hölderlins (1957); in: Nachlese, Gerlingen: Verlag Lambert Schneider ^{3}1993, S. 65 f.

Das Unbewußte. Notizen von einem Seminar in der School of Psychiatry (1957); in: Nachlese, Gerlingen: Verlag Lambert Schneider ^{3}1993, S. 144-171.

Urdistanz und Beziehung. Erweitert um einen editorischen Anhang mit ergänzenden Texten (Beiträge zu einer philosophischen Anthropologie I), Heidelberg: Verlag Lambert Schneider ^{4}1978, 57 S. (Erstabdruck 1950; Einzelausgabe Heidelberg: Verlag Lambert Schneider ^{1}1951).

Vorrede (zu: Reden über das Judentum. Die frühen Reden. 1909-1918) (1923); in: Der Jude und sein Judentum. Gesammelte Aufsätze und Reden, Gerlingen:

Verlag Lambert Schneider [2]1993, Neuausgabe, S. 3-9. Vgl.: Reden über das Judentum.
Die Vorurteile der Jugend (1937); in: Hinweise. Gesammelte Essays, Zürich: Manesse Verlag 1953, S. 104-117.
Was ist zu tun? (1919); in: Hinweise. Gesammelte Essays, Zürich: Manesse Verlag 1953, S. 290-293.
Der Weg des Menschen nach der chassidischen Lehre. Mit einem Nachwort von Albrecht Goes, Gerlingen: Verlag Lambert Schneider [11]1994, 79 S. (Den Haag: N.V. Mouton & Co. [1]1948; als Vortrag gehalten 1947).
Werke. Dritter Band: Schriften zum Chassidismus, München: Kösel Verlag und Heidelberg: Verlag Lambert Schneider 1963, 1271 S.
Das Wort, das gesprochen wird (1960); in: Logos. Zwei Reden, Heidelberg: Verlag Lambert Schneider 1962, S. 7-29.
Zur Situation der Philosophie. Mitteilung an den 12. Internationalen philosophischen Kongreß (1948); in: Nachlese, Gerlingen: Verlag Lambert Schneider [3]1993, S. 125-127.
Zwei Glaubensweisen. Mit einem Nachwort von David Flusser. Mit einem editorischen Anhang von Lothar Stiehm, Gerlingen: Verlag Lambert Schneider [2]1994, Neuausgabe, 300 S. (Zürich: Manesse Verlag [1]1950).
Zwiesprache (1930, Erstdruck); in: Das dialogische Prinzip, Gerlingen: Verlag Lambert Schneider [7]1994, S. 137-196. (Als Einzelausgabe: Zwiesprache. Traktat vom dialogischen Leben, Heidelberg: Verlag Lambert Schneider [3]1978, Berlin: Schocken Verlag [1]1932.)

Literatur zu Martin Buber

Die folgende Aufstellung erfaßt Aufsätze, auf die sich Buber selbst in seinen Texten bezieht, sowie Bücher und Aufsätze vor allem zu seiner Philosophie.

Yehoshua Amir, Das endliche und das ewige Du bei Martin Buber; in: Jochanan Bloch/Haim Gordon (Hrsg.), Martin Buber. Bilanz seines Denkens, Freiburg/Basel/Rom/Wien 1983, S. 87-105.
Yehoshua Amir, Glaube und Offenbarung bei Martin Buber; in: Werner Licharz/Heinz Schmidt (Hrsg.), Martin Buber (1878-1965). Internationales Symposium zum 20. Todestag. Bd. 1: Dialogik und Dialektik, Frankfurt a. M. 1989, S. 149-175.
Zóltan Balogh, Martin Buber und die Welt des Es, Meisenheim am Glan 1969, 115 S.
Hugo Bergmann, Martin Buber und die Mystik; in: Paul Arthur Schilpp/Maurice Friedman (Hrsg.), Martin Buber, Stuttgart 1963, S. 265-274.
Jochanan Bloch, Die Aporie des Du. Probleme der Dialogik Martin Bubers, Heidelberg 1977, 348 S.

Jochanan Bloch, Berechtigung und Vergeblichkeit des dialogischen Denkens; in: Jochanan Bloch/Haim Gordon (Hrsg.), Martin Buber. Bilanz seines Denkens, Freiburg/Basel/Rom/Wien 1983, S. 62-81.

Jochanan Bloch/Haim Gordon (Hrsg.), Martin Buber. Bilanz seines Denkens, Freiburg/Basel/Rom/Wien 1983, 528 S.

John Cullberg, Das Du und die Wirklichkeit. Zum ontologischen Hintergrund der Gemeinschaftskategorie, Uppsala 1933, 251 S.

Emil L. Fackenheim, Martin Bubers Offenbarungsbegriff; in: Paul Arthur Schilpp/ Maurice Friedman (Hrsg.), Martin Buber, Stuttgart 1963, S. 242-264.

Maurice Friedman, Die Grundlagen von Martin Bubers Ethik; in: Paul Arthur Schilpp/Maurice Friedman (Hrsg.), Martin Buber, Stuttgart 1963, S. 153-179.

Maurice Friedman, Martin Bubers Stellung zur Vergleichenden Religionswissenschaft; in: Jochanan Bloch/Haim Gordon (Hrsg.), Martin Buber. Bilanz seines Denkens, Freiburg/Basel/Rom/Wien 1983, S. 384-399.

Marvin Fox, Einige Probleme in Bubers Moralphilosophie; in: Paul Arthur Schilpp/Maurice Friedman (Hrsg.), Martin Buber, Stuttgart 1963, S. 135-152.

Haim Gordon, Der geborgene Ästhet – eine neue Deutung von Bubers Leben; in: Jochanan Bloch/Haim Gordon (Hrsg.), Martin Buber. Bilanz seines Denkens, Freiburg/Basel/Rom/Wien 1983, S. 45-60.

Rivka Horwitz, Buber's Way to »I and Thou«. An Historical Analysis and the First Publication of Martin Buber's Lectures »Religion als Gegenwart«, Heidelberg 1978, 294 S.

Steven Katz, Eine kritische Würdigung der Erkenntnistheorie des Ich-Du bei Martin Buber; in: Jochanan Bloch/Haim Gordon (Hrsg.), Martin Buber. Bilanz seines Denkens, Freiburg/Basel/Rom/Wien 1983, S. 107-137.

Walter Kaufmann, Bubers Fehlschläge und sein Triumph; in: Jochanan Bloch/ Haim Gordon, Martin Buber. Bilanz seines Denkens, Freiburg/Basel/Rom/ Wien 1983, S. 22-39.

Walter Kaufmann, Bubers religiöse Bedeutung; in: Paul Arthur Schilpp/Maurice Friedman (Hrsg.), Martin Buber, Stuttgart 1963, S. 571-588.

Hans Kohn, Martin Buber. Sein Werk und seine Zeit. Ein Beitrag zur Geistesgeschichte Mitteleuropas 1880-1930. Vorwort 1979 von Prof. Julius Schoeps. Nachwort: 1930-1960 von Robert Weltsch, Wiesbaden ^{4}1979, 484 S.

Emmanuel Lévinas, Martin Buber und die Erkenntnistheorie; in: Paul Arthur Schilpp/Maurice Friedman (Hrsg.), Martin Buber, Stuttgart 1963, S. 119-134.

Emmanuel Lévinas, Martin Buber, Gabriel Marcel und die Philosophie; in: Jochanan Bloch/Haim Gordon (Hrsg.), Martin Buber. Bilanz seines Denkens, Freiburg/Basel/Rom/Wien 1983, S. 319-337.

Werner Licharz/ Heinz Schmidt (Hrsg.), Martin Buber (1878-1965). Internationales Symposium zum 20. Todestag. Bd. 1: Dialogik und Dialektik, Bd. 2: Vom Erkennen zum Tun des Gerechten, Frankfurt a. M. 1989, 301 u. 326 S.

Gabriel Marcel, Ich und Du bei Martin Buber; in: Paul Arthur Schilpp/Maurice Friedman (Hrsg.), Martin Buber, Stuttgart 1963, S. 35-41.

Paul R. Mendes-Flohr, Von der Mystik zum Dialog. Martin Bubers geistige Entwicklung bis hin zu »Ich und Du«. Mit einer Einführung von Ernst Simon. Aus dem Englischen von Dafna A. von Kries, Königstein/Ts. 1978, 222 S.

Roy Oliver, Martin Buber. Der Wanderer und der Weg. Aus dem Englischen übersetzt von Dorothea Fischer-Barnicol. Mit einem Vorwort von Hans Fischer-Barnicol, Heidelberg 1968, 168 S.

Thomas Reichert, Die Beziehung zwischen den Begriffen des Menschen und der Wahrheit bei Martin Buber, Frankfurt a. M. 1991, 167 S.

Nathan Rotenstreich, Gründe und Grenzen von Martin Bubers dialogischem Denken; in: Paul Arthur Schilpp/Maurice Friedman (Hrsg.), Martin Buber, Stuttgart 1963, S. 87-118.

Grete Schaeder, Martin Buber. Ein biographischer Abriß; in: Martin Buber, Briefwechsel aus sieben Jahrzehnten. Band I: 1897-1918. Mit einem Geleitwort von Ernst Simon und einem biographischen Abriß als Einleitung von Grete Schaeder, Heidelberg [1]1972, S. 19-141.

Grete Schaeder, Martin Buber. Hebräischer Humanismus, Göttingen 1966, 411 S.

Abraham Schapira, Meetings with Martin Buber; in: Midstream (New York), Nov. 1978, S. 48-59.

Rivka Schatz-Uffenheimer, Die Stellung des Menschen zu Gott und Welt in Bubers Darstellung des Chassidismus; in: Paul Arthur Schilpp/Maurice Friedman (Hrsg.), Martin Buber, Stuttgart 1963, S. 275-301.

Paul Arthur Schilpp/Maurice Friedman (Hrsg.), Martin Buber, Stuttgart 1963, 660 S.

Gershom Scholem, Martin Bubers Deutung des Chassidismus; in: Ders., Judaica I, Frankfurt a. M. 1963, S. 165-207.

Heinz-Horst Schrey, Dialogisches Denken, Darmstadt 1970, 149 S.

Ernst Simon, Martin Buber, der Erzieher; in: Paul Arthur Schilpp/Maurice Friedman (Hrsg.), Martin Buber, Stuttgart 1963, S. 479-505.

Ernst Simon, Martin Buber und das deutsche Judentum; in: Deutsches Judentum. Aufstieg und Krise. Gestalten, Ideen, Werke. Vierzehn Monographien. Herausgegeben von Robert Weltsch, Stuttgart 1963, S. 27-84.

Paul Christopher Smith, Bubers Philosophie im Lichte des Heidegger'schen Denkens an das Sein, Phil. Diss., Heidelberg 1966, 129 S.

Josef Speck, Martin Buber. Die Aporetik des Dialogischen; in: Ders. (Hrsg.), Grundprobleme der großen Philosophen. Philosophen der Gegenwart IV. Weber. Buber. Horkheimer. Adorno. Marcuse. Habermas, Göttingen 1981, S. 48-105.

Gerda Sutter, Wirklichkeit als Verhältnis. Der dialogische Aufstieg bei Martin Buber, München/Salzburg 1972, 201 S.

Michael Theunissen, Der Andere. Studien zur Sozialontologie der Gegenwart, Berlin/New York [2]1977, 538 S.

Michael Theunissen, Bubers negative Ontologie des Zwischen; in: Philosophisches Jahrbuch 71 (1963/1964), S. 319-330.

Gerhard Wehr, Martin Buber. Leben, Werk, Wirkung, Zürich 1991, 439 S.

Gerhard Wehr, Martin Buber in Selbstzeugnissen und Bilddokumenten, Reinbek bei Hamburg [6]1979, 153 S.
Robert Wood, Fernöstliche Themen in Bubers Werk; in: Jochanan Bloch/Haim Gordon (Hrsg.), Martin Buber. Bilanz seines Denkens, Freiburg/Basel/Rom/Wien 1983, S. 340-366.

Weitere Literatur

Leo Baeck, Das Wesen des Judentums, Wiesbaden [6]1995, 327 S.
Bi-Yän-Lu. Meister Yüan-wu's Niederschrift von der Smaragdenen Felswand. Verfaßt auf dem Djia-schan bei Li in Hunan zwischen 1111 und 1115. Im Druck erschienen in Sïtschuan um 1300. Verdeutscht und erläutert von Wilhelm Gundert, 3 Bde. [Tb.-Edition: 3 Bde. in 1 Bd.], Vollständige Ausgabe, Frankfurt a. M./Berlin/Wien 1983, 581, 364 u. 168 S.
Heinrich Böll, Bilanz; in: Ders., Zum Tee bei Doktor Borsig. Hörspiele, München [10]1973, S. 87-115.
Maurice Friedman, Der heilende Dialog in der Psychotherapie. Übersetzt von Brigitte Stein, Köln 1987, 331 S.
Eugen Herrigel, Der Zen-Weg. Aufzeichnungen aus dem Nachlaß. In Verbindung mit Gusty L. Herrigel herausgegeben von Hermann Tausend, München [6]1981, 132 S.
Immanuel Kant, Grundlegung zur Metaphysik der Sitten. Herausgegeben und eingeführt von Theodor Valentiner, Stuttgart 1978, 158 S.
Zvi Kolitz, Jossel Rakovers Wendung zu Gott. Aus dem Jiddischen übertragen und herausgegeben von Paul Badde, Möhlin und Villingen [1]1994, 78 S.
Lao-tse, Tao Tê King. Aus dem Chinesischen übersetzt und kommentiert von Victor von Strauss. Bearbeitung und Einleitung von W. Y. Tonn, Zürich [1]1959, 420 S.
Jeshajahu Leibowitz mit Michael Shashar, Gespräche über Gott und die Welt. Herausgegeben von Michael Shashar. Übersetzt von Matthias Schmidt, Frankfurt a. M. 1990, 304 S.
Emmanuel Lévinas, Ethik und Unendliches. Gespräche mit Philippe Nemo. Herausgegeben von Peter Engelmann. Aus dem Französischen von Dorothea Schmidt, Graz/Wien 1986, 96 S.
Emmanuel Lévinas, Eine Religion für Erwachsene; in: Ders., Schwierige Freiheit. Versuch über das Judentum, Frankfurt a. M. [1]1992, S. 21-37.
Emmanuel Lévinas, Schwierige Freiheit. Versuch über das Judentum. Aus dem Französischen von Eva Moldenhauer, Frankfurt a. M. [1]1992, 186 S.
Ludwig Marcuse, Mein zwanzigstes Jahrhundert. Auf dem Weg zu einer Autobiographie, Zürich 1975, 400 S.
Werner Marx, Ethos und Lebenswelt. Mitleidenkönnen als Maß, Hamburg 1986, 108 S.

Werner Marx, Gibt es auf Erden ein Maß? Grundbestimmungen einer nichtmetaphysischen Ethik, Hamburg 1983, 159 S.
Keiji Nishitani, Was ist Religion? Vom Verfasser autorisierte deutsche Übertragung von Dora Fischer-Barnicol, Frankfurt a. M. [1]1982, 437 S.
Reden und Gleichnisse des Tschuang-Tse. Deutsche Auswahl von Martin Buber, Zürich 1951, 243 S.
Franz Rosenzweig, Die Bauleute. Über das Gesetz. An Martin Buber (1923); in: Ders., Kleinere Schriften, Berlin 1937, S. 106-121.
Franz Rosenzweig, Kleinere Schriften, Berlin 1937, 551 S.
Franz Rosenzweig, Das neue Denken; in: Ders., Kleinere Schriften, Berlin 1937, S. 373-398.
Franz Rosenzweig, Der Stern der Erlösung. Mit einer Einführung von Reinhold Mayer und einer Gedenkrede von Gershom Scholem, Frankfurt a. M. 1988, 549 S.
Max Scheler, Die Stellung des Menschen im Kosmos, Bern und München [10]1983, 100 S.
André Schwarz-Bart, Der Letzte der Gerechten. Roman. Aus dem Französischen übersetzt von Mirjam Josephson, Frankfurt a. M. 1979, 376 S.
Hans Trüb, Heilung aus der Begegnung. Eine Auseinandersetzung mit der Psychologie C. G. Jungs. Mit einem Geleitwort von Martin Buber. Aus dem Nachlaß herausgegeben von Ernst Michel und Arië Sborowitz, Stuttgart [3]1971, 124 S. (Bubers Geleitwort ist in »Nachlese« enthalten.)
Wu-men Hui-k'ai, Ch'an-tsung Wu-men kuan. Zutritt nur durch die Wand. Übersetzt und mit Einleitung und Anmerkungen versehen von Walter Liebenthal, Heidelberg 1977, 142 S.
Irving D. Yalom, Existentielle Psychotherapie. Übertragung aus dem Amerikanischen und wissenschaftliche Textbearbeitung: Martina Gremmler-Fuhr und Reinhard Fuhr, Köln 1989, 628 S.

Nachschlagewerke / geschichtlicher oder systematischer Überblick

David S. Ariel, Die Mystik des Judentums. Eine Einführung. Mit einem Vorwort von Karl Erich Grözinger. Aus dem Amerikanischen von Miriam Magall, München 1993, 293 S.
Bibellexikon. Herausgegeben von Klaus Koch, Eckart Otto, Jürgen Roloff und Hans Schmoldt. Mit 138 Abbildungen und Karten, Stuttgart [5]1992, 584 S.
Simon Dubnow, Geschichte des Chassidismus. In zwei Bänden. Aus dem Hebräischen übersetzt von Dr. A. Steinberg, Nachdruck der Erstausgabe Berlin 1931, Königstein/Ts. 1982, 340 u. 336 S.
Geschichte des jüdischen Volkes. Von den Anfängen bis zur Gegenwart. Unter Mitwirkung von Haim Hillel Ben-Sasson, Shmuel Ettinger, Abraham Malamat, Hayim Tadmor, Menahem Stern, Shmuel Safrai herausgegeben von Haim Hillel

Ben-Sasson. Autorisierte Übersetzung von Siegfried Schmitz (I), Modeste zur Nedden Pferdekamp (II), Christian Spiel (III), Ausgabe in einem Band, München 1992, 1404 S.
Jüdisches Lexikon. Ein enzyklopädisches Handbuch des jüdischen Wissens in vier Bänden (Bd. I-IV/2). Begründet von Dr. Georg Herlitz und Dr. Bruno Kirschner, Nachdruck der 1. Aufl. Berlin 1927, Frankfurt a. M. ^{2}1987, insgesamt CLXVI, 3952 S.
Das Lexikon des Zen. Grundbegriffe und Lehrsysteme, Meister und Schulen, Literatur und Kunst, meditative Praktiken, Geschichte, Entwicklung und Ausdrucksformen von ihren Anfängen bis heute. Verfasser und Herausgeber: Michael S. Diener. Redaktion: Stephan Schumacher und Gert Woerner, Bern und München/Wien ^{2}1992, 264 S.
Philo-Lexikon. Handbuch des jüdischen Wissens, Unveränderter Nachdruck der 3. Aufl. Berlin 1936, Frankfurt a. M. 1992, VIII, 416 S.
Gershom Scholem, Die jüdische Mystik in ihren Hauptströmungen, Frankfurt a. M. 1967, 490 S.